KB205291

새로운 구약성서 이해

안근조

새로운 구약성서 이해

지음 안근조
편집 김덕원, 이찬혁

발행처 감은사
발행인 이영욱
전화 070-8614-2206
팩스 050-7091-2206
주소 서울특별시 강동구 암사동 아리수로 66, 401호
이메일 editor@gameun.co.kr

종이책
초판발행 2023.04.17.
ISBN 9791190389921
정가 29,000원

전자책
초판발행 2023.04.17.
ISBN 9791190389945
정가 22,000원

Introduction to the Old Testament:
A New Perspective

Keun Jo Ahn

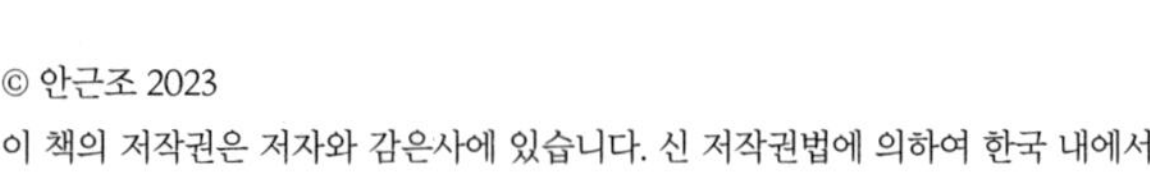

평생 성실한 말씀 목회자의 본을 보여주신
사랑하는 아버지,
고(故) 안행래(安行來) 감독님께
이 책을 바칩니다!

| 목차 |

들어가는 말:
"새로운 구약성서 이해"를 시작하며

1992년 철학과를 졸업하고 떨리는 마음으로 신학 수업을 시작한 이래 31년이 지났다. 아직도 신학 수업이 필요하고 여전히 성경을 이해했다고 말할 수 없는 지경이지만 내가 그동안의 깨달음과 이해를 정리하고 싶다는 생각이 든 것은 두 가지 이유 때문이다. 하나는 실용적인 이유고, 또 다른 하나는 학문적인 이유다. 먼저, 번역서 이외에는 한국어로 된 구약개론서가 최근에 학계에서 출판되지 않고 있다. 이에 성경에 대한 이성적이고 역사적인 접근이 목회자 후보생들뿐만 아니라 평신도들에게도 요구되는 상황에서, 새롭게 사용될 만한 구약성서 개론 교과서가 필요하다고 느꼈다. 한국교회에서 태어나 자라고 미국에서 신학 훈련을 받고 돌아와 그동안의 목회와 신학의 현장에서 연구하고 선포한 결과물들을 나누고 싶었다. 둘째, 학문적인 이유로는 전반적인 구약성경의 역사적 배경과 다양한 주제들을 현재의 시점에서 다루고 싶었기 때문이다. 구약성서학(studies of the Old Testament)을 전공한다고는 하지만 대부분의 학자들은 오경이나 예언서, 또는 지혜서, 아니면 고대 근동학이나 언어학 등의 전문화된 분야에 연구 활동이 머물러 있기 마련이다. 그만큼 전공 분야 통달의 어려움이 얼마나 큰가를 알 수 있다. 그럼에도 불구하고 교회 현장에 봉사하는 성서학은 통전적인 시각과 이해를 전달해주는 것이 필수적이다. 부족하지만 본서가 목회와 신학이 만나는 진정한 성서학 훈련의 일선에서 진지한 성서학 연구와 토론을 위한 기초 자료로 쓰임 받았으면 한다.

이 책에서 감히 '새로운' 구약성서 이해로 지칭한 데에는 다음의 네 가지 이유가 있다. 첫째, 구약성경 이해를 위한 지식으로부터 출발하지 않고 구약 이해의 장애가 되는 문제들로부터 시작하고자 했다. 예를 들면, 구약성경의 이스라엘 역사를 이해하려 할 때 성경상의 사건들의 연대가 실제 역사 연대와 다르다는 사실을 일깨우고자 했다. '전승'(tradition and transmission)으로서의 구약성서 이해의 중요성을 강조함으로써 일방적인 관점에서의 평면적인 이해가 아니라 본문과 대화하는 입장에서 구약을 이해할 수 있게끔 했다. 둘째, 기존의 학문적인 역사비평적 방법보다는 목회 현장 친화적인 문학비평적 방법을 본문 이해에 적용하고 있다. 특별히 정경 공동체의 경전으로서 말씀을 받아들이는 정경비평적(Canonical Criticism) 읽기를 활용함으로써 교회의 신앙 공동체의 경전이요,

인간 역사의 변천에 효과적으로 응답한 신학적 문서로 구약성경을 이해하도록 도움을 주고자 했다. 셋째, 구속사 중심의 관점에서 창조사 중심의 새로운 관점으로 성경을 바라보는 시야를 인도하고자 했다. 기존의 교회 공동체는 구약성경을 구속사 중심 또는 기독론 중심으로 해석함으로써 도리어 구약의 말씀과 계시를 있는 그대로 받아들이는 데 어려움을 겪었다. 교리적 구속사나 기독론이 선입관으로 작용했기에 사고의 틀에서 벗어나는 인위적인 본문들은 관심의 대상에서 벗어나고 그나마 관련된 본문 해석 또한 왜곡되는 일이 빈번했다. 신앙 생활에 편의를 제공해주려던 교리적 설명이 도리어 신앙 생활에 근본이 되는 성경의 권위를 흔드는 결과를 초래해 왔다(구약성경의 책들 가운데 많은 본문들이 교회 강단에서 한 번도 선포되지 않고 있다!). 창조사 중심의 관점은 창세기의 창조 사건으로부터 예언서의 보편적 하나님의 다스림을 통과하여 지혜서의 우주와 인생의 원리에 이르기까지 구약성서신학의 통전적 이해를 위한 통찰을 제공해 줄 것이다. 넷째, 구약성서 이해가 단순히 현실과 동떨어진 고대의 신화적 이야기나 천상의 이상적 삶에 대한 종교적 강령으로 치부되는 지식이 아니라 오늘도 우리의 일상 속에 여전히 살아서 하나님의 말씀을 발견하게 하는, 다시 말해 경건한 실천을 목표로 이 '새로운' 책을 기획했다. 기존의 구약성서 입문서와는 달리, 역사적 엄밀성과 학문적 객관성을 견지하기보다 개별성과 특정성을 위해 도약하는 부분들이 있다면 성서학적 연구 결과를 신앙적 현실의 장과 연결하려는 노력의 과정으로 이해해 주었으면 좋겠다.

이 외에도 다른 개론서와는 달리 이론적 설명에 그치는 것이 아니라 성서 본문을 되도록 충실히 제시함으로써 독자들의 이해를 돕고자 했다. 더 나아가 구약성서 개론과 관련된 학자들의 논의를 그대로 기술하기보다는 그러한 이론들이 도출될 수밖에 없었던 실제적 본문들을 제공하려 했다. 예를 들면, 신명기사가의 역사관을 일반적으로 구약학에서는 당연한 것으로 전제하고 출발하지만 제7장 "신명기역사서"의 첫 번째 섹션에서는 왜 이러한 신명기적 역사관이 도출됐는가에 대하여 실제적인 본문을 근거로 설명했다.

본서의 가장 큰 특징은, 제2장 "구약성서의 정의와 전승"에서도 밝히고 있듯이, 성서가 계시성과 역사성을 동반한다는 사실을 계속해서 주지한다는 점이다. 이는 실제로 보이지 않는 하나님의 계시가 보이는 인간의 역사 속에서 드러나고 있기 때문이다. 구약성경과 신약성경은 이러한 초월적 하나님의 인간 역사와의 소통의 드라마다. 따라서 오늘의 신앙을 위한 성경의 메시지는 초월적 계시와 역사적 사건의 만남을 통해서 그 온전한 의미를 확보할 수 있다. 본서 제4장의 "구약성서의 읽기와 해석"에서 교회의 전통적 성서 읽기와 더불어 학자들의 해석 방법론을 개괄한 것은 신앙 공동체의 '교리적 해석'으로부터 학문 공동체의 '성서신학적 해석'으로 도약하는 계기를 마련해 줄 것이다. 교회의 전통적 읽기를 넘어서 성서의 이성적 읽기로 나아갈 때 신앙 공동체의 실질적 성서신학 교육이 비로소 가능해진다. 이는 자연스레 사회로부터 '고립된 섬'으로서의 교회 공동체의 문제를 해결하는 시발점이 될 수 있다. 천상의 세계에 사는 것처럼 이상적인 교리의 반복에 교회의 성경 공부와 강단의 선포가 머무는 것이 아니라 21세기 제4차 산업혁명 시대에 교회가 사회와 긴밀하게 소통하면서 문화적이고 역사적인 도전들에 '성서적'으로 어떻게 응답할 수 있는지, 신학적 고민과 실천을 견인할 것이다.

본서를 계획하고 자료를 모으고 실제적인 저술에 이르기까지 만 2년의 기간이 소요됐다. 생각보다 짧은 시간이 걸린 것은 현재 몸담고 있는 호서대학교의 기독교학과와 연합신학전문대학원에서 강의했던 내용들이 기초 자료가 됐기 때문이다. 2008년 임용 이후 오늘까지 호서대학교는 내게 신학 연구의 산실이요 교수 목회의 현장이 되어 주었다. 귀한 선지 동산에서 일할 수 있는 기회를 주신 하나님께 감사와 영광을 돌린다. 부족한 자를 선택해 주신 강일구 총장님과 항상 격려를 아끼지 않으셨던 전 원장님들이신 서용원, 이상직, 한미라 명예교수님들께 감사할 뿐이다. 가족이 미국에 체류하고 있는 관계로 방학마다 자리를 비우는 중에도 항상 가족 중심 행보를 응원해 주시는 김동주 원장님과 감당할 짐을 나누어 대신 져주시는 연합신학전문대학원의 모든 동료 교수님들이 아니었다면 이 책이 이렇게 빨리 나올 수 없었을 것이다. 방학 때마다 UC 버클리(Berkeley) 내 GTU 도서관을 마음껏 이용하게 배려해 주신 박상일 교수님(Berkeley School of Theology) 또한 본서의 많은 지분을 가지고 계신다. 무엇보다도 본서의 내용은 평생의 스승이신 왕대일 교수님의 신학적 안내를 기반으로 한다. 언제나 제자를 성서학 연구의 도우(道友)로 환하게 맞아 주시는 교수님의 지도가 아니었다면 본서의 탄생은 불가능했을 것이다. 더불어 오늘날과 같이 어려운 시기에 이윤이 보장되지 않는 성서 입문서의 출판을 쾌히 허락하신 감은사 이영욱 대표께도 감사의 마음을 전한다.

끝으로, 평생 성실한 말씀 목회자로 43년간의 성역을 마치시고 여생을 가정과 오류동교회 그리고 동료 목회자들과 화목하게 지내시다가 지난해 10월 하나님의 부르심을 받으신 사랑하는 아버지 안행래 감독님께 본서를 헌정한다. 보스턴에서 유학을 마치고 한국에 돌아와 처음으로 호서대학교 신진학자발표회에서 욥기 논문을 발표할 때 청중석에서 이제 막 신학자의 여정을 시작하는 아들을 조용히 지켜보시던 그분의 인자한 모습이 여전히 새롭다.

2023년 2월

북가주 UC 버클리(Berkeley)에서

안근조

제1장
구약성서의 구성과 역사

1) 구약성서의 구성

구약성서 39권은 오경, 역사서, 시가서, 예언서로 구성되어 있다. 이와 같은 4대 구성은 교회의 전통적인 구분이다. 그러나 구약성서를 신학교에서 학문적으로 공부할 때는 오경, 예언서, 성문서라는 3대 구분을 접할 때도 있다. 이 경우, 히브리어로 오경은 '토라'(Law), 예언서는 '느비임'(Prophets), 성문서는 '크투빔'(Writings)이라는 단어를 쓴다.[1] 각각의 구성과 해당하는 책들은 아래와 같다.

---

1. 히브리어 성경을 '타낙'(TaNaKh)이라고도 부르는데, 이는 토라(Torah)의 T, 느비임(Nebi'im)의 N, 크투빔(Kethubim)의 K를 합친 형태다.

〈4대 구성〉

1. 오경: 창세기, 출애굽기, 레위기, 민수기, 신명기
2. 역사서: 여호수아, 사사기, 룻기, 사무엘상, 사무엘하, 열왕기상, 열왕기하, 역대상, 역대하, 에스라, 느헤미야, 에스더
3. 시가서: 욥기, 시편, 잠언, 전도서, 아가
4. 예언서: 이사야, 예레미야, 예레미야애가, 에스겔, 다니엘, 호세아, 요엘, 아모스, 오바댜, 요나, 미가, 나훔, 하박국, 스바냐, 학개, 스가랴, 말라기

〈3대 구성〉

1. 오경(Torah): 창세기, 출애굽기, 레위기, 민수기, 신명기
2. 예언서(Nebi'im)
    - 전기예언서: 여호수아, 사사기, 사무엘서, 열왕기
    - 후기예언서
        - 대예언서: 이사야, 예레미야, 에스겔
        - 소예언서: 호세아, 요엘, 아모스, 오바댜, 요나, 미가, 나훔, 하박국, 스바냐, 학개, 스가랴, 말라기
3. 성문서(Kethubim): 시편, 잠언, 욥기, 아가, 룻기, 예레미야애가, 전도서, 에스더, 다니엘, 에스라-느헤미야, 역대기서

사실, 3대 구성은 구약성경의 정경화[2] 과정 순서를 그대로 보

---

2. 신앙 공동체 내 전승된 문서들이 하나님의 거룩한 말씀으로서, 즉 경전의 권

여준다. 즉, 모세의 율법서인 '토라'가 가장 먼저 정경으로서의 권위를 부여받았다. 그 시기는 포로기인 주전 500년경으로 여겨진다.[3] 두 번째 구성인 '느비임'의 정경화는 마지막 예언자로 알려진 말라기의 시기인 주전 400년경에 완성된 것으로 간주된다. 왜냐하면 하나님의 직접적 계시가 말라기 이후에는 끝난 것으로 보기 때문이다. 끝으로 '크투빔'은 '토라'와 '느비임'에 포함되지 않는 거룩한 책들의 모음집이다. 비교적 늦은 시기에 정경으로 인정받는데 일반적으로 주전 100년경까지는 성문서의 묶음이 어느 정도 완성된 것으로 본다. 그 근거를 외경인 집회서(시락서)의 서문에서 찾을 수 있다. 곧, "법과 예언서와 그 뒤를 이은 다른 글들"이라는 언급에서 이미 율법서, 예언서, 성문서의 구분이 나타나기 때문이다. 집회서의 저자인 벤 시라가 주전 180-175년경에 히브리어로 집회서를 썼고 주전 120-100년경에 그의 손자가 이를 그리스어로 번역했을 때 해당 서론이 추가됐다.

히브리어 성서의 3대 구성이 정경으로 포함된 역사의 순서라면 개신 교회가 따르는 4대 구성은 어디로부터 등장한 것일까? 그것은 구약성서의 그리스어 번역본인 70인역에 근거한다. 주전 250년경부터 이집트의 알렉산드리아에서 이루어진 그리스어 번역은 프톨레마이오스(Ptolemy) 왕조의 학문적이고 문화적인 관심

위를 부여받게 되는 과정을 정경화 과정(Canonization)이라고 일컫는다.

3. 학자들은 에스라가 페르시아로부터 가져온 "모세의 율법" 내지 "하나님의 율법"(스 7:6, 14)을 통하여 포로기를 거친 뒤 에스라의 시기 전후에 토라가 현재의 모습으로 완성됐다고 추정한다.

으로 시작됐다. 그러나 점차로 디아스포라 유대인들의 신앙적인 열정이 율법의 유산을 후손들에게 전해주기 위한 교육적이고 실용적인 목적으로 발전하면서 이후 100여 년에 걸쳐 완성됐다. 주후 1세기에 이르러 비로소 히브리어 성서의 모든 번역본이 '70인역'이라는 이름으로 하나로 묶이게 됐다.[4]

'셉투아진트'(Septuagint)라고도 불리는 그리스어 구약성서인 70인역(LXX)은 기존의 히브리어 성서와 비교해볼 때 다음의 두 가지 차이점을 보인다. 첫째는 책 순서다. 3대 구성의 둘째 부분인 예언서가 70인역에서는 맨 뒤로 물러났다. 반면에 히브리어 성경의 제일 뒷부분인 에스라-느헤미야와 역대기서가 70인역에서는 두 번째 부분인 '역사서'라는 범주로 앞당겨져 배치됐다. 이러한 순서의 이동은 70인역이 번역된 시기의 상황이 반영된 결과다. 신구약 중간기에 해당하는 주전 300년경에서 0년까지는 메시아 대망의 시기에 들어간다. 따라서 메시아의 오심을 예언하는 예언서들이 미래의 시기와 연결되어야 했기에 구약성서의 제일 뒤쪽으로 의도적으로 배치된 것이다. 또한 주전 5세기 이후 부각된 '역사' 관

4. 반면에 『아리스테아스의 편지』(*Letter of Aristeas*)에 의하면, 이집트를 기반으로 한 프톨레마이오스 제국 시절 황제 프톨레마이오스 2세의 명령으로 알렉산드리아에 초청된 72명의 유대인 서기관들이 70인역을 단시일 내에 완성한 것으로 설명한다. 그러나 이는 70인 번역본의 계시성과 권위를 드러내려는 의도가 담긴 기록으로서 실제 역사와는 거리가 있다: 크리스틴 스웬슨, 『가장 오래된 교양: 3천 년 인문학의 보고, 성서를 읽는다』, 김동혁 옮김 (고양: 사월의책, 2013), 38-39.

념을 기억해야 한다.[5] 기존에 '예언'으로 취급되던 책들이 70인역에서 역사서로 분류되기 시작했다. 따라서 이스라엘의 가나안 정복으로부터 왕정 시대의 멸망에 이르는 일련의 역사적 과정을 다룬 "역사서"가 모세오경의 출애굽 역사 다음으로 위치하게 됐다. 한마디로 70인역의 책 순서는 내용을 중심으로 의도적으로 새롭게 배치된 것이다.

두 번째 변화는 본래 '타낙'(TaNaKh)에 없던 외경들(Apocrypha)이 포함됐다는 데 있다. 주전 3-2세기를 지나면서 유대인 회당에는 본래의 정경적 문서들 외에도 거룩한 문서로 여겨지는 책들이 있었다. 아직 최종적인 정경화[6] 결정이 이루어지지 않은 시기였기에 신앙의 유산을 물려주기 위한 유대인들의 노력은 비교적 후대에 쓰인 외경들도 거룩한 문서로 편입하기에 이른다. 이에 해당하는 책들은 다음과 같다.

- 역사서: 토빗, 유딧, 에스더 부록, 마카비상, 마카비하
- 시가서: 솔로몬의 지혜서, 집회서
- 예언서: 바룩, 다니엘 부록(세 젊은이의 노래, 수산나, 벨과 뱀)

이렇게 외경까지 포함된 70인역은 초기 기독교회가 형성되던 시

5. 역사학의 아버지인 헤로도토스(Herodotus, 주전 480-420년경)는 신구약 중간기에 활동했다.
6. 구약성서의 공식적 정경화는 주후 90년경 얌니아에서 열린 랍비들의 회의에서 본격적으로 논의된 것으로 알려져 있다.

기의 성경이었다. 예수와 사도 바울을 비롯한 초대 교회 성도들이 읽던 성경이 그리스어로 번역된 구약성서라는 점은 의미가 크다. 주후 50년경부터 데살로니가전서를 비롯한 신약성경이 기록되기 시작한 것을 기억한다면 사실상 예수 자신의 메시아적 정체성과 사명 그리고 바울의 믿음과 구원에 대한 기독교의 근본적 가르침은 구약성서에 기반하고 있다.

이후, 주후 4세기 말부터 히에로니무스(Jerome)에 의해 라틴어로 번역된 불가타성경(Vulgate)이 중세 시대 내내 가톨릭교회의 성경이 됐다. 그러나 불가타역의 구약성서는 여전히 70인역의 외경을 보존하고 있었다. 이윽고 16세기 마르틴 루터(Martin Luther)를 비롯한 종교 개혁자들이 외경의 정경성을 인정하지 않고 구약성서로부터 제외시킴으로써 현재의 39권만이 개신교회의 정경으로 남게 된다.[7] 그러므로 현재의 개신교 성경의 4대 구성은 분류와 순서는 70인역을 따르고 있으나 포함된 책 내용의 수는 '타낙'(TaNaKh)과 일치한다.

7. 반면에, 가톨릭교회는 1546년 트리엔트 공의회를 통하여 외경의 정경성을 인정하기에 이른다. 오늘날도 가톨릭교회는 제2의 정경(Deutero-canonical)으로서 외경을 구약성경의 일부로 받아들인다.

2) 구약성서의 역사

성경은 흔히들 생각하듯이 하루아침에 쓰인 것이 아니다. 오랜 시간 역사적인 형성 과정을 거쳤다. 그 형성 과정을 단계별로 요약하면 아래와 같다.[8]

(1) 구전 단계: 신화, 영웅시, 전래 민담이나 설화, 부족 간 전래 역사, 서사시, 속담 등

(2) 단편들의 기록 단계: 씨족 사회 내에서의 교훈적 가르침, 가족 산당의 제의적 필요성, 윤리적 강령들과 사회 규정들, 개인의 관심 등

(3) 단편들의 모음집: 부족 사회나 왕정 초기 구성원의 신앙적 연합 또는 이데올로기 형성을 위한 언약서 내지 율법 모음집(잠 25:1,[9] 왕하 22:8[10] 이하)

(4) '모세의 율법책'(유대인 공동체에게 있어서 거룩한 책): 에스라, 느헤미야(주전 400년경; 느 8:1-8) 이후, '예언서'와 '성문서'도 하나의 큰 묶음으로 묶임

---

8. 게오르그 포오러, 『구약성서개론(상)』, 방석종 옮김 (서울: 성광문화사, 1985), 46-72.

9. "이것도 솔로몬의 잠언이요 유다 왕 히스기야의 신하들이 편집한 것이니라" (이 책에서 인용되는 한글성경은 개역개정판임을 밝힌다).

10. "대제사장 힐기야가 서기관 사반에게 이르되 내가 여호와의 성전에서 율법책을 발견하였노라 하고 힐기야가 그 책을 사반에게 주니 사반이 읽으니라."

(5) 정경화: 주후 90년경 얍네(얌니아)에서 모여[11] 신흥 기독교 종파의 위협에 대비한 거룩한 말씀의 울타리 형성

모세가 홍해를 가르고 건너고 또 시내산에 오르내리는 현장에서 모세오경을 기록할 수는 없었을 것이다. 왜냐하면 오늘날의 필기구나 종이가 없었으며 설사 돌판이나 양피지가 있었다고 할지라도 광야 생활 중 기록에 충분한 재료들의 공급이 원활하지는 않았을 것이기 때문이다. 또한 일어난 사건들에 대하여 굳이 기록하고 보존할 필요성도 의식하지 못했을 것이다. 무엇보다도 당시 히브리인들은 입에서 입으로 전달해주는 구전전승에 익숙했다(신 32:7[12]). 구전전승의 대표적인 예로서, 홍해를 건넌 후 부른 출애굽기 15장의 "미리암의 노래"를 들 수 있다.

> 너희는 여호와를 찬송하라
> 그는 높고 영화로우심이요
> 말과 그 탄 자를 바다에 던지셨음이로다. (출 15:21)

---

11. 얌니아 회의에 대한 학자들의 의견은 일치하지 않는다. 일단의 학자들은 이미 하스몬 왕조 시대에 유대인의 정경이 형성된 것으로 본다. 이를 위해 다음의 논문을 참조하라: Philip R. Davies, "The Jewish Scriptural Canon in Cultural Perspective," Lee Martin McDonald & James A. Sanders, eds., *The Canon Debate* (Peabody: Hendrickson, 2002), 36-52.
12. "옛날을 기억하라 역대의 연대를 생각하라 네 아버지에게 물으라 그가 네게 설명할 것이요 네 어른들에게 물으라 그들이 네게 말하리로다."

3행에 걸친 이 짧은 승리의 노래가 홍해의 기적을 단적으로 전달해 준다. 이후 입에서 입으로 이스라엘 자손들에게 대대로 암송(recitation)됐을 것이다. 반면에 15:1부터 나오는 "모세의 노래"(출 15:1-18)는 구전전승보다는 기록전승의 산물이다. 여기에는 후대에 보강되고 첨가된 신학적 내용들이 담겨 있다.[13] 모세의 노래는 도리어 구전 단계 다음의 '단편들의 기록 단계'와 '단편들의 모음집'의 산물이다. 이스라엘의 가나안 정복 이후 형성된 씨족 사회에서 자손들을 위한 신앙 교육의 필요성이 부각되면서 구전으로 전해졌던 구원 사건들이 기록되기 시작한 것이다.

모세의 노래는 미리암의 노래를 근거로 하여 내용이 보강된다. 모세의 노래 1절 하반절을 보면 미리암의 노래가 그대로 반복되는 것을 발견할 수 있다. 단지 주어만이 1인칭으로 변화됐다: "내가 여호와를 찬송하리니 그는 높고 영화로우심이요 말과 그 탄자를 바다에 던지셨음이로다." 2-8절과 10-12절에서는 여호와 하나님이 어떤 신인가를 가르치고 있으며 13-18절에서는 선택된 이스라엘 백성을 향한 특별한 하나님의 구원 행동을 강조한다. 계약백성으로서의 이스라엘의 기원과 민족적 정체성을 밝히기 위한

13. 예를 들면, "여호와는 나의 힘이요 노래시며"(출 15:2)는 전통적 시편의 후렴구이며, "여호와여 신 중에 주와 같은 자가 누구니이까"(15:11)는 왕정 시대와 포로 시대의 신학적 캠페인이다. 더군다나, 14절의 "블레셋 주민"의 존재는 출애굽 이후에나 역사에 등장하는 민족이다. 블레셋의 출현에 대한 역사적 논의는 다음의 자료를 참조하라: Ann E. Killebrew & Gunnar Lehmann, eds., *The Philistines and Other "Sea Peoples" in Text and Archaeology* (Atlanta: Scholars Press, 2013).

노력이 이스라엘 역사 내내 경주됐던 것이다.

결정적으로, 신바빌로니아 제국에 의해 선택된 이스라엘이 철저하게 짓밟혔을 때 민족의 뼈저린 반성을 통하여 '모세의 율법책'이 포로 시대부터 정리되기 시작한다. 대제국의 보다 발전된 문명과 문화는 이러한 기록 문화 형성의 촉매제가 됐을 것이다. 그러나 이스라엘의 거룩한 문서들의 본격적인 편집과 완성은 포로기(주전 6세기)보다는 포로 후기(주전 5세기) 페르시아 시대에 이루어진다. 제국 내 식민지 민족들에게 자치권을 부여하면서 유화정책을 펼쳤던 페르시아 시대야말로 이스라엘이 종교적 정체성과 문화적 독특성을 가지고 유대인으로 거듭나는 터전이 됐기 때문이다. 이스라엘의 종교는 마침내 주전 400년경 느헤미야와 에스라의 종교 개혁을 통해서 "성전의 종교"에서 "책의 종교"로 변화됐다.[14]

위에서 언급했던 것처럼, 거룩한 권위를 인정받은 이스라엘의 정경, 곧 오늘날의 구약성서는 주전 400년부터 100년에 이르기까지 본격적인 기록 문화로서 형성됐다. 물론, 구전 단계의 역사로부터 따진다면 구약성서는 족장들의 이동과 믿음의 역사를 아우르는 주전 2000년경으로부터[15] 시작해서 주전 100년까지 거의

14. 왕대일, 『구약성서 이해 열 마당』 (서울: 새길, 2010), 20-23.

15. 구약성서 개론의 고전적인 명저 중 하나인 로렌스 보오트의 구약입문서는 족장 시대의 연대를 주전 2000-1600년으로 잡고 있다: Lawrence Boadt, *Reading the Old Testament, An Introduction* (New York: Paulist Press, 1984), 22. 이는 고고학에서의 중기 청동기 시대인 주전 2000-1550년에 해당한다.

2000년에 가까운 기간 동안 암송되고 기록되고 보존되어 비로소 신약성서 시대까지 전달됐다.

여기에서 한 가지 의문은 어떻게 그 오랜 기간 동안 구약성서의 내용들이 훼손 없이 보존될 수 있었나 하는 것이다. 아마도 구전 단계에서 암송하는 사람의 기억력에 의해 어느 정도의 가감삭제(加減削除)가 있었을 것이다. 단편들의 기록 후에도 옮겨 쓰는 필사가의 잘못으로 오자도 발생했을 것이다. 더군다나 히브리어 알파벳 자체는 상호 유사한 문자들이 많다. 예를 들어, 문자를 쓸 때 곡선과 직선이 혼동될 경우 단어의 의미가 정반대가 될 때가 있다.[16] 이런 의미에서 필기도구가 충분치 않았고 인쇄기나 복사기가 없었기에 필사에만 의존했던 시절 거룩한 말씀의 유산을 보존해 왔던 일단의 필사가들 또는 서기관들의 노력을 주목하지 않을 수 없다.

그들의 거룩한 열정의 한 단면은 1946년 베두인 목동에 의해 우연히 발견된 사해두루마리에서 찾을 수 있다. 사해 북서쪽 석회암 동굴 지역에서 당시 유대교 분파 중 에세네파로 알려진[17] 쿰란 공동체의 구성원들이 물려받고 옮겨 쓴 문서들이 상당량 발견됐

---

16. חסד('헤세드')와 חסר('헤세르')는 "사랑"과 "결핍"의 대조되는 단어다. 그 차이는 직선 모양의 '달렛'(ד)과 곡선 모양의 '레쉬'(ר), 곧 기역 자 모양에서 꼭짓점이 있느냐 없느냐의 미세한 차이다.

17. 에릭 H. 클라인, 『성서 고고학』, 류광현 옮김 (서울: 기독교문서선교회, 2013), 138; 임미영, 『고고학으로 읽는 성경』 (서울: 기독교문서선교회, 2016), 306.

다. 그 가운데 이사야 두루마리만이 1장부터 66장까지 온전히 보존되어 있었다. 이것은 오늘날의 대부분의 구약성서의 원본으로 알려진 레닌그라드 사본(Leningrad Codex)의[18] 이사야서보다 무려 1200년이 앞선 문서였다. 놀랄 만한 사실은 사해두루마리의 이사야 두루마리와 레닌그라드의 이사야 사본의 내용들이 대부분 일치한다는 것이다. 사람들에 의해 필사됐고 그것도 1000년이 넘는 간격이 있었는데도 말이다. 여전히 발견되는 차이점과 이독(異讀)의 문제들은 이미 본문비평학자들에 의해 사해두루마리 발견 이전부터 알려진 쟁점들에 불과했다. 이는 하나님의 거룩한 말씀에 대한 경외의 심정으로 필사가들이 얼마나 경건하게 성서의 말씀들을 기록해 왔는가에 대한 충분한 방증이다. 여기에 하나님의 계시의 말씀의 권위가 드러난다.[19] 위로부터의 하나님의 계시적 사건과 구원에 대한 고백들이 인간의 역사 가운데 대대로 암송되고 기록된 것이다. 바로, 하나님의 은혜의 역사와 인간의 경건한 응답이 만나는 지점에 거룩한 하나님의 말씀이 탄생되는 것을 확인할 수 있다. 이에 반하여, 당시에 위대했던 이집트, 신앗시리아, 신바빌로니아, 페르시아 제국의 문화적 흔적과 기록들은 한낱 고대 고고학의 흙무더기 속에서만 발굴될 뿐이다.

---

18. 주후 1008년 마소라 학자들에 의해 완성됐다. 구약성서 전체가 온전히 기록된 현존하는 가장 오래된 히브리어 성경이다.
19. "모든 성경은 하나님의 감동으로 된 것으로 교훈과 책망과 바르게 함과 의로 교육하기에 유익하니"(딤후 3:16).

※ 참고 자료: 마소라 성서(MT)와 마소라 학자들(Masoretes)

구약성경 히브리어 성서의 역사는 주후 4세기 히에로니무스의 라틴어 번역과 16세기 종교 개혁자들에 의한 개신교 성서의 완성 사이에 주요한 변화를 겪는다. 바로, 주후 6세기부터 10세기까지 이루어진 마소라 학자들의 모음 첨가(vocalization)와 난외주 작업이다. 본래, 히브리어 성경은 자음으로만 이루어졌다. 이것은 히브리어 성경의 구전전승을 증명하는 하나의 이유이기도 하다. 그만큼 고대 이스라엘의 신앙고백들은 기록 이전에 오랫동안 암송되고 낭독됐던 것이다. 따라서 자음만 보고도 문장을 읽을 수 있었다. 그러나 주후 6세기부터 일단의 유대인 학자들이 모음 체계를 발명하고 히브리어 원본 성경을 보존하려는 시도가 전개됐다. 팔레스타인과 디아스포라 유대인들에 의해 경주된 히브리어 성경의 모음화는 최종적으로 갈릴리 티베리아스에서 개발된 체계를 따르게 된다. 현재 각국의 구약성경의 원본이 되는 마소라 성서(MT)는 바로 수 세기에 걸친 경건한 마소라 학자들의 결과물이다. 그들은 현재의 히브리어 성서 MT의 모음뿐만 아니라 악센트 체계와 다양한 쉼표, 그리고 성서 본문의 아래쪽과 옆쪽의 모든 난외주들을 기록했다. 특히, '크티브'("쓰기")와 '크레'("읽기")의 표시는 얼마나 마소라 학자들이 성서의 읽기 전통과 쓰기 전통을 동시에 유지하면서도 하나님의 말씀의 의미를 되도록 본래의 원본에 부합하게 유지하려고 심혈을 기울였는지를 보여준다. 오늘 우리 손에 구약성경이 주어지기까지 이렇게 수백, 수천 년에 걸친 하나님의 사람들의 말씀에 대한 경외와 열정이 이런 작업 속에 녹아 있음을 기억해야 한다.

제2장
구약성서의 정의와 전승

구약성서를 어떻게 정의할 수 있을까? 물론, '하나님의 말씀'이요, 신약성서의 메시아 구원 사건에 대한 '예표' 또는 '예언'이라는 일반적인 이해가 떠오른다. 그러나 한 가지 기억해야 할 사실은 구약성서 전체인 39권이 하나같이 예수 그리스도의 메시아 되심을 가르치고 있지는 않다는 것이다. 또한 구약성서와 신약성서가 그렇게 단순히 교리적 일관성을 가진 메시지로 읽히지도 않는다. 예를 들어, 시편의 탄식시에 가득한 원수 보복시들을[1] 어떻게 이해할 수 있을까? 신약성서의 예수 그리스도는 순종을 강조하고 원수까지도 사랑하라고 하는데 말이다. 또, 잠언이나 전도서와 같은 현실 생활의 행복론 추구나 철학적 허무함에 대한 기록을 어떻

1. 시 82, 109, 137편 등. J 클린튼 매칸, 『새로운 시편여행』, 김영일 옮김 (서울: 은성, 2000), 167-188.

게 예수 그리스도의 구속사적 사건과 연결시킬 수 있을까? 자칫, 신약성서의 기독론 또는 교리 중심의 읽기가 선입관으로 작용하여 정작 구약성서에 드러난 하나님의 뜻을 놓치는 경우가 생길 수 있다는 것이다. 구약성서와 신약성서를 관통하는 하나님의 섭리와 역사를 '성서적으로' 이해하기 위해서는 기존의 '교리적인' 교회 공동체의 접근이 방해물이 될 수 있다. 자신도 모르는 사이에 기독교인들이 소위, '내가복음'의 아전인수(我田引水)식 성경 해석에 빠지고 심지어는 이단적 가르침의 함정에 노출될 수 있다.

그렇다면 구약성서를 어떻게 이해하는 것이 최대한 '성서적인' 이해로 나아가는 길일까? 이미 앞선 장에서 밝힌 것처럼 구약성서는 '위로부터' 베풀어지는 하나님의 계시가 '아래로부터'의 이스라엘의 응답과 서로 만나는 자리에서 형성됐다. 오늘날의 생각처럼 성령의 계시를 받은 성서기록자가 한순간에 일필휘지(一筆揮之)로 써 내려간 천상의 문서가 아니다. 수많은 사람들에 의해 수년간의 구전전승과 기록전승을 통해 마침내 어느 순간부터 신앙공동체의 정경으로 인정된 역사적 결정체다. 이런 의미에서, 나는 구약성서를 '다양한 전승들의 총합'으로 강조한다. 그리고 그 총합의 원리는 오고 오는 세대의 역사적 변천 가운데에서도 한결같이 고백되는 야웨 유일신 신앙이다. 따라서 구약성서의 정의를 다음과 같이 내릴 수 있다: **구약성서는 고대 이스라엘의 다양한 야웨 신앙 전승들의 총합**(integration)**이다.**

구약성서의 현재의 모습은 오랜 역사를 거쳐 형성된 신앙 전승의 집합체다. 그렇다면 전승(tradition and transmission)이란 무엇인가? 라틴어에서 전승은 두 가지 의미로 표현된다. 하나는 '트라디툼'(*traditum*)의 "전통"(tradition)이라는 말이며, 또 다른 하나는 '트라디티오'(*traditio*)의 "전승"(transmission)이라는 말이다.[2] 구약성서의 전승의 의미는 사실상 두 가지 의미가 공존한다. '전통'은 오랜 기간의 문화와 활용이 녹아진 최종 결과물을 가리킨다면, '전승'은 하나님의 전통적 유산이 새로운 시대에 전달되는 과정 자체를 의미한다. 전자가 굳어진 것이라면 후자는 유동적이다. 그런데 구약성서를 이해하기 위해서는 전통보다는 전승 개념이 더 유용하다. 왜냐하면 구약성서의 신앙 전승은 오늘날까지도 여전히 신앙 공동체 내에 흐르고 있기 때문이다. 물론, 구약성서와 신약성서는 각각 고대 이스라엘과 초기 기독교의 역사적 전통의 산물이다. 그러나 성서 안에 흐르는 하나님의 구원과 은혜의 역사는 모든 오고 오는 세대에서 여전히 유효하다. 그 신앙의 흐름이 대대로 계승되어 왔다. 성서를 전승 개념으로 이해한다는 것은 성서가 과거에 완성된 고대 문서가 아니라 지금도 믿음의 사람들에게 똑같은 사건으로 경험되는 살아계신 하나님의 말씀과 구원이라는 사실을 전제한다.

이제, 성서를 전승 개념으로 이해하게 된다면, 성서에 대한 이해의 폭과 깊이는 넓어지고 깊어진다. 비로소 성서를 '교리적'이

---

2. Michael Fishbane, *Biblical Interpretation in Ancient Israel* (Oxford: Clarendon, 1985), 86-88.

아니라 '성서적'으로 이해할 준비가 갖추어진 셈이다. 왜냐하면 성서가 형성되고 구성된 본문의 결(texture)[3] 그대로 읽을 수 있게 되기 때문이다. 그리고 그 성서의 '결'의 두 가지 요소는 역사성과 정경성이다. 성서 본문이 암송되고 기록된 역사적 특성을 역사성이라고 한다면 그 말씀을 하나님의 계시로 받아 신앙 공동체의 순종을 추구한 말씀의 적용이 정경성이다. 쉽게 말하면, 구약성서를 다양한 야웨 신앙 전승들의 총합으로 읽는다는 것은 각 본문의 역사적 맥락과 계시적 배경을 함께 살핀다는 의미다. 곧, 구체적인 인간의 현실에서 하나님의 구원을 어떻게 고백하고 있는가를 해석하는 일이다.

한 가지 예를 들어 보겠다. 시편에서 가장 유명한 구절인 시편 23편의 "여호와는 나의 목자시니 내게 부족함이 없으리로다"의 찬양을 주목해보자. 이 시는 목동 시절의 다윗이 한가로이 '선한 목자'의 은혜와 구원을 목가적으로 노래한 것이 아니다. 이 본문의 결은 도리어 '부족한' 현실의 상황이라는 역사성과 그럼에도 불구하고 '부족함이 없도다'를 고백하게 하는 계시성이 결합되어 이루어져 있다. 실제로, 23편은 본문 내내 "내 영혼을 소생시키시고"(3절) 또는 "내가 사망의 음침한 골짜기로 다닐지라도"(4절), "내 원수의 목전에서"(5절)와 같이 부족한 현실을 전제한다. 구체적으로 사무엘상 17:37에 의하면, 다윗은 양을 칠 때에 "사자의 발톱과 곰의 발톱"과 같은 위험한 상황에 처해 있었다. 시편 23편이 거룩

3. 왕대일, 『구약주석 새로 보기』 (서울: 감신대성서학연구소, 2005), 139-140.

한 노래로 이스라엘 자손들에게 전해진 것은 결핍과 위험에 노출된 한 가난한 목자의 역설적 승리와 구원의 고백 때문이다: "주께서 나와 함께 하심이라 주의 지팡이와 막대기가 나를 안위하시나이다"(4절). 이 시가 모든 유사한 상황에 처한 목자들에게 두루 애송되고 대대로 전승되어 온 것이다. 이 노래 안에 확신에 찬 "주께서 나와 함께하심"('키-아타 임마디')의 고백이 바로 이 땅의 인간이 하늘과 만나는 계시적 현장을 증언한다. 시편 23편은 이 신앙의 고백을 함께하는 신앙 공동체에 의해서 점차로 야웨 신앙의 거룩한 문서로 정경화된 결정체이다.

신약성서는 물론이고 구약성서 역시 실제로 복잡다단한 인간의 역사 속에 드러난 하나님의 구원에 대한 '다시 이야기하기'(re-telling)이다. 성서 해석에서 '전통'보다는 '전승' 개념을 더 선호하는 이유는 반복성(rehearsal)에 있다. 구약성서신학의 대가인 폰 라드(G. von Rad)는 구약신학의 근본적 뼈대를 거룩한 구원사의 "다시 이야기하기"로 주장한다.[4] 즉, 구약성서는 이스라엘의 영적 또는 종교적 세계에 대한 설명도 아니요 더군다나 신앙 자체에 대한 묘사도 아니라고 말한다. 도리어, 야웨 하나님에 관한 특별한 주장이라고 본다. 객관적인 종교 교과서가 아니라 특수한 신앙고백의 발현이라는 것이다. 그 '특수한 신앙고백'의 배경이 바로 이스라엘 역사를 관통하는 구원 경험이다. 출애굽 시대나 가나안 정복 시대에 굳어진 '교리'가 아니라 대대로 새롭게 '경험'되는 하나님 체험

4. 김정준, 『폰 라드의 구약신학』 (서울: 대한기독교서회, 1973), 39-43.

이다. 이집트 노예살이 마지막 밤에 재앙이 "넘어가는"(Passover, "유월")[5] 구원이 이후 유월절을 기념하는 모든 세대에서 똑같이 경험되는 것이다. 그러나 각 시대마다 역사적 특수성이 더해진다. 이집트에서는 이스라엘의 장자들이 생명을 얻는 것이었다면, 가나안에서는 여리고 성을 점령하는 군사적 승리로, 다윗 왕조에서는 시온에 임하는 야웨의 통치로 계속해서 '다시' 선포되는 것이다. 따라서 구약성서 이해는 이스라엘의 신앙고백에 대한 '다시 이야기하기'이며 더 나아가 오늘 우리의 현실에서 '새롭게 이야기하기'이다. 굳어진 교리의 반복이 아니라 오늘 만나는 생생한 구원 경험을 목표로 해야 한다.

그렇다면 '다양한 야웨 신앙의 전승들'이라고 했는데 어떠한 전승들이 구약성서에서 발견되는가? 각각의 전승은 독특한 내용과 문화 환경을 동반한다. 말 그대로 '출애굽 전승'은 히브리 노예들이 이집트를 탈출한 역사적인 사건을 전해준다. '가나안 정복 전승'은 가나안 원주민들에 대한 이스라엘의 군사적 승리를 기념하는 이야기들로 구성되어 있다. 그러나 구약성서의 전승들을 말할 때에는 내용 자체에 국한하지 않고 그 주제들을 둘러싼 모든 문화적인 환경들을 총망라한다. 즉, 내용 중심의 전승 개념보다는 문학 중심의 전승 개념을 다루게 된다. 오경 전승, 예언 전승, 지혜

5. "내가 애굽 땅을 칠 때에 그 피가 너희가 사는 집에 있어서 너희를 위하여 표적이 될지라 내가 피를 볼 때에 너희를 **넘어가리니** 재앙이 너희에게 내려 멸하지 아니하리라"(출 12:13).

전승, 묵시 전승 등이 그 예다. 예언 전승이라고 했을 때 단순한 심판과 회복 선포의 내용만 다루는 것이 아니다. 해당 예언의 배경이 되는 이스라엘과 야웨 하나님과의 제반적 역사적 관계와 사회적 상황이 예언 문학이라는 틀 안에서 함께 녹아들어가 있다. 따라서 '예언 전승'은 예언자들의 메시지를 포함하여 그 사상적 기반인 이스라엘의 출애굽 구원 경험과 시내산 계약 관계, 시온산 언약신학 등 다양한 주제들의 전승층이 동반된 개념이다. 이 위에 그 신앙의 내용들을 형성하고 보존한 예언자 집단의 전승 보존과 계승의 역사 과정을 포괄한 종합적인 문화현상이 예언 전승인 것이다. 그렇다면 예언 전승 내에는 오경 전승의 흐름도 있을 수 있고 시가 전승의 흐름도 동시에 발견될 수 있다. 나중에 묵시문학을 설명하면서 이야기하겠지만[6] 묵시 전승의 경우, 다양한 전승들의 총화라고 해도 과언이 아닐 정도로 모든 이스라엘 전승들의 종합판으로 볼 수 있다.

얼핏 복잡하게 들릴 수도 있겠지만, 구약성서를 '전승'의 개념으로 이해하기 위한 손쉬운 방법은 구약성서의 내용들을 '흐름'으로 받아들이는 것이다. 흐름은 굳어지지도 않고 모든 요소들을 담을 수 있기 때문이다. 그리고 일정한 흐름의 책임자들은 고대 이스라엘의 리더십이다. 예레미야 18:18에 따르면,[7] 제사장과 지혜

6. 본서 제13장, "3) 다니엘의 신학"을 참조하라!

7. "그들이 말하기를 오라 우리가 꾀를 내어 예레미야를 치자 제사장에게서 율법이, 지혜로운 자에게서 책략이, 선지자에게서 말씀이 끊어지지 아니할 것이니 오라 우리가 혀로 그를 치고 그의 어떤 말에도 주의하지 말자 하나이

자, 선지자들의 리더십 구분이 최소한 예레미야 시대인 주전 6세기까지 이스라엘 사회에서 완성됐다.[8] 따라서 각각 제사장들은 '오경 전승'(율법 전승), 지혜자들은 '지혜 전승', 예언자들은 '예언 전승'을 담당한 것으로 보인다. 성서신학에서는 각각의 신앙적 전통들을 보존하고 다음 세대들에게 전달해준 전승의 보존과 개혁의 주인공들을 '전승의 전달자들'(tradents)로 이해한다. 물론 구약성서를 형성하는 전승들에는 이외에도 이스라엘의 노래를 다루는 '시가 전승', 또 신앙적 뿌리의 역사를 다루는 '역사 이야기', 세계와 인간의 기원을 노래하는 '창조 전승', 그리고 신구약 중간 시대로 들어가면서 새롭게 등장하는 '묵시 전승' 등 다양한 전승들이 있다. 그런데 고대의 문화유산을 다룰 수 있는 특별한 지식 계층이 지극히 제한되어 있었던 사실을 상기한다면 각각의 문학 전승들의 주관자 그룹은 위의 세 가지 리더십 그룹과 어느 정도 일치했으리라고 볼 수 있다.

구약성서의 형성에서 '전승의 전달자들', 곧 지성적 그룹이 없었다면 이스라엘의 야웨 신앙의 유산은 여타 고대 근동 문화의 운명과 다를 바 없이 역사상의 먼지로 사라져 버렸을 것이다. 그렇

다." 참조, Joseph Blenkinsopp, *Sage, Priest, Prophet: Religious and Intellectual Leadership in Ancient Israel* (Louisville: Westminster John Knox Press, 1995).

8. 비교, "환난에 환난이 더하고 소문에 소문이 더할 때에 그들이 선지자에게서 묵시를 구하나 헛될 것이며 제사장에게는 율법이 없어질 것이요 장로에게는 책략이 없어질 것이며"(겔 7:26).

다면, 한 가지 질문은 앞선 장에서 구약성서의 기록 단계 때 큰 공헌을 했던 '거룩한 필사가'와 이곳에서 언급된 '전승의 전달자들'과의 관계성이다. 큰 틀에서 보면 고대 이스라엘의 지성적 전통의 차원에서 두 그룹은 겹치는 측면이 있다. 즉, 이스라엘 야웨 신앙의 구전전승과 기록전승의 모든 단계에서 제사장이든, 예언자이든, 또는 지혜자이든 거룩한 문서의 필사와 전달에 분명히 관여했을 것이다.[9] 그러나 세 그룹의 리더십 분화는 고대 이스라엘의 역사 초기에는 아직 이루어지지 않았던 것 같다. 특히, 사무엘의 초기 활동을 보면, 그는 단지 제사장의[10] 역할뿐만 아니라 선견자(seer)와[11] 선지자(prophet)[12], 심지어는 마지막 사사(judge)로[13], 거기에 왕정 체제의 기초를 놓은 정치가로도 활동하고 있기 때문이다.[14]

주전 11세기 사무엘 시대와는 달리, 10세기 왕정 시대가 시작된 이후, 전문적으로 왕궁 사료를 기록하고 보존하는 관료 집단들이 생겼을 것이다. 역대기 사가에 따르면 이미 다윗 시대에 궁중의 지혜자와 서기관의 존재를 확인할 수 있고[15] 제사장과 레위 집

---

9. R. Norman Whybray, *The Intellectual Tradition in the Old Testament* (Berlin: Walter de Gruyter, 1974).
10. 삼상 9:12-13; 13:8-14
11. 삼상 9:9-11, 18-20
12. 삼상 9:25-27
13. 삼상 7:3-17
14. 삼상 9:17-27
15. "다윗의 숙부 요나단은 지혜가 있어서 모사가 되며 서기관도 되었고 학모니의 아들 여히엘은 왕자들의 수종자가 되었고 아히도벨은 왕의 모사가 되었고 아렉 사람 후새는 왕의 벗이 되었고"(대상 27:32-33).

단은 체계적으로 왕국의 예배를 담당하고 있음을 볼 수 있다.[16] 솔로몬 시대에 이르러 관료 체제는 더욱 세분화됐고 특히 솔로몬의 '삼천 잠언'과 '천다섯 편의 노래', 동식물에 관한 백과사전적 지식의 기록은(왕상 4:32-33) 궁정 서기관의 활발한 활동을 짐작케 한다. 이러한 통일 왕정 시기에 이르러 사사 시대로부터 내려오던 야웨 신앙의 전승들이 율법과 계약 사상에 관한 규례들과 더불어 단편적으로 기록되고 정리되기 시작했을 것이다. 분열 왕국 이후 주된 야웨 신앙의 전승은 모세 계약 사상의 전통이 상대적으로 강했던 북이스라엘 중심으로 전승됐다. 특히, 예언자 집단이 벧엘, 길갈, 여리고 등의 전통적 성소를 중심으로[17] 신앙 전승의 담지자들로 활동했다. 물론, 모세의 율법을 중심으로 이스라엘의 야웨 신앙에 대한 기록 문화는 오므리 왕조를 폐하고 야웨 신앙의 지지자로 옹립됐던 예후 왕조를 중심으로 하는 궁중 서기관들에 의해 복구, 기록, 보존됐을 것이다. 그러나 상세한 전승 과정에 대해서 구약성서가 우리에게 알려주는 바는 없다. 단지, 북이스라엘 멸망 후, 예루살렘으로 피난 온 북이스라엘의 특정한 지도자 그룹에 의해 신명기 법의 근간이 되는 "원신명기"가 일정 기간 동안 예루살렘 성전에 보관되어 왔다는 사실과[18] 그것이 요시야 왕 시절 대제사장 힐기야에 의해 발견되고 서기관 사반에 의해 낭독됐다는 사실만을

16. 대상 24:1-26:28
17. 왕하 2:1-18
18. E. W. 니콜슨, 『신명기와 전승』, 장영일 옮김 (서울: 장로회신학대학교출판부, 2003), 171.

알려줄 뿐이다(왕하 22:3-11). 그러나 이 정보만으로도 야웨 신앙의 전승을 위한 제사장과 궁중 서기관들의 활동이 지속되고 있었다는 사실을 증명하기에 충분하다.[19]

포로기 초기에 와서도 야웨 신앙의 전승은 파편적으로만 신실한 신앙인들에게 남아 있었을 것이다. 예루살렘 멸망의 충격은 컸을 것이며 400년 이상 물든 가나안 이교 문화의 혼합주의적 요소가 전통적인 야웨 신앙의 발전을 방해했을 것이기 때문이다. 그나마 남아 있던 족장들의 약속과 모세의 계약 전승은 이스라엘 문화에 여전히 지배적인 구전전승으로만 전달됐을 것이다. 그러다가 신흥 강대국 페르시아의 등장과 더불어 포로민들에게 회복의 소망이 움트기 시작했다. 비로소 예언자들의 말씀이 실감되기 시작했으며 민족 신앙의 뿌리 찾기와 정체성 회복의 노력이 경주됐을 것이다. 성전이 없는 현실이었기에 말씀 중심의 모임과 예배가 새롭게 등장했을 것이다. 이 포로기 시대야말로 '전승의 전달자'로서의 필사가들 그룹이 구체적으로 등장한 시기다. 왜냐하면 더 이상 제사장이나 궁정 서기관 또는 지혜자들의 존재가 가능하지 않았기 때문이다. 대신에 예루살렘 이사야의 전승을 이어받은 제자 집단과 에스겔 중심의 예언자 그룹의 활동들이 있었으며, 소위 신명기사가 그룹과 예레미야 계열의 서기관들의 활약이 기록전승의

19. 이 외에도 잠언 25:1에 의하면 히스기야 왕 시대에 활동했던 서기관들의 역사성이 보고되고 있다: "이것도 솔로몬의 잠언이요 유다 왕 히스기야의 신하들이 편집한 것이니라."

보다 큰 단위의 편집을 가능케 했을 것이다. 자연스레 기존의 지성적 그룹이 신앙 전승 일반을 담당했을 것이며 각자의 출신 배경을 통해서 율법 전승과 예언 전승 또는 지혜 전승 등의 여러 갈래의 전승층들을 형성해 나갔을 것이다.

이러한 상황에서 페르시아의 초대 황제 고레스의 식민지 유화 정책과 전통 보존을 위한 제국 정부의 격려와 원조는 전승 전달자로서의 서기관 그룹의 본격적 등장이라는 문화적 환경을 조성하기에 충분했다. 그 대표적인 예가 바로 "제사장 겸 학사 에스라"(느 12:26)의 등장이다. 한글에서 "학사"로 번역된 '소펠'은 바로 서기관을 지칭한다. 향후 총독으로 파송된 느헤미야와 더불어 포로 후기 예후드 공동체는 모세의 율법 중심의 새로운 공동체로 거듭나게 된다. 기록된 말씀의 유산이 이 시기 에스라와 같은 서기관들에 의해 이루어지지 않았다면 이스라엘의 야웨 신앙은 역사의 뒤안길로 사라졌을 것이다. 그만큼 이 시기의 서기관들은 구약성서 전승 보존의 최대 공헌자들이다. 우리가 현재 전수받은 구약성서의 형태와 내용은 사실상 이러한 서기관들, 곧 지혜 그룹의 신학과 사상의 반영이다. 향후, 신구약 중간 시대 내내 지혜 그룹의 필사가들이 야웨 신앙의 기록전승을 줄곧 담당하게 되며 주후 6세기부터 활약한 마소라 학자들의 선조들이 된다.

제3장
구약성서의 배경과 이스라엘의 역사

어떤 한 사람을 잘 이해하기 위해서는 그 사람의 배경에 대한 이해가 중요하다. 처음에는 왜 그렇게 무뚝뚝한지 또는 왜 그런 행동을 하는지 이해가 안 된다. 그러나 당사자의 성장 배경이나 상황에 대하여 알게 될 때 비로소 그 사람을 훨씬 잘 이해하게 된다. 마찬가지로, 구약성서를 이해하기 위해서는 성서의 배경에 대한 이해가 중요하다. 구약성서와 우리 사이에는 넘어야 할 간극이 크기 때문이다. 시간적 간극은 최소 2500년에서 최대 4000년 이상이고 공간적 간극은 단순한 물리적 거리뿐 아니라 기후와 지형의 차이까지 고려되어야 한다. 게다가 문화적 간극은 더욱 심각하다. 오늘날의 삶의 환경과 너무 다른 고대 근동의 다양한 문화의 산물로서 이스라엘의 삶과 종교를 이해한다는 것은 단순한 문제가 아니다. 같은 시대를 산다고 하더라도 한국 사람들이 아프리카

나 아메리카 대륙에 갔을 때 큰 문화 충격을 받는 것에 빗대어 본다면 이해하기 쉬울 것이다. 아무리 하늘의 계시를 담고 있는 성경이라 할지라도 그 계시의 기록자들은 여전히 인간의 역사 한가운데에서 활동했음을 기억해야 한다. 구약성서를 제대로 이해하기 위해서 이스라엘 역사와 문화적 환경과 배경, 고대 히브리어, 고대 근동의 종교사 등을 배워야 하는 이유가 여기에 있다.

이곳에서 모든 개론적 지식을 다룰 수는 없기에 간략하게나마 이스라엘의 역사적 무대가 되는 고대 팔레스타인 지역(성서에서는 "가나안" 지역)의 지형적 환경, 문화적 상황, 주요 역사적 사건에 대한 이해로 만족하려 한다.

먼저, 이스라엘의 지형 조건이다. 어릴 때부터 서울에서 자라난 사람과 강원도에서 자라난 사람들은 서로 자연과 사람들에 대해서 느끼고 표현하는 것이 다를 것이다. 또한 구체적으로 아브라함이 헤브론의 마므레 상수리에서 제단을 쌓았다고 했을 때[1] 그 지형과 상수리나무를 잘 아는 사람과 모르는 사람의 본문 이해의 정도는 사뭇 다를 것이다. 족장 시대의 삶의 환경은 척박한 산지요, 푸른 초지를 얻기 힘든 상황이었다. 그러한 곳에서 나무를 발견하고 예배를 드린다는 것은 감사와 감격의 제사가 아닐 수 없을 것이다.

팔레스타인 지역은 북에서 남으로 지도를 나눌 때 크게 네 가

---

1. "이에 아브람이 장막을 옮겨 헤브론에 있는 마므레 상수리 수풀에 이르러 거주하며 거기서 여호와를 위하여 제단을 쌓았더라"(창 13:18).

지 지형으로 구분된다.[2] 첫째, 서쪽으로 지중해를 끼고 있는 해안 평야 지대다. 일찍부터, 이 지중해 평야 지대에 사람들이 몰려 살았다. 북쪽 지역은 두로, 시돈, 비블로스 도시들을 중심으로 페니키아 사람들이 가나안 문명을 이룬 곳이다. 남쪽의 해안 평야 지대는 11세기부터 소위, "해양 민족"으로 알려진 블레셋인들이 아스돗, 아스글론, 가자 등의 도시들에 정착했다. 둘째, 서부요르단 산맥 지역이 있다. 레바논 산맥의 연장으로 갈릴리 지역과 중앙 고원 지대로 나뉜다. 이스라엘 왕국사의 중심지인 에브라임 산지와 유다 산지는 바로 중앙 고원 지대의 북부와 남부 지역을 각각 가리킨다. 유다 산지 남쪽 끝으로 블레셋 평야 지대와 해안 지대를 향하여 작은 산기슭 언덕이 형성되는데 이 지역을 '세펠라'라고 부른다. 셋째, 요르단 계곡 지대가 펼쳐진다. 북쪽 헤르몬산으로부터 발원한 요르단 강이 단 지역을 지나 갈릴리 바다를 거쳐 사해까지 이르는 지역을 말한다. 갈릴리 호수는 동서로 8km, 남북으로 20km인, 바다와 같은 큰 규모의 호수로서 고대로부터 이 지역인들의 어업 종사를 가능케 했다. 사해는 지구상 가장 낮은 지역을 이루며 바다의 수면보다도 400m 아래에 위치한다. 물이 빠져나갈 출구가 없기에 30%의 염분을 함유하여 사람을 비롯한 웬

2. 여섯 가지 지형으로 나누기도 한다: (1) 남부 해안 평야 지대, (2) 남유다의 고원 지대와 평야 지대를 잇는 세펠라 지역, (3) 예루살렘과 사마리아 중심의 중앙 고원 지대, (4) 요르단 계곡 지대, (5) 동부요르단 고원 지대, (6) 사우디아라비아에 이르는 사막 지대(Frank S. Frick, *A Journey through the Hebrew Scriptures* [Fort Worth: Harcourt Brace College Publishers, 1995], 40-42).

만한 물체를 물 위로 띄운다. 사해 주변에는 담수가 풍부하지 않지만 그나마 오아시스가 형성되어 있는데 이 지역을 중심으로 여리고가 자리 잡았다. 끝으로, 동부요르단 고원 지대다. 이는 안티레바논 산맥 지대의 연장이다. 구약성서에서는 "요단 건너편"(beyond the Jordan) 또는 "요단 강 건너편"으로[3] 불린다. 비교적 물이 있고 경작할 만한 농지가 있어서 바산, 길르앗 지역을 비롯해 암몬, 모압, 에돔 등에 개별적인 문화가 형성됐다. 이 지역에 네 개의 강이 있는데 북쪽으로부터 야르묵, 얍복, 아르논, 세렛이 흐른다. 주로 고원 지대로부터 시작하여 요르단 강과 합쳐지거나 또는 곧바로 사해로 흘러들어간다.

위에서 네 가지로 구분된 지형 중 실제로 이스라엘 역사가 펼쳐진 무대는 '서부요르단 산맥 지역'에 국한된다. 팔레스타인 지역에 뒤늦게 등장했던 이스라엘에게는 비옥한 지중해 해안 지대나 농지가 확보된 안티레바논 고원 지대로의 진출은 꿈꾸기 어려웠다. 불과 남북으로 160km, 동서로 40-45km 정도밖에 되지 않는 중앙 고원 지대를 북이스라엘과 남유다가 나누어 생존한 것이다. 강우가 부족하여 10월과 4월에 잠깐 내리는 이른 비와 늦은 비에 의존해야 했고 고원으로부터 동쪽과 남쪽 지역의 훨씬 아래쪽 지대는 비가 덜 오는 사막 지대이었다. 대체적으로 중앙 고원 지대는 보잘 것 없는 촌락들로 이루어졌으며 농업과 목축업이 주

---

3. 창 50:10; 민 22:1, 34:15; 삿 7:25. 비교, 마 4:25; 막 3:8, 10:1

된 생계 수단이었고 외부 지역과의 교류도 활발하지 못했다.[4] 북부 고원 지대에서 가장 유명한 도시는 세겜(현재는 나블루스)과 사마리아(현재는 세바스테)이다. 세겜은 고대 도시로서 일찍이 오므리 왕 시절 수도를 사마리아로 정할 때부터 이미 잘 알려져 있었다(왕상 16:23-28; 22:37). 점차로 사마리아 왕국으로 알려지면서 앗시리아 제국에 의해 멸망한 이후 이곳에 살던 이들은 사마리아인으로 불리게 됐다(눅 9:52-54; 요 4:7). 남부 고원 지대의 가장 유명한 도시는 헤브론과 예루살렘이다. 헤브론은 다윗의 초기 6년간의 통치 중심지로서 예루살렘이 수도로 정해지기 이전부터 잘 알려져 있었다.

지형적 조건을 통해서 볼 때 고대 이스라엘은 경제적으로 번영하기 어려운 형편이었다. 이에 더하여 이스라엘의 힘겨운 삶을 악화시킨 것은 정치적이고 문화적인 환경이었다. 메소포타미아 문명과 이집트 문명을 잇는 '비옥한 초승달 지역'의 다리 역할을 한 곳이 이스라엘이 위치한 팔레스타인 또는 시리아-팔레스타인(레반) 지역이다. 이스라엘은 자연스레 각각의 문명에서 출현하는

---

4. 학자들에 따라서 이러한 어려운 경제적 형편이 어느 시기까지 지속됐는지에 대한 견해가 다르다. 성서의 기록을 그대로 받아들이기보다는 역사적 관점과 고고학적 근거로 이해하고자 하는 학자들(최소주의자 또는 수정주의자)일수록, 다윗과 솔로몬의 통일 왕정 시기조차 왕정 국가로서의 위상을 갖추지 못했던 것으로 판단한다. 참조, J. 맥스웰 밀러 & 존 H. 헤이스, 『고대 이스라엘 역사』, 박문재 옮김 (서울: 크리스천다이제스트, 2013). 반면에, 성서의 기록을 되도록 있는 그대로 받아들이려 하는 견해는 다음의 문헌에서 발견된다. 존 브라이트, 『이스라엘 역사』, 박문재 옮김 (서울: 크리스천다이제스트, 1993); 이안 프로반 외 2인, 『이스라엘의 성경적 역사』, 김구원 옮김 (서울: CLC, 2013).

대제국들의 외교적이고 군사적인 세력 다툼의 각축장이 될 수밖에 없었다. 제국들은 이집트에서 팔레스타인에 이르는 해안 도로(Via Maris)와 해안 평야 지대에서 안티레바논 산맥 쪽으로 이어지는 '왕의 대로'(King's Highway)를 정복 전쟁을 위한 통로로써 이용했다. 이 두 주요 도로가 만나는 지점에 므깃도(Megiddo)가[5] 있었다. 강대국들의 충돌 속에 이스라엘은 항상 외교적 줄타기를 해야 했으며 제국을 섬기는 봉신 국가로서의 의무에 시달리는 질곡의 역사를 통과해야 했다.

정치적 지배를 당한다는 것은 문화적으로도 침탈을 당하는 것을 의미한다. 이스라엘은 역사 내내 이집트의 사상과 문학, 앗시리아 제국의 종교, 바빌로니아 제국의 문명, 그리고 페르시아 제국의 종교와 문화에 이르기까지 이방 문화의 영향을 줄곧 받아왔다. 이스라엘의 '선한 왕'으로 칭함을 받았던 히스기야 왕과 요시야 왕의 종교 개혁은 각각 선대 왕들이었던 아하스 왕과 므낫세 왕의 친앗시리아 정책으로 말미암은 이방 문화의 제도와 풍습을 끊고자 했던 노력이었다. 그러나, 이스라엘 역사에서 줄곧 계약 백성으로서의 위기를 빚은 주요 요인은 주변 대제국의 영향보다는 팔레스타인에 함께 살던 가나안 도시국가들의 다신론적 문화 환경이었다. 특히, 두로와 시돈의 페니키아 종교는 바알을 중심으로 하는

---

5. 요한계시록 16:16에 나오는 최후 전쟁의 장소인 "아마겟돈"은 바로 이 므깃도를 가리킨다. 히브리어로, 므깃도 언덕을 가리키는 '하르 므깃도'의 그리스어 발음이 '하르마겟돈' 또는 '아마겟돈'이다. 그만큼 므깃도는 군사적 요충지로 고대로부터 전쟁이 잦았던 곳이다.

만신전 숭배였다. 이스라엘은 이미 확립된 가나안 문명의 후발 주자로 가나안 지역에서 살아가야 했다. 따라서 가나안 지역의 바알과 아세라 숭배를 비롯한 다양한 토착 종교의 문화에 젖어들 수밖에 없었다.[6] 대표적으로 구약성서는 주전 9세기 북이스라엘 아합왕 시절 이세벨 왕비를 통해서 들어왔던 시돈의 바알 숭배가 온 이스라엘에 퍼져있었음을 증언하고 있다(왕상 16:29-19:18). 고고학적 발굴 결과들도 이스라엘이 거주했던 주변 지역에서 "드라빔"과 같은 조그마한 신상들과 제단에 세워졌던 막대기나 우상들이 출토되고 있음을 알려준다.[7] 이런 것들은 그만큼 고대 이스라엘 백성들이 가나안의 혼합주의적 종교에 노출되어 있었다는 사실을 방증하고 있다. 그럼에도 불구하고, 야웨 하나님의 계약 백성으로서 그들의 정체성을 끝까지 붙들게 해 주었던 것이 고대 근동의 다신론적 문화 환경을 극복했던 야웨 유일신 신앙이었다.

※ 참고 자료: 고대 근동의 다신교 문화에서 피어난 야웨 유일신 신앙

고대 이집트의 『아멘-엠-오페의 교훈』은 잠언 22:17-24:22에 기록된 내용과 흡사하다. 바빌로니아의 『에누마 엘리쉬』(*Enûma Eliš*)나 『길가메쉬 서사시』(*Epic of Gilgamesh*) 등은 구약성서의 창조 보도와 노아 홍수 이야기와 문학적 관련성이 깊다. 무엇보다도 가나

---

6. 한상인, 『이스라엘 왕국 시대의 고고학』 (서울: 대한기독교서회, 2004), 169-173.
7. 임미영, 『고고학으로 읽는 성경』, 136-137.

안의 『바알 신화』(*Baal Cycle*)는 이스라엘의 종교 현상에 막대한 영향을 미쳤다. 바알 신화의 줄거리는 다음과 같다. 가나안의 만신전(Pantheon)에 가장 높은 신인 엘을 중심으로 바알과 아낫 등의 신들의 회합(Divine Assembly)이 있었다. 그때 얌(히브리어로 "바다"라는 뜻)이라고 하는 바다 신이 신들이 다스리는 곳으로 쳐들어온다. 엘이 "누가 나가서 얌을 물리치겠는가?"라고 말하자 바알이 나선다. 그리고 조건을 내건다. 얌을 물리치는 대신 자신을 최고신의 자리로 올려달라는 것과 자신의 신전을 지어달라는 것이었다. 그 후 바알이 얌을 물리치고 엘보다 더 높은 신의 자리에 오른다는 내용이다(비교, 시 82편). 이렇게 바알은 엘이라고 하는 전통적인 최고신의 자리를 찬탈한다. 바알의 또 다른 특징은 번개와 천둥의 신으로서 풍요의 신이라는 점이다(비교, 시 77:18, 135:7; 렘 10:13; 슥 9:14). 점차로 엘의 여신 '아세라'와 바알의 여신 '아낫(이쉬타르)'과 관련된 풍요제의가 발달하면서 공공연히 신전 성창제도 등이 실행된 것으로 보인다(왕하 23:7; 암 2:8). 이스라엘의 역사는 이러한 가나안 바알 신화와 고대 근동의 다신교적 문화의 배경에서 형성됐다.

초강대국들의 무자비한 군사력과 가나안의 풍요를 좇는 다신교 문화는 이스라엘 역사 내내 계약 백성의 생존을 위협했다. 그러나 그 열방의 국가들과 이방 문화는 한순간 이슬과 같이 사라져 버렸다. 반면에 오늘날까지 인류에게 여전히 남아서 영향을 미치고 있는 것은 정작 이스라엘의 역사와 문화다. 무엇이 이러한 역사적 지속성과 영구성을 가능케 했는가?

이스라엘을 이스라엘답게 한 것은 바로 야웨 유일신 신앙이었다. 그리고 그 야웨 신앙의 핵심에 하나님의 말씀이 있었다. 다른 신들, 다른 이민족들, 대제국들의 혼합주의 문화와 다신론적 종교는 시시각각 변하는 인간 사회의 변동과 더불어 역사의 뒤안길로 사라졌다. 역사의 영고성쇠를 관통하는 말씀과 정신이 없었기 때문이다. 그러나 이스라엘은 '한 분' 하나님을 붙들었고 '한 성소'에 집중했으며 '한 민족' 곧 야웨의 계약 백성으로서의 정체성을 포기하지 않았다. 그 신앙이 에스라 시대에 이르러 모세의 율법인 '말씀' 중심의 종교 개혁으로 영구한 기초를 다지게 된 것이다. 이후 신구약 중간 시대에 말씀 앞에 두려워하며 목숨을 걸고 하나님을 좇았던 '하시딤'(말씀 경외자)들에 의해 구약성서의 말씀 전승은 원시 기독교 유대인들에게 전수됐고 오늘 우리에게 이어졌다.

* * *

끝으로, 구약성서의 배경을 이루는 세 번째 조건으로서 이스라엘의 역사적 사건들의 전개를 개괄적으로 살피려 한다. 현재 우리가 가지고 있는 구약성서는 창세기의 태고사로부터 족장사, 출애굽기의 출애굽 역사와 여호수아서의 가나안 정복사, 그리고 사무엘서와 열왕기에 걸쳐서 나타나는 왕정 시대의 흥망성쇠에 이르기까지 역사 순서로 기록되어 있다. 그러나 한 가지, 앞선 2장에서 언급한 것처럼 구약성서가 전승들의 총합이라는 관점에서 현재 성서에 기록된 사건들의 순서 그대로가 역사적 순서는 아님을 먼저 이해해야 한다. 즉, 창세기 1장의 창조사가 가장 먼저 기록된 것은 아니라는 말이고, 출애굽의 홍해 기적이나 여호수아서의 여리고 성 점령 사건이 바로 그 당대에 기록된 것은 아니라는 말이다. 이미 출애굽기 15장의 '모세의 노래'와 '미리암의 노래'를 예로 든 바가 있다. 1-15절에 나오는 모세의 노래가 실제로는 21절에서 한 절만 나오는 미리암의 노래보다 후대에 기록됐다. 구전전승의 미리암의 노래가 정작 홍해 기적 사건과 같은 시대이며 모세의 노래는 훨씬 이후 시대에 기록된 신학적 첨가인 것이다. 욥기의 경우, 이야기 배경과 인물의 기원이 족장 시대이지만 실제로 욥기의 현재 기록은 포로기 이후 시기에 이루어진 것을 기억해야 한다. 그래야지만 욥기에서 드러나는 '신정론'적 질문의 역사적 배경을 알 수 있고 그에 따른 욥기신학의 본질적 이해가 비로소 가능하게 된다.

이와 같이, 구전전승과 기록전승의 구분과 편집 과정을 전제한 구약성서의 역사 이해가 중요하다. 그러나 전승 과정과 기록, 편집 등이 이루어진 구체적인 시기와 정황을 추적하는 일은 불가능하다. 그 역사 형성의 비평적 고찰은 당분간 학자들의 몫으로 돌리고 이 책에서는 크게 무리가 없는 한, 현재 교회의 정경 공동체가 받아들이고 있는 구약성서의 기록을 따라 전체적인 이스라엘의 이야기와 사건들의 시간 순서를 따라가 보려 한다. 아래 표는 구약성서가 증언하는 이스라엘 역사의 시대 구분을 일목요연하게 보여준다.

시대 구분	연대(주전 ~년)	중심 주제	주요 인물	성서 본문
태고 시대	시초-2000	창조와 타락	아담과 하와, 노아와 후손들	창 1-11장
족장 시대	2000-1550	부르심과 순종, 언약과 복	아브라함, 이삭, 야곱	창 12-50장
출애굽 시대	1550-1250	들으심과 해방, 계약 백성	모세, 아론, 미리암, 이드로	출 1-신 34장
가나안 정복 시대	1250-1000	승리와 방종	여호수아, 갈렙, 열두 사사	수 1-삿 21장
통일 왕국 시대	1000-922	맡기심과 위반	다윗, 사울, 솔로몬	삼상 1-왕상 11장; 대상 10-대하 9장
분열 왕국 시대	922-721	계시와 무지	여로보암, 아합, 엘리야, 엘리사	왕상 12-왕하 17장; 대하 10-28장
남유다 존속기 **(앗시리아 제국 시대[8])**	721-587	회개 선포와 고집	히스기야, 요시야, 이사야, 예레미야	왕하 18-25장; 대하 29:1-36:20; 렘 1-52장; 겔 1-24장
포로 시대 **(바빌로니아 제국 시대[9])**	587-539	위로와 소망	느부갓네살, 제2이사야, 에스겔	시 137편; 사 40-55장; 겔 33-48장
포로기 이후 시대 **(페르시아 시대[10])** ***제2성전 시대[11]**	538-400	갱신과 기다림	고레스, 스룹바벨, 예수아, 에스라, 느헤미야	대하 36:22-23; 학개-스가랴-말라기; 에스라-느헤미야

8. 신앗시리아 제국(주전 802-610년[612년 니느웨 멸망])
9. 신바빌로니아 제국(주전 610-539년)
10. 페르시아 제국(주전 550-330년)
11. 제2성전은 총독 스룹바벨과 제사장 예수아, 그리고 예언자 학개와 스가랴의 리더십에 의해 주전 520년부터 시작하여 515년 완공됐다. 따라서 포로기 이

이스라엘 역사를 통틀어 가장 중요한 사건들은 족장들의 언약과, 출애굽 해방, 시내산 계약, 가나안 정복과 다윗 왕조의 시작, 남북 왕조의 분열, 예루살렘의 멸망과 포로기, 그리고 고레스 칙령을 통한 포로 귀환과 제2성전의 건축, 에스라의 종교 개혁일 것이다. 이러한 사건들을 둘러싼 각 시대의 시대정신과 신앙 교훈은 위의 표, "중심 주제"에서 대략적으로 제시했다. 그러나 고대 이스라엘의 역사적 배경을 다루려 할 때에는 이러한 사건들의 내용보다는 사건들을 바라보는 관점이 더 중요하다. 즉, 역사관에 대한 이해가 성서 해석에 결정적인 역할을 한다. 신약성서의 사복음서를 보더라도 예수 그리스도의 생애와 사상에 대한 네 가지 다른 역사적 증언이 있다. 마가와 마태, 누가와 요한 각각의 상이한 역사관이 반영되어 있기 때문이다. 4명의 복음서 기자가 속한 공동체의 사회적 정황과 신학적 입장을 이해할 때만이 각 복음서의 내용을 제대로 해석할 수 있는 것이다.

마찬가지로, 구약성서의 역사 보도는 크게 세 가지 역사관이 작용한다. 첫째는 제사장적 역사(Priestly History)요, 둘째는 신명기적 역사(Deuteronomistic History), 셋째는 역대기적 역사(Chronicler History)이다. 이곳에서 '제사장적', '신명기적', '역대기적'이라는 표현을 오늘날처럼 개인 저자로 또는 신약성서의 공동체 개념으로 이해하면 안 된다. 도리어, 전승 개념으로 이해하는 것이 도움이 된다. 곧, 제사와 관련된 전승의 흐름, 신명기 율법 사상과 관련된

후 시대를 "제2성전 시대"라고도 부른다.

전승, 역대기 신학 중심의 전승 과정으로 보는 것이다. 이렇게 볼 때 2000년에 가까운 구약성서의 역사적 형성 과정과 축적된 신앙 고백을 입체적으로 해석할 수 있게 된다.

'제사장적 역사'의 범위는 태고 시대로부터 광야 시대에 이르는 오경의 내용을 포괄한다. 오경이 주로 족보와 언약법, 제사와 삶에 관련된 성결법, 절기법과 율례들에 관심하는 이유는 형식과 질서를 중시하는 제사장들의 전통적 관념이 자리하기 때문이다. 결과적으로 자연스레 율법에 대한 엄격한 규정과 철저한 순종을 강조한다. "신명기적 역사"는 여호수아서에서 열왕기하에 이르는 실제적인 이스라엘 민족의 역사를 다룬다. 모세를 통한 시내산 계약 관계를 무엇보다도 강조한다. 이스라엘을 이스라엘 되게 하는 것은 야웨 하나님의 '선택된' 백성으로서의 구별된 삶이다. 오직 한 하나님만을 섬기는 순전한 계약 관계의 유지가 지상 명령이다.[12] 그 명령의 준행 여부가 민족의 운명을 결정한다. 따라서 인과응보의 신앙 곧 순종했을 때의 복과 불순종했을 때의 심판이라는 신앙 원리가 신명기적 역사관의 주된 관점이다. '역대기적 역사'는 역대기상하와 에스라, 느헤미야를 가리킨다. 열왕기상하에서 증언하는 이스라엘 역사가 역대상하에서도 상당 부분 겹쳐서 등장한다. 그러나 역대기적 역사가의 관심은 다윗 언약과 성전에 집

12. "이스라엘아 들으라 우리 하나님 여호와는 오직 유일한 여호와이시니 너는 마음을 다하고 뜻을 다하고 힘을 다하여 네 하나님 여호와를 사랑하라"(신 6:4-5).

중한다. 다윗은 정치적 군주로서가 아니라 성전 제의의 창시자로 등장하며 이스라엘의 이상적 통치 제도는 더 이상 왕정 체제(monarchy)가 아니라 신정 체제(theocracy)로 변화한다. 이스라엘을 이스라엘답게 하는 것은 성전에서의 올바른 제사가 드려지고 야웨 백성의 순결성이 유지될 때 가능하다. 향후 역대기적 역사가의 관점이 제2성전 시대 내내 지속되게 된다.

제4장
구약성서의 읽기와 해석

1) 교회의 전통적 성서 해석

성경을 해석하는 가장 좋은 방법은 무엇일까? 성령의 감동으로 기록된 하나님의 말씀이기에[1] 성령을 통한 해석이 최고의 방법이 될 것이다. 그렇다면 '성령의 감동' 또는 '하나님의 감동'은 무엇일까? 바로 하나님의 뜻이요, 하나님의 마음이다. 그 성령의 감동이 인간의 역사 속에서 신앙의 사람들과 만났을 때 일어난 구원의 기록이 성경이다. 하늘의 뜻과 땅의 삶이 조응하여 드러난 거룩한 역사를 밝히는 작업이 성서 해석이다. 성서 해석에는 교회의

1. "모든 성경은 하나님의 감동으로 된 것으로 교훈과 책망과 바르게 함과 의로 교육하기에 유익하니"(딤후 3:16); "예언은 언제든지 사람의 뜻으로 낸 것이 아니요 오직 성령의 감동하심을 받은 사람들이 하나님께 받아 말한 것임이라"(벧후 1:21).

전통적 해석이 있고 학자들의 해석 방법론이 있다. 이곳에서는 두 갈래의 성서 해석을 차례대로 살피고 오늘의 새로운 성서 해석은 어떠해야 할지 제언을 하려 한다.

일반인에게 친숙한 교회의 전통적 성서 해석은 다음의 네 가지 범주 안에 들어온다. 첫 번째, 문자적인 읽기(literal reading)이다. 성경의 말씀 하나하나가 거룩한 글이기에 기록된 문자 그대로를 받아들이는 보수적 신앙에 기반을 둔 읽기다. 실제로 우리나라의 옛날 할머니, 할아버지들의 신앙이 그랬다. 성경 말씀을 읽는 것 자체가 거룩한 행위요 심지어 성경책 자체가 신성한 물품이었다. 성경 말씀의 권위를 인정하여 말씀에 써진 대로의 절대적인 순종을 전제하는 독법(讀法)이다. 주일에 예배 드리는 것 외에 상업 활동과 일상 활동을 금하는 것이 대표적인 사례다. 그러나 성경의 지나친 신성화는 한국의 토속적인 종교인 샤머니즘적인 요소의 반영을 보여준다. 무조건적 문자주의와 무오류설은 또 다른 우상숭배의 오류를 범하게 했다. 성서의 신성화 또는 계시성에만 일방적으로 집중할 때 성서의 역사성은 간과된다. 즉, 인간의 역사 속에 드러난 하나님의 뜻을 놓치는 결과를 빚게 된다. 문자 그대로 성결 법전의 거룩한 음식 목록을 좇아 돼지고기를 먹지 않는 집단들이 생겨나며 족장 시대의 사회제도인 일부다처제에 대한 오해도 생긴다. 성서의 기록에서 드러나는 모순과 문제들을 무리하게 해석함으로써 본래의 말씀의 의미로부터 멀어지는 경우가 발생한다. '문자 그대로' 읽으려고 하다가 본래 말씀에 담긴 '성령의 감동'을 놓쳐버린다. 한마디로 저자인 하나님의 의도와 상관없는 인간 중심의 종교성과 위선이 앞서게 된다.

두 번째, 말씀을 영적으로 해석하는 영해(spiritual reading)가 있다. 성경이 증언하는 사건과 말씀을 영적으로 풀이한다. 영적인 해석의 대표적인 사례가 알레고리적(allegorical) 해석이다. 이는 문자적 의미를 넘어 영적인 교훈을 찾으려는 노력을 가리킨다. 여호수아의 아말렉족과의 전투를 영적인 전쟁으로 해석하며 아가서의 남녀 간의 사랑을 예수 그리스도의 교회에 대한 사랑으로 읽는다. 문자가 설명 못하는 천상 세계의 비밀스러운 뜻에 대한 계시의 획득이라는 독특성이 그 장점이다. 인간의 언어와 문화가 담지 못하는 세계가 분명히 있기 때문이다. 그러나 영적인 세계는 증명이 가능하지 않기에 자칫 이단적 가르침으로 빠질 위험성이 농후하다. 성서 자체를 영적인 문서로 취급하면서 여타 다른 사람들의 해석을 차단하고 영적 깨달음을 터득한 소수의 '신령한 지도자'만이 성서의 활용과 말씀 선포를 독점하게 된다. 이런 경우 진정한 영적인 깨달음과 주관적인 감정 사이의 경계가 모호하며 진리 여부에 대한 객관적 판단 기준이 없다. 자신만의 상징 체계에 빠져서 '귀에 걸면 귀걸이, 코에 걸면 코걸이' 식의 임의적인 해석 문제가 발생한다. 사실상, 성경의 기록은 영적인 세계보다 역사적인 차원에 더 관심하고 있음을 기억해야 한다. 창세기는 물질 세계 창조의 기록이고, 출애굽기는 이집트 제국 정부의 노예살이로부터의 해방 경험이며, 민수기는 광야의 굶주림에서의 생존 기록이다.

무엇보다도 오경 전체는 이스라엘이라는 한 민족이 광야에서 야웨 하나님을 만나 계약 백성으로 탄생되는 생생한 역사 기록이다. 세상 속에서 펼쳐진 지극히 물질적인 역사의 기록을 영적인 해석에 매몰시킨다면 이는 말씀에 담긴 하나님의 감동과 성령의 뜻에 대한 심각한 왜곡일 것이다.

세 번째, 그리스도 중심적인 해석(christocentric reading)이 있다. 예수 그리스도의 메시아 되심과 십자가 구원 사건을 중심으로 구약성서를 해석하는 방식이다. 다른 말로 하면 신약성서를 중심으로 구약성서를 조명하는 태도다. 기독교 교리의 입장에서는 하등 문제될 것이 없는 성서 해석이요 구속사 중심의 신학적 입장에서도 권장될 만한 관점을 견지한다. 그러나 기독론 중심의 교리적 해석 방법은 이성적이고 역사적인 관점을 결여하는 문제들을 낳는다. 우선, 구약성서-신약성서를 하나로 읽는 입장은 기독교 공동체에만 있는 현상이다. 일반적인 학문의 영역에서 Old Testament("구약")와 New Testament("신약")라는 말은 엄밀하게 따지면 성립하지 않는다. 사실 Hebrew Bible("히브리 성서")과 Christian Bible("기독교 성서")의 구분이 객관적 범주다. 기독론적 관점이 구약성서 해석의 전제가 되면 구약성서는 그 자체의 빛을 잃어버린다. 다음으로 제기되는 문제는 구약성서의 내용 자체에 정작 메시아적이고 구원론적으로 해석될 수 있는 내용들이 얼마나 되느냐는 질문이다. 기독교 공동체가 정경으로 받은 구약성서 39권 역시 모두 다 하나님의 계시임에도 불구하고 교리적 관점에 의해 재단되어 버린다. 이것은 구원론 중심의 교리적 관심이 훨씬 많은 구약성서의 보석과 같은 메시지들을 교회의 관심 밖으로 소외시키는 결과를 초래한다. 창조론적 기반의 구약성서 해석의 필요성이 여기에서 대두된다. 무엇보다도 주목해야 할 문제는 초대 교회의 성경이 구약성서였고 그리스도 중심의 교리 형성의 원자료였음을 기억해야 한다. 기독론 형성의 모태가 도리어 기독론에 의해 판단되는 본말 전도의 현상이 발생한 것이다. 그와 반대로 구약성서를 있는 그대로 읽고 역사적으로 해석할 때 신약성서의 기독론적 의미는 더욱 풍부해진다.

네 번째, 선별적인 유형론적 해석(typological reading)이 있다. 유형이라고 하는 것은 일정한 형식을 일컫는다. 이를테면, "구원-타락-심판-회개-구원"이라는 사사기에 드러나는 특별한 개념적 틀을 성서에 대입하여 구속사적 신앙의 의미를 도출하는 방식이다. 이런 유형론적 해석의 최대 강점은 교육적 효과다. 성서를 읽는 사람들이 주어진 유형에 따라 말씀을 금방 이해할 수 있기 때문이다. 그러나 문제는 일정한 개념 형식에 맞지 않는 본문들이 해석자의 관심 밖으로 밀려날 우려가 있다는 것이다. 앞선 기독론 중심의 해석과 같은 교리적인 읽기에 치우침으로써 정작 말씀에서 의도하는 뜻을 놓치는 경우가 생긴다. 예를 들어, 유형론적 해석자들에게 "심판-회개-구원"의 틀에 부합하지 않는 성경 본문들은 더 이상 의미를 상실하게 된다. 문제는 하나님의 말씀들이 그러한 임의적 틀 안에서 풀리기 어렵다는 데 있다. 시편에서는 시인의 회개에도 불구하고 깊은 탄식으로 끝나는 시들이 있고, 욥기에서는 회개하지 않는 욥을 세 친구들보다 정당하다고 인정하는 하나님의 뜻밖의 선언이 있으며, 전도서에서는 기존의 모든 교리들을 허물어뜨리는 회의주의적 묵상 등이 있는데, 이러한 것들을 어떻게 해석할 수 있을까? 유형론의 더 큰 문제는 교리적 틀에 얽매여서 말씀을 있는 그대로 받아들이기보다는 도리어 자신의 개념 틀에 억지로 짜 맞추는 아전인수(我田引水)식의 곡해가 자행된다는 것이다. 한때 한국 교회의 부흥을 이끌었던 "예수 천당, 불신 지옥" 또는 "삼박자 축복" 등은 분명히 그 출처가 성경 말씀에 근거하는 타당한 주장이지만 그것이 신구약 66권의 모든 말씀을 포괄하는 유형으로 고집될 때 기독교의 복음은 단편적이 되고 기독교는 일방적인 편견을 지닌 종교로 전락할 수밖에 없다. 여기에서 우리는 성서 해석의 문제가 새로운 시대의 요구에 응답하는 성서신학의 문제와 긴밀하게 연관되어 있음을 알게 된다. 성경 말씀에 대한 해석이 '교리적 해석'이 아니라 '성서신학적 해석'으로 변화될 때 오늘을 위한 새로운 성서 해석의 가능성이 열린다.

2) 학자들의 해석 방법론

오늘의 새로운 성서 읽기가 어떠해야 하는가를 이야기하기 전에 학자들의 성서 해석 방법론을 살펴볼 필요가 있다. 평신도의 입장이나 목회 현장의 설교자의 상황에서는 굳이 학자들의 전문적 방법론까지 알 필요가 있는가의 문제를 제기할 수도 있다. 그러나 이는 큰 오산이고 착각이다. 그것은 마치 성경 말씀에 담긴 신앙적 교리만 알면 됐지 역사적 상황은 몰라도 된다는 말과 똑같다. 계속 이야기하듯이, 성서는 계시성과 역사성을 동반한다. 실제로 하나님의 계시는 인간의 역사 속에서 드러난다. 따라서 오늘의 성서 해석을 위해, 학자들의 해석 방법론을 개괄하는 것은 성서의 역사성을 밝히는 데 큰 도움을 준다. 왜냐하면 이는 이제까지의 신앙 공동체의 '교리적 해석'에서 학문 공동체의 '성서신학적 해석'으로 도약하는 계기를 마련해주기 때문이다. 교회의 전통적 읽기를 넘어서 성서의 이성적 읽기로 나아갈 때 신앙 공동체의 성서신학 교육이 비로소 가능해진다. 이는 자연스레 사회로부터 '고립된 섬'으로서의 교회 공동체의 문제를 해결하는 시발점이 될 수 있다. 교회가 천상의 세계에 사는 것처럼 이상적인 교리를 반복하는 데 머무는 것이 아니라 21세기 제4차 산업혁명 시대에 사회와 긴밀하게 소통하면서 문화적이고 역사적인 다양한 도전에 '성서적'으로 어떻게 응답할 수 있는지에 관한 신학적 고민과 실천을 할 수 있도록 이끌 것이다.

일반적으로 학자들의 성서 해석 방법론을 크게 네 갈래로 나눌 수 있다. 거기에는 역사비평(Historical Criticism)과 문학비평(Literary Criticism), 독자반응비평(Reader-Response Criticism)과 사회과학적 비평(Sociocritical Approach)이 있다. 이 가운데 역사비평과 문학비평은 각각 통시적 해석(diachronic interpretation)과 공시적 해석(synchronic interpretation)의 대표적인 방법론으로 잘 알려져 있다. '통시적'이라 함은 역사를 관통하는 분석 방법이다. 각각의 시대에 어떤 전승의 변화를 겪었으며 어떤 수정과 보완의 작업이 있었는가를 문헌적으로 관찰한다. 성서가 형성된 역사적 과정을 탐구하고 그 사정을 재구성하는 것이 목적이다. 반면에, '공시적'이라 함은 모든 역사적 변천을 전제하면서도 그 최종적인 결과로서의 현재의 문학적인 축적물에 집중하는 분석 방법이다. 항상 공간적 현재가 중요하며 지금 눈앞에 있는 본문이 무슨 메시지를 전달하고 있고 신앙 공동체에 어떤 영향을 끼치는지에 관심을 둔다. 과거의 역사 과정 추적보다는 현재의 본문 구조와 의미에 집중하기에 교회의 정경 공동체에게 친숙한 방법론들을 제공한다.

먼저, 역사비평 방법론에는 19-20세기 독일계 학자들이 이끌어 왔던 고전적 분석 방법들이 자리한다. 본문비평(textual criticism), 자료비평(source criticism), 양식비평(form criticism), 전승사비평(tradition history), 편집비평(redaction criticism) 등이 속해 있다. 본문비평은 원문이 존재하지 않는 구약 히브리 성서 원문을 최대한 재구성하려는 노력이다. 과거에는 성서의 역사적 저작 배경이나 저자의 의도, 신학 등을 밝히는 고등비평(higher criticism)에 비해 성서의 본문만을 다룬다는 의미에서 하등비평(lower criticism)이라고도 불렸다. 그러나 본문비평이야말로 성서의 원문을 추적하는 과정 가운데 히브리어 본문의 문법과 구문론의 활용에 능통해야 하며 더불어 필사가들과 마소라 학자들의 신학과 성향을 연구해야 하는 고차원적 학문 분과다. 무엇보다도 구약성서 경전의 본문을 복원하는 작업이기에 가장 열정적이고 치밀한 노력이 경주되는 방법론이 되겠다.

자료비평은 역사비평 방법론의 기폭제가 된 분석 이론으로서 이전부터 문제가 됐던 오경의 다양한 전승층에 대한 부분들을 체계적으로 밝힌 19세기 벨하우젠(J. Wellhausen)의 『이스라엘 역사서설』(*Prolegomena zur Geschichte Israels*)의[2] 출간을 계기로 본격적으로 도입됐다. 다음 장의 "모세오경의 형성"에서 상술될 것이지만 자료비평의 과제는 구약성서의 본문을 구성하는 다양한 전승 자료들을 추적하고 그 역사적 형성 과정을 재구성하는 것이 목적이다. 그 분석 과정에서 성서 내의 유사한 반복이나 본문 간의 불일치 등의 문제를 해결할 수 있었다. 그러나 자료비평의 견해들이 가설에 불과하며 복잡한 본문의 형성사에 대한 학자들의 이견이 분분하다는 이론적 한계에 봉착해 있다.

양식비평은 궁켈에 의해 주창된 방법론으로 자료비평이 문서 기록 이후의 형성사를 다루는 것에 반해, 양식비평은 기록 이전의 구전 단계(oral tradition)의 발전사를 추적하는 과제를 가진다. 그는 성서 본문 내의 다양한 문학 양식(literary type or genre) 즉, 신화나 영

---

2. 원작은 1878년 *Geschichte Israels*라는 제목으로 출간됐고 1883년 제2판으로 *Prolegomena zur Geschichte Israels* (Berlin: Druck und verlag von G. Reimer, 1883)로 출간됐다.

웅시, 설화나 민담 또는 애가와 찬가 등을 발견하고 각각의 양식이 일정한 공동체에 구전전승으로 이어져 내려왔음을 주목했다.[3] 그리고 각각의 문학 양식은 특정한 "삶의 자리"(*Sitz im Leben*)에서 기원하고 있음을 밝힘으로써 각각의 본문 단위가 어떤 삶의 정황과 역사적 상황을 반영하고 있는가를 분석할 수 있었다.[4] 앞선 자료비평이 고대 자료의 재구성이라는 이론적 가설에 지나치게 의존한다면 양식비평은 과거 공동체의 문화적 유산으로서의 구전전승과 삶의 환경에 실제적으로 접근할 수 있는 통로를 열어주었다는 데 그 공헌이 크다. 그러나 궁켈은 종교사학파(*Religionsgeschichtliche Schule*)의 대표자답게 성서 본문 이전의 종교와 역사에 집중한 나머지 정작 본문이 전달하고자 하는 신앙적 의미와 신학적 맥락을 놓치고 있다. 이에 신학적 단위들에 관심하는 전승사적 연구가 점차로 대두됐다.

전승사비평과 편집비평은 긴밀하게 연관되어 있다. 자료비평과 양식비평이 현재 본문 이전의 역사에 치중한다면 전승사연구와 편집비평은 분문 형성 자체의 사정을 다룬다. 다양한 자료들과 양식들이 어떠한 신학적 목적으로 연결되는지 그리고 그러한 종합적 편집을 일군 역사적 상황이 무엇인지를 연구의 과제로 삼고

3. Hermann Gunkel, *Die Sagen der Genesis* (Vandenhoeck & Ruprecht, 1901).
4. Hermann Gunkel & Joachim Begrich, *Einleitung in die Psalmen: die Gattungen der religiösen Lyrik Israels* (Göttingen: Vandenhoeck und Ruprecht, 1933).

있다. 폰 라드는 신명기 26:5-9의[5] 소위 "소역사 신조"에 기반하여 이스라엘의 전통적 신앙은 출애굽 전승, 광야 전승, 정복 전쟁 전승, 시내산 전승의 네 가지 신학적 단위로 이루어져 있음을 밝히면서 기존의 오경이 아닌 여호수아서를 포함한 육경 가설을 주장했다.[6] 폰 라드에 따르면 육경은 '약속과 성취' 그리고 '율법과 심판'의 주제를 가르치며 그와 같은 메시지 전달을 목적으로, 포로기 때의 '야웨사가'(Jahwist/Yahwist) 신학자가 기존 전승들과 창조 전승을 통합하여 육경을 편집한 것으로 보았다. 마르틴 노트의 경우, 기본 전승을 원시사, 해방사, 시내산 단락, 광야사, 가나안 정복사로 유사하게 지적하면서도 신학적 주제는 하나님의 말씀과 계약에 대한 성실한 순종과 이행이라는 교육적 의미를 더욱 강조했다. 특히, 이스라엘의 실패한 왕정사를 통하여 불순종과 심판이라는 역사적 반성과 교훈을 부각시키면서 오경으로부터 신명기를 분리시켜 사경을 주장하면서 분리시킨 신명기는 뒤에 이어지는

5. "너는 또 네 하나님 여호와 앞에 아뢰기를 내 조상은 방랑하는 아람 사람으로서 애굽에 내려가 거기에서 소수로 거류하였더니 거기에서 크고 강하고 번성한 민족이 되었는데 애굽 사람이 우리를 학대하며 우리를 괴롭히며 우리에게 중노동을 시키므로 우리가 우리 조상의 하나님 여호와께 부르짖었더니 여호와께서 우리 음성을 들으시고 우리의 고통과 신고와 압제를 보시고 여호와께서 강한 손과 편 팔과 큰 위엄과 이적과 기사로 우리를 애굽에서 인도하여 내시고 이곳으로 인도하사 이 땅 곧 젖과 꿀이 흐르는 땅을 주셨나이다."

6. Gerhard von Rad, *The Problem of the Hexateuch and Other Essays,* tr. by E. W. Truman Dicken (New York: McGraw-Hill, 1966); 원저: *Das formgeschichtliche Problem des Hexateuch* (Stuttgart: Kohlhammer, 1938).

역사서들과 같은 종류로 보고자 했다.[7] 전승사비평에서는 전승사가 흘러가는 각각의 시대에 서기관들과 제사장들 또는 예언자들이 이전 전승들을 어떻게 보존하고 변혁시키는가를 밝히려 한다. 더불어 편집비평은 어떠한 사회적 상황과 역사적 정황이 현재 본문의 형태를 탄생시켰는가를 추적한다. 따라서 두 비평 방법은 본문에 대한 보다 포괄적인 신학적 맥락과 강조점을 발견하는 데 도움을 줄 수 있다. 그러나 이미 전제된 신학 개념이나 구도가 본문에 지나치게 적용될 때 본질적인 말씀의 의도와 메시지를 쉽게 놓칠 수 있는 단점도 있다.

문학비평 방법은 통시적인 역사비평 방법의 한계들이 드러나면서 본문 자체에 집중하고자 하는 문학적 관심으로부터 시작됐다. 1968년 제임스 마일렌버그(James Muilenburg)의 북미성서학회(SBL) 학회장 취임 강연에서 "양식비평과 그 너머"를[8] 발표한 이후, 성서학계는 역사 중심의 비평 방법으로부터 본문 중심의 성서 읽기로 그 관심을 돌려 문학-예술적 비평 방법을 본격적으로 발전시켜 왔다.[9] 문학비평 방법에는 수사학비평(Rhetorical Criticism), 구조

7. Martin Noth, *Überlieferungsgeschichtliche Studien: Die sammelnden und bearbeitenden Geschichtswerke im Alten Testament* (Halle Saale: M. Niemeyer, 1943).

8. James Muilenburg, "Form Criticism and Beyond," *Journal of Biblical Literature* 88 (1969), 1-18.

9. 새로운 문학적 비평 방법에 대한 안내서로는 다음의 책들을 참고하라: 장일선, "구약성서와 문학비평," 『다윗 왕가의 역사 이야기: 신명기 역사서 연구』 (서울: 대한기독교서회, 1997), 61-114; John Barton, *The Cambridge*

비평(Structural Criticism), 이야기비평(Narrative Criticism), 형식주의(Formalism), 간본문 읽기(Inter-Textuality), 정경비평(Canonical Criticism)[10] 등의 방법론이 있다. 수사학비평은 본문의 반복되는 주제 동기(literary motifs)나 의도를 가진 담론(discourse)들의 전개, 혹은 도치 구문 등을 통해 화자의 의미를 설득력 있게 전달하는 문학적인 특징들을 발견함으로써 본문의 수사학적인 의미를 발견하는 데 목적을 둔다. 히브리 문학의 '역사화된 산문 픽션(fiction)'이라는 특별한 서술 방식으로부터 계시성이 어떻게 전달되는지를 밝히는 데 효과적인 해석 방법론이다.[11] 구조비평은 수사학비평의 한 갈래로서 본문의 문단 나누기의 이면에 작용하는 근본적인 본문 구조를 분석함으로써 표면적인 읽기에서 놓치기 쉬운 의미를 도출하

Companion to Biblical Interpretation (Cambridge: Cambridge University Press, 1998); Paul R. House, *Beyond Form Criticism: Essays in Old Testament Literary Criticism* (Winona Lake: Eisenbrauns, 1992). 종합적인 비평 방법의 정리를 위해서는 다음을 참고하라: Carl R. Holladay, "Contemporary Methods of Reading the Bible" in *The New Interpreter's Bible,* Vol. I (Nashville: Abingdon, 1994), 125-49; John Barton, *Reading the Old Testament: Method in Biblical Study* (Louisville: Westminster John Knox, 1984).

10. 제임스 A. 샌더스(James A. Sanders)와 브레바드 차일즈(Brevard Childs)를 통해 발전된 정경비평 방법은 그 기원과 방법론에서 문학 중심의 비평 방법과 그 궤를 달리하지만 본문을 있는 그대로 받아들이는 것을 전제하는 성서 읽기라는 측면에서 분명히 양식비평 너머에 있는 방법론들과 함께 취급될 수 있다.

11. Robert Alter, *The Art of Biblical Narrative* (New York: Basic Books, 1981), 23-46; 한국어 번역본: 로버트 알터, 『성서의 이야기 기술』, 황규홍, 박영희, 정미현 옮김 (서울: 아모르문디, 2015), 46-83.

도록 돕는다. 히브리 성서 본문에서 자주 발견되는 구조로는 두괄식, 봉투식(수미상관), 교차대칭(동심원), 병렬 구조 등이 있다. 이야기비평은 서사비평 또는 설화비평이라고도 하는데 말 그대로 이야기의 '발단-전개-절정-결말'의 사건 구조를 좇아가면서 살아있는 드라마와 같이 본문 전개를 이해하는 방식이다. 따라서 본문에 등장하는 인물들의 관점이나 성격 규정, 갈등 관계들이 분석의 대상이며 문제가 해결되는 방식에서 계시적 메시지가 어떻게 작용하는가를 심도있게 다룰 수 있다. 형식주의는 수사학적 분석 방법의 요체 중 하나로서 특별히 반복되는 단어들이나 문장 또는 전체적인 문단들 가운데에서 기존의 핵심적인 문학적 패턴과 달리 나타나는 변형들을 포착함으로써 본문의 특징적 메시지를 발견하는데 역점을 둔다. 오늘날 문학 형태 자체로부터 미학적 감각과 의미에 집중하려는 신비평주의(New Criticism) 문학 이론과 그 맥을 같이한다. 간본문 읽기는 성서 본문 간의 비교 문학으로서 그 문학적 유사성과 상이성에 집중하여 해당 본문이 강조하고자 하는 주요 메시지를 부각시키는 수사학비평 방법이다. 정경비평은 역사비평적 본문의 형성 과정을 전제하면서도 신앙 공동체가 전수해온 최종적인 정경적 형태와[12] 이를 받아들이는 정경 공동체의 신학을[13] 중시한다.

---

12. Brevard S. Childs, *Introduction to the Old Testament as Scripture* (Philadelphia; Fortress, 1979).
13. James A. Sanders, *Torah and Canon* (Philadelphia: Fortress, 1972); *Canon and Community: A Guide to Canonical Criticism* (Philadelphia: Fortress,

문학비평 방법은 역사비평 방법에 비해 연구사가 길지 않기에 동원 가능한 구체적 이론이나 적용 방식이 공식화되어 있지 않다. 게다가 문학비평 방법의 바탕이 되는 수사학적 문학 이론들이 다양하고 중첩적이어서 확실하게 정제된 이론으로 소개하는 데 어려움이 따르고 심지어 방법론의 용어조차 일치하지 않는 경우도 있다. 그러나 문학비평 방법은 실천적 적용에 있어서 비교적 접근이 용이하다. 즉, 역사비평의 학문적인 전문성과 난해함으로 인해 성서 해석의 장에서 밀려났던 교회 공동체의 목회자와 성도들을 보다 용이하고 실질적인 본문 해석의 전당으로 인도하고 있다. 무엇보다도 기존의 교회 전통적인 읽기의 울타리에 갇혀 있던 평신도 신학자들을 교리적이고 편향적인 이해로부터 해방시켜서 참된 의미에서의 성서신학적 성경 연구를[14] 가능케 하고 있다.

좀 더 친숙한 성서 이해 방법으로서의 문학비평에서 한발 더 나아간 해석 방법이 독자반응비평이다. 역사비평이 '역사'에, 문학비평이 '본문'에 집중한다면, 독자반응비평은 '독자'에 집중한다. 이는 성서 해석에 참여하는 세 주체, 곧 성서 이면의 역사와 성서 자체의 본문, 그리고 성서를 읽는 독자 중 세 번째 주체를 중심으로 하는 해석 방식이 되겠다. 개인적인 묵상 방식인 QT를 이미 많

1984).

14. "성서신학적 성경 연구"라 함은 기존의 교리 중심의 성경 공부나 주관적 임의적 성서 해석과 상반되는 개념으로, 체계적인 성서신학의 큰 맥락에서 각 본문의 위치를 파악하고자 하는 성경적 읽기를 가리킨다. 이는 성서의 계시성과 역사성을 동시에 포착할 수 있는 방법론을 지향한다.

은 이들이 하고 있기에 어떻게 보면 독자반응 읽기는 이미 진행 중이라고 말할 수 있다. 독자반응 비평에서는 단지 실제 독자와 내재 독자에 대한 구별과 문학이 사회에 미치는 영향 등에 대한 확장된 관심이 투영된다. 독자의 위치와 관점에 따라 본문의 의미가 새롭게 도출된다는 의미에서 포스트모던비평 (Postmodern Reading), 여성주의비평(Feminist Criticism), 이데올로기비평(Ideological Criticism), 해체주의비평(Deconstructive Criticism) 등의 다양한 방법론들이 같은 범주에 있다고 할 수 있다.

마지막으로 사회과학적 비평은 종교사회학적 이론에 근거한 성서 분석 방법이다. 거기서는 사회적 정황과 문학의 긴밀한 관계를 다룬다.[15] 이때, 위에서 언급한 성서 해석의 세 주체인 역사, 본문, 독자의 기본 바탕이 되는 것은 사회적 상황이다. 한 사회의 문화와 경제, 역사적 맥락과 정치적 역학 관계 등이 문학 형성의 모태가 되기 때문이다. 특히, 한 사회의 종교적 상징 체계와 신앙적 세계관이 아무리 세속적인 문화라 할지라도 저변에 작용하고 있는 종교사회학적 전제는 사회과학적 성서 해석의 타당성을 더해준다. 성서 해석을 통해 사회의 병리현상을 날카롭게 지적하고 역사적이고 실제적인 변화를 이끄는 성경 본연의 역할을 감당하기 위해서라도 사회과학적 성서 해석은 오늘날 다른 해석들과 더불어 실천되어야 할 방법론이라 할 수 있다.

---

15. 우택주, “제2장 구약성서의 연구방법론과 구약신학,” 『구약성서개론: 한국인을 위한 최신 연구』 (서울: 대한기독교서회, 2004), 71-72.

제5장
모세오경의 형성과 구조

1) 모세오경의 형성

현재 우리 손에 있는 모세오경의 정경적 형태는 주전 500년경 포로기를 통과하면서 완성된 것으로 앞에서 언급했다. 또한 일반적인 기대와는 달리, 창세기부터 신명기에 이르는 다섯 권의 책이 현재의 순서대로 기록된 것이 아님을 이야기한 바 있다. 구전전승으로 전수되어 오던 암송 문구들이 어느 시점에 기록되기 시작하고 이러한 단편들이 부분적으로 묶여지고 보존되는 과정에서 다양한 편집 단계를 거쳤다. 각각의 단편들이 큰 묶음으로 합쳐지고 특별한 계기를 통하여 첨가, 수정, 보완의 과정들을 다 통과한 결과가 현재의 모세오경이다.

앞서 소개한 대로 모세오경의 형성 과정을 밝히려고 시도하는 전통적인 방법론은 자료비평 또는 문서비평 가설이다.[1] 근본적으로 J(야웨 문서), E(엘로힘 문서), D(신명기 문서), P(제사장 문서)라고 불리는 네 가지 원천 자료를 기반으로 현재의 오경이 생성된 것으로 본다. 각 문서의 연대와 특징의 비교는 아래와 같다.

문서명 / 구분	J	E	D	P
1. 형성 시기	주전 10세기	주전 9세기	주전 8-7세기	주전 6세기
2. 신명	Yahweh	Elohim	Yahweh	Elohim
3. 신 관념	신인동형론	영적(꿈)	도덕적	제사적
4. 강조점	축복	신 경외	계약 순종	법 준수
5. 신언	일반 대화	계시	하나님의 사역 회고	위엄 있는 말씀
6. 강조 계층	지도자들	예언자	예루살렘 지배층	제사장
7. 문학 양식	이야기	훈계	설교문	체계적 기록
8. 기타	시내산 가나안인	호렙산 아모리인	전쟁 이미지	족보들

벨하우젠의 가설에 따르면, 솔로몬의 고대 문예 부흥(Renaissance) 시대에 J문서가 가장 먼저 등장한다. 이 문서는 남유다 중심의 야웨사가(Jahwist/Yahwist)가 다윗과 솔로몬 왕조 찬양을 목적으로 기록했다. 이윽고 남북 왕국이 분열되면서 남유다의 다윗 왕조 중심이 아닌 북왕조 중심의 문서가 출현하게 되는데 이것이 E문서이다. 하나님 이름을 야웨가 아닌 북이스라엘 전통과 친근한 엘로힘(Elohim)을 사용했기에 붙여진 이름이다. 지명도 달라진다.

1. Julius Wellhausen, *Prolegomena to the History of Israel* (Atlanta: Scholars Press, 1994).

북왕조 중심의 이름을 사용하면서 모세의 계약 체결 현장인 시내산을 호렙산으로 부른다. J문서의 친근한 신인동형론적 야웨 하나님 묘사는 사라지고 전통적인 신적 권위의 엘로힘 하나님이 부각된다. 7세기에 이르면, 야웨 신앙의 계약 정신과 율법 순종을 강조하는 D문서가 나타난다. D문서의 원본이라 할 수 있는 원신명기가 히스기야 시대(주전 715-688년)로부터 요시야 시대(주전 640년)까지 형성 보존되다가 어떤 이유로 성전 깊숙이 감추어진다. 이윽고 주전 621년에 성전 보수 공사 중 발견되어 요시야의 종교 개혁에 박차를 가하는 중심 역할을 하게 된다. 주로, 예루살렘의 제사장이나 레위인, 예언자들 그룹이 신명기 문서의 주인공들이다. P문서는 포로기 시절에 땅과 성전을 잃은 제사장들이 제의 전승과 법전 전승을 보존하여 알려지지 않았던 보다 오래된 이야기들과 함께 엮은 묶음집이다. 그 결과로 레위기나 민수기에 나타나는 법들의 모음집이 형성됐다. 또한 족장들과 출애굽의 초기 역사들을 더욱 체계적으로 전개하기에 이른다. 이와 같은 형성 과정을 도해로 작성하면 다음과 같다.[2]

2. Lawrence Boadt, *Reading the Old Testament, An Introduction*, 96.

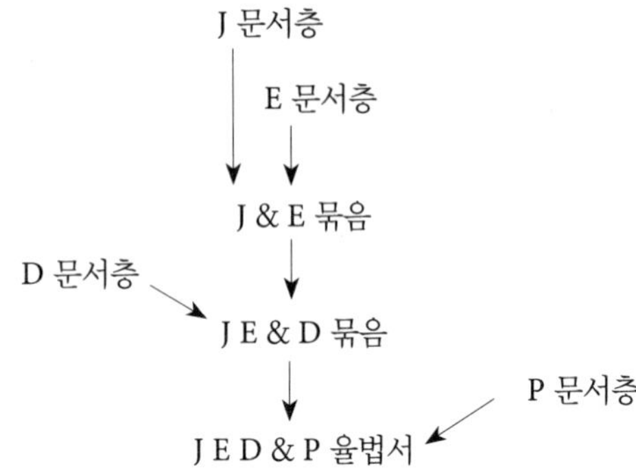

벨하우젠 이후 많은 학자들이 더욱 세밀한 문서 형성 과정을 논의하면서 오경의 복잡한 형성사를 재구성하기 위해 노력했다.[3] 논리적이고 타당한 노력들이 경주됐으며 오경의 이해에도 많은 공헌을 했다. 예를 들면, 두 개의 다른 창조 보도, 즉 창세기 1장과 2:4 이하의 창조 이야기들이 상호 모순이 아니라 P문서와 J문서의 각기 다른 신학적 관점을 반영해 준다는 사실을 밝혀주었다. 마찬가지로, 노아의 방주에 들어간 동물들의 숫자가 본문들마다 다르거나 출애굽한 이스라엘 백성들의 탈출 형태가 이곳저곳에서 상이하게 드러나는 등, 그동안 모세오경 내에 내용적인 모순과 불일치의 문제들을 해결하여 논리적으로 설명하는 데 도움을 주었다. 그러나 자료비평적 토론이 진행될수록 학자들 간 불일치가 현저해졌으며[4] 오경 구성의 역사적 과정을 좇다가 도리어 이론과 가설

---

3. 이후의 오경 연구의 발전사에 대해서는 다음의 자료를 참조하라. 윤형, "오경연구에 대한 해석학적 제안," 「장신논단」 46/4 (2014), 37-60.
4. 렌토르프에 의해 포로기 이전의 J자료와 E자료에 대한 의구심이 제기된 이

의 바다에서 길을 잃고 파선하는 경우가 생겼다. 더불어 역사비평적 성서 해석 방법론이 풍미하던 19-20세기가 끝나갈 무렵 객관적 과학주의와 역사주의의 종언을 고하는 포스트모던 시대가 도래하면서 성서 해석의 방법론은 새로운 변화를 겪게 됐다. 20세기 말과 21세기 초에 들어서면서 오경의 형성사보다는 오경의 정경적 문학형태에 대한 관심이 고조되고 있다.[5] 현재의 오경은 율법만으로 구성되어 있지 않다. 법과 이야기가 병렬적으로 서술되면서도 상호 긴밀하게 관련되어 있다. 이러한 정경적 형태는 오경 연구에 있어서 법과 이야기의 상호 관련성을 규명해야 하는 새로운 과제를 낳고 있다.[6]

후, 최근의 오경 학자들은 "J & E" 묶음의 존재는 부정하고 D자료와 P자료 중심의 오경 형성사를 받아들인다. R. Rendtorff, *The Problem of the Process of Transmission in the Pentateuch* (Sheffield: Sheffield Academic Press, 1990): Joel S. Baden, *The Composition of the Pentateuch: Renewing the Documentary Hypothesis* (New Haven: Yale University Press, 2012).

5. 예를 들면, 블렌킨솝은 오경 연구에 있어서도 역사비평적인 가설보다는 문학비평적인 전제를 받아들인다. 즉, 오경을 역사와 종교의 관점에서 분석하기보다는 문학적인 관점에서 이해하려 한다. 이는 현재의 본문 구성체를 "닫혀진 체계"로 전제하는 문학비평 중심의 정경적인 입장이 반영된 것이다. Joseph Blenkinsopp, *The Pentateuch: An Introduction to the First Five Books of the Bible* (New York: Doubleday, 1992).
6. Terence E. Fretheim, *Exodus* (Louisville: Westminster John Knox, 1991), 202; 김선종, "토라! 율법인가, 이야기인가?: 레위기 25장의 안식년 규정을 중심으로", 「신학논단」 64 (2011), 7-28; Assnat Bartor, "Reading Biblical Law as Narrative," *Prooftexts* 32 (2012), 292-311; Isaac Shalev, "At the Crossroads of Halakha and Narrative", *JBQ* 37 (2009), 181-186; 김진명, "구약과 신약의 본문 서술 방식에 관한 연구 - 율법서와 복음서의 '법'과 '이야

일반적으로, 통시적인 해석과 공시적인 해석은 각각 역사적 접근과 문학적/정경적 접근을 대변한다. 오늘날 성경 해석 방법론에서 두 가지 관점은 상호 보완과 조화를 이룬다. 특히, 오경 연구에서는 복잡한 역사적 형성 과정을 전제하면서도 현재의 문학적 형태에 집중하는 것이 본래의 의미를 발견하기 위한 최적의 길이다. 가령, 출애굽기 20장과 신명기 5장에서 반복되는 십계명은 서로 다른 시대의 역사성을 반영하면서도 여전히 동일한 하나님의 계시성을 드러내준다. '다른 시대의 역사성'이라 함은 제4계명 안식일 준수의 근거가 출애굽기의 경우 전체 사회의 안정과 질서 추구를(출 20:11), 신명기의 경우 특정 약자를 위한 정의 추구를(신 5:15) 강조한다는 의미에서 상이한 시대정신을 의미한다. '동일한 하나님의 계시성'이라 함은 서로 다른 시대적 강조점에도 불구하고 이스라엘 계약 백성의 복지와 안녕을 위한 하나님의 은혜가 본문에서 일관적으로 드러남을 의미한다. 이렇듯 역사성과 계시성의 통합적 읽기는 성서 본문의 의미와 신학적 내용을 풍부하게 해준다. 또한 이것은 '성서신학적 성경 해석'의 모본을 제시해주고 있다.

2) 모세오경의 구조

모세오경의 전체적인 구조를 간략하게 소개하면 다음과 같다.

기' 본문을 중심으로", 「장신논단」 46 (2014), 11-35.

장	시대	내용
창 1-11장	태고사	하나님의 창조와 복, 인간의 죄와 벌, 그리고 계속되는 은혜
창 12-50장	족장사	하나님의 선택, 자손의 축복과 땅, 큰 민족의 약속
출 1-18장	해방사	하나님의 들으심과 이스라엘의 구원, 약속 성취의 시작 → **애굽에서 시내산으로**
출 19-24장, 레 1-27장, 민 1-10장	시내산 단락	하나님의 계약 백성을 향한 언약과 율법
* 출 25-40장		성막과 제의 기구 규정과 설립
민 11-36장	광야 유랑	하나님의 인도하심과 불순종에 대한 심판 → **시내산에서 모압평지로**
신 1-34장	모세의 설교	계약 준수에 대한 모세의 교훈과 경고

세계의 창조를 알리는 태고사(Primeval History)로부터 이스라엘 선조들의 역사와 출애굽 구원사, 시내산 계약 사건과 약속의 땅으로 향하는 광야 유랑 그리고 요단강 동편 모압평지에서의 모세의 회고와 당부까지 오경의 내용은 역사적인 순서로 전개되고 있다. 그런데 위의 구조에서 볼 수 있듯이 가장 많은 범위를 차지하는 부분이 '시내산 단락'이다. 무려, 출애굽기 19장에서 레위기 전체와 민수기 10장까지 전체 오경의 1/3에 해당하는 내용을 이룬다. 또한 시내산 단락을 전후로 이스라엘 백성의 두 가지 광야 여정이 부각된다. 하나는 애굽에서 시내산까지의 여정이며(출 1-18장) 또 다른 하나는 시내산에서 모압평지까지의 여정이다(민 11-36장). 이집트 해방사건은 목적이 있었다. 시내산에서의 계약 체결을 통해 성막 공동체로 거듭나기 위함이다. 결국, 모세오경의 핵심에는 이스

라엘의 세 가지 경험이 자리한다. 곧, 해방과 구원의 경험이요(출 1-18장), 언약 공동체로 탄생하는 경험이며(출 19-24장), 궁극적으로 성막 공동체를 건설하는 경험이다(출 25-31장).[7]

시내산 단락 중심의 오경 구조는 하나님의 뜻과 그 나라의 구현을 위해서 이 이스라엘 백성이 하나님과 맺은 계약 관계가 얼마나 중요한지를 보여준다. 하나님의 뜻을 추구하는 것이 '신학'이요 그 나라의 구현이 '신앙의 실천'이라고 할 때, 오경을 통한 신학은 하나님과 이스라엘 사이의 계약 관계이며 신앙의 실천은 계약 공동체의 완성이다. 일찍이 아이히로트가 구약성서신학의 중심을 '언약 사상'이라고 규정했을 때[8] 그 근거는 오경에 드러난 계약 사상이다. 그러나 계약 사상은 단순히 하나님과 이스라엘 간의 형식적 계약 체결과 유지를 위한 인과응보적 율법주의가 아니다. 도리어 고대 근동 사회에서 찾아볼 수 없는 신과 인간 사이의 인격적 관계에 기반한 언약적 신실한 삶(חסד, '헤세드')을 가리킨다. 야웨의 구별된 백성으로서의 언약 공동체를 살아내는 삶의 내용에 본래적 의미가 있다. 브루그만과 프레타임 등의 신학자들이 강조한 "언약적 삶의 구조"는[9] 이런 의미에서 시사하는 바가 크다. 오경의

7. 왕대일, 『구약성서 이해 열 마당』, 65.

8. Walther Eichrodt, *Theologie des Alten Testaments* (Berlin: Evangelische Verlagsanstalt, 1950).

9. W. 브루그만, 브루스 C. 버치, 테렌스 E. 프레타임, 데이빗 L. 페터슨, 『구약 신학과의 만남: 신학으로 본 구약입문』, 차준희 옮김 (서울: 프리칭아카데미, 2013), 244-269.

계약 사상은 형식적 율법 순종에서 드러나는 것이 아니라 삶 속에 내재된 언약에 충실한 삶의 실천에서 드러나는 것을 말하기 때문이다. 마치, 예레미야의 "새 언약"(렘 31:31)이 돌판에 새긴 기계적 계약이 아니라 마음 판에 새긴 인격적 언약이 되듯이 말이다.

그런데 위의 오경의 구조는 출애굽기의 구원과 시내산 계약 사건, 언약 공동체 건설이라는 이스라엘의 경험에만 집중하는 인상을 준다. 엄연히 창세기가 오경의 서론을 이루며 이스라엘을 넘어선 보편적 세계와 우주의 창조를 선포하고 있는데도 말이다. 오경의 정경적 구조에 충실하기 위해서는 출애굽기 이하에 나타난 이스라엘의 '언약적 삶의 구조'가 창세기가 말하는 세계의 창조 구조와 어떠한 관계성을 가지고 있는가를 설명해야 한다. 분명히 태초에 하나님의 창조 세계는 "보시기에 심히 좋았더라"(창 1:31)의 온전함(שלום, '샬롬')이었다. 그 세계(Cosmos)가 완성된 7일째에 안식이 찾아왔다(창 2:1-3). 바로 '창조 질서'의 완성이다. 여기에서 창조 세계의 질서와 언약적 삶의 구조 사이의 긴밀한 관계성을 읽을 수 있다. 이는 하나님의 계약 백성이 실현해야 할 언약 공동체의 삶이 이미 시원적 창조 질서 가운데 배태되어 있음을 시사한다. 곧 이스라엘에게 율법을 주신 하나님은 이를 통해 하나님의 뜻인 창조 질서를 세상 가운데 여전히 이루고자 하시는 것이다. 그 완성의 중심에 하나님과의 동행을 상징하는 성막 공동체와 구름 기둥의 인도하심이 있다. 계약 사상의 근본을 이루고 있는 하나님의 창조와 구원의 역사라는 관점에서 오경의 구조를 재구성하면 다음과 같다.

A 창 1-11장 말씀을 통한 세계 창조

B 창 12-50장 족장들의 순종과 광야 유랑

C 출 1-18장 야웨의 이스라엘 구원

(출 12-13장 첫 번째 유월절과 구름 기둥 c)

D 출 19-24장 율법: 언약 법전

X 출 25-40장 성막 공동체의 창조

(출 40장 성막 완성과 구름 기둥 x)

D′ 레 1-27장 율법: 성결 법전

C′ 민 1-11장 야웨의 이스라엘 인도

(민 9장 두 번째 유월절과 구름 기둥 c′)

B′ 민 12-36장 이스라엘 자손의 불순종과 광야 유랑

A′ 신 1-34장 말씀을 통한 이스라엘 창조

오경은 A와 A′에서 보듯이 하나님의 말씀을 통한 세계 창조와 하나님께 말씀을 받은 모세의 설교를 통한 이스라엘 창조라는 큰 얼개로 이루어졌음을 보여준다. 그런데 그 창조 사건의 중심에 "성막 공동체"의 창조가 있다(X). 보편적 세계의 창조와 특정한 계약 공동체의 탄생 중심에 하나님의 임재와 동행을 드러내는 성막 공동체의 창조가 위치한다. 그 중심축 이야기 주변으로는 언약 법전과 성결 법전이 둘러싸고 있으며(D-D′) 그 율법을 야웨의 이스라

엘 구원과 인도라는 이야기가 감싸고(C-C′), 또다시 인간의 순종과 불순종이라는 삶의 이야기가 둘러싸는 구조다(B-B′).

이와 같은 구조는 전통적 오경 이해와 다른 세 가지 새로운 관점을 제공한다. 첫째, 창조 중심의 오경 이해다. 더 이상 구속사 중심 일변도가 아니라 창조사 중심의 '신앙'과 '일상' 간의 균형 잡힌 말씀 해석이 가능해진다. 기존의 구속사적 이해는 이스라엘의 신앙의 뿌리를 출애굽기의 해방과 계약 사건에만 두었다. 그러나 창조사 중심의 이해는 창세기의 창조 보도를 출애굽 구원 사건의 서문으로 두는 것이 아니라 본질적 신앙의 출발점으로 삼는다. 구약성서를 특정한 민족의 구원사로 보는 것에 그치지 않고 우주와 세계를 다스리는 창조주 하나님의 섭리와 역사로 보는 것이다. 둘째, 이야기 중심의 오경 이해다. 율법과 계명의 순종이라는 형식적 관점으로부터 언약 백성의 삶의 역경을 담은 이야기 중심의 실제적인 말씀 이해가 가능해진다. 기계적 인과응보의 교리적 반복보다는 율법이 주어지게 된 사회적 배경과 역사적 맥락을 이해함으로써 율법의 본질적 의미를 깨달을 수 있는 것이다. 레위기에서의 희생제사의 종류와 절차의 율례들이 제사를 통한 형식적 경건에 목적을 둔 것이 아니라 이스라엘 가운데 임하는 하나님과의 인격적인 관계를 위한 실제적 거룩에 목적이 있었음을 발견할 수 있다. 하나님을 믿는 백성이 어떻게 하나님과 친밀한 관계를 유지하는가의 사랑의 관계성과 영성의 드라마로 오경의 메시지를 새롭게 읽게 된다. 셋째, 하나님과의 동행 곧 '임마누엘'에 대한 강조다. 하나님과의 관계성의 절정은 하나님의 임재요 삶에서의 동행이다. 새로운 창조(A-A′)의 중심에 성막 공동체의 창조(X)가 있다. 성막 공동체의 건설은 곧 하나님의 임재를 가능케 하는 유월절의 은혜와 성막의 은혜를 동반한다(c-x-c′). 하나님의 임재와 동행이 계약 백성 이스라엘을 이스라엘답게 구별하는 핵심적 요소이다. 오경의 전체 메시지는 바로 이 성막 공동체의 창조에 있다. 여기에 창조 질서의 회복과 완성이 있다.

신약성서의 예수 그리스도의 오심은 "임마누엘"의 성취였다(마 1:23; 사 7:14). 세상 속 당신의 백성들 가운데 거하기 원하는 하나님의 뜻은 이미 모세오경의 구조에 명시되어 나타난다. 그리고 이스라엘 역사를 통하여 임마누엘의 뜻은 지속됐다. 주전 8세기 이사야로부터(사 7:14), 포로기 이전 요시야의 종교 개혁 시절 스바냐의 비전에서도(습 3:17),[10] 포로기 이후 제2성전을 건립하는 스가랴의 선포에서도(슥 2:10; 9:9)[11] 신앙 공동체에 함께하기 원하는 하나님의 뜻은 일관되게 드러났다.[12] "하나님께서 우리와 함께하신

10. "너의 하나님 여호와가 너의 가운데에 계시니 그는 구원을 베푸실 전능자이시라 그가 너로 말미암아 기쁨을 이기지 못하시며 너를 잠잠히 사랑하시며 너로 말미암아 즐거이 부르며 기뻐하시리라 하리라."

11. "여호와의 말씀에 시온의 딸아 노래하고 기뻐하라 이는 내가 와서 네 가운데에 머물 것임이라"; "시온의 딸아 크게 기뻐할지어다 예루살렘의 딸아 즐거이 부를지어다 보라 네 왕이 네게 임하시나니 그는 공의로우시며 구원을 베푸시며 겸손하여서 나귀를 타시나니 나귀의 작은 것 곧 나귀 새끼니라."

12. 비교, "내가 그 곁에 있어서 창조자가 되어 날마다 그의 기뻐하신 바가 되었으며 항상 그 앞에서 즐거워하였으며 사람이 거처할 땅에서 즐거워하며 인자들을 기뻐하였느니라"(잠 8:30-31).

다"(임마누엘)는 오염된 창조 질서의 회복이다. 태초에 안식했던 그 창조 세계의 구원이다. 이를 위해 궁극적으로 예수 그리스도가 임마누엘로 오셨다. "회개하라 천국이 가까이 왔느니라"(마 3:2)의 예수님의 일성은 창조 질서의 회복이요 동시에 새로운 창조의 시작이었다. 출애굽기의 '성막 공동체'는 땅에 임한 창조 질서의 구현이었다. '구름 기둥'이 상징하는 바, 하나님의 임재와 인도하심이 그곳에 있다. 그러나 하나님과 이스라엘의 만남은 자동적으로 이루어지지 않는다. 하나님의 임재를 뜻하는 구름 기둥의 인도하심을 위해서는 늘 유월절 어린양의 희생이 필요했다(c-c'). 출애굽기 40장의 성막 완성과 동행(x)은 높은 시내산에서 낮은 이스라엘 진영으로 임하는 하나님의 희생으로 가능했다. 하나님 나라의 완성이 예수 그리스도의 십자가를 통해서 가능했던 것은 바로 하나님의 겸비 곧 '자기 비움' 때문이다. 거룩한 희생을 통해 높은 것이 낮아지고 낮은 것이 높아지는 의로운 질서가 확립된다. 태초에 이루어졌던 창조 질서의 회복과 통치의 완성을 위한 하나님의 역사는 종말에 이르기까지 여전히 계속되고 있다.

제6장
모세오경의 내용과 신학

1) 모세오경의 내용

창세기로부터 신명기에 이르는 중심 내용을 각 책의 구조를 따라 살펴보려 한다. 먼저, 창세기의 구조를 살펴보면 크게 두 개의 '톨레돗'("족보", "역사")으로 구성되어 있다: "하늘과 땅의 이야기"(1:1-11:26), "이스라엘의 조상 이야기"(11:27-50:26).[1] 일반적으로 전자는 태고사 또는 원역사로 알려져 있으며 후자는 족장사로 불린다. 태고사는 크게 여섯 가지 내용을 담고 있다.

---

1. 왕대일, 『구약성서 이해 열 마당』, 29.

1-2장	창조 보도
3:1-4:15	죄와 벌 그리고 은혜
4:16-5:32	족보: 아담부터 노아까지
6-9장	홍수 심판과 노아의 방주 및 언약
10-11:9	노아 아들들의 족보와 바벨탑 사건
11:10-32	족보: 노아부터 아브라함까지

(1) 태고사(창 1-11장)

태고사는 주로 기원적 이야기들을 전해준다. 우주와 세계의 기원(1장)을 비롯하여 인간과 가족의 기원(2장), 죄와 노동의 기원(3장), 시기와 살인의 기원(4:1-15), 도시 문명과 인간 문화의 기원(4:16-24), 예배의 기원(4:25-26), 나라와 민족의 기원(10장), 언어의 기원(11:1-9) 등을 소개한다. 기원에 대한 이야기는 '인간이 어디로부터 왔는가'에 대한 물음에 답하려 한다. 따라서 구약성서의 태고사는 인류의 거울이다. 인간의 본래적 모습에 근본적인 답을 제공하고 있기 때문이다. 한 가지 예를 든다면, 인간 관계가 망가지는 이유는 시기와 미움이라는 사실을 가인과 아벨 사건(4:1-5)은 알려준다. 형제를 미워하는 것은 살인과 다를 바 없다(요일 3:15; 마 5:22). 결국, 시기의 결과 세상에서 쓸쓸히 유리하는 자가 되고 자신의 삶까지 망가뜨리는 인생이 될 수밖에 없다는 진리를 가인의 탄식(창 4:14)은 엄중히 가르쳐주고 있다.

태고사의 창조 보도는 두 가지 이야기로 구성되어 있다. 1장부터 2:3까지의 첫째 날부터 일곱째 날에 이르는 정형적인 보도와 2:4부터 25절까지 삽화처럼 꾸며진 이야기체의 보도다. 두 개의 이야기는 창조 순서도 다르며 묘사된 세계관도 또 필체도 다르다.[2] 구약성서 이해의 첫걸음은 이렇게 다른 창세기 서두의 이야기들을 있는 그대로 받아들이는 일이다. 논리적 모순이나 과학적 토론을 개입시키지 않은 채 말이다. 왜냐하면 성서의 창조의 기록은 과학도 아니요 역사도 아니기 때문이다. 단지, 하나님의 감동을 받은 모세 또는 저자들에 의하여 창조에 담긴 계시성이 본문에서 어떻게 전달되고 있는가를 살피면 된다. 다시 말하면 하나님과 세상과 인간에 대하여 무슨 진리를 드러내는가를 추구해야 한다. 이렇게 정경적으로 읽고자 할 때 창세기 1-2장에 담긴 하나님의 뜻이 여러 차원에서 다양한 빛을 발하게 된다.

첫째, 창조에 대하여 1장이 빛으로부터 궁창과 육지와 바다 그리고 그러한 공간을 채우는 생명체들과 인간의 창조까지의 형식적 질서를 드러낸다면 2장은 인간과 에덴동산의 창조와 그 동산에서 인간이 생명체들과 이루는 관계성 그리고 궁극적으로 남자와 여자의 관계성에 대한 내용적 질서를 드러낸다. 둘째, 하나님에 대해서 1장은 명령과 권능의 권위 있는 신적 본성을 말한다면 2장

---

2. 역사비평에서 자료비평 학자들은 1장과 2장을 각기 다른 자료로부터, 즉 1장은 제사장사가의 P문서로부터 2장은 야웨사가의 J문서로부터 형성됐음을 분석적으로 설명한다. 반면에, 문학비평에서 정경비평 학자들은 모순되어 보이는 본문의 창조 보도들을 있는 모습 그대로 받아들이며 통합적으로 해석하려 한다.

은 사람을 "이끌고"(2:15), 사람을 위해 "배필을 지어주는"(2:18) 하나님의 친밀한 인적 본성을[3] 드러낸다. 셋째, 세계에 대하여 1장은 "저녁이 되고 아침이 되니"의 창조 세계 내의 시간적 환경을 강조한다면 2장은 에덴에서부터 시작된 강이 "거기서부터 갈라져 네 근원"이 되어 피조 세계의 삶을 조성하는 공간적 환경을 강조한다. 넷째, 정형화된 보도의 측면에서 인간이 하나님의 "형상을 따라" 창조된 천상적 존재라면 이야기체 보도의 측면에서 인간은 "흙으로" 지어진 지상적 존재이다. 다섯째, 인간에게 주어진 명령이 "생육하고 번성하여 … 다스리라"(1:28)는 적극적인 명령과 "선악을 알게 하는 나무의 열매는 먹지 말라"(2:17)는 금지적인 명령으로 대조됨으로써 하나님과 세상 앞에 선 인간의 상반된 본성을 그려주고 있다. 여섯째, 1장에서는 생물체를 묘사할 때 "종류대로"(1:24-25) 창조된 객관적인 접근을 보인다면 2장에서의 생물체는 사람이 "무엇이라고 부르나"(2:19)에 따라 존재성이 부여되는 관계적인 접근을 중심으로 묘사된다. 일곱째, 창조의 완성에 대하여 첫째 보도에서는 일곱째 날의 안식으로 끝난다면(2:2-3) 둘째 보도에서는 남자와 가족이 하나되는 가족의 완성으로 마무리된다(2:24). 이 외에도 양자의 이야기들은 창조된 세계에 대하여 "보시기에 좋았더라"(1:4, 10, 12, 18, 21, 25, 31)가 반복되는 완전성과 "좋지 아니하니"(2:18)가 선포되는 불완전성이 하나님의 양가적 감정을

3. 전통적으로는 하나님의 인간적인 성격에 대한 묘사를 '신인동형론'(神人同形論)적 표현으로 설명한다.

통해 대조되고 있다. 또한 피조 세계에 대한 인간의 정복 명령(1:28)이 인간의 관계적 이름 짓기(2:19)에 대한 이야기로 보충되고 있다. 이 모든 것은 1장과 2장을 분석적으로 읽기보다 통합적으로 읽을 때 얻어지는 풍성한 메시지들이다.

성서의 본문을 있는 그대로 받아들이고 통합적으로 읽는다고 한다면 고대의 신화 또는 전설처럼 들리는 창세기 6:1-7에 기록된 "네피림"에 대한 이야기는 어떻게 이해해야 할까? 어떻게 "하나님의 아들들이" "사람의 딸들"과 관계하여 용사와 같은 존재들이 태어날 수 있는가(6:4)? 우선적으로, 해당 본문의 이해에 있어서는 구약성서와 고대 근동 문학과의 관련성을 기억해야 한다. 이미 본서 제3장 "구약성서의 배경"에서 고대 근동의 다신론적 문화에서 꽃핀 이스라엘의 야웨 신앙을 "참고 자료"를 통해 소개했다. 창세기 6장은 실제로 고대 근동의 다신론적 문화와 문학의 영향을 받은 본문이다. '하나님의 아들들'은 신적 존재들로서 다신론적 문화 환경을 배경으로 하며 '네피림'은 이방 문화에서 말하는 신적 기원을 가진 능력이 뛰어난 용사들을 일컫는 용어다. 6장 본문에서는 이러한 다신론적 문화가 야웨 신앙의 유일신론적 세계관 내에서 새롭게 묘사되고 있다. 선하신 하나님이 창조한 세계가 왜 죄악으로 가득해질 수밖에 없었는가를 설명하기 위한 문학적 도구로 고대 근동의 신화가 사용되고 있는 것이다.

이러한 고대 근동의 문화적 배경을 염두에 두고 이해한다면 비로소 해석의 다음 단계로 넘어갈 수 있다. 곧, 본문의 전체적 맥락에서 해당 본문이 주고 있는 의미를 통합적으로 해석하는 일이다. 6장 전체의 맥락은 노아의 소명에 대한 이야기다. 그리고 노아가 부름을 받은 이유는 노아의 의로움 때문이다(6:9[4]). 이러한 맥락에서 수수께끼 같은 이 본문은 세상에서 뛰어난 용사로 알려진 네피림과 여호와께 은혜를 입은 노아(6:8) 사이의 대조로부터 풀이가 가능해진다. 하나님의 자녀들과 세상의 딸들 사이에 구별 없는 혼합주의가 자행될 때 세상은 죄악으로 가득해질 수밖에 없다. 그러나 의로움을 지키는 노아와 같은 하나님의 자녀가 부름을 받고 구원의 도구로 사용된다. 노아 앞에서 "용사"요 "고대에 명성이 있는 사람들"(6:4)은 심판의 대상이 된다. 구원과 심판의 기준이 본문에 명시되어 있다. 심판을 부르는 세상의 불의가 "자기들이 좋아하는"(6:2) 대로 행하는 것이라면 구원을 낳는 경건한 의로움은 "하나님이 자기에게 명령하신 대로 다 준행"(6:22)하는 삶이다.

사실상, 창세기 6장의 서두는 이러한 정경적 읽기의 메시지 외에도 인간 수명이 120년으로 줄어든 이유와 가끔씩 닥치는 대홍수의 원인을 밝히는 기원론적 설명의 기능도 있다. 그러나 정작 네피림 이야기를 도입함으로써 성서의 저자가 전달하고자 한 하나님의 뜻은 거룩함의 경계 설정과 말씀 준행이다. 그리고 더 큰 맥락에서는 인간의 역사 속에서 하나님의 구원 사역에 참여하는 노아와 같은 의로운 자들의 승리의 기록을 전해주고 있다.

---

4. "이것이 노아의 족보니라 노아는 의인이요 당대에 완전한 자라 그는 하나님과 동행하였으며."

(2) 족장사(창 12-50장)

창세기 12장부터 본격적으로 하나님의 역사에 참여하는 조상들의 이야기가 시작된다. 물론 족장사의 핵심에는 아브라함에게 주신 하나님의 '언약'이 자리한다. 이미 노아의 홍수 사건 이후 하나님의 구원의 표식으로서 무지개 언약이 영원한 언약('베릿 올람')으로 도입됐다(창 9:12-17). 노아의 무지개 언약이 물질 세계 일반에게 주어진 창조사적 언약이었다면 아브라함의 언약은 선택된 이스라엘 민족에게 집중된 구원사적 언약이었다. 창조된 세계가 하나님의 뜻과 질서로부터 이탈될 때 하나님은 세상의 구원을 위해 한 사람을 부르고 한 민족을 세우는 역사를 시작한다.

족장사는 아브라함(12-23장), 이삭과 야곱(24-36장), 요셉(37-50장) 이야기의 세 부분으로 구성되어 있다. 역사비평 학자들 가운데에는 족장들의 이야기가 후대의 만들어진 이야기라고 주장하며 아브라함부터 요셉에 이르는 계보를 혈통적 흐름으로 보기보다는 신학적인 구성으로 보는 경향이 있다.[5] 그러나 대부분의 성서학자들은 족장이야기의 정경적 증언들을 있는 그대로 받아들이려 한다. 왜냐하면, 오래전 이야기들임에도 불구하고 조상들이 경험한 사건들에 대한 분명한 기억들을 통해 이스라엘 신앙 전승의 핵심

5. 이를테면, 오경의 구성과정 중에 아브라함 이야기는 남유다로부터, 야곱과 요셉 이야기는 북이스라엘로부터 각각 기원한 것으로 보고 후대에 제사장사가나 신명기사가가 다른 조상들의 이야기를 통합한 것으로 보는 주장이다: 에리히 쳉어, 『구약성경 개론』, 이종한 옮김 (왜관: 분도출판사, 2012), 177-189.

이 일관되게 전달되고 있기 때문이다.[6] 게다가 족장들의 약속의 땅을 향한 여정과 철을 따라 목초지를 찾아 유랑하는 반유목민 생활, 결혼 관습과 상속권과 축복권에 대한 창세기의 증언들은 주전 3000-1300년에 이르는 고대 사회의 생활상을 여실히 반영해주고 있다.[7]

아브라함의 신앙 여정은 언약을 둘러싼 위기와 확인의 연속이었다. 창세기 12:1-3에서 "고향과 친척과 아버지의 집"을 떠나라는 명령을 듣고 세 가지 약속 곧 땅, 자손, 축복권을 받았다. 그가 약속의 땅을 향하여 여행을 떠났을 때가 75세였다(12:4). 그리고 약속의 자손인 이삭을 비로소 낳은 때가 100세였다(21:5). 25년간의 기간은 아브라함에게 '믿음의 조상'으로서 단련되고 연단되는 기간

---

6. Lawrence Boadt, *Reading the Old Testament, An Introduction,* 134.
7. 이라크 동북부 지역에서 발굴된 주전 14세기경의 후리족의 문화를 담은 누지문서에는 다음과 같은 사회상이 반영되어 있다: 아들이 없는 부부가 특정인을 양자로 삼는 것(엘리에셀), 아들을 낳을 수 없는 부인이 여종을 통해서 대신 아들을 얻을 수 있게 하고(이스마엘), 나중에 본부인에게 아들이 생기면 장자권을 획득하는 것(이삭), 부인을 여동생으로 속이는 것(아브라함과 이삭), 여자의 경우, 오빠가 중매를 서면 본인의 의사를 확인하는 것(라반과 리브가), 아버지가 나설 경우, 본인의 의사와 상관없이 결혼하는 것(라헬과 레아), 아내를 얻기 위해 데릴사위로 봉사는 하는 것(야곱의 14년간 라반을 위한 봉사), 임종 시 약속에 관한 유언(이삭, 야곱), 상속권의 상징인 드라빔의 탈취(라헬), 장자권의 매매, 입으로 말한 축복도 법적인 효력을 지님 등등. 또한 시리아의 알렙포 남서쪽 지역에서 출토된 주전 3000-2600년경의 에블라 문서는 창세기 14장에 나타나는 롯이 살던 소돔 지역의 왕이 참여한 사해 남부 평야지대의 5개국 연합군이 동쪽 지역의 메소포타미아 4개국 왕들의 연합군에 의해 패배하는 장면에서 나타나는 기록들과 성읍들의 수와 기록 순서에서 놀랄 만한 유사성을 보인다.

이었다. 그에게 1차적인 시험은 “그 땅에 기근”(12:10)으로 왔다. 약속의 땅을 버리고 이집트로 내려갈 수밖에 없는 빈궁한 상황에 처한다. 거기에 상황을 더 악화시킨 것은 아브라함의 거짓말이었다. 그의 아내 사래를 누이동생으로 속임으로써 바로의 궁에 들어가게 된 것이다. 하나님의 약속은 첫 번째 위기를 맞았다. 그러나 하나님의 개입으로 그 위기를 극복하게 된다(12:17-20). 두 번째 시험은 “가축과 은과 금이 풍부”(13:2, 5)했을 때 왔다. 아브라함과 조카 롯의 관계가 불편해지게 된다. 더군다나 하나님께서 아브라함의 ‘자손’에게 약속하신 땅을 조카와 임의적으로 나누어야 하는 위기를 맞는다(13:9). 그러나 하나님은 아브라함에게 동서남북의 모든 땅을 “너와 네 자손에게” 영원히 줄 것을 선포한다(13:14-17). 세 번째 시험은 “나는 자식이 없사오니”(15:2)로 시작되는 아브라함의 절망이었다. 그는 자신의 씨가 아닌 “집에서 길린 자” 다메섹 사람 엘리에셀을 상속자로 삼아 달라고 한다(15:3). 하나님은 그를 책망하지 않고 도리어 아브라함의 믿음의 “의”를 불러내고(15:5-6) ‘횃불 언약’으로 자손에 대한 약속을 확인시켜 주신다(15:17). 네 번째 연단의 과정으로 하갈과 이스마엘 사건이 있다. 조급함으로 하나님의 방식이 아닌 인간의 방식을 좇게 됨으로써 부부의 관계도 주인과 여종의 관계도 깨지는 일들이 발생한다(16:4-6). 하나님의 약속이 깨어질 중대한 위기가 다시 찾아온 것이다. 하나님의 사자를 통한 “브엘라해로이”(16:14)의 은혜가 없었다면 아브라함의 가정은 깨어졌을지도 모른다. 다섯 번째의 시험은 아브라함과 사라의 웃음이다(17:17; 18:12). 그러나 하나님은 이들의 의심을 각각 할례의 징표(17:11)와 여호와의 능력의 선포(18:14)로 극복하도록 돕는다. 이러한 과정을 통하여 아브라함은 만들어져 갔다. 그러다가 어느새 하나님의 심판 앞에 구원을 중재하는 '예언자'로서의 위치에 서기도 한다(18:16-33). 하지만 아브라함의 실수는 반복된다. 바로 그랄 왕 아비멜렉에게 다시금 아내 사라를 여동생으로 거짓말하는 장면이다(20:2). 이때에도 하나님은 아브라함 가정을 보호하고 구원하신다(20:3-16). 이 사건을 계기로 아브라함은 저주가 물러가도록 하는 '제사장'적 역할을 감당하는 자리에 오른다(20:17).

아브라함의 모든 시험 중 가장 큰 시련은 하나님의 약속이 성취됐다고 생각한 그 순간에 닥쳐왔다. 그것은 나이 100세에 마침내 얻은 아들 이삭을 제물로 바치라는 하나님의 명령이었다(22:2). 그런데 아브라함은 이제까지 인간적인 요동을 보였던 모습과는 달리 흔들림 없이 명령을 준행한다. 바로 다음 날 아침 "일찍이 일어나 … 일러 주신 곳으로" 나아간다(22:3). "일러 주신 곳"에 이르러 한 치의 망설임 없이 이삭을 제물로 바치려 한다(22:9-10). 오히려 하나님 편에서 바쁘게 아브라함을 막는다. "아브라함아 아브라함아 … 그 아이에게 네 손을 대지 말라 … 아무 일도 하지 말라"(22:11-12a). 이제 아브라함은 하나님을 경외하며 말씀을 준행하는 진정한 '믿음의 조상'으로 거듭난 것이다(22:12b, 16-18). 아브라함의 단련 과정을 보면 인간의 부족함에도 불구하고 하나님의 은혜로 그를 변화시키고 성숙시키는 섭리를 발견할 수 있다. 아래의 표는 이제까지의 아브라함의 영적 성숙의 과정을 보여준다.

본 문	시험/시련	아브라함의 선택	하나님의 교정	연단의 결과
12:10-20	"그 땅에 기근"	이집트로 이동 아내를 누이로 속임	신적 개입	복의 약속
13:1-18	"은과 금이 풍부" "서로 다투고"	롯과 땅을 나눔	땅 약속의 확언	땅의 약속
15:1-21	"자식이 없사오니"	다메섹인 엘리에셀	횃불 언약	자손의 약속
16:1-16	"내 여종에게"	사래의 말을 따름	브엘라해로이	자손의 약속
17:17-18:15	"엎드려 웃으며"	이스마엘	할례의 징표	자손의 약속
20:1-18	"그랄에 거류하며"	아내를 누이로 속임	신적 개입	복, 땅의 약속
22:1-19	"그를 번제로"	이삭을 드림	여호와 이레	복, 자손, 땅

아브라함의 인간적 실수와 부족함에도 불구하고 모든 시련의 과정 중에 하나님의 교정과 구원이 있었다. 그 은혜의 과정과 연단은 하나같이 아브라함에게 처음부터 주어진 땅과 자손과 복(12:1-3)에 대한 약속의 확인이며 성취였다.

순종의 아들 이삭은 이러한 아브라함의 믿음을 그대로 이어받았다. 어느 정도 소년의 나이였을 때 아버지의 인신제사의 희생물이 될 수 있었던 심각한 정신적 충격 속에서도 여전히 모든 일에 아버지를 따랐다. 아버지의 시종장이 데려온 리브가와 결혼하는 이삭의 모습은 너무 수동적으로 보이는 것 같다(24장). 심지어 그랄 땅 목자들과 그의 목자들 사이에 우물을 두고 분쟁이 있었을 때에도 이삭은 계속해서 양보만 한다. 얼핏 유약하게 보이는 이삭의 세 번에 걸친 우물 파기는 도리어 하나님의 약속만을 바라보는 그의 온유하면서도 절대적인 신앙을 역설해 준다(26:22-25). 물론, 이삭도 아내를 누이동생으로 속이는 아버지와 똑같은 실수를 범하기도 한다(26:6-9).[8] 그러나 도리어 그랄 땅의 왕과 지도자들에 의해 이삭은 "여호와께서 너와 함께 계심을 우리가 분명히 보았으므로"(26:28)라고 인정을 받고 이방 땅에서 풍족하고 안정된 삶을 누리게 된다(26:29-31).

이런 측면에서 이삭의 아들 야곱은 조상들의 모습과는 정반대다. 야곱은 평생을 '투쟁하는' 삶을 산다. 어머니의 태중에 있었을 때부터 야곱은 쌍둥이 형 에서와 다투었다. 장자권을 위한 싸움은 결국 그를 고향에서 떠나 멀리 외삼촌 라반의 집에서 20년 동안 머무는 나그네 삶으로 내몰았다(31:41). 그러나 하나님의 언약은 인간의 어떠함에도 불구하고 신실하게 야곱의 삶 속에서도 지속됐다. 집을 떠나던 날 밤 벧엘에서의 꿈으로 그가 안전하게 고향으로 돌아올 것을 계시받게 됐고(28:10-22), 삼촌 라반의 집에서도 승승장구하여 어엿한 가부장으로서 많은 식솔들을 이끌게 됐다(30:25-43). 그럼에도 불구하고 야곱의 마음에 항상 자리했던 근본적인 문제가 있었다. 형 에서와의 경쟁 관계와 장자권을 가로챘다는 죄책감은 그를 떠나지 않았다. 얍복 강가에서의 천사와의 씨름은 고향으로 돌아가기 직전에 야곱이 처했던 마음의 상태를 여실

---

8. 역사비평에서 이러한 반복은 자료의 중첩으로 본다. 그러나 문학비평에서는 주요 모티프의 반복은 특정 메시지의 계시로 이해된다. 도리어 이 사건을 계기로 그랄 땅에서 이삭의 입지는 더욱 안정되고 강화된다.

히 보여준다. 그러나 이때에도 하나님은 야곱에게 새로운 이름을 부여함으로써 더 이상 "뒤꿈치를 붙드는 자"로서의 야곱이 아닌 "하나님과 싸워 이긴" 이스라엘로서의 새로운 정체성을 허락하신다(32:27-28). 평생 세상과 '투쟁하는' 삶에서 이제 하나님의 인정을 통해 '하나님이 싸워주는'(이스라엘)[9] 인생으로 바뀌게 됐을 때 그는 명실공히 장차 이스라엘 열두 지파의 실질적인 조상으로 기념되기에 이른다.

야곱 이야기는 야곱의 아들들과 요셉의 이야기로 이어진다. 야곱의 평생에 걸친 투쟁의 순간순간은 하나님의 언약의 위기들이었다. 장자권 다툼 때는 형제간의 살인의 위협이 있었고 삼촌 라반의 집에서는 사촌들 간의 경쟁으로 나중에 야곱이 도망 나올 때에 온 가족들이 몰살당할 지경에까지 이르렀다. 그러나 하나님의 은혜와 도움으로 위기들을 모면해 왔다. 하지만 야곱의 아들들 대에 이르러서는 형제간 다툼이 극에 달하게 된다. 요셉을 향한 형들의 시기가 그를 이집트로 가는 대상들에게 노예로 팔게 했고 하루아침에 야곱은 가장 사랑하는 아들을 잃게 된다(37:18-35). 다투며 거짓을 행했던 야곱의 삶이 아들들에 의해 그대로 자신에게 되갚아지는 결과를 빚은 것이다. 그러나 하나님의 언약의 신실함은 여전히 인간의 죄악성에도 불구하고 요셉의 삶 속에 섭리적 은혜

9. '이스라엘'은 히브리어로 두 가지 의미가 있다. 하나는, 개역개정판의 번역대로 "하나님과 겨루어 이긴 자"라는 뜻이고, 또 다른 하나는 "하나님이 싸워 이기는 자"라는 의미가 있다. '이스라엘'의 '엘'("하나님")을 전자는 목적어로, 후자는 주어로 본 차이가 있다.

로 함께했다. 요셉이 가는 곳마다 하나님께서 함께하심으로 형통케 했다(39:2-4, 21-23). 결국 이집트 제국의 총리로서 7년의 대가뭄 속에서 많은 생명들을 살리는 구원자의 역할을 감당하게 된다(41:38-49, 53-57). 이 가뭄으로 인해 식량을 찾으러 요셉의 형들이 이집트에 오게 되고 급기야 요셉은 자신의 정체를 밝히며 형들과 아버지와 감격의 재회를 했다(45:1-4; 46:29). 요셉의 삶 자체는 언약의 자녀들과 함께하시는 하나님의 은총과 의의 자녀들을 통해 생명을 살리시는 하나님의 섭리를 그대로 드러낸다(45:7-8; 50:20).

(3) 출애굽사(출 1-18장)

창세기의 족장사는 하나님의 약속의 신실함('헤세드')을 중심으로 펼쳐졌다. 출애굽기의 이집트 탈출 이야기에서는 그 약속의 신실함에 더해 "들으시고 … 돌보시는" 하나님의 은혜가 대두된다(출 2:24-25).[10] 언약을 기억하고 이스라엘 자손의 탄식을 듣고 그들을 돌보는 하나님의 은혜가 모세라는 한 사람을 통해 줄곧 계시된다. 모세는 이스라엘이 하나님의 계약 백성으로 탄생하는 데 산파 역할을 한 사람이다. 그 계약을 유지하는 데 필요한 계명과 율법을 선포함으로써 이스라엘 야웨 신앙의 창시자가 됐다. 과거의 해방신학이나 민중신학에서는 모세를 히브리 노예의 해방자로 묘사

10. "하나님이 그들의 고통 소리를 들으시고 하나님이 아브라함과 이삭과 야곱에게 세운 그의 언약을 기억하사 하나님이 이스라엘 자손을 돌보셨고 하나님이 그들을 기억하셨더라"(출 2:24-25).

했다.[11] 그러나 모세의 정체성은 이스라엘 헌법인 율법의 제정자로서, 이스라엘 신앙의 정초자로서 더 타당하게 자리매김한다. 출애굽기 1-18장은 그럼에도 불구하고 모세를 통해 하나님의 구원과 해방이 히브리 노예들에게 어떻게 이루어졌는가를 드라마틱하게 보여준다. 1장부터 7:7까지는 모세의 어린 시절과 소명 장면이 주로 기록되어 있고, 7:8부터 12장까지는 이집트에 내린 열 가지 재앙(피, 개구리, 이, 파리, 가축, 종기, 우박, 메뚜기, 흑암, 장자의 죽음), 13장부터 15장까지는 홍해 기적, 그리고 16장부터 18장까지는 시내산까지의 광야 여정을 기록하고 있다.

모세의 소명 장면에서 중요한 것은 하나님의 이름의 계시이다. "나는 스스로 있는 자"(3:14, '에흐예 아쉘 에흐예')라는 이름은 생명이나 존재를 뜻하는 히브리어 존재동사 '하야'(היה)로 구성되어 "존재하게 하는 존재" 또는 "이루어가는 자"라는 의미다. 창조주의 의미와 통치자의 의미를 동시에 포함한다. 장차 펼쳐질 구원과 해방의 역사가 하나님의 새로운 창조와 통치의 일환임을 알려준다. 소위 '야웨와 파라오의 대결'로 알려진 열 가지 재앙 사건에서 의아한 점은 하나님이 "바로의 마음을 완악하게" 했다는 구절의 반복이다(7:3, 13, 22; 8:15, 19; 9:12, 35; 10:20, 27; 11:10). 이 표현에는 두 가

11. Taesoo Yim, "Interpretation of the Law and the Gospel in Exodus from the Perspective of Minjung Theology," in *Mapping and Engaging the Bible in Asian Cultures: Congress of the Society of Asian Biblical Studies 2008 Seoul Conference,* eds. Yeong Mee Lee & Yoon Jong Yoo (Seoul: The Christian Literature Society in Korea, 2008), 91-92.

지 의미가 있다. 하나는 하나님이 모세에게 이미 일러준 대로 파라오가 반응하고 있다는 것이며(4:21; 7:13; 8:15; 9:12), 또 다른 의미는 파라오가 철저히 야웨의 통제하에 있음을 증언하고 있는 것이다(4:21; 7:3; 9:12; 10:1; 11:10). 파라오의 마음을 완악하게 하는 하나님의 의도는 본문에 명시되어 있다. 그것은 "하나님의 표징을" 이집트 사람들에게 보이기 위함이며(10:1) 그들로 하여금 하나님이 "여호와인 줄 알게"(14:4) 하기 위함이다. 당대 지구상 최고의 제국 한복판에서 하늘 하나님의 역사가 펼쳐진 사건이 바로 열 가지 재앙 사건이었다. 12장과 13장에 기록된 유월절 규례는 이스라엘 자손들에게 하나님의 "손의 권능"으로 그들의 장자를 "대속"한 구원을 확증시켜 주는 표징이 된다(13:14-16). 이스라엘의 부르짖음을 "들으시는" 하나님의 은혜는 홍해 기적 사건을 통해서 계속됐고(14:10, 15, 30) 또 "돌보시는" 하나님의 은혜는 광야에서 "구름 기둥, 불 기둥"의 인도(13:21-22)와 만나와 메추라기의 공급(16장), 반석에서 터지는 물(17:1-7), 아말렉과의 전투에서의 "여호와 닛시"(17:8-16)의 은혜로 계속됐다. 그리고 마침내 그들은 시내산에 이르게 된다. 이제 막 이집트에서 탈출한 히브리 노예들은 바로 그곳에서 출애굽 해방의 이유와 목적을 알게 된다.

(4) 시내산 단락(출 19장-민 10장)

모세가 첫 번째 시내산 등정에서 들은 말씀에 출애굽 구원의 이유와 목적이 나와 있다: "세계가 다 내게 속하였나니 너희가 내 말을 잘 듣고 내 언약을 지키면 너희는 모든 민족 중에서 내 소유가 되겠고 너희가 내게 대하여 제사장 나라가 되며 거룩한 백성이 되리라"(19:5-6). 이스라엘은 야웨의 "거룩한 백성"이 되기 위하여 세계 만국 가운데 선택된 것이다. 시내산 단락은 오합지졸에 불과한 히브리 노예 집단이 계명과 율법에 근거한 야웨의 계약 백성으로 새롭게 태어난 사건을 보여준다. 앞선 5장의 "모세오경의 구조"에서 시내산 단락 부분을 중심으로 따로 표시하면 아래와 같은 형태다.

A 출 1-18장 야웨의 이스라엘 구원

B 출 19-24장 율법: 언약 법전

X 출 25-40장 **성막 공동체의 창조**

B´ 레 1-27장 율법: 성결 법전

A´ 민 1:1-10:10 야웨의 이스라엘 인도

전통적인 이해와는 달리 야웨의 '거룩한 백성'의 핵심에는 구원이나 율법 또는 광야에서의 인도가 아니라 '성막 공동체'의 창조가 있다(X). 이전의 열 가지 재앙과 홍해의 기적 사건을 통한 구원(출 1-18장), 십계명(20장), 언약 법전(21-23장), 성결 법전(레 17-26장) 등의 율법 수여, 광야에서의 먹이심(출 16-17장)과 인도하심(민 9장)의 역사는 모두가 하나의 목적 곧 야웨의 임재와 동행을 이 땅 가운데 성취하는 성막 공동체의 건설에 있었다.

전체 오경의 구도에서 '성막 공동체' 중심의 구조가 오경 신학의 이해를 구원사로부터 창조사로, 율법에서 이야기로, 형식적 계약이 아닌 인격적 동행으로 전환시키고 있음을 앞선 장에서 강조한 바 있다. 이곳 시내산 단락에서도 창조 신학적 성막 공동체 이야기가 여전히 출애굽 신학의 중심축을 이루고 있음을 본다. 모든 본문들의 장면이 이스라엘 중에 임하는 하나님의 함께하심이라는 '임마누엘'의 주제에 집중되어 있기 때문이다.[12] 먼저, 출애굽기 19-24장(B)은 시내산이 접근 불가 영역(19:18-24)으로부터 이스라엘을 대표하는 칠십 장로들이 모세와 함께 올라가서 "하나님을 뵙고" 만찬을 나누는 만남의 장소가 됐음을 증언한다(24:9-11).[13] 레위기 1-27장(B')에서는 제사법과 정결 규례(1-16장) 그리고 성결 법전(17-26장)을 통해 이스라엘은 하나님과 동행할 수 있는 거룩한 백성(11:44-45; 19:2; 20:26)으로 새롭게 탄생하고 있다. 민수기 1장에서 10:10(A')의 단락은 같은 맥락으로 광야 여정 중 하나님의 함께하심을 위한 이스라엘의 진 편성과 행군 순서(민 1-2장)가 레위인의 임무(3-4장)와 정결 규정(5:1-9:14)과 더불어 소개된다. 말씀대로 모든 명령과 규정이 수행됐을 때 이스라엘의 성막 공동체는 야웨의 임재와 인도를 경험할 수 있었다(9:15-23).

그러나 성막 공동체가 건설되기까지의 과정은 순탄치 않았다.

---

12. Samuel Terrien, *The Elusive Presence: Toward a New Biblical Theology* (San Francisco: Harper & Row, 1978).
13. 이는 번제와 화목제로 드려졌던 희생제물의 피를 통한 계약 체결식을 통해 이루어졌다(24:4-8).

금송아지 우상 숭배라는 계약 파기의 심각한 사건이 발생했기 때문이다(출 32-33장). 이 사건은 성막에 대한 규정(25-31장)과 실제적인 성막의 건축과 완성(35-40장) 사이에 일어났다. 만약 모세의 간절한 중보기도(33장)와 하나님의 두 번째 돌판 수여의 은총(34장)이 없었다면 이스라엘의 역사는 광야에서 그대로 끝났을 것이다. 그런데 놀라운 것은 이 일련의 사건들 가운데에서도 중심 주제가 이스라엘 가운데 임하는 하나님의 임재와 동행이라는 사실이다.

A 25:1-31:11 성막 규정
B 31:12-17 안식일 규례
C 31:18-32:35 인간의 금송아지 숭배로 깨어진 첫 번째 돌판
D 33:1-6 하나님의 동행(3절)
X 33:7-11 **회막에서의 임재와 교제**
D′ 33:12-23 하나님의 동행(14절)
C′ 34:1-35 하나님의 인자와 진실로 세워진 두 번째 돌판
B′ 35:1-3 안식일 규례
A′ 35:4-40:38 성막 건축

성막 규정과 성막 건축이라는 큰 얼개(A-A′)의 중심에 회막에서의 하나님 임재와 모세와의 친밀한 교제라는 중심 주제가 자리한다(X).[14] 핵심부 X를 둘러싼 D와 D′의 본문 역시 하나님의 동행을 다

14. "성막"과 "회막"의 구분에 대한 학자들의 논의는 다음의 자료를 참조하라:

룬다. D는 범죄한 이스라엘과 더 이상 동행하지 않을 것이라는 야웨의 결심이다. 반면에 D′는 목숨을 건 모세의 중보기도로 인해 다시금 이스라엘과 동행을 수락하는 야웨의 약속이다. 이스라엘의 금송아지 숭배로 인하여 첫 번째 돌판이 깨지고 하나님과의 계약 관계가 파기된다(C). 그러나 하나님의 "자비와 은혜와 오래 참으심과 인자와 진실"(34:6)의 은총으로 두 번째 돌판이 허락되고 계약 관계가 다시 이어진다(C′). 흥미로운 것은 성막 규정의 마무리 부분(B)과 성막 건축의 시작 부분(B′)에 안식일 규례가 반복되고 있다는 사실이다. 안식일에 임하는 거룩함은 야웨의 창조 질서를 가리킨다(31:13-17). 창조 세계가 하나님의 뜻대로 완성됐을 때 안식이 왔다. 이스라엘 또한 하나님 뜻의 구현체로서 안식일에는 쉬어야 한다(35:2-3). 왜냐하면 그날에 이루어질 하나님과의 친밀한 교제가 그 어떤 일들보다 거룩하기 때문이다.

위에서 확인한 교차대칭 구조 외에도 아래의 구절들은 하나님의 계약 백성이 성막 공동체로 창조되는 이유와 목적이 무엇인지 분명히 증언한다. 바로 이스라엘 자손 중에 거하기 원하는 야웨의 임재, 곧 임마누엘의 하나님을 예배하며 그 하나님과 동행하는 삶이다.

> 내가 이스라엘 자손 중에 거하여 그들의 하나님이 되리니 그들은

안근조, "출애굽기 33:7-11의 정경적 읽기: 회막(오헬 모에드)과 성막(미쉬칸)의 구분을 위한 제언," 「성경원문연구」 47 (2020), 7-28.

내가 그들의 하나님 여호와로서 그들 중에 거하려고 그들을 애굽 땅에서 인도하여 낸 줄을 알리라 나는 그들의 하나님 여호와니라. (29:45-46)

모든 백성이 회막 문에 구름 기둥이 서 있는 것을 보고 다 일어나 각기 장막 문에 서서 예배하며 사람이 자기의 친구와 이야기함 같이 여호와께서는 모세와 대면하여 말씀하시며. (33:10-11a)

이르되 주여 내가 주께 은총을 입었거든 원하건대 주는 우리와 동행하옵소서 이는 목이 뻣뻣한 백성이니이다 우리의 악과 죄를 사하시고 우리를 주의 기업으로 삼으소서. (34:9)

낮에는 여호와의 구름이 성막 위에 있고 밤에는 불이 그 구름 가운데에 있음을 이스라엘의 온 족속이 그 모든 행진하는 길에서 그들의 눈으로 보았더라. (40:38)

(5) 모압평지까지의 여정(민 11–36장)

민수기 10:11-12은 이렇게 시작한다: "둘째 해 둘째 달 스무날에 구름이 증거의 성막에서 떠오르매 이스라엘 자손이 시내 광야에서 출발하여 자기 길을 가더니 바란 광야에 구름이 머무니라." 출애굽기 19:1에 의하면 이스라엘 자손이 시내 광야에 도착한 것이 출애굽 후 3개월이 지난 시점이었으니 시내산에서 2년 가깝게 체류했음을 보여준다. 민수기는 시내산에서 모압평지까지의 여정을 그린다. 그들의 여정의 출발은 순탄했다. 이미 민수기 2장에서 명령받은 대로 지파별 진영의 구성에 따라 행진했고 구름 기둥의 인도를 받았다(민 10:11-36). 그러나 성막에 임한 하나님의 임재는 동시에 위험을 동반했다. 이스라엘의 불평은 바로 하나님에게 들렸고 진노와 심판을 초래했다. 민수기 11장부터 36장까지의 내용은 여정 중 발생한 백성의 원망과 하나님의 심판의 이야기들 사이에 율법 규정들이 소개되고 있는 구성이다. 아래는 순탄한 진행과 율법 규례를 '질서'로, 백성의 불평과 심판을 '무질서'로 나누어 분석한 개요이다.

질서 10:11–36 성막 공동체의 지파별 행진과 야웨의 동행

  무질서 11:1–3 백성의 원망과 진영 끝에 불

  무질서 11:4–35 고기 불평과 기브롯 핫다아와에서의 재앙

  무질서 12:1–16 미리암과 아론의 항의와 미리암의 나병

  무질서 13:1–14:45 가나안 정탐과 백성의 절망 그리고 첫 번째 점령 실패

질서 15:1–41 제사에 드리는 제물 규정과 안식일과 옷소매 규례

  무질서 16:1–17:13 고라와 다단과 아비람의 반역과 아론의 싹 난 지팡이

질서 18:1–19:22 아론 계열 제사장의 직분과 레위인의 직무와 정결 규례

무질서 20:1-13 가데스의 반역과 므리바 물

* 세 에피소드 20:14-21:3 에돔의 우회, 아론의 죽음, 호르마 점령

무질서 21:4-9 백성의 먹을 것 원망과 놋뱀

* 여정 소개 21:10-20 호르산에서 비스가산까지

질서 21:21-35 요단강 동편 아모리 왕 시혼과 바산 왕 옥의 땅 점령

무질서 22:1-24:25 모압 왕 발락의 음모와 발람의 예언

무질서 25:1-18 브올에서의 음행과 염병

질서 26:1-27:23 두 번째 인구조사와 슬로브핫의 딸들(27:1-11), 후계자 여호수아

질서 28:1-30:16 제사 규정과 절기와 축제, 서원 규례

질서 31:1-54 전쟁 수행과 전리품 분배에 관한 규례

질서 32:1-42 르우벤과 갓과 므낫세 반 지파의 요단강 동편 분배

* 여정 소개 33:1-49 이집트 라암셋에서 모압평지까지의 여정

질서 33:50-34:29 가나안 땅 지파별 분배와 경계 규정

질서 35:1-36:13 레위인의 성읍들과 도피성 규정, 슬로브핫의 딸들

여정 초기에는 무질서가 잦았으나 점차로 질서가 더 많은 비중을 차지하게 됨을 확인할 수 있다. 놋뱀 사건(21:4-9)을 끝으로 이스라엘 내에서의 불평의 목소리는 더 이상 들리지 않는다. 그 이후의 무질서는 이스라엘 밖에서의 도전이다. 모압 왕 발락의 음모가 있었고 발람의 예언으로 인해서(22:1-24:25) 브올에서 바알브올의 음행이 일어나 염병이 휩쓸었다(25:1-18). 그러나 26장에서의 두 번째

인구조사와 27장의 여호수아에 대한 후계자 안수 이후에 이스라엘 공동체는 다시금 하나님의 명령과 규정을 따르는 질서의 공동체로 갱신된다.[15] 이제 두 번째 인구조사의 대상자들이었던 출애굽 다음 세대가 신명기에서의 모세의 명령에 귀 기울이는 말씀 공동체로 거듭날 준비가 완료된 것이다.

(6) 모세의 고별 설교(신 1-34장)

신명기는 세 번에 걸친 모세의 설교로 이루어져 있다. 모세는 40년 동안의 광야 생활(민 32:13)을 통과하여 마침내 모압평지에 도달한 이스라엘의 자손들에게 이제 곧 들어갈 가나안 땅에서의 계약 백성으로서의 마땅한 삶을 신신당부(申申當付)하고[16] 있다. 신명기 전체의 구조는 아래와 같다.

I. 1:1-4:43	첫 번째 설교
II. 4:44-28:68	두 번째 설교

15. 광야를 통과하는 이스라엘에게 새로운 출발점이 됐던 두 번째 인구조사와 여호수아 후계자 지정의 사건 사이에 슬로브핫의 딸들 에피소드(27:1-11)가 있음을 주목할 필요가 있다. 왜냐하면 민수기의 결말이 다시금 슬로브핫의 딸들 에피소드(36:1-12)로 마무리되기 때문이다. 이는 이스라엘 열두 자손의 땅과 기업의 공정한 분배를 위한 노력을 반영한다. 더 나아가 이것은 이스라엘 열두 자손을 향한 하나님의 약속의 신실함이 어떻게 역사 속에 성취됐는가를 시사한다.
16. 신명기(申命記)의 '신'은 새로울 신(新)이 아니라 거듭 신(申)이다. 따라서, 모세의 설교가 담긴 신명기는 새로운 계명이기보다는 이미 선포된 계명에 대한 재삼 당부와 강조이다.

1. 서론 (4:44-49)
2. 이스라엘을 향한 권고 (5-11장)
3. 신명기 법전 (12-26장)
4. 축복과 저주 (27-28장)

III. 29:1-30:20 세 번째 설교

IV. 31:1-34:12 부록/후기

첫 번째 설교는 서론(1:1-5), 호렙산에서 모압평지까지의 여정 회고(1:6-3:29), 율법 준행과 우상 숭배 금지의 모세의 권고(4:1-40), 요단강 동편의 도피성(4:41-43)의 내용으로 구성되어 있다. 신명기 전체의 특징이 첫 번째 설교에서 드러나는데, 먼저 1:1의 "이스라엘 무리에게 선포한 말씀"에 사용된 "이스라엘 무리/온 이스라엘"('콜 이스라엘')이라는 말이 신명기에서 많이 사용되는 표현이라는 점이다. 이것은 남북 왕조 구분 없이 하나님의 백성으로서의 이스라엘을 부르는 호칭이며 서론(1:1)과 결론(34:12)에서 의도적으로 등장하고 있다. 곧 "온 이스라엘"은 신명기를 감싸고 있는 표현이다.[17] 반면에 또 다른 특징은 전체 이스라엘보다는 북이스라엘의 기원을 가리키는 호렙산(1:2)이라는 표현이다. 호렙이란 시내산을 가리키는 용어로 신명기적 용어다. 신명기에서 호렙은 9번 나오지만 시내산은 단 1번(33:2)만 나온다. 신명기는 그 기원에 있어서

17. Peter C. Craigie, *The Book of Deuteronomy* (Grand Rapids: W. B. Eerdmans, 1976), 89-90.

는 북이스라엘의 모세 계약 전통에 기반하지만 점차적으로 남유다의 다윗 언약까지 통합하면서 온 이스라엘을 향한 선포로 발전했음을 알 수 있다.

두 번째 설교는 율법의 핵심인 십계명 선포(5:1-21)와 계약 백성 신앙의 중심인 '쉐마'의 말씀(6:4 이하), 그리고 신명기 법전(12-26장)이 주된 내용을 이룬다. 이미 출애굽기 20장에 수록된 십계명이 신명기 5장에 다시 등장하는 이유는 그만큼 신명기 자체가 "율법을 설명"하는(1:5) 내용이며 모세가 말씀의 중개자의 역할을 하고 있다는 사실을 알려준다.[18] 구약성서의 복음이라고 일컬어지곤 하는 신명기의 핵심은 쉐마의 말씀이다. "이스라엘아 들으라 우리 하나님 여호와는 오직 유일한 여호와이시니 너는 마음을 다하고 뜻을 다하고 힘을 다하여 네 하나님 여호와를 사랑하라"(6:4-5). 한 분 하나님을 향한 한마음의 사랑을 강조한다. 그럴 때 조상들에게 허락한 약속의 땅에 들어가게 될 것이며 아름다운 성과 집을 얻고 우물을 차지하며 풍성하고 배부르게 될 것을 가르친다.[19] 신명기 법전(12-26장)은 언약 법전(출 20:22-23:33)의 수정판 또는 확대판이다. "오직 한 분 하나님"(민 6:4)만을 사랑하라는 쉐마 명령의 실천

18. 왕대일, 『다시 듣는 토라: 설교를 위한 신명기 연구』 (서울: 한국성서학연구소, 1998), 169.

19. "네 하나님 여호와께서 네 조상 아브라함과 이삭과 야곱을 향하여 네게 주리라 맹세하신 땅으로 너를 들어가게 하시고 네가 건축하지 아니한 크고 아름다운 성읍을 얻게 하시며 네가 채우지 아니한 아름다운 물건이 가득한 집을 얻게 하시며 네가 파지 아니한 우물을 차지하게 하시며 네가 심지 아니한 포도원과 감람나무를 차지하게 하사 네게 배불리 먹게 하실 때에"(6:10-11).

방안을 밝힌다. 학자에 따라서는 12-18장은 이스라엘의 신앙 현장을 다루는 십계명의 1-5계명을, 19-25장은 이스라엘의 시민생활을 다루는 6-10계명을 상술한 것으로 보기도 한다.[20] 이렇듯 신명기 법전은 하나님의 언약 백성으로서 마땅한 삶의 규범을 밝히고 거룩한 백성의 정체성을 지켜나갈 수 있도록 우상 숭배와 혼합주의를 철저히 경계한다. 율법 순종 여부에 따른 인과응보적 정의가 27-28장에서 강조되면서 두 번째 설교는 마무리된다.

세 번째 설교는 출애굽 기적 사건과 광야 생활, 요단 동편의 땅 차지를 다시금 회고하며(신 29:2-8) 하나님의 언약의 말씀을 지켜 행할 것을 독려하면서 시작한다(29:9-15). 계속해서 한마음의 사랑을 버리고 다른 신을 섬길 때 그들은 저주를 받고 땅에서 쫓겨날 것임을 분명히 한다(29:18-28). 그러나 이스라엘이 말씀을 기억하고 하나님 앞으로 돌아오면 포로로 끌려간 땅에서 약속의 땅으로 회복될 것임을 약속한다(30:1-10). 끝으로, 이스라엘 자손의 결단을 촉구한다. "보라 내가 오늘 생명과 복과 사망과 화를 네 앞에 두었나니"(30:15). 말씀 앞에 선 이스라엘의 운명은 그들의 응답에 따라 결정될 것이다. "너와 네 자손이 살기 위하여 생명을 택하고 네 하나님 여호와를 사랑하고 그의 말씀을 청종하며 또 그를 의지하라"(30:19-20). 사랑과 믿음의 삶이 이스라엘의 생명이라는 복음의 정수가 모세 설교의 결론이다.

---

20. 이에 대한 논의는 다음의 자료를 참조하라: 왕대일, 『다시 듣는 토라: 설교를 위한 신명기 연구』, 286-290.

부록 부분에서도 신명기의 복음은 확인된다. "그들에게 이르되 내가 오늘 너희에게 증언한 모든 말을 너희의 마음에 두고 너희의 자녀에게 명령하여 이 율법의 모든 말씀을 지켜 행하게 하라 이는 너희에게 헛된 일이 아니라 너희의 생명이니"(32:46-47). 그러나 하나님의 생명의 말씀과는 대조적으로 신명기의 마무리는 이스라엘의 죽음으로 가득하다. 가나안 땅에서의 이스라엘의 우상숭배와 언약 파기가 예언되어 있고(31:16-18), 모세가 들려주는 노래는 이스라엘의 패역으로 말미암은 저주와 재앙이며(32:5, 15-26), 심지어 모세 자신도 약속의 땅으로 들어가는 것은 금지된다(32:48-52). 그럼에도 하나님의 은혜는 계속된다. 모세의 후계자 여호수아가 세워지며(31:1-8), 율법의 말씀이 기록되어 낭독되며(31:9-13), 이스라엘 백성의 죄는 속죄함을 얻는다(32:43). 모세의 유언과도 같은 축복이 이스라엘 열두 지파에게 주어짐으로써(33:1-29) 하나님의 백성의 역사는 계속된다.

2) 모세오경의 신학

앞서 "모세오경의 구조"에서 오경 전체는 "성막 공동체의 창조"(출 25-40장)가 중심축을 이루고 있음을 살펴본 바 있다. 그리고 성막의 의미가 하나님의 임재요 창조 질서의 회복이라는 사실을 밝혔다. 창세기의 세계 창조는 출애굽기에서 신명기까지의 성막 공동체의 창조와 상응한다. 결국 모세오경 전체의 신학은 창조 신학이다. 그런데 기존의 학자들에 의해 동원됐던 오경 신학의 중심 요소들인 아담과 하와의 '죄', 조상들과의 '언약', 출애굽의 '구원', 제사법의 '거룩'과 '성결', 모세의 '율법'과 '계약'의 개념 등은 창조 신학과 어떤 관련이 있는가?

먼저, 죄는 창조 질서의 훼손이다. 창조는 선함('토브')과 온전함('샬롬')이다. 태초에 "보시기에 심히 좋았더라"(1:31)와 "천지와 만물이 다 이루어지니라"(2:1)를 통해서 창조 질서가 완성됐다. 그 질서의 기념과 축제가 바로 안식일이었다(2:2-3). 죄란 바로 창조 세계의 선함과 온전함을 깨뜨리는 일이다. 그런데 창조 세계의 파괴가 (아담과 하와가) 선악과를 따 먹음으로써 일어났다. 선악과란 금단(禁斷)의 열매다. 절대 넘지 말아야 하는 경계선이었다(2:16-17). 그 선이 깨어졌을 때 악함과 부족함이 생기고 인간 세상은 무질서해졌다.

둘째, 아브라함을 부르시고 땅과 자손과 복의 약속을 주신 이유는 언약 백성의 새로운 탄생을 위해서였다. 깨어진 세계의 질서는 창조주가 임의로 바로잡을 수 없다. 이미 노아에게 허락된 무지개 언약으로 인하여 창조주 자신이 세계의 질서에 스스로 매였기 때문이다(8:21-9:17). 이제 창조 질서를 회복하는 것은 하나님의 부르심을 받은 언약 백성들을 통해서만 가능해졌다.

셋째, 출애굽기의 해방의 역사는 단순한 사회적인 또는 민족적인 해방과 구원을 말하지 않는다. 더 큰 맥락에서의 창조 질서의 회복이다. 박해받는 야곱의 후손들과 사내 아이를 죽이라는 파라오의 폭정은 '생육하고 번성하라'는 창조 명령의 역행이다. 야웨의 출애굽 해방은 사회학적 계층 해방이 아닌 창조 질서를 누리는 공동체의 탄생을 의미한다. 성막 건축의 목표가 바로 창조 질서에 부합하는 삶의 구현이었다.[21] 결국, 구원이란 창조 질서의 회복을 뜻한다.

넷째, 성결 법전(레 17-26장)의 모든 제사법과 성결 규정은 창조 질서의 유지와 관계한다. 창조 질서가 깨어졌을 때 아담과 하와의 하나님과의 동행은 끝이 났다. 따라서 이스라엘 성막 공동체에서 다시금 하나님과의 동행을 이루기 위하여 속죄하는 제사와 각종 규례가 필요했던 것이다. 혼돈을 의미하는 죄의 문제가 해결됐을 때 경계가 확립되고 질서가 회복된다. 거룩('카도쉬')은 바로 질서와 구별이다. 하나님의 임재가 그곳에 있다.

다섯째, 모세의 계약 사상에 나타난 율법과 언약은 성막 공동체가 상징하는 바, 거룩한 공동체를 이 땅 가운데 이루기 위한 하나님의 처방전이다. 태초에 깨어졌던 인간과 하나님과의 관계가 시내산에서의 계약 체결(출 24장)을 통해서 마침내 회복된 것이다. 성막 공동체가 세워진 이후부터 야웨 하나님은 더 이상 시내산에서가 아닌 이스라엘 진영 한가운데 말씀의 장막에서 모세와 만나고 말씀한다(레 1:1). 태초에 이루었던 창조 질서가 계약 백성을 통

---

21. 천사무엘, "출애굽기 신학," 『토라의 신학』 김영혜 외 8인 (서울: 동연, 2010), 99-119.

해서 새롭게 시작된 것이다.

모세오경의 신학은 창조 신학이다. 여기에 죄의 신학, 구원 신학, 언약 신학, 성결 신학, 율법 신학이 함께 어우러진다. 그리고 그 핵심에는 성막 공동체의 비전인 임마누엘의 신학이 자리한다. 창조 신학의 맥락에서 임마누엘은 하나님의 뜻의 온전한 성취이다. 이를 '창조 질서의 완성'이라고도 말할 수 있고 또는 '하나님의 나라'라고도 표현할 수 있다. 그렇다면 오경 이후 역사서와 예언서에서 다루어지는 이스라엘 역사의 흥망성쇠 이야기는 창조 질서의 확립 여부 또는 하나님 나라의 구현 여부와 관련된 이스라엘과 하나님과의 언약적 관계성에 대한 문제다.

여기에 고대 근동의 신화와는 전적으로 다른 이스라엘 야웨 신앙의 독특성이 부각된다. 왜 창조자 하나님이 인간의 역사와 관계하는가? 여기에서 우리는 인격적 하나님의 성격을 발견할 수 있다. 고대 근동의 신화는 인간 의식 세계의 발현에 불과하다. 그러나 구약성서의 신앙은 신과 인간의 인격적 관계의 산물이다. 하나님의 말씀과 사랑의 역사에 이스라엘이 응답하는 신앙이다.[22] 야웨 하나님은 끊임없이 존재 세계에 참여한다. 창조 사건 자체가 홀로 자족한 하나님에게는 새로운 창조였다. 비인격적 철학적 신이 아니라 인격적 열정의 하나님이기에 우주와 세계를 탄생시켰다. 그 우주 속에서 당신의 '자녀들'과 관계를 시작하게 된 것이다.

---

22. E. 샤르팡티에, 『구약성서의 길잡이』, 안병철 옮김 (서울: 바오로딸, 1991), 48, 53-54.

창조 세계에 담긴 인격적 하나님의 성실과 사랑이 세계와 인간에게 허락한 "영원한 언약"('베릿 올람', 창 9:16; 17:7, 19) 가운데 스스로를 속박한 것이다. 관계성을 갖기 위해서는 자신을 내어주지 않으면 안 되기 때문이다. 여기에 하나님의 사랑이 있고 하나님의 자기 비움이 있다. 언약에 신실한 하나님의 사랑을 가리키는 '헤세드'(חסד)는 어떠한 희생을 치르더라도 끝까지 약속을 지키는 포기하지 않는 사랑을 말한다.

오경의 창조 신학은 헤세드의 사랑에 기반한다. 사랑의 발로로 세계가 탄생했다. 창조자의 사랑의 열정이 없으면 새로운 생명도 없기 때문이다. 그만큼 창조자 하나님은 피조된 세계와 인간을 끊임없이 책임지고 돌보아야 한다. 예언서의 파토스는 이러한 하나님의 사랑을 여실히 드러낸다.

> 여인이 어찌 그 젖 먹는 자식을 잊겠으며 자기 태에서 난 아들을 긍휼히 여기지 않겠느냐 그들은 혹시 잊을지라도 나는 너를 잊지 아니할 것이라. (사 49:15)

> 에브라임은 나의 사랑하는 아들 기뻐하는 자식이 아니냐 내가 그를 책망하여 말할 때마다 깊이 생각하노라 그러므로 그를 위하여 내 창자가 들끓으니 내가 반드시 그를 불쌍히 여기리라 여호와의 말씀이니라. (렘 31:20)

오경의 하나님은 폭압적인 전능자도, 엄중하신 심판자도, 율법주의적인 시험관도 아니다. 오히려 사랑의 창조자요, 성실한 약속 수행자요, 은혜로운 구속자다. 오경 구조의 중심인 성막 공동체의 창조는 바로 자녀들을 기뻐하고 그들 가운데 임하기 원하는 창조자 하나님의 사랑의 구현체다. 그곳에 창조 질서가 임하고 하나님의 나라가 이루어진다. 성막 공동체의 야웨 임재는 곧 예수 그리스도의 임마누엘의 사건과 직결된다. 예수 그리스도의 성육신은 사랑의 하나님의 자기 비움이며 하나님 나라의 임재였다. 오경의 임마누엘 신학이 예수 그리스도 안에서 궁극적으로 실현된 것이다.

제7장
신명기역사서

1) 신명기역사서와 신명기사가의 신학

신명기역사서(Deuteronomistic History)는 여호수아, 사사기, 사무엘상하, 열왕기상하의 6권의 책을 가리킨다. 신명기는 포함되지 않는다. 그럼에도 불구하고 '신명기'역사서라고 이름이 붙여진 이유는 6권의 역사서가 신명기의 관점과 신학에 근거해 있기 때문이다. 누가 6권의 책을 현재의 모습으로 최종 완성했는지는 알 수 없다. 그러나 각 책의 저술과 전승 과정 그리고 최종적인 편집에 관여했던 사람 또는 그룹을 우리는 '신명기역사가' 또는 '신명기사가'(Deuteronomist)라고 부른다. 그들의 역사 서술은 계약 사상 중심의 신명기적 역사관을 통해 전개된다. 본격적인 신명기역사서의 내용을 잘 이해하기 위해서 신명기사가와 그들의 역사관을 관찰하는 것은 중요하다.

신명기역사서와 관련된 본격적인 논의를 발전시킨 것은 마르틴 노트(Martin Noth)이다. 그는 신명기와 역사서들의 문체와 사상이 유사함을 발견하고 오경으로부터 신명기를 떼어서 여호수아로부터 열왕기하로 이어지는 역사서와 하나로 보아야 한다고 주장했다. 왜냐하면 신명기 뒤에 이어지는 역사서들은 하나같이 계약 파기로 인한 이스라엘의 멸망을 경고하기 때문이다. 이는 신명기에서 모세가 줄곧 강조한 내용과 동일하다. 따라서 마르틴 노트는 신명기에서 열왕기하까지를 '신명기적 역사'로 명명하고 포로기 시대에 한 저자(신명기사가)에 의해 기술됐다고 보았다. 저술 목적은 '왜 이스라엘 계약 백성이 멸망하여 포로 신세로 전락할 수밖에 없었는가'에 대한 신학적 변증이었다고 본다. 야웨가 바빌론의 마르둑보다 약해서 이스라엘이 패망한 것이 아니라 계약 백성으로서의 정체성을 지키지 못한 채 우상 숭배와 혼합주의로 치달은 행위에 대한 심판이요 모세의 경고와 예언의 성취였다는 것이다.

마르틴 노트 이후 '신명기역사서'에 대한 그의 가설은 대부분의 학자들에 의해 받아들여지는 중론이 됐다. 그러나 '신명기사가'에 대한 이론은 많은 반박을 받았다. 포로기 시대의 한 명의 저자에 의해 기록됐다고 보기에는 신명기와 역사서들의 기원과 전승 과정이 복잡하기 때문이다. 사상적으로도 북이스라엘의 전통(모세 계약 사상)과 남유다의 전통(다윗 언약 사상)을 아울러 계승하고 있기에 한 사람의 작품보다는 오랜 기간을 거쳐 활동했던 레위인이나 서기관 집단의 공동 작품으로 보는 것이 타당하게 여겨지고 있다.[1] 신명기의 전승 과정은 1차적으로, 주전 721년 북이스라엘의 멸망 시 일단의 레위인이 모세 계약 사상이 담긴 율법서를 들고 히스기야 왕의 남유다로 피신했다. 그러나 곧 왕위를 이은 므낫세 왕의 친앗시리아 정책으로 인해 율법서는 성전 깊숙이 묻히게 된다. 2차적으로, 요시야 왕의 종교 개혁 시기에 원신명기(신 12-26장)가 발견되고 서기관들에 의해 모세의 계약 사상과 남유다의 다윗 언약 사상이 통합되는 과정을 거친다. 3차적으로, 포로기에 신명기의 계약 사상과 변증 신학이 형성되면서 이를 근거로 한 이스라엘 역사가 일단의 서기관들에 의해 정리되고 완성되기에 이른다. 오늘날 우리가 "신명기사가"라고 부르는 집단은 이렇게 오래된 신명기적 전통과 이스라엘의 복잡다단한 역사를 통과한 신명기 신학 계열의 서기관 제자 집단으로 이해한다.

신명기사가의 역사관은 사사기의 신학적 서론(삿 2:6-3:6)에서 등장하는 구원-타락-심판-회개-구원의 반복적 패턴에서 단적으로 드러난다. 얼핏 형식적 교리의 임의적 장치로도 비쳐질 만한 이러한 구도는 신명기사가의 역사 해석이 철저히 하나님과의 관계성에 바탕을 두고 있음을 시사한다. 자율적인 존재가 아니라 하나님 앞에 응답하는 신율적인 존재로[2] 인간과 이스라엘의 역사를 바라

---

1. E. W. 니콜슨, 『신명기와 전승』, 194-205.
2. Paul Tillich, *Theology of Culture* (Oxford: Oxford University, 1959). 폴 틸리히의 신학에서 자율(Autonomy)의 반대는 타율(Heteronomy)이 아니라 신율(Theonomy)이다. 자율과 타율은 사물의 논리적 형식과 현실적인 관계성 위

보는 신명기사가들은 다음의 네 가지 신학 사상을 그들의 역사관의 중심축으로 삼고 있다. 첫째, 야웨 경외 사상이다. 신명기 6장의 쉐마 사상(신 6:4 이하)의 목적은 야웨 경외다: "곧 너와 네 아들과 네 손자들이 평생에 네 하나님 여호와를 경외하며 내가 너희에게 명한 그 모든 규례와 명령을 지키게 하기 위한 것이며 또 네 날을 장구하게 하기 위한 것이라"(6:2). 율법 순종의 강조는 형식적 속박이 아니라 하나님 앞에 구별된 자들의 경외 사상을 교훈한다. 그것이 한 분 하나님에 대한 한마음 사랑으로 실현되는 것이다(신 6:4-5). 이스라엘의 왕정 체제가 세워질 때 사무엘은 신명기 사상에 근거하여 왕과 백성이 온전한 마음으로 하나님을 경외할 것을 강조했다.

> 너희가 만일 여호와를 경외하여 그를 섬기며 그의 목소리를 듣고 여호와의 명령을 거역하지 아니하며 또 너희와 너희를 다스리는 왕이 너희의 하나님 여호와를 따르면 좋겠지마는 너희가 만일 여호와의 목소리를 듣지 아니하고 여호와의 명령을 거역하면 여호와의 손이 너희의 조상들을 치신 것같이 너희를 치실 것이라. (삼상 12:14-15)

향후 이스라엘 역사의 성패는 야웨 경외 여부에 달려 있음을 분명

에서 작동한다. 그러나 신율은 그것을 넘어서는 궁극적 실재와 실존적 의미 위에서 작동한다.

히 했다. 신명기사가들은 사무엘상 12장의 사무엘의 고별 연설뿐만 아니라 역사서의 중요한 시점들마다 주요 인물들을 통해서 자신들의 역사관을 제시하고 있다.[3] 그들은 하나같이 하나님 앞에 선 백성의 구별된 삶을 강조하고 있다.

둘째, 신명기 역사관의 핵심은 계약 사상이다. 이스라엘은 하나님과 특별한 관계에 있는 백성이다. 계약 관계의 기원은 조상들에게 준 약속이요(신 4:31) 그 목적은 야웨의 "보배로운 백성"과 "하나님의 성민"(26:18-19; 7:6-7)이 되도록 하기 위함이고 그 내용은 하나님만을 사랑하며 그의 계명과 율법을 지키는 일이다(6:4-9). 그러나 다른 신들을 사랑하며 율법에 불순종할 때 이스라엘은 더 이상 하나님의 백성이 될 수 없다. 계약 관계가 파기되기 때문이다. 그럼에도 불구하고 조상들과 맺은 언약은 이스라엘 역사 속에 여전히 유효했다. 이스라엘의 계약 사상이 당시 고대 근동의 계약 관계와는 다른 점이 여기에 있다. 그것이 '구원-타락-심판-회개-구원'의 역사 구도가 반복되는 이유이다. 이 구도는 단순히 반복되는 이스라엘 역사의 실패만으로 보아서는 안 된다. 이는 그럼에도 불구하고 여전히 베풀어지는 하나님의 오래 참음의 은혜를 상기시킨다(출 34:6[4]). 이스라엘 역사의 실패에 대한 반성은 도리어 하나님의 심판과 더불어 하나님의 인자하심('헤세드')에 대한 깨달음

---

3. 여호수아의 고별 연설(수 23장), 다윗의 감사 기도(삼하 7:18-29), 솔로몬의 기도(왕상 8:22-53) 등.
4. "여호와께서 그의 앞으로 지나시며 선포하시되 여호와라 여호와라 자비롭고 은혜롭고 노하기를 더디하고 인자와 진실이 많은 하나님이라."

으로 인도했다.

셋째, 인과응보 사상을 주목해야 한다. 신명기 역사관의 작동 원리인 원인과 결과가 상응하여 복과 저주가 임한다는 사상은 일반 법칙이 아니라 하나님의 본성에 근거한다.

> 그런즉 너는 알라 오직 네 하나님 여호와는 하나님이시요 신실하신 하나님이시라 그를 사랑하고 그의 계명을 지키는 자에게는 천대까지 그의 언약을 이행하시며 인애를 베푸시되 그를 미워하는 자에게는 당장에 보응하여 멸하시나니 여호와는 자기를 미워하는 자에게 지체하지 아니하시고 당장에 그에게 보응하시느니라. (신 7:9-10)

모세는 모압평지에서 출애굽 다음 세대에게 그들이 섬길 하나님이 어떤 분인가를 교육한다. 신실한('네에만', 7:9a) 하나님의 성품은 언약 이행에 충실하다('헤세드', 7:9b). 따라서· 그들의 하나님 사랑과 율법 순종 여부에 따라서 보응하는 하나님으로 소개된다. 신명기에 자주 등장하는 "~하면"의 조건부 구절(7:12; 8:1, 19; 11:8, 13, 21, 28)을 통한 결단과 실천의 촉구는 하나님의 신실한 본성에 따라 살아가야 할 이스라엘 자손들을 위한 교훈적 명령이다. 그들의 신실한 응답 여부에 따른 인과응보적 삶의 실증을 이스라엘 자손들에게 강조하며 이후 요단강을 건너 세겜에 이를 때 마주 보고 선 그리심산과 에발산에서 각각 복과 저주를 선포하게 함으로써 새기도록 한다(신 27-28장).

넷째, 인과응보 사상과 더불어 신명기사가들에게 줄곧 나타나는 역사 원리는 예언 성취 사상이다. 한번 선포된 하나님의 말씀은 역사 현장에서 반드시 성취된다. 이는 신명기의 기원이 북이스라엘의 예언자 집단에 있었음을 알려주는 실마리가 되기도 한다. 특히 열왕기의 이스라엘 역사 전개에서 엘리야와 엘리사의 활동이 부각되는 장면은 예언자적 배경을 선명하게 보여준다. 포로기 시절 신명기사가와 사상적 맥락에서 잇닿아 있던 예레미야는 이러한 북이스라엘 기원의 예언 사상을 드러낸다. 특히, 하나님이 예레미야를 통해 선포한 예언이 반드시 이루어질 것이라는 확언이 살구나무[5] 환상을 통해 나타난다.

> 여호와의 말씀이 또 내게 임하니라 이르시되 예레미야야 네가 무엇을 보느냐 하시매 내가 대답하되 내가 살구나무 가지를 보나이다 여호와께서 내게 이르시되 네가 잘 보았도다 이는 내가 내 말을 지켜 그대로 이루려 함이라 하시니라. (렘 1:11-12)

이스라엘의 역사에서 언약에 신실한 하나님은 예언의 말씀이 성취될 때까지 쉼 없이 일한다. 신명기사가들에게 인간의 역사는 하나님의 뜻과 말씀의 성취 과정이다. 물론, 계약 관계에 있는 인간

---

5. "살구나무"('샤케드')는 내 말을 "지켜"('쇼케드') 반드시 이룬다고 하는 예언 성취 사상을 드러내는 언어유희다.

의 응답 여부에 따라 그 전개의 과정은 다양하다. 그러나 인간의 어떠함에도 불구하고 궁극적으로 하나님의 뜻과 구원은 이루어진다.[6] 구체적인 예언 선포와 성취의 예들은 열왕기상하에서 아래와 같이 증명된다.[7]

본문 구절	예언	성취
왕상 11:29 이하	예언자 아히야의 남북 분열 예언	"여로보암에게 하신 말씀을 이루게 하심이더라"(왕상 12:15)
왕상 13:3	벧엘 제단의 붕괴	"그 전한 여호와의 말씀대로 되었더라"(왕하 23:16)
왕상 14:6 이하	여로보암 왕조 멸망	"아히야를 통하여 하신 말씀과 같이"(왕상 15:29)
왕상 14:12	여로보암의 아들 아비야의 죽음	"아히야를 통하여 하신 말씀과 같이"(왕상 14:18)
왕상 16:1 이하	예언자 예후의 바아사 왕조 멸망 예언	"여호와의 말씀같이"(왕상 16:12)
왕상 21:23	예언자 엘리야의 이세벨의 죽음 예언	"여호와께서 … 말씀하신 바라"(왕하 9:36)
왕하 1:6, 16	아하시야의 죽음	"엘리야가 전한 여호와의 말씀대로"(왕하 1:17)
왕하 10:30	예후 왕조의 4대까지 계승 예언	"여호와께서 … 하신 그 말씀대로"(왕하 15:12)
왕하 21:10 이하	므낫세의 죄로 인한 예루살렘의 재앙	"여호와께서 … 하신 말씀과 같이"(왕하 24:2)

6. 이와 같은 사실은 특별히 사사기에서 자주 확인된다. 이스라엘의 패역과 사사들의 인간적 한계에도 불구하고(왼손잡이 에훗, 여성 사사 드보라, 표징을 구하는 기드온, 말쟁이 입다, 여성 편력의 삼손 등) 하나님의 구원의 역사는 여전히 지속된다.
7. Lawrence Boadt, *Reading the Old Testament, An Introduction*, 379-380.

왕하 22:15 이하	여예언자 훌다의 요시아의 죽음 예언	"애굽 왕이 요시야를 므깃도에서 만났을 때에 죽인지라"(왕하 23:29)

2) 역사적 이스라엘과 신앙적 이스라엘 그리고 성서적 이스라엘[8]

오랫동안 성서학자들은 여호수아로부터 열왕기하까지 펼쳐지는 신명기역사서의 기록이 얼마나 실제적인 이스라엘 역사와 일치하는지에 의문을 가져왔다. 역사성에 대한 의문을 제기하는 이유는 다음의 다섯 가지다.

첫째, 문학적 불일치가 발견된다. 예를 들면, 여호수아 10:40과 10:42을 보면 가나안 땅에 대한 군사적 정복이 순식간에 성취된 것으로 나타난다: "여호수아가 이 모든 왕들과 그들의 땅을 단번에 빼앗으니라." 또한 11:23은 가나안 땅 정복이 완성되어 이스라엘 지파별 기업 분배가 이루어진 것으로 보도한다: "이와 같이 여호수아가 여호와께서 모세에게 말씀하신 대로 그 온 땅을 점령하여 이스라엘 지파의 구분에 따라 기업으로 주매 그 땅에 전쟁이 그쳤더라." 그러나 사사기 1장은 아직도 가나안 족속과 싸워야 하

8. '역사적 이스라엘'과 '성서적 이스라엘'은 실제적인 이스라엘 역사와 성서가 증언하는 이스라엘의 역사를 구분하기 위하여 학자들에게 일반적으로 사용되는 용어다. 그러나 필자는 본서에서 '신앙적 이스라엘' 또는 '이데올로기적 이스라엘'이라는 제3의 용어를 첨가하여 '성서적 이스라엘'의 진리 개념과 구분하고자 한다. 비교, 왕대일, 『구약성서 이해 열 마당』 77-82.

는 계속된 전쟁의 상황으로 시작되고 있다: “여호수아가 죽은 후에 이스라엘 자손이 여호와께 여쭈어 이르되 우리 가운데 누가 먼저 올라가서 가나안 족속과 싸우리이까 여호와께서 이르시되 유다가 올라갈지니라 보라 내가 이 땅을 그의 손에 넘겨 주었노라 하시니라”(삿 1:1-2). 여호수아서에서 이미 정복된 땅이 사사기에서는 아직도 전쟁을 통해 정복해야 하는 땅으로 내용상 불일치를 이루고 있다.

둘째, 신명기사가들의 임의적 말씀 구성이 지적된다. 그들의 의도가 개입되어 순수한 역사적 기록보다는 신앙적인 고백으로 인한 역사적 왜곡이 반영될 수 있다는 것이다. 가장 대표적인 예가 앞서 언급한 사사기에 나오는 ‘구원-타락-심판-회개-구원’의 신학적 패턴이다. 여기에는 경험론적 역사 보도이기보다는 관념론적 역사 구성의 주관성이 엿보인다. 이와 같은 경향성은 역사적 실체와 거리가 있는 기록을 담기도 한다. 바로 북이스라엘의 오므리 왕조에 대한 기록이다. 성서 기록 외에 고대 근동의 역사적 자료들은 오므리 왕조의 강성함을 일관되게 보고한다.[9] 그러나 신명기사가들은 당시에 정치적으로나 군사적으로 위력을 떨친 오므리 왕조에 대해서는 알려주지 않는다. 왜냐하면 아합 왕과 이세벨의

9. 주전 9세기 모압 왕의 메사 석비는 북왕국 이스라엘을 아예 “오므리 왕조”로 표기한다. 더 나아가 주전 853년경 신앗시리아 제국의 살만에셀 3세의 전쟁 기록에 의하면 “이스라엘의 아합”이 병거 2,000대와 보병 10,000명을 거느린 것으로 나타난다. 이는 당시 팔레스타인 지역의 강자 아람 제국보다도 더 큰 규모의 군사력을 오므리 왕조가 보유하고 있었음을 드러낸다.

바알 숭배의 극악함을 신학적으로 비판하는 것이 신명기역사가들의 주된 관심사였기 때문이다. 이러한 종교적 편향성이 신명기역사서를 타당한 역사적 기록으로 받아들일 수 있는지에 대한 의문을 야기한다.

셋째, 고대 이스라엘의 신명기사가들에게는 오늘날과 같은 '역사' 개념이 결여되어 있었다. 역사 개념이 없었던 시대의 성서 기록에 오늘날의 역사적 이해를 적용하는 것만큼 시대착오적(anachronism)인 일은 없을 것이다. 오히려 고대 이스라엘인들에게는 역사나 이야기나 다 마찬가지의 의미가 있었을 것이다. '왜 누가 언제 어디서 무엇을 어떻게' 했나의 사실 기록이 관심사가 아니었다. 다만, 하나님의 백성으로서 야웨 앞에 얼마나 신실하게 응답하며 율법 순종의 삶을 살았는가의 문제가 중요했다. 신명기역사서의 기록을 역사(history)로 보지 않고 이야기(narrative) 또는 역사 이야기(historical narrative)로[10] 보는 이유가 여기에 있다.

넷째, 역사는 실증을 요구한다. 그런데 고대 이스라엘의 역사를 증명할 만한 성서 고고학의 발굴과 연구 결과가 성서의 기록들과는 일치하지 않는 경우가 많다. 다윗과 솔로몬 제국의 융성기에 대한 신명기사가의 기록과는 달리 성서 외 고대 자료들에서는 다윗의 이름이나 업적물이 거의 발견되고 있지 않으며[11] 솔로몬의 이

10. 장일선, 『다윗 왕가의 역사 이야기: 신명기 역사서 연구』.

11. 이런 의미에서 1993년 아브라함 비란(Avraham Biran)이 이끄는 발굴팀에 의해 발견된 '텔단 석비'는 역사적 가치가 크다. 최초로 "다윗 왕조"의 이름이 성서 이외의 역사자료 가운데 입증된 것이기 때문이다.

름은 전무하다. 이에 더하여 아예 성서의 기록과 고고학적 증거가 반대되는 경우도 있다. 케서린 케니언(Kathleen Kenyon)에 의해서 1952년부터 1958년까지 실시된 여리고 발굴은 여호수아 시대에는 여리고 성벽이 전혀 없었던 것으로 발표했다. 물론, 이 문제는 아직도 고고학적으로 논쟁이 되고 있다.[12] 성서의 기록을 역사적 기록으로 받아들이려 하는 사람들에게 실제적인 물질의 역사와 야웨 신앙의 신학적 기록 사이의 간극은 큰 도전으로 다가온다.

끝으로, 후기근대주의(Postmodernism) 이론가들이 제기한 근본적인 역사에 대한 회의의 입장이 어려움을 더하고 있다. 포스트모더니즘에 의하면 어떠한 순수 지식이나 객관성은 존재하지 않는다. 따라서 역사적인 실체의 모습을 그대로 전달하는 객관적 사실 또는 지식을 얻는 것은 불가능하다. 객관적 과거가 존재한다손 치더라도 우리는 그것을 있는 그대로 획득할 수 없다고 보는 것이다. 왜냐하면 역사를 기록한 사람들 각자가 가지고 있는 판단 기준과 문화와 환경의 차이가 역사적 실체를 그대로 전하는 것을 불가능하게 만들기 때문이다. 이제까지 봐왔듯이 특별히 신명기사

12. 리버풀대학교의 가스탱(John Garstang)은 1930년부터 7년간 여리고를 발굴하면서 텔 여리고에서 발굴된 불탄 흔적의 성벽들이 1500년경이 아니라 1400년경의 것으로 추정됨에 따라 여호수아의 여리고 성 점령이 15세기에 발생했다고 주장했다. 그러나 새로운 탐사 기술과 토기 분석법을 동원한 케니언의 발굴 결과에 의하면 불탄 벽돌들이 여호수아가 도착하기 훨씬 이전인 주전 1560년경의 것으로 측정됐다. 이후, 더 정확한 과학적 측정 방법들을 동원한 고고학자들의 다양한 주장들이 이어지면서 명확한 결론에 이르지 못하고 있다.

가들의 경우는 야웨와의 계약 사상에 근거하여 이스라엘 역사를 조명하고 있기에 그것은 역사적 기록이기보다는 신앙적 기록이다. 더 정확하게 표현하면 이스라엘 민족의 실패한 역사에 대한 반성과 회복에 대한 신학적 변증이다.

그렇다면 우리는 구약성경의 역사서들을 어떻게 읽어야 하는가? 이에 대한 구체적인 방법을 이야기하기 전에 먼저 위에서 제기한 다섯 가지 문제들에 대한 성서신학적 답변이 선행되어야 한다. 먼저, 문학적 불일치에 대한 문제는 성서 형성의 전승 과정을 우리가 기억한다면 쉽게 풀 수 있다. 이미 구약성서의 정의를 통해 오랜 기간 구전과 단편 기록의 전승 과정들이 있었음을 우리는 살펴보았다. 따라서 한 사람의 기록이 아니라 오랜 기간에 걸친 여러 사람들의 손길이 작용했기 때문에 성서상의 문학적 불일치나 모순은 자연스러운 일이다. 특히, 여호수아서와 사사기의 상이한 기록은 포로기 시절 이미 가나안 정복의 역사적 사실을 알고 있었던 신명기사가들의 신앙적 선포가 전제되어 있기 때문에 나타나는 현상이다. 가나안 정복의 약속 성취가 기정 사실화됐을 때 여호수아 10:40 이하의 기록을 남긴 것이다. 그럼에도 불구하고 같은 여호수아서에서 13장에 이르면 역사적 사실에 기반하여 아직도 점령할 땅이 남아 있음을 묘사하기도 한다: "여호수아가 나이가 많아 늙으매 여호와께서 그에게 이르시되 너는 나이가 많아 늙었고 얻을 땅이 매우 많이 남아 있도다"(13:1). 이는 사사기 1장의 기록과 일치한다. 따라서 성서 형성의 전승 과정상 세밀한 사항들에서 불일치는 감안해야 한다. 그러나 전체적인 맥락에서 보도되고 있는 사건이 일어났다는 성서의 기록은 역사적 실체임을 기억해야 한다. 곧, 가나안 땅은 여호수아 시대든 사사 시대든 궁극적으로 정복됐다. 이를 알고 있는 포로기 신명기사가들은 그 사건의 객관적 보도보다는 그 사건의 의미를 더 중시하고 있다. 그것은 바로 약속에 신실한 하나님에 관한 체험이었다: "여호와께서 이스라엘 족속에게 말씀하신 선한 말씀이 하나도 남음이 없이 다 응하였더라"(수 21:45).

둘째, 신명기사가의 신학적 의도로 인한 역사 왜곡의 위험성에 대하여서도 상세한 일들에 치우치기보다는 전체적인 역사성을 견지하면 문제는 쉽게 풀린다. 즉, 어떤 인물에 대한 세부적 묘사나 개개의 사건들에 대한 보도가 역사적 사실과는 다를 수 있다. 그러나 그 인물의 실존성과 그 사건 자체의 사실성은 부인할 수 없는 사실이다. 신명기사가에 의해 오므리 왕조의 번영과 성공이 도무지 정당하게 받아들여지지 않는다고 하더라도 그 역사성과 영향력은 도리어 신명기사가들의 아합 왕에 대한 비판을 통해 방증되고 있음을 기억해야 한다. 성서의 역사성을 인정하지 않으려는 입장을 취하는 최소주의 학자들(Minimalist)이나 수정주의 학자들(Revisionist)은 '의심의 원리'를 적용하여 성경 이야기가 추구하는 이념적 주제나 신앙적 원리로 인해 성경의 역사적 가치는 의심되어야 한다고 주장한다.[13] 그러나 성경이 증언하는 내용을 일방적으

13. 반면에 성서의 기록을 될 수 있는 대로 역사적인 증언으로 받아들이려는 입

로 의심할 수 있는 타당한 근거는 없다. 의심의 원리가 남용될 위험성이 있기 때문이다. 엄연한 성경의 기록을 읽으면서 도리어 일방적 의심의 해석학이 본문에 놓여 있는 사실과 진리를 왜곡시키는 위험에 처할 수 있다.[14] 이스라엘 역사를 기술하기 위한 성서 본문 이면에 깃들여진 신명기사가들의 전승 보존의 노력, 그리고 그 결과로 얻어진 기록들은 고대 근동의 메소포타미아와 이집트 문명의 어떠한 연대기들을 통틀어도 찾기 어려운 역사적 가치가 있다.

셋째, 고대 이스라엘인들에게 역사 개념이 없었다고 말하면서 구약성서의 기록을 역사로 보는 것은 시대착오적이라고 말하는 학자들은 히브리 문학의 독특한 한 측면을 간과하고 있다. 그것은 히브리 문학의 특별한 형태인 산문 서사시(Narrative Epic)라는[15] 장르다. 성경의 저자들은 간략하지만 실체적 진실을 담은 산문 서사시를 통하여 보이지 않는 신적 섭리가 보이는 인간의 역사에 어떻게 작용하고 있는가를 효과적으로 보여주고 있다. 따라서 구약성서의 역사서를 해석할 때에는 역사비평적 관점보다는 문학비평적 관점에서 접근해야 한다. 구약성서의 기록 자체가 신의 영역과 인간의 영역이 하나로 기술되기 때문이다. 보이지 않는 하나님의 뜻을 역사 현장 속에서 알리기 위해서 '역사'가 아닌 '이야기 역사'

장의 학자들을 최대주의자(Maximalist)라고 부른다.

14. 이안 프로반 외 2인, 『이스라엘의 성경적 역사』, 449.

15. 로버트 알터, 『성서의 이야기 기술』, 46-54.

가 동원되고 있는 것이다. 알터는 성서를 "역사화된 산문 픽션(fiction)"으로 부른다. 또한 오늘날의 역사 개념을 시대착오적으로 성서 해석에 주입하고 강요하기보다는 구약성서를 그 원래의 저작 의도에 가까운 '이야기 역사' 또는 '역사 이야기'로 읽어야 한다고 주장한다. 왜냐하면 성서 자체는 이성주의 이전(pre-modern)의 사고를 전달하고 있기 때문이다.

넷째, 성서 기록과 고고학적 자료들의 불일치에 대하여 성서 고고학의 한계성이 지적되어야 한다. 대부분의 고고학적 비문이나 물품들의 발견 자체는 희소하며 발견했다고 하더라도 그것이 드러내는 역사성은 지극히 부분적이어서 해석도 다양하기에 그렇게 의존할 만한 자료들이 될 수 없다. 예를 들면, 케니언에 의해 부인됐던 여리고의 갑작스런 붕괴의 흔적들에 관해 이후 제1철기 시대의 가나안 도시들에 대한 본격적인 발굴을 통해 새로운 증거들이 확보되면서 다른 연구 결과들이 나오고 있는 실정이다. 이같이 여호수아를 통한 이스라엘의 가나안 정복의 성서 기록이 제한적인 고고학적 자료들에 의해 매번 바뀐다는 것은 아이러니한 일이 아닐 수 없다. 구약성서의 기록만큼 고대 팔레스타인의 역사적 정황을 자세하게 소개하는 고대 근동의 자료는 없기 때문이다. 다윗-솔로몬 시대에 대해서도 명백한 성서의 기록을 등한시한 채 고고학적 발굴 결과에만 의존하는 것만큼 어리석은 일은 없다. 더군다나 현재 정치적인 문제로 발굴이 진행될 수 없는 예루살렘 지역의 고고학적 현실을 고려한다면 이스라엘의 가장 번영하던 과거를 증거물이 나타나지 않는다는 이유로 부인하는 꼴이 된다. 성서 상의 일관되고 엄연한 사실을 고고학자들의 불확실한 전제에 의해 배척하는 것만큼 불합리한 일은 없을 것이다.

끝으로, 후기근대주의 이론가들에 의하여 주장되는 '역사의 종언'에 대한 견해는 해석학적 전제와 역사관의 다양성으로 인해 어느 정도는 인정될 만한 이치를 담고 있다. 더군다나 계약 사상과 예언 성취 사상이라는 특정한 역사관으로 이스라엘의 역사를 펼친 신명기사가들의 입장을 오히려 설명하는 도구가 되기도 한다. 그렇지만 신명기사가의 신앙적 관점으로 전개된 이스라엘의 역사가 허구가 아님은 누구도 부인할 수 없을 것이다. 여전히 이스라엘의 다윗-솔로몬 왕조는 제국의 위세를 주전 10세기 고대 팔레스타인 지역에서 떨쳤으며 남북 왕조 분열 이후 신앗시리아와 신바빌로니아 제국에 의하여 패망한 역사적 사실은 생생히 증언되고 있다. 마치 예수 그리스도의 생애와 말씀의 기록이 사복음서의 각기 다른 공동체의 입장에 의해 다르게 증언되더라도 그의 탄생과 삶, 죽음이 변할 수 없는 역사적 사실인 것처럼 말이다. 신명기사가의 신학적 변증에 근거한 역사관이 이스라엘의 역사를 송두리째 부정하는 이유가 될 수는 없다. 도리어 신명기사가의 관점을 온전히 이해하고 상호 다른 고대 근동의 사료들과 비교연구가 이루어질 때 더욱 정확한 역사 규명과 더욱 심오한 신앙적 진리를 확보할 수 있을 것이다.

여전히 우리는 신명기역사서를 타당한 역사적 자료로 기대할 수 있다. 게다가 냉엄한 역사적 현실 속에서 피어난 깊은 신앙적 고백과 소망의 선포가 오늘의 세대에게 새로운 진리를 선사한다. 이러한 신명기사가의 역사 해석을 이해하면서도 여전히 타당한 역사 기록으로 읽기 위한 방법으로서 신명기역사서 해석의 세 가지 관점을 소개하려고 한다. 바로, '역사적 이스라엘', '신앙적 이스라엘', '성서적 이스라엘'이다.

역사적 이스라엘은 말 그대로 이스라엘에 대한 역사적 접근의 관점이다. 최대한 주관성을 배제한 채 있는 그대로의 고대 이스라엘의 사회, 정치, 경제, 문화, 종교를 전해주는 객관적 보도를 의미한다. 신학자가 아닌 역사가의 입장에서, 신앙인이 아닌 연구자의 입장에서 성서의 기록들을 철저하게 객관적 사실에 근거하여 읽는 방식이다. 이스라엘 역사를 소개하는 많은 도서들이 있는데 "역사적 이스라엘"의 관점에서 소개하는 책들의 대표는 밀러(J. Maxwell Miller)와 헤이스(John H. Hayes)의 『고대 이스라엘 역사』이다.[16] 저자들은 '최소주의자'의 입장에서 구약성경의 자료들의 신앙적인 채색을 배제하고 순수한 역사적 정황과 사료들에 근거하여 이스라엘 역사를 재구성하고 있다. 그들에게 본격적인 이스라엘 역사의 시작은 아브라함 시대도, 모세 시대도 아니라 사사 시대다.

이와 같은 입장으로 성서의 기록을 객관적으로 보는 것은 이

16. J. 맥스웰 밀러 & 존 H. 헤이스, 『고대 이스라엘 역사』, 박문재 옮김 (서울: CH북스, 2013).

로운 점이 있다. 인간 역사를 편견 없이 또는 임의적 전제 없이 사실 그대로 받아들이게 한다. 논리적 비약이나 영적인 상상력이 아니라 현실의 물질적 역사를 이해하게 한다. 자기중심(self-centered)이나 교리적 입장(doctrinal) 또는 호교론적 주장(apologetical)으로 무리한 견해를 펴지 않는다. 현실의 육체적이고 물리적인 역사에 집중하기에 인간 역사의 본성과 실체에 접근하기 쉽다. 인간의 부정성과 실패에 솔직하며 이데올로기적이거나 위선적인 선포에 대하여 신랄하게 비판적이다. 신명기사가들에 의해 치장된 이스라엘의 연약성과 부정성의 심층까지 파고들어갈 수 있다. 그럼으로써 오늘날의 일반적인 역사와 다를 바 없었던 이스라엘의 역사의 실체를 터득할 수 있다. 그러나 단점이 있다. 구약성서의 이스라엘 역사는 객관적 역사 이전에 신앙적인 관심에 최대 목적이 있다. 신학적인 목적의 역사를 역사학적인 관점으로 접근할 때 얼마나 적절하게 그리고 완벽하게 그 내용을 이해할 수 있는지의 문제가 대두된다. 이는 마치 시인의 운문체의 작품을 기자가 보도하는 다큐멘터리로 이해하려는 시도와 다를 바가 없는 셈이다. 따라서 역사적 이스라엘은 그 실제적인 사실성을 고려하는 차원에서 이해하되, 그럼에도 불구하고 신명기사가가 전하는 진실성에는 이를 수 없다는 근본적인 한계를 인정해야 한다.

'신앙적 이스라엘'은 다른 말로, '이데올로기적 이스라엘'이라고도 표현할 수 있다. 어떻게 보면 신명기사가들이 정작 인간적으로 또는 민족적으로 가지고 있었던 주관적 견해를 설명한다. 그들의 신앙적 관심사와 신학적 변증론이 작용하고 있는 관점이다. 여호수아 시대에 이미 가나안 땅 정복이 완성됐다고 보도하거나 남왕국 다윗 왕조에 비해 북왕조 오므리 왕조는 열등한 왕국처럼 묘사하고 있다. 이러한 성서의 기록을 되도록 저항 없이 받아들이려고 노력하는 학자들은 이스라엘 역사의 시작도 아브라함 시대 또는 모세 시대로부터 보려는 보수적인 입장을 취한다. "신앙적 이스라엘"의 입장을 취하는 대표적인 책은 레온 J. 우드(Leon J. Wood)의 『이스라엘의 역사』이다.[17] 기본적으로 성서의 기록을 있는 그대로 받아들이려 하는 '최대주의자'의 관점을 반영한다.

기존의 신앙적 관점에서 신명기역사서를 대하는 기독교인들에게 '신앙적 이스라엘'은 자연스럽고 접근 가능하다. 구약성서를 권위 있는 경전의 말씀으로, 일점일획도 틀림이 없는 말씀으로 받아들이는 신앙 공동체의 구성원들에게는 호소력이 있는 읽기 방식이다. 더군다나 신명기사가들의 신앙적 관점과도 일맥상통하기에 신학적인 핵심이 일치하는 관점을 제공한다. 그러나 신앙적 이스라엘의 위험성은 현실과 동떨어진 임의적 역사주관주의에 있다. 이는 객관적 현실성이 담보되지 않는 단편적인 또는 아전인수식의 역사 구성이다. 물론, 신명기사가들은 당대의 역사적 정황에서 할 수 있는 최대한의 신앙고백과 믿음에 근거한 소망의 선포를 경주했다. 그러나 그러한 역사적 상황과 특정한 신앙 선포의 온전

17. 레온 J. 우드, 『이스라엘의 역사』, 김의원 옮김 (서울: 기독교문서선교회, 1985).

한 신학적 이해 없이 표면적으로 또는 문자적으로 성경의 기록을 받아들인다면 오해와 왜곡을 낳게 된다. 예를 들면, 신명기에서 선포되고(신 7:1-4) 역사서에서 실행된(수 1-12장) '헤렘'이 그렇다. 진멸 사상으로 알려진 헤렘은 이스라엘이 가나안을 정복할 때 아람 족속들을 어린아이와 부녀자 할 것 없이 한 사람도 남기지 않고 완전히 멸하여야 한다는 명령이다. '역사적 이스라엘'에서 '신앙적 이스라엘'이 선포하는 진멸 사상이 얼마나 실행됐을까를 물어야 한다. 왜냐하면 이 헤렘 사상이야말로 가나안에서의 혼합주의를 근절해야 한다는 신학적 선포였지 실제적인 역사적 전쟁은 아니었기 때문이다. 그럼에도 불구하고 이러한 신앙적 이스라엘의 역사를 문자적으로 받아들인 미국 이민의 역사는 지금도 미국 교회들이 후회하고 반성하는, 백인 기병대를 통한 아메리카 원주민들의 잔인한 학살이라는 비극적 역사를 초래하고 말았다. '신앙적 이스라엘'의 진지한 신앙고백과 신학적 선포는 귀담아 듣되 그 안에 담긴 신명기사가들의 이데올로기는 성서신학적으로 재해석하고 분별해야 함을 시사해 준다.

'성서적 이스라엘'은 역사적 이스라엘의 사실성과 신앙적 이스라엘의 종교성을 넘어서는 진리성을 추구한다. 신명기역사서에 기록된 역사성을 최대한 물질과 현실의 역사로 받아들이면서도 인간사의 한계를 초월하는 신적 섭리와 영원한 진리를 발견하려는 태도다. 기존의 학자들은 '역사적 이스라엘'과 대조적인 표현으로 '성서적 이스라엘'을 말했다. 그러나 이러한 구도는 '역사'와

'성서'를 반대 개념으로 보게 하는 오류를 낳게 된다. 오히려 성서는 역사를 포괄하고 초월한다. '역사적 이스라엘'과 '신앙적 이스라엘'을 통합하는 제3의 개념인 '성서적 이스라엘'을 말해야 하는 이유가 여기에 있다. 현실적 역사도 신앙적 간증도 우리의 삶을 포괄하지 못한다. 성서적 진리 안에서 양자가 어우러져야 한다. 따라서 신명기사가의 이스라엘 역사를 대할 때 최대한의 역사적 지식을 연구해야 한다. 동시에 최선의 신앙적 선포에 대한 묵상을 경주해야 한다. 진리의 추구를 위해 가능한 모든 것이 동원되어야 한다. 한마디로 '이성과 신앙의 연합 작전'이다. 이 두 요소가 모두 창조주 하나님에 의해서 인간에게 허락된 중요한 도구가 되기 때문이다. 이 둘 중 어느 하나에 치우치는 것만큼 창조주 하나님의 섭리에 어긋나는 일은 없다.

신명기사가들이 여호수아 시대에 가나안 정복이 완성됐다고 기록하는 것은 '역사적 이스라엘'의 입장에서 판단하는 역사 왜곡도 아니며, '신앙적 이스라엘'의 입장에서 판단하는 가나안 정복의 타당성을 입증하려는 정치적 프로파간다(propaganda)도 아니다. 오히려 조상들에게 약속했던 언약에 신실한 하나님의 섭리에 대한 고백이요 가르침인 것이다. 피비린내 나는 진멸 사상으로 인해 신명기역사서를 멀리 할 일이 아니다. 사사기에 보면 아직 남아있는 가나안 족속들의 명단이 나온다. 실제로 '역사적 이스라엘'은 그러한 비극적 전쟁을 거의 치르지 않았음을 알 수 있다. '신앙적 이스라엘' 입장에서 이스라엘 선민만을 위한 야웨의 배타적인 전쟁이 이루어진 것도 아니다. 정작 이것은 오고 오는 이스라엘 자손들과 오늘날의 신앙 공동체에게 혼합주의의 위험을 경고하는 목적을 가진다. 오직 순전한 한 분 하나님의 사랑의 진리성을 교육하고 있는 것이다. 이와 같은 신명기역사서의 읽기가 역사서뿐만 아니라 성서 전체의 해석에 적용될 때 우리는 이성성과 계시성이 통합된 균형 잡힌 성서신학을 추구할 수 있게 된다. 이러한 신학적 이해의 바탕 위에서 비로소 생활 신앙인으로 현실의 삶에 하늘의 변화를 일굴 수 있게 될 것이다. 포로기 시대 이스라엘 역사를 새롭게 기록하고 편집함으로써 신앙적 변증뿐만 아니라 실제적인 민족의 소망과 회복의 청사진을 제시한 신명기사가들의 신학적 노력이 그제야 제대로 평가받을 수 있다. 그들이 의도했든 그러지 않았든 그들의 역사 이야기는 이후 계속된 믿음의 세대에서 개별적 삶들에 변화를 가져오는 진리로 빛나게 됐다.

3) 신명기역사서의 내용[18]

여호수아부터 열왕기하에 이르는 신명기역사서의 구성과 주제는 아래와 같다.

---

18. 본서 제7장 세 번째 섹션의 내용은 아래의 책에서 발췌하여 내용을 보강했음을 밝힌다: 안근조, “무엇이 구약성서를 이루고 있는가,” 『기독교의 발견』 강일구 외 9인 (천안: 호서대학교 기독교학부, 2013), 127-133.

여호수아

1:1-18	서론: 여호수아의 권위
2:1-12:24	약속의 땅 정복
13:1-21:45	각 지파들에게 땅 분배
22:1-24:33	여호수아의 고별설교와 계약 갱신

사사기

1:1-2:5	서론: 땅 정복과 그것의 실패
2:6-3:6	사사기의 신학적 서론: 죄-심판-회개-구원
3:7-16:31	사사들의 이야기
	옷니엘: 3:7-11
	에훗: 3:12-30
	삼갈: 3:31(소사사)
	바락/드보라: 4:1-5:31
	기드온: 6:1-8:35
	아비멜렉: 9:1-57(폭군)
	돌라와 야일: 10:1-5(소사사)
	입다: 10:6-12:7
	입산, 엘론, 압돈: 12:8-15(소사사)
	삼손: 13:1-16:31
17:1-18:31	단 지파의 이야기와 (에브라임 산지에) 미가의 가정 성소
19:1-21:25	한 레위인과 그의 첩 이야기 → 베냐민과 온 이스라엘의 싸움

사무엘상

1-3장 사무엘의 어린 시절과 소명

4-6장 전쟁과 하나님의 궤 이야기

7-12장 왕을 세우기로 사무엘과 이스라엘이 결정

13-31장 사울의 몰락과 다윗의 강성

사무엘하

1-8장 다윗의 다스림

9-20장 다윗 아들들의 왕위 계승사(Succession Narrative)

21-24장 다윗 전승들의 부록

열왕기상

1-2장 솔로몬의 즉위

3-11장 솔로몬의 치리

12-17장 분열 왕국 초기

18-22장 엘리야와 오므리 왕조

열왕기하

1-8장 시리아와의 전쟁 가운데 엘리야와 엘리사의 예언적 이야기들

9-17장 북이스라엘 멸망까지의 분열 왕국 후기 역사

18-25장 홀로 남은 유다의 역사

신명기역사서는 실제적인 '역사'(history)로 보기에는 어려움이 있다. 왜냐하면 위에서 언급한 것처럼 아직 역사 개념이 발달하기 이전의 기록이기에 그렇다. '역사 이야기'(historical narrative)로 표현하는 것이 더 정확하다. 그러나 여전히 신명기역사서는 '산문 픽션(fiction)'이라는 히브리 문학의 특별한 장르를 통해서 현실의 역사 이면에 역사하는 하나님의 섭리에 대한 증언이요 고백이다. 예를 들면, 사무엘하 9장에서 20장에 이르는 '다윗 왕위 계승사'에는 거의 신적인 목소리가 등장하지 않는다. 다윗 왕위의 세습 경쟁으로 인한 인간적인 술수와 정치적인 음모만이 점철된다. 그럼에도 사무엘하 7장에서 나단을 통해 계시된 다윗 언약은 다윗 왕조가 솔로몬을 비롯한 그의 자손 대대로 계속될 것을 증언한다(왕상 2:3). 신명기역사서는 단순한 역사 이야기가 아니라 현실 속에 역사하는 하나님의 활동(God Who Acts)에[19] 대한 선포다.

신명기역사서의 주제는 계약 사상에 근거하여 하나님과 맺은 언약을 충실히 지키기 위한 이스라엘의 선택과 결단의 삶을 강조한다. 이스라엘의 구체적인 역사 전개는 하나님과의 계약 관계의 이행 여부에 따라 달라진다. 그 역사 원리의 중심에 인과응보 사상이 담겨 있는 것이다. 그런데 말씀을 지키면 축복, 지키지 못하면 저주라고 하는 이분법적 단순 논리를 왜 신명기역사서는 취하고 있는가? 이는 역사서의 목표가 "이스라엘의 정체성"을 명백히

19. G. Ernest Wright, *God Who Acts: Biblical Theology as Recital* (London: SCM Press, 1952).

하는 데 있기 때문이다. 이스라엘 백성의 구별된 삶을 위해서는 두 갈래의 길 밖에는 다른 선택이 없다. 그만큼 모세 시대 이후 이스라엘 사람들이 가나안 땅에 정착해 살아가는 상황은 이것 아니면 저것의 급박한 결단의 상황의 연속이라 볼 수 있다:

> 만일 여호와를 섬기는 것이 너희에게 좋지 않게 보이거든 너희 조상들이 강 저쪽에서 섬기던 신들이든지 또는 너희가 거주하는 땅에 있는 아모리 족속의 신들이든지 너희가 섬길 자를 오늘 택하라 오직 나와 내 집은 여호와를 섬기겠노라.[20]

포로기 시절 신명기역사가들은 민족의 회복을 위해 하나님의 백성으로서의 실존적인 결단과 선택을 역설하고 있는 것이다. 가나안 땅에서 적당히 타협하고 이쪽도 저쪽도 아닌 혼합주의적 삶을 산 것이 결국 멸망을 초래했음을 뼈저리게 반성하고 있다. 오직 살 길은 한 하나님에 대한 한마음 사랑과 구별된 삶의 결단 및 실천밖에 없다.

"역사서는 하나님이 이스라엘에게 거셨던 기대가 무엇인지를 보여준다."[21] 그런 까닭에 오늘 우리에게도 이 역사서는 하나님의 뜻을 대변해 준다. 하나님의 기대에 미치지 못하므로 실패했던 이스라엘의 모습이 더 이상 오늘 우리에게 반복되지 않도록 하는 교

20. 수 24:15
21. 왕대일, 『구약성서 이해 열 마당』, 80.

훈이 역사서에 담겨 있는 것이다. 특별히 예언자들의 활동을 눈여겨볼 필요가 있다.[22] 그들은 하나같이 "회개"(신 4:29-31)를 강조하고 있기 때문이다. 왜 그들은 회개를 강조하는가? 그것은 이스라엘 백성들로 하여금 하나님과의 신실한 계약 관계로 돌아오도록 하는 유일한 살 길이 되기 때문이다. 회개의 심령이 그칠 때 이스라엘 백성들은 반역의 자리에서 죽고 말았다. 예언자들의 입을 통한 철저한 회개의 심령과 신학적 반성의 강조는 역사의 실패를 경험한 신명기사가들의 뼈저린 절규다. 이는 우리가 신명기역사서에서 기대하는 근본적 메시지이기도 하다.

우리는 세 가지 히브리어 단어를 통해 신명기역사서의 내용을 간추릴 수 있다. 첫 번째로, 이미 언급한 하나님의 언약의 신실성을 가리키는 '헤세드'(חסד)이다. 이스라엘 백성은 끊임없이 계약을 파기하고 자기들 생각대로 우상 숭배하고 탐욕을 부리며 범죄하고 살았다. 그러나 여호와 하나님은 그 백성들에게 향하신 당신의 약속을 끝까지 붙들고 있다. 그들이 회개하고 돌아오기까지 하나님은 끝까지 기다린다. 모든 하나님의 약속들 가운데 특별히 다윗 언약에서 헤세드의 절정이 드러난다:

> 그러므로 이제 내 종 다윗에게 이와 같이 말하라 만군의 여호와께서 이와 같이 말씀하시기를 내가 너를 목장 곧 양을 따르는 데

22. 나단(삼하 12:1-22); 스마야(왕상 12:21-24); 미가야(왕상 22:1-28); 엘리야와 엘리사(왕상 17-왕하 10장); 이사야(왕하 19:1-7, 20-34); 훌다(왕하 22:15-20)

> 에서 데려다가 내 백성 이스라엘의 주권자로 삼고 네가 가는 모든 곳에서 내가 너와 함께 있어 네 모든 원수를 네 앞에서 멸하였은즉 땅에서 위대한 자들의 이름같이 네 이름을 위대하게 만들어 주리라. (삼하 7:8-9)

> 네 집과 네 나라가 내 앞에서 영원히 보전되고 네 왕위가 영원히 견고하리라. (삼하 7:16)

나단 예언자를 통하여 선포된 이 다윗 언약은[23] 이후 이스라엘 역사 전개에 있어서 하나님의 신실하심을 알리는 대표적인 요소가 된다. 이스라엘이 결국 멸망받을 수밖에 없는 역사 속에서도 하나님께서는 다윗 왕조에 대한 그의 신실한 약속을 기억한다: "그의 하나님 여호와께서 다윗을 위하여 예루살렘에서 그에게 등불을 주시되 그의 아들을 세워 뒤를 잇게 하사 예루살렘을 견고하게 하셨으니"(왕상 15:4; 참조, 왕상 11:13; 15:4; 왕하 8:19; 20:6). 하나님의 용서와 자비가 불순종으로 일관한 하나님의 백성들을 지탱한다. 그들이 회개하고 돌이킬 때까지 길이 참고 기다리는 하나님이다.

두 번째로 기억해야 할 단어가 바로 "들으라!"라는 뜻을 가진 쉐마(שמע)이다.

---

23. 구약성서에서 "모세 계약"과 쌍벽을 이루는 중요한 사상이 "다윗 언약" 또는 "다윗 계약" 사상이다. 모세 계약이 인간의 순종을 전제로 하는 조건부 계약이라면 다윗 언약은 하나님의 사랑이 강조된 무조건적 은혜의 계약이다.

> 이스라엘아 들으라 우리 하나님 여호와는 오직 유일한 여호와이시니 너는 마음을 다하고 뜻을 다하고 힘을 다하여 네 하나님 여호와를 사랑하라. (신 6:4-5)

이스라엘이 그 역사를 성공적으로 살아가는 바탕은 바로 '쉐마'를 중심으로 하는 한 분이신 하나님에 대한 고백과 그 하나님에 대한 사랑, 그리고 그 하나님의 말씀(율법)을 입에서 떠나지 않게 하는 실천에 달려 있다. 또 다른 편으로 이 '쉐마'는 이스라엘 역사서에서의 책임 있는 신앙의 강조인 인과응보 사상의 근거를 형성한다. 즉, 그 하나님 음성에 대한 응답 여부에 상응하는 보응이 드러남을 전제하고 있다.

세 번째 단어는 신학적으로 많은 논쟁을 일으켜 왔던 '거룩한 전쟁'의 의미로서의 '헤렘'(חרם, "바쳐진 것", "금지")이다. 원래 헤렘은 하나도 남김없이 소멸하여 하나님께 드려야 한다는 종교 제사적인 의미로서 사용된다. 그것이 전쟁 개념에 도입되어 이스라엘이 상대하는 가나안 족속들은 하나도 남김없이 멸망시켜야 한다는 진멸 사상으로 발전했다. 이스라엘이 수행하는 모든 전쟁은 '만군의 여호와의 전쟁'이기에 '용사이신 하나님'(Divine Warrior)이 직접 싸우는 전쟁이다. 따라서 그 전리품은 인간이 갖기보다 당연히 모두 다 하나님 앞에 바쳐야 한다는 제의적 관념이 크다.

그러나 그 신학적 의의는 앞서 언급한 것처럼 이스라엘이 가나안에서 구별된 백성으로서의 삶을 건강하게 지키기 위한 예방

조치다. 이 거룩한 전쟁에 대한 명령이 실제로 행해졌던 것 같지는 않다. 이스라엘 왕국이 나중에 멸망한 이유는 가나안 문화의 무분별한 접목과 가나안의 바알 숭배라고 하는 우상 숭배가 원인이었기에 포로기에 그들의 멸망한 역사에 대한 반성으로서 이 헤렘에 대한 개념이 결과론적으로 강조됐던 것이다. 신앙의 순수성과 동시에 헤렘 사상은 또 다른 편에서는 '하나님께서 이스라엘을 위해서 싸우신다'는 견고한 신앙의 주제로도 부각되고 있다.

이렇듯 신명기역사서는 자신들의 실패한 역사에 대한 반성과 회복을 위해 기록됐음을 알 수 있다. 그들의 멸망의 근본적 원인은 하나님께 있는 것이 아니라 그들 자신의 잘못된 선택에 있음을 가슴 저리게 고백하고 있다. 신명기역사서는 하나님께로 돌아가는 길 곧 회개만이, 그리고 한마음 사랑의 실천과 구별된 삶만이 이스라엘이 살 길 임을 역사 현장 속에서 선포하고 있는 것이다.

제8장
역대기역사서

1) 역대기역사서와 신명기역사서

역대기역사서(Chronicler History)에는 역대기상하, 에스라, 느헤미야가 속해 있다. 신명기역사서가 포로기 바빌로니아 시대까지의 역사를 기록했다면 역대기역사서는 포로기 이후 페르시아 시대의 상황까지 기록하고 있다. 전자가 이스라엘 패망의 원인 규명과 신학적 반성이 기록 목적이었다면 후자는 새로운 이스라엘의 정체성과 회복의 비전을 목적으로 한다. 시대적 상황의 변화가 역대기역사서라는 새로운 역사 서술 편찬의 계기로 작용했다.

페르시아의 황제 고레스의 칙령에 의해 이스라엘은 포로살이로부터 해방되어 주전 538년부터 수차례에 걸쳐 그리워하던 시온산 예루살렘으로 돌아오게 된다. 첫 귀환이 세스바살에 의해서 이루어진다(스 1:8, 11). 세스바살은 여호야긴 왕의 아들로 여겨진다.[1] 여호야긴은 주전 597년 제1차 포로기에[2] 끌려왔던 당시 다윗 왕가의 마지막 후손이었다. 신명기역사서의 결론부에서는 여호야긴이 바빌론에서 복권되어 에윌므로닥 왕(주전 562-560년)과 식탁을 같이 하게 되는 것을 보도한다(왕하 25:27-30). 이것을 마르틴 노트는 수치스러운 석방으로 평가하기도 했으나 대부분의 학자들은 이스라엘 회복의 징조로 해석해 왔다. 세스바살의 인도하에 포로민들의 귀환이 시작됐을 때 이스라엘 백성들은 감격적인 회복의 계기를 맞는다. 예레미야를 비롯한 예언자들의 회복 예언의 성취를 목도하면서 무엇보다도 다윗 언약을 떠올리며 이스라엘 왕조의 재건을 기대했을 것이다.

첫 귀환은 에스라 1:7-11에서 보도되는데 우리가 생각했던 것처럼 많은 사람이 돌아오지는 않았던 것으로 보인다. 왜냐하면 70년의 포로 기간 동안 바빌로니아에 정착한 사람들도 많았기 때문이다.[3] 그러나 처음 귀환한 사람들은 돌아오자마자 성전 재건을

---

1. 일반적으로 학자들은 세스바살(Sheshbazzar)을 다윗 왕조의 정통성을 이은 인물로서 역대상 3:18의 여호야긴의 아들 세낫살(Shenazzar)과 동일인으로 본다.
2. 학자들에 따라 제1차 포로기를 주전 605년 갈그미스 전투 후 느부갓네살이 유다를 침공해 유다인을 끌고 간 사건으로 보기도 한다. 그러나 역사적으로 의미 있는 바빌론 포로기의 시작은 주전 597년부터로 볼 수 있다. 여호야긴 왕을 비롯하여 대대적인 포로민들의 강제 이동이 발생했기 때문이다.
3. 존 브라이트, 『이스라엘 역사』, 박문재 옮김 (서울: 크리스천다이제스트, 2004), 497.

위한 주춧돌을 세우며(스 5:16) 새로운 시대를 열고자 했다. 하지만 해당 구절을 보면 처음 다졌던 지대 공사 이후 성전 건축이 스룹바벨 시대까지 지연되고 있음을 말한다: "이에 이 세스바살이 이르러 예루살렘 하나님의 성전 지대를 놓았고 그때로부터 지금까지 건축하여 오나 아직도 마치지 못하였다 하였사오니." 문제는 포로에서 귀환한 자들인 '하골라'와 그 땅에 남아있던 사람들인 '암하레츠' 사이에 갈등이 있었던 것이다(4:1-4). 또한 주변 이민족 총독과 관리들의 방해가 끊임없이 있었다(4:5-10; 5:3). 이러한 외적 방해는 이후 느헤미야 시대에 예루살렘 성벽을 재건하려고 할 때 극에 달하기도 했다(느 4:1-12). 시온의 영광을 바라보고 예루살렘으로 돌아왔던 귀환민들의 기대는 꺾일 수밖에 없었다. 게다가 점증하는 이방 여인들과의 결혼은 이스라엘 민족의 정체성 유지에 큰 위험 요소로 작용하고 있었다. 이와 같은 상황에서 새로운 시대적 도전에 응답하기 위하여 이스라엘의 역사는 역대기사가에 의해 새로운 해석의 과정을 밟는다.

역대기역사서는 주로 신명기역사서를 대본으로 작성됐다. 그 위에 포로기 이후의 역사 기록이 첨가된 것이다. 그러나 신명기역사서에서 찾아볼 수 없는 독특한 자료들 또한 역대기사가는[4] 참고

4. 과거에 학자들은 역대기사가(Chronicler)에 의해 역대기역사서 전체가 최종 편집된 것으로 보았다: E. 젤린, G. 포러, 『구약성서개론』, 김이곤, 문희석, 민영진 옮김 (서울: 대한기독교출판사, 1987), 284-294. 그러나 최근에 들어 역대기상하와 에스라-느헤미야의 저자 집단을 따로 보는 견해가 현저하게 등장하고 있다: S. Japhet, *The Ideology of the Book of Chronicles and the Place*

하고 있다. 기본적으로 신명기역사서와 역대기역사서가 공통되는 부분이 있으니 바로 사무엘상 15장부터 열왕기상 1장까지와 역대상 10장부터 29장까지 나타나는 다윗 이야기가 여기에 해당된다. 이 부분의 기록들은 역대기역사서가 신명기역사서를 참고했거나 아니면 각각의 사가들이 동일 자료들을 참고했음을 알려준다. 그러나 역대기역사서에는 나오는데 신명기역사서에는 없는 내용이 있고 신명기역사서에는 있는데 반면에 역대기역사서에는 없는 것이 있다. 그런 부분들은 각기 다른 자료들을 참고했음을 시사한다. 예를 들어, 역대하 13:3-22을 보면 북이스라엘 여로보암과 남유다 아비야가 벌인 전쟁의 기록이 상세하게 나온다. 신명기역사서에서는 단순히 두 왕 사이에 전쟁이 있었다는 보도만 있을 뿐이다(왕상 15:1-8). 그러나 역대기사가는 아비야 왕의 연설을 통해서 남왕조 다윗 언약의 영원성과 아론 자손 제사장들의 구별된 제의를 강조함으로써 신명기사가와는 상이한 역사관을 드러내고 있다(대하 13:4-12). 다음 표에서 신명기역사서와 역대기역사서의 차이점을 한 눈에 볼 수 있다.

---

in Biblical Thought (Frankfurt am Main: Peter Lang, 1997), 267-351. 그러나 역대기역사서의 저자 문제는 중론이 모아지지 않고 있다: 유진 H. 메릴, 마크 F. 루커, 마이클 A. 그리산티, 『현대인을 위한 구약개론: 구약의 세상과 하나님의 말씀』, 유창걸 옮김 (서울: CLC, 2016), 554. 따라서, 이곳에서는 이해를 돕기 위하여 전통적인 입장에서 역대기역사서와 역대기사가를 다루고 있음을 밝힌다.

	범 위	근본 전통	남북 왕조	다 윗	강조점	근본 질문
신명기 역사서	가나안 정복 ~포로기 (주전 562년 까지)	시내산 전통 모세 계약	남북 평행 서술	정치적 군주, 인간적 과오	구속사, 계약 사상, 율법 순종, 예언자	왜 이스라엘은 멸망했는가?
역대기 역사서	창조~ 포로기 이후 (주전 400년 까지)	시온산 전통 다윗 언약	남왕조만 서술	종교적 지도자, 성전 제의 창시자	성전, 제의, 아론계 제사장, 레위인	누가 참 이스라엘 인가?

역대기사가들의 주된 관심은 제사장적이다. 민족의 구속사나 정치적 군주의 율법 준행을 말하기보다는 '성전'과 '제의' 중심의 종교적 공동체를 지향한다. 신명기사가들의 핵심층이 예언자들과 관련이 깊다면 역대기사가들은 제사장들 중심이다. 따라서 역대기사가들의 역사 범위는 민족적 울타리를 넘어선 창조 시대로부터 시작한다. 다윗에 대한 증언도 정치적 지도자가 아닌 이스라엘 제의의 창시자로서의 모습을 부각시킨다. 밧세바 간음 사건이나 압살롬 반란 등의 사건은 역대기역사서에서 찾아볼 수 없다. 그만큼 이상적인 거룩한 제사장의 모습으로 다윗을 부각시킨다. 역대기사가의 근본 관심은 민족의 구원이나 정치적 번영이 아니었다. 성전에서 드리는 거룩하고 구별된 예배가 무엇보다도 중요했다. 모든 제의는 반드시 아론계 제사장들이 집전해야 했으며 레위인들에 의해 예전 절차가 적절하게 수행되어야 했다. 더 이상 페르시아 제국으로부터의 정치적 독립은 무의미했다. 도리어 페르시

아의 고레스는 포로기 이사야에 의하면 “기름 부음 받은 자”, 곧 메시아였다(사 45:1). 역대기사가들의 세상의 중심에는 시온산의 예루살렘 성전이 우뚝 솟아있었다. 제대로 된 예배가 드려지는 그곳에서 한 민족의 안녕과 세상의 평화가 보장되는 것으로 나타난다.

역대기사가들이 활동했던 페르시아 시대는 신명기사가들의 바빌로니아 시대와 달랐다. 페르시아 제국 정부는 이전의 제국들과는 달리 식민지들에 대한 유화 정책을 폈다. 특히 초기 황제 고레스가 포로민들의 해방을 선포했던 칙령은 이스라엘 포로민들에게는 예레미야를 비롯한 이전 예언자들의 다윗 왕조의 회복 예언에 대한 성취 그 자체였다. 그러나 바빌론에서 귀환한 ‘하골라’들이 정치적인 회복을 꿈꾸기에는 페르시아 제국의 세력은 막강했고 당시의 유다 공동체(예후드 공동체)는 제국 내 다른 식민지들에 비해서도 극히 미미한 집단에 불과했다. 물론, 정치적인 독립의 기대와 시도가 아예 없었던 것은 아니다. 스룹바벨 총독과 예수아 제사장 그리고 예언자 학개와 스가랴의 리더십에 의해 제2성전이 주전 520-515년의 기간에 세워질 때만 하더라도 예후드 공동체의 유다인들은 다윗 왕조의 정치적 번영을 기대했다. 학개는 여호야긴 왕의 손자인 스룹바벨을 일컬어 야웨의 택하심을 입은 자로서 야웨가 그를 권력 행사의 상징인 “인장”으로 삼았다고 선포한다(학 2:23).[5] 동시대의 스가랴 역시 제2성전의 기초를 놓은 스룹바벨

5. “만군의 여호와가 말하노라 스알디엘의 아들 내 종 스룹바벨아 여호와가 말하노라 그날에 내가 너를 세우고 **너를 인장으로 삼으리니 이는 내가 너를 택**

총독에 의해 성전이 완공되고 야웨의 능력이 온 세상 가운데 새롭게 펼쳐질 것을 예언하고 있다(슥 4:6-10).

역사적으로 해당 시기는 고레스 황제의 아들 캄비세스가 궁중 반란이 일어났을 때 자살을 하면서 제국 정세가 잠깐 동안 혼란스러운 때였다. 그러나 다리우스가 왕권을 잡으면서 페르시아 제국은 빠르게 안정을 되찾았다.[6] 결국, 학개와 스가랴에 의해 주도됐던 다윗 왕조의 독립에 대한 열망은 스룹바벨 총독의 의문의 실종으로 수포로 돌아가고야 만다. 제2성전이 완공됐을 때 스룹바벨 총독은 온데간데없이 사라지고 제사장 예수아와 레위인들만이 성전을 봉헌하고 있다(스 6:16-18).[7] 이후 예후드 공동체는 줄곧 성전에서의 온전한 제의(true worship) 수행만을 목표로 하는 성전 사회(Citizen-Temple Community)로서의[8] 역사를 이어가게 된다. 그러나 제2성전 건립 후 수십 년이 지난 시기인 주전 5세기 중반 에스라와 느헤미야의 등장은 이러한 성전 공동체의 쇠퇴기에 새로운 개혁

하였음이니라 만군의 여호와의 말이니라 하시니라."

6. 고레스(주전 559-530년) → 캄비세스 2세(주전 530-522년) → 다리우스 1세(주전 522-486년)
7. 학자들은 스룹바벨이 페르시아 제국 정부에 의해 비밀스레 처형된 것으로 추정한다. 그러나 이에 대한 역사적 증거는 없다. 역대기사가는 예후드 공동체에서 "기름부은 자"로 인정받은 유일한 리더십이 대제사장 여호수아 한 사람뿐임을 부각한다(슥 6:9-14): J. Maxwell Miller & John H. Hayes, *A History of Ancient Israel and Judah* (Philadelphia: The Westminster Press, 1986), 459-460.
8. Joel Weinberg, *The Citizen-Temple Community* (JSOTSup 151; Sheffield: JSOT Press, 1992).

을 단행하게 한다. 말씀 중심의 율법 공동체로 거듭나는 종교적 개혁과 잡혼 금지의 사회적 개혁이 실행됨으로써 예후드 공동체는 역사상 '유대주의(Judaism)'라는 새로운 공동체의 출발을 알리게 된다.

2) 역대기역사서의 내용과 역사적 맥락

"누가 참 이스라엘인가?"라는[9] 근본적인 문제를 제기하면서 역대기사가는 포로기 이후의 이스라엘의 역사를 재해석하고 있다. 전반적인 역대기역사서의 구성은 아래와 같다.

대상 1-9장	아담으로부터 포로기 이후까지의 계보
대상 10-29장	다윗 시대의 역사
대하 1-9장	솔로몬 시대의 역사
대하 10-36장	남유다의 역사
스 1-6장	포로 귀환과 제2성전 건축
스 7-10장	에스라의 귀환과 통혼 금지 조치
느 1-7장	예루살렘 성벽 재건에 대한 기록
느 8-10장	에스라의 율법 선포와 종교 개혁
느 11-13장	예루살렘 성벽 봉헌에 대한 기록과 사회 개혁

9. 왕대일, 『구약성서 이해 열 마당』, 100-103.

바빌론 포로살이로부터 귀환한 '하골라'들로 이루어진 역대기사가들은 자신들을 철저히 포로 기간 동안 이스라엘 땅에 남겨져 있었던 '암하레츠'들로부터 구별하고 있었다. 암하레츠들은 당시 남유다 사회에서 기득권층이 아닌 하층민들이었다. 반면에 기득권층이자 지도층이었던 '하골라'들은 귀환 후 예루살렘에서 자신들의 권리를 다시금 주장했다. 따라서 양자 사이의 갈등은 불가피했다. 앞선 장에서 언급한 것처럼 역대기사가들의 '신앙적 이스라엘'의 모습은 이런 의미에서 '하골라'들의 입장을 대변하고 있는 것으로 이해할 수 있다.

그러나 '역사적 이스라엘' 또는 '신앙적 이스라엘'에서 그치는 것이 아니라 '성서적 이스라엘'의 이해로까지 나아가야 역대기역사서를 계층 간의 갈등의 부산물로 여기는 오류로부터 벗어날 수 있다.[10] 사실상 역대기사가 중심의 '하골라'들은 바빌론 포로기를 예언자들의 말씀과 다윗 언약의 성취만을 바라며 믿음으로 통과한 경건한 자들이었다. 바빌론의 이방 문화에 젖어들지도 않았고 줄곧 시온 예루살렘을 기억하며 탄식하던 무리였다(시 137:1-6). 또한 대표적 포로기 예언자였던 에스겔의 주변에서 항상 하나님의 예언의 말씀을 들으며 회복을 열망하던 자들이었다(겔 8:1). 그러나

10. 민중신학적 성서 해석은 역대기사가의 기득권 중심의 목소리가 당시 암하레츠의 실제적인 상황을 왜곡할 것을 우려한다: 임태수, 『제2종교개혁을 지향하는 민중신학』 (서울: 대한기독교서회, 2002). 그러나 이러한 '이데올로기적 이스라엘'의 메시지가 구약성경이 전해주는 궁극적 메시지는 아님을 기억해야 한다.

막상 페르시아 초대 황제 고레스 대왕에 의해 포로로부터 해방됐을 때 이렇듯 경건한 사람들 외에는 귀환하는 무리에 합류하는 이들이 많지 않았다. 이미 포로 1세대는 대부분 유명을 달리했고 노인들과 바빌론에서 태어난 이들이 60년 이상 정착했던 곳을 버리고 다시금 예루살렘 고토로 떠나야 했기 때문이다. 더군다나 바빌론에서 예루살렘까지 도보로 이동할 수 있는 거리는 약 1,400km가 넘었다.[11] 낙타 외에 특별한 교통수단도 없었고 노상에서 도사리는 수많은 위험들로 죽음을 각오해야 하는 여정이었다.

첫 번째 귀환은 세스바살의 주도하에 주전 538년 고레스 칙령 직후에 이루어진다. 세스바살은 역대상 3:18에 기록된 세낫살과 동일 인물로서 여호야긴의 아들이다. 에스라 1:8-11에 기록된 대로 세스바살은 페르시아 제국의 총독으로 임명되어 바빌로니아의 느부갓네살에 의해 압수됐던 성전 그릇들을 돌려받아 예루살렘의 예전 회복을 준비한 인물이다. 두 번째 귀환은 다리우스가 통치하던 시기인 주전 520년에 스룹바벨에[12] 의한 대규모의 귀환대를 통해 이루어진다. 에스라 2:64에 의하면 7,500명이 넘는 종들을 제외하고도 42,360명이 돌아왔다고 보도한다. 이들은 성전 재건을 위해 각종 예물과 금과 은, 제사장의 옷을 준비하고 있었다(스 2:68-69). 이 시기에 학개와 스가랴 예언자의 성전 재건 운동을 통해 주

11. 에스라 7:9에 의하면 에스라가 인솔한 무리들은 4개월에 걸쳐 바빌론에서 예루살렘으로 돌아온다. 당시에 무역상들이 주로 이동하는 길을 이용했을 텐데 그 거리는 1,400km 이상일 것으로 추정된다.

12. 여호야긴의 손자이며 세스바살의 조카이다.

전 515년에 제2성전이 완공되기에 이른다. 세 번째 귀환은 각각 느헤미야와 에스라에 의해 이루어진다. 에스라는 주전 459년 또는 398년에 돌아온 것으로 보이는데 아닥사스다 1세 또는 2세인가에 따라 시대 결정이 달라진다.[13] 반면에 느헤미야는 비교적 확정적인 연대를 보인다. 성벽 재건을 방해했던 산발랏과 도비야 그리고 아라비아 사람 게셈 등은 하나같이 주전 5세기 말 아닥사스다 1세 시대의 인물이다. 따라서 느헤미야의 시기는 그가 주전 445년에 처음 총독으로 부임했고 다시 페르시아로 돌아갔다가 주전 432년에 재부임한 것으로 나타난다. 에스라와 느헤미야의 귀환은 민족적인 회복의 비전을 품었던 1-2차 귀환과는 성격이 다르다. 오히려 그들은 제2성전 건축 후에도 안정을 찾지 못했던 예후드 공동체의 사회적 질서와 종교적 기강을 잡기 위한 제국의 정책적 차원에서 파견된 사람들이었다. 그럼에도 불구하고 에스라는 모세율법에 정통한 학사요 제사장으로서 말씀 중심의 개혁을 단행한다. 느헤미야는 다아스포라 유대인들의 민족 회복의 염원을 대표하는 경건한 야웨 신앙의 지도자로서 성벽 재건과 사회 개혁을 통해 이스라엘의 정체성을 지켜냈다.

---

13. 에스라 7:8에 의하면 아닥사스다 왕 제7년에 에스라는 귀환한다. 따라서 아닥사스다 1세(주전 465-424년)라면 459년, 아닥사스다 2세(주전 404-358년)라면 398년이 된다. 역대기사가는 에스라와 느헤미야의 시대가 겹치는 것으로 보도하기에(느 8:9, 12:26) 아닥사스다 1세 시대가 가능성이 높다. 그러나 학자들 가운데 더 늦은 시기인 아닥사스다 2세 시대로 보는 경우도 있다.

역대기역사서의 두드러진 특징은 구속사의 생략이다. 출애굽기의 해방 사건과 시내산에서의 계약 사건은 그렇게 부각되지 않는다. 신명기역사서에서 그렇게 중시했던 구속사에 대한 회고와 묵상, 선택된 백성을 향한 야웨의 특별한 구원 은총에 대한 강조 같은 것이 없다. 대신에 성전과 종교 의식에 집중한다. 역대기상 1-2장은 아담부터 아브라함의 자손 이스마엘과 이삭 그리고 에서와 이스라엘의 족보까지 소개하고는 3장부터 바로 다윗의 계보가 소개된다. 말하자면 창조 시기의 아담 이야기에서 곧장 다윗으로 이어지는 형태다. 역대기상 4장부터 8장까지에서는 이스라엘의 열두 아들의 계보를 밝히고 9장에서 포로에서 돌아온 백성들의 언급이 이어진 후 비로소 10장부터 29장까지 다윗 시대의 역사가 펼쳐진다. 이어지는 역대기하 1장에서 9장은 솔로몬 시대의 역사로 채워진다. 이후 역대기하 10장부터 마지막 장인 36장까지는 오롯이 남유다의 역사만을 기록한다. 한 가지 흥미로운 것은 다윗과 솔로몬 시대의 역사가 총 29개 장을 통해 전개된다면 남유다 전체의 역사는 27개 장에 불과하다. 그만큼 역대기사가의 주된 관심은 다윗과 솔로몬 시대에 있다고 볼 수 있다. 그렇다고 화려했던 시대의 정치적이고 경제적인 번영에 주목하는 것은 아니다. 단지 성전에서 드리는 올바른 예배와 제사에 주목한다. 제의의 창시자로서의 다윗 그리고 성전의 건축자로서의 솔로몬을 강조하면서 그 시대를 이상화시킨다. 성전이 세워져 있고 성전을 중심으로 올바른 예배가 드려지는 한 민족의 복지와 안정은 보장되는 것으로 그리고 있다. 그리고 모든 제사와 예전은 철저히 아론 계열의 제사장들과 그들을 돕는 레위인들에 의해 수행되어야 함을 강조한다.

에스라와 느헤미야에서 펼쳐지는 내용도 성전과 종교 의식에 관계된 역사관에 근거한다. 세스바살은 돌아오자마자 무너진 성전의 주춧돌을 쌓고 지대를 다졌다. 스룹바벨은 예수아 제사장과 더불어 제2성전을 완공했다. 에스라와 느헤미야는 율법 중심의 종교 개혁을 일으켜 형식화된 예후드 공동체의 종교 제의가 실제 삶의 결혼 생활에 이르기까지 적용되고 실천되도록 힘썼다. 그러나 역대기사가의 전반적인 관점은 정치적인 총독들보다는 종교적인 제사장들과 레위인들에게 집중한다. 세스바살은 포로 해방 초기에 이름만 잠깐 언급됐을 뿐 더 이상 기록에서 찾아볼 수 없다. 스룹바벨은 학개와 스가랴에 의해 다윗 왕조를 이을 야웨 통치의 대리자로 기대되는 민족 독립의 아이콘이었으나 갑자기 실종된다. 역대기사가는 아무렇지도 않은 듯 제2성전의 봉헌식에서 스룹바벨은 언급도 하지 않은 채 제사장들과 레위 사람들에 의해서 봉헌식이 진행됨을 담담히 보도할 뿐이다(스 6:16-18). 느헤미야 총독은 성벽을 재건하고 잡혼을 금지시키는 등 활발한 정치적 지도력을 발휘했으나 느헤미야서의 중심인 8-10장은 그 시기에 가장 중요한 에스라의 종교 개혁이 어떻게 유대주의의 기원이 됐는가를 대변하고 있다. 왜 역대기사가의 역사관이 정치가 아닌 종교에 집중하게 됐는가의 문제는 포로기 이후 예후드 공동체가 직면하고 있었던 상황으로부터 형성된 특별한 사정에 기인한다. 오랜 기간의 제국들의 지배로 초래된 이질적 문화의 팽창에 맞서서 "누가 참 이스라엘인가?"의 물음을 진지하게 고민했던 야웨 신앙의 전통주의자들은 정치적이고 민족적인 독립이 아닌 성전 중심의 제의와 율법 공동체로서의 구별과 갱신에서 생존의 길을 택했기 때문이다. 이러한 역사적 상황은 역대기역사서의 신학에서 여실히 드러난다.

3) 역대기역사서의 신학

페르시아 시대에는 다양한 유대인 공동체가 제국 정부 내 곳곳에 산재해 있었다. 주류로는 '하골라'들에 의해서 예루살렘의 제2성전을 중심으로 예후드 공동체가 자리했다. 그러나 여전히 돌아오지 않고 바빌론에 남아있었던 무리들이 있었고 바빌로니아 시대로부터 이집트로 들어갔던 이스라엘의 후손들은 나일강 상류의 섬이었던 엘레판티네를 비롯해 삼각주 지역의 레온토폴리스와 나일강 하류의 알렉산드리아에 이르기까지 다양한 곳에서 유대인 공동체를 이루고 있었다. 단순히 '하골라'와 '암하레츠' 사이의 갈등 상황뿐만 아니라 고대의 국제화가 무르익을 무렵 정체성의 뿌리를 확립하고 유지해야 할 시대적 과제가 역대기사가들에게 주어져 있었다. 이와 같은 상황이 '참 이스라엘'의 기준을 정치적인 범주를 넘어선 신앙적 일체와 성별을 위한 엄격한 율법 준수에 두도록 인도했다.

이러한 배경에서 이스라엘 역사를 새롭게 서술한 역대기사가의 신학은 다음의 세 가지 주제에서 강조점의 변화가 발견된다: (1) 왕정 체제에서 신정 체제로, (2) 제의 공동체에서 말씀 공동체로, (3) 보편주의에서 폐쇄주의로.

첫째, 왕정 체제에서 신정 체제로의 전환은 제2성전이 세워진 직후의 상황을 반영한다. 역대기사가의 입장에서 예언하였던 에스겔은 성전이 없었던 광야 시대를 이스라엘 역사 중 가장 패역한 시대로 규정한다. 신명기사가의 입장에 있었던 예레미야가 광야 시대를 야웨와 이스라엘 사이의 '허니문' 기간으로 묘사하는 것과는 대조를 이룬다. 역대기사가가 모세 계약이나 다윗 언약 중심의 왕정 체제보다는 성전 중심의 신정 체제를 강조하게 된 것은 이유가 있다. 포로 후기의 전반적인 정서는 다윗 왕조 중심의 인간적 왕정 체제에 대한 희망의 포기였다. 바빌론 포로기 때만 하더라도 신명기사가들에 의해서 기대됐던 다윗 왕조의 회복은 유일한 소망이었다. 이윽고 일어난 페르시아 제국의 고레스 칙령은 당장에라도 다윗 왕조의 회복을 앞당기는 듯했다. 그러나 성전 재건은 지연됐고 그나마 완공된 제2성전은 규모가 솔로몬 성전에 비해 형편없이 축소됐다. 게다가 학개와 스가랴에 의해 기대됐던 스룹바벨 중심의 독립의 꿈은 그의 실종으로 순식간에 수포로 돌아갔다. 결국, 페르시아 제국 내 예후드 공동체의 유일한 리더십으로 남은 아론계 제사장들은 신정정치 체제의 길로 접어들 수밖에 없었던 것이다. 더군다나 페르시아 황실의 도움으로 제2성전이 건축됐기에(스 6:3-12) 당시 예후드 공동체는 성전에서 페르시아 황실을 위한 기도와 제사를 드렸던 상황이었다. 그러나 점차로 제도권적 성전 제의와 제사장들의 페르시아 정부와의 타협은 에스라와 느헤미야 등장 직전의 예후드 공동체가 혼란 상황에까지 떨어지게 되는 원인을 제공하게 된다.

그럼에도 역대기사가의 신학을 주목하는 이유는 율법과 규례 앞에 선 그들의 경외 사상이다. 성전과 제의 중심의 신정정치 체제의 본래적 이상은 율법이 제정한 제사법과 성결법을 순전한 마음으로 따르는 데 있었다. 하골라와 암하레츠의 충돌과 분열의 상황에서 제도를 정비하고 안정된 사회를 하루빨리 형성하는 것이 중요했기 때문이다. 그러나 갑작스러운 스룹바벨의 실종과 계속된 주변 이방 세력들의 위협은 제사장 중심의 신정 체제를 제국 정부의 보호하에 신속하게 확립하도록 압박감을 주었던 것이다. 따라서 이러한 상황에서 '하골라'들의 율법 준수와 공동체의 질서를 위한 경건한 노력은 마땅한 평가를 받아야 한다. 단순히 기득권층으로 이루어졌던 '하골라'들의 역사로—즉, 가진 자들의 역사로—역대기사가를 해석할 것이 아니라 역대기사가들은 그들이 처했던 역사적 정황에서 희생을 감수하고 과감히 돌아왔던 신앙적 결단의 주인공들이었음에 주목해야 한다. 그들은 사실 바빌론에서의 안정된 기반을 포기하고 머나먼 길을 마다하지 않은 채 말씀의 성취만을 바라고 돌아왔던 믿음의 사람들이었다. 여기에 역대기역사서를 '역사적 이스라엘' 또는 '신앙적 이스라엘'보다는 '성서적 이스라엘'로 읽어야 하는 당위성이 발견된다.

둘째, 제의 공동체에서 말씀 공동체로의 이동은 에스라와 느헤미야 시대 때 일어났던 변화다. 제2성전 중심의 신정정치 체제가 제사장들에 의해 주전 515년부터 450년경까지 65년간 지속되는 동안 제도권 종교는 타락하고 실패했다. 느헤미야 1:3은 당시 예후드 공동체의 상황을 단적으로 알려준다: "그들이 내게 이르되 사로잡힘을 면하고 남아 있는 자들이 그 지방 거기에서 큰 환난을 당하고 능욕을 받으며 예루살렘성은 허물어지고 성문들은 불탔다 하는지라." 제사장들의 성전 제사는 형식화됐고(말 1:6-14) 안식일이 거룩하게 준수되지 않았다(느 13:15-22). 신앙의 틀이 깨어진 예후드 공동체는 사회적 무질서가 만연했다. 이혼이 성행하게 되고(말 2:13-16) 사기와 간음과 약자에 대한 압제가 공공연히 일어나며(말 3:5) 가진 자들이 빚을 갚지 못하는 가난한 자들의 땅을 빼앗고 같은 동포를 노예로 삼는 일이 벌어졌다(느 5:1-5). 그뿐만 아니라 이방인과의 통혼이 심각할 정도로 일반화되고 있었다(말 2:11-16; 느 13:23-27).[14] 이와 같은 상황에서 전통적 야웨 신앙의 핵심을 다시금 붙들고 동시에 새로운 환경 가운데 발전시켜야 하는 시대적 과제가 예후드 공동체에게 대두됐다. 바로 이때 등장한 이가 바로 학사 겸 제사장이었던 에스라와 민족애로 불타는 느헤미야 총독이

14. 안근조, 『히브리 지혜전승의 변천과 기독교의 기원』 (서울: 동연, 2016), 69-75.

었다.

'누가 참 이스라엘인가?'라는 시대적 물음과 과제 앞에서 에스라가 페르시아로부터 들고 온 모세의 율법서는 예후드 공동체에게 적절한 해답을 제시하기에 부족함이 없었다. 그가 가져온 모세의 율법책(스 7:10; 느 8:1)을 통하여 혼돈과 위기에 처한 예후드 공동체를 그 정체성이 뚜렷한 율법 공동체 곧 유대주의 공동체로 변화시켰기 때문이다. 느헤미야 8장에 따르면, 에스라는 율법을 예후드 공동체에게 선포하고 느헤미야 총독과 더불어 일단의 개혁을 단행했다.[15] 에스라의 율법 정신 회복을 통한 유대주의 확립 이후 유대인들에게는 네 가지 변화가 나타난다. 첫째, 제의와 제사장의 역할 약화다. 제의는 이전처럼 전통과 관습이 아니라 율법의 규정들에 의해 뒷받침되고 또 규제됐다. 따라서 제의는 율법에 종속됐고, 제사장 또한 그 최고의 권위를 어느 정도 상실하였으며 반대로 토라를 전하던 레위인의 직무가 상대적으로 중요한 기능으로 부각됐다. 둘째, 제의 기능이 약화됨에 따라 결과적으로 성전의 역할 또한 축소될 수밖에 없었다. 대신에 이미 포로기 시대 이후 줄곧 출현하고 있었던(참조, 겔 8:1; 14:1; 33:30 이하) 회당의 기능이 강화됐다. 특히 회당이 율법을 가르치고 전수하는 중심지가 되면서 이후 유대인들의 삶의 거점이 된다. 셋째, 서기관들의 등장을 꼽을

---

15. 역대기사가의 증언대로 에스라의 종교 개혁이 있은 뒤 느헤미야의 사회 개혁이 따라오는 순서를 그대로 받아들이는 학자로는 윌리암슨이 있다: H. G. M. Williamson, *Ezra, Nehemiah* (Dallas: Word, 1985), xxxix-xliv.

수 있다. 율법이 강화되면서 적절한 율법 해석과 실생활의 적용을 위한 율법 연구가 요청됐으며 이를 위해 율법에 몰두하고 가르침을 주는 서기관들의 출현이 불가피하게 됐다. 끝으로, 지혜 교사의 등장을 들 수 있다. 율법에 대한 열심과 아울러 선한 삶과 행실에 대한 실제적 관심도 깊어져 가면서 지혜문학의 발전을 가져오게 된다. 행복한 삶의 특성을 제시하는 지혜서들은 물론이고 인생의 삶에 대한 객관적 성찰을 주도하는 지혜서들 또한 출현(전도서, 욥기, 시편의 지혜 시편[1, 49, 119편], 토빗서, 시락서, 솔로몬의 지혜서 등)하게 된다. 이러한 지혜 교사들은 어떤 면에서는 서기관들과 같은 계층의 사람들이었다. 역대기사가들이 바로 서기관들 또는 지혜자들 집단에 속해 있었음을 알 수 있다.

셋째, 보편주의에서 폐쇄주의로의 변화는 구약 시대 말기의 상황을 반영한다. 사실상 주전 8세기 아모스의 '열방 신탁'으로부터 드러나는 바, 고대 이스라엘의 야웨 사상은 온 민족의 하나님이라는 보편주의 사상을 선포한다. 모세 시대의 계약 사상을 통해 야웨는 이스라엘의 하나님이 되고 이스라엘은 야웨의 백성이 된다는 선민사상은 고대 근동의 민족 신 개념을 말하는 것이 아니다. 이스라엘 민족은 온 민족과 열방을 야웨에게 이끄는 구원의 수단이었다. 이는 이미 아브라함을 향한 야웨의 계획에서 명시되고 있다.

> 너를 축복하는 자에게는 내가 복을 내리고 너를 저주하는 자에게

> 는 내가 저주하리니 땅의 모든 족속이 너로 말미암아 복을 얻을 것이라 하신지라. (창 12:3)

> 아브라함은 강대한 나라가 되고 천한 만민은 그로 말미암아 복을 받게 될 것이 아니냐 내가 그로 그 자식과 권속에게 명하여 여호와의 도를 지켜 의와 공도를 행하게 하려고 그를 택하였나니 이는 나 여호와가 아브라함에게 대하여 말한 일을 이루려 함이니라. (18:18-19)

구약성서의 예언자들에게 하나같이 드러나는 '열방 신탁'은 이와 같은 보편주의적 야웨 사상의 개념에 근거해 있다. 요나와 같은 예언자 이야기는 대표적인 예증이며 다윗 가문의 족보에서 등장하는 유일한 여인들의 이름은 하나같이 이방 여인들이다(라합, 룻, 밧세바). 남유다 포로민들이 페르시아 제국에 이르러 제국의 국제도시에서 보편주의를 경험하기 훨씬 이전부터 이스라엘의 예언자들과 시인들은 세계 위에 뛰어난 야웨의 다스림을 선포하고 있었다(암 9:7; 사 5:26; 렘 16:19; 시 2:10-12; 8:1; 24:1; 67:4; 72:8 등). 포로기 시대 신명기역사가들의 패망에 대한 신학적 반성은 민족 신 개념에서 야웨가 마르둑에게 패배한 것이 아니라 오히려 가나안의 다신교적 상황에서 모든 신들 위에 뛰어난 유일하신 야웨 하나님의 통치에 순종하지 못했음을 고백하고 있는 것이다.

이렇듯 고대 이스라엘의 역사에서 일관되게 드러난 보편주의적 야웨 개념이 에스라-느헤미야 시대에 이르러 폐쇄주의적 유대주의 개념으로 후퇴하게 된다. 이방 여인들과 결혼한 예후드 공동체의 모든 가정들을 강제로 이혼하도록 하여 순수한 민족적, 종교적 정통성을 유지하려고 했기 때문이다. 역사적 상황에서 어쩔 수 없이 단행됐던 이 같은 배타적 공동체의 형성을 역대기역사서의 신학은 '참 이스라엘'의 정체성을 지키기 위한 율법 중심의 말씀 개혁으로 소개하고 있다. 이것은 구약 시대 말기, 고대 이스라엘의 야웨 신앙과 초기 유대주의의 유대교 신앙이 미묘하게 교차되는 접촉점을 드러내고 있다. 주전 450년경 제2성전 시대 말기의 제도화된 사독계 제사장들 그룹의 타락과 제국 정부와의 정치적 타협의 위기 아래에서 에스라와 느헤미야의 종교 개혁은 순전한 말씀 공동체의 갱신과 부흥을 일군 시건이었다. 그들의 말씀 개혁이 없었다면 조상들에게 허락된 야웨의 약속과 모세의 계약 사상 그리고 예언자들의 메시아에 대한 선포 등은 더 이상 명맥이 이어질 수 없었을 것이다. 예수 그리스도의 신약 시대까지 이르는 신구약 중간 시대에 야웨 신앙의 전통이 끊어질 위기에 있었던 것이다.

역대기역사서의 이러한 큰 공헌에도 불구하고 에스라로부터 시작된 초기 유대주의는 기존의 구약 신앙의 성격과는 다른 방향의 전통을 야기한다. 왜냐하면 민족적 배타성과 폐쇄성의 방향으로 나아갔기 때문이다. 앞서 언급된 구약성서의 야웨 신앙의 전통은 보편주의를 표방한다. 아브라함에게 허락된 약속과 시내산에서 체결된 계약 그리고 왕정 시대를 통과하며 선포되는 예언자들의 메시지에는 하나같이 온 인류를 향한 창조주 야웨의 섭리가 자리하고 있었다. 그러나 유대주의는 이스라엘의 경계를 넘어서는 구원사의 지속의 길이 아닌 느헤미야의 성벽과 더불어 그 경계 안에 스스로를 고립시키는 길을 택한 것이다. 본래 역대기사가들이 의도하지 않았던 구별과 경계의 극단적 선택으로 나아가게 됐다는 사실이다. 에스라와 느헤미야의 종교 개혁의 의미를 경계선의 강화냐, 아니면 경계선의 극복이냐라는 양자택일의 차원으로 축소시킨 셈이다. 이후 신구약 중간 시대의 유대주의는 율법 위주의 경계 강화의 길로 치닫게 됐다. 그러나 유대주의 문화의 한 남자로 태어난 예수는 당대의 지배적인 유대주의의 분리의 길이 아닌 경계선 해방의 길을 택했다. 그 길이 바로 율법 본래의 사랑의 의미를 밝히며 구약성서 야웨 신앙의 전통을 회복, 보존함으로써 율법을 궁극적으로 완성하는 길이었던 것이다.

> 내가 율법이나 선지자를 폐하러 온 줄로 생각하지 말라 폐하러 온 것이 아니요 완전하게 하려 함이라. (마 5:17)

제9장
대예언서

1) 이스라엘의 예언 현상

구약성경의 예언서에 대하여 언급하기 전에 '예언'에 대하여 기독교인들이 가진 몇 가지 오해를 풀고 시작해야 한다. 우선, 예언에 관한 개념이다. 구약성경의 '예언'은 앞날을 계시하는 예언(豫言)이 아니라, 하나님의 말씀을 신탁하는 예언(預言)이라는 사실이다.[1] 극명한 예가 예레미야 1:9이다: "여호와께서 그의 손을 내밀어 내 입에 대시며 여호와께서 내게 이르시되 보라 내가 **내 말을 네 입에 두었노라**." 하나님께서 맡기신 말씀이 예언이요, 그 맡긴 말씀에 참여한 자가 예언자다. 둘째, 예언의 내용이다. 예언 말씀

1. 물론, 맡기신 하나님의 말씀(預言) 안에 미래에 일어날 말씀(豫言) 또한 포함된다.

의 초점은 천상의 세계나 미지의 신세계에 있지 않다. 도리어 현재 생생히 경험되는 인간의 현실을 다룬다. 유대인 철학자 아브라함 J. 헤셸(Abraham J. Heschel)의 언급에 주목할 필요가 있다.

> 예언자들에게는 인간의 형편이야말로 가장 관심을 두어야 할 주제다. 하나님은 혼자 앉아 영원한 이데아를 명상하는 분이 아니라 사람의 형편을 살피고 대처하는 분으로 묘사되고 있다.[2]

구약의 예언자들이 하나같이 이스라엘 역사의 주요 사건들과 이스라엘 사회의 부정의에 집중하는 이유가 여기에 있다. 셋째, 예언의 기능이다. 예언의 기능은 죄에 대한 심판이나 종말의 공포 분위기 조성에 있지 않다. 대신에 인간의 죄악에도 불구하고 과거로부터 지금까지 또 영원히 함께할 하나님의 신실한 사랑의 부각에 있다.

> 에브라임이여 내가 어찌 너를 놓겠느냐 이스라엘이여 내가 어찌 너를 버리겠느냐 내가 어찌 너를 아드마같이 놓겠느냐 어찌 너를 스보임같이 두겠느냐 내 마음이 내 속에서 돌이키어 **나의 긍휼이 온전히 불붙듯 하도다.** (호 11:8)

이러한 점에서 구약성경의 예언은 하나님에 대한 가르침이며 그

---

2. 아브라함 요수아 헤셸, 『예언자들』, 이현주 옮김 (서울: 삼인, 1991), 37.

가르침의 중심에 '하나님은 사랑이시라'는 메시지가 자리하고 있다.

'이스라엘의 예언 현상'이라고 하면 역사적인 예언자들의 본격적인 활동 이전에 일반적인 종교 현상의 하나로서 예언 활동이 있었음을 말한다. 예를 들어, 사무엘상 9장에서 사무엘은 "선지자" 또는 "예언자",[3] 곧 '나비'(נביא)라고 표현되지 않고, "선견자" 곧 '로에'(ראה)로 불린다(삼상 9:11, 18, 19). '로에'는 보는 자(seer)를 뜻한다. 실제로, "선견자" 사무엘은 사울에게 아버지의 잃어버린 나귀를 찾았다고 마치 눈앞에서 보듯이 말하고 있다(삼상 9:20). 그러나 이윽고 사무엘은 하나님의 말씀을 맡은 예언자 '나비'로서 사울에게 신탁된 말씀을 전하고 기름을 붓는다(삼상 9:27-10:1). 같은 장면에서 사무엘은 예언자의 기능과 선견자의 기능을 동시에 수행하고 있다. 성경은 선견자의 기능이 나중에 예언자의 기능으로 흡수된 전승의 과정을 친절히 설명한다: "옛적 이스라엘에 사람이 하나님께 가서 물으려 하면 말하기를 선견자에게로 가자 하였으니 지금 선지자('나비')라 하는 자를 옛적에는 선견자('로에')라 일컬었더라"(삼상 9:9).

'로에' 곧 선견자는 말씀을 맡은 자로서 사람들 앞에 하나님의 뜻을 선포하는 선지자의 본격적인 기능이 확립되기 이전의 예언

3. 본서에서는 개역개정판에서 번역한 "선지자"라는 표현 대신에 "예언자"라는 표현을 선호하여 사용하고 있음을 밝힌다. 왜냐하면 "선지자"라는 단어는 앞날을 예측하는 자의 의미로 축소되어 사용될 우려가 있기 때문이다.

현상이다. 이는 성서적 예언자의 기원을 밝혀주는 단서 중 하나다. 사무엘상 10장은 이외에도 예언자들의 기원을 알려주는 몇 가지 현상을 더 설명해 준다. 먼저, 황홀경 예언이다. 본문 10:9-13을 보면 사울이 선지자 무리와 더불어 예언하는 장면이 나온다: "그들이 산에 이를 때에 선지자의 무리가 그를 영접하고 하나님의 영이 사울에게 크게 임하므로 그가 그들 중에서 예언을 하니"(삼상 10:10). 이는 곧 자아의 정체성이 몰수되고 새로운 영의 임재로 순간 무아지경의 예언을 하게 되는 현상이다. 당시에 사울에 대하여 다음과 같은 속담이 전래되기도 했다. "그곳의 어떤 사람은 말하여 이르되 그들의 아버지가 누구냐 한지라 그러므로 속담이 되어 이르되 사울도 선지자들 중에 있느냐 하더라"(10:12). 후일, 사울이 다윗을 죽이려고 쫓을 때 사무엘이 있는 라마 나욧으로 갔다가 다시금 황홀경 예언에 빠진다. 사무엘 앞에서 사울은 벌거벗은 채 예언을 하면서 망신만 당하고 다윗은 다시금 빠져나가게 된다(19:19-24). 둘째, 선지자 집단의 존재이다. 사울이 사무엘에게 기름 부음을 받고 길을 갈 때에 무아지경의 예언을 하는 무리들을 만나서 더불어 예언하게 된다: "네가 그리로 가서 그 성읍으로 들어갈 때에 선지자의 무리가 산당에서부터 비파와 소고와 저와 수금을 앞세우고 예언하며 내려오는 것을 만날 것이요"(10:5). 이와 같은 선지자 집단은 점차로 체계화되며 지도자와 생도들의 관계로 발전하게 됐는데, 열왕기에서 증언되고 있는 엘리야와 엘리사를 둘러싼 선지자들의 활동이 그 예다(왕하 2:1-18). 셋째, 초기 선지자 집단의 주요 기능 중 하나는 전쟁에서 싸움을 선동하는 일이었던 것으로 보인다. 왜냐하면 사울이 선지자 무리를 만난 곳이 높은 산위 블레셋 사람의 영문 곧 수비대가 있는 곳이었기 때문이다(삼상 10:5a, 10). 적군의 요새와 대치되는 곳에 선지자들의 산당이 있다는 것은 크고 작은 전쟁들에 선지자들이 관여하고 있음을 알려준다. 실제로, 엘리야와 엘리사는 "이스라엘의 병거와 마병"이라는 칭호로 불렸으며(왕하 2:12; 13:14), 다윗을 비롯한 이스라엘의 왕들은 전쟁 전에 꼭 선지자들을 통해 하나님께 물음으로써 전쟁의 승패 여부를 신탁을 통해 알고자 했음을 볼 수 있다(삼상 23:2-4; 삼하 5:19; 왕상 22:1-28). 끝으로, 초기 예언 현상 가운데 하나는 그들이 제의적 기능 또한 감당했음을 알 수 있다. "선견자"라 불리는 선지자 사무엘이 사울을 처음 만났을 때 그는 숩 땅에 있는 한 마을 산당에서 제사를 집전하는 일을 했다(삼상 9:12-14). 그렇기 때문에 초기 원시 예언자들은 선견자의 역할, 선지자의 역할, 제사장의 역할 등 종교와 관련된 세밀한 기능들이 분화되지 않은 채 그때그때 필요에 따라 신과 인간을 연결시켜주는 다양한 역할을 수행했음을 알 수 있다.

그러나 왕정 시대가 열린 후 종교 제도가 조직화되면서 예언자들의 역할은 하나님의 말씀을 왕과 지도자들에게 전달하는 기능으로 특정화된다. 물론, 여전히 에스겔과 같은 제사장적 예언자들도 있었지만 기본적으로 예언자는 하나님 뜻의 대언자(spokesperson)로 자리한다. 그 성향에 따라 크게 두 부류의 예언자로 나뉜다. 하나는 왕권을 주로 지지하는 왕궁 예언자들로서 다윗 시대의 나단이나 히스기야 시대의 이사야 등이 있다. 또 다른 하나는 왕들과 대립각을 세우는 저항 예언자들로서 엘리야를 비롯해 아모스나 예레미야를 포함한 대부분의 예언자들이 후자 부류에 속한다. 왕궁 예언자들이 다윗 언약을 강조한다면 저항 예언자들은 모세 계약에 더욱 집중한다. 그러나 기본적으로 모든 예언자들은 두 계약 사상 모두에 근거한다. 이스라엘의 성패 여부는 하나님의 계약 백성으로서 하나님과 신실한 관계를 유지하느냐 그렇지 않느냐에 있음을 항상 역설했다.

2) 대예언서의 구조와 내용

앞서 살펴본 이스라엘의 예언 현상은 아직 본격적인 의미에서의 역사적 예언자들이 등장하기 이전 형태다. 구약성경에서 그들의 이름으로 예언서가 기록된 예언자들이 "문서 예언자"로 일컬어진다. 그들은 사실상 이스라엘 역사 속에서 구체적인 인애와 정의의 말씀으로 하나님의 뜻을 대변한 성서적 예언자들이다. 본래 문서 예언자의 시조는 주전 8세기의 아모스이지만 본 장에서는 편의상 세 개의 대예언서인 이사야와 예레미야, 에스겔을 먼저 다루고 다음 장에서 열두 개의 소예언서를 다루기로 한다.[4]

---

4. 세 개의 대예언서와 열두 개의 소예언서의 구분은 단순히 기록된 분량의 많

(1) 이사야

이사야는 주전 740년에서 700년경에 예루살렘에서 활동한 예언자다. 현재 우리에게 주어진 이사야서는 1장에서 66장에 달하는 막대한 분량의 전승을 포괄하고 있다. 단지 책 두께뿐만 아니라 예언서 내용이 다루고 있는 기간 역시 포로기 이전인 주전 8세기에서 포로기를 거쳐 포로 후기인 주전 5세기에 이르는 300년이 넘는 역사에 걸쳐 있다. 이미 19세기 말 베른하르트 둠(Bernhard Duhm)은 이사야서가 총 3권의 책으로 나뉜다고 주장했다.[5]

1-39장	제1이사야 또는 예루살렘 이사야(주전 8세기)
40-55장	제2이사야 또는 포로기 이사야(주전 6세기)
56-66장	제3이사야 또는 포로 후기 이사야(주전 6~5세기)

40장부터는 예루살렘 멸망 이후 위로를 선포하는 바빌론 포로기의 배경이 드러나 있으며, 특별히 44-45장의 고레스에 대한 언급 자체는 주전 538년 이후의 역사를 전제하고 있다. 또한 64장은 황폐한 예루살렘 성읍을 66장은 다시금 예루살렘 성전을 건축하려는 시도들을 기록하고 있기에 해당 장들의 맥락은 포로 후기의 상황을 보여주고 있다. 그러나 교회 전통에서는 학자들의 3대 구분

고 적음에 근거한다. 그러나 많은 글들이 남겨졌다는 것은 그만큼 야웨 신앙 형성에 끼친 역사적 의미와 신학적 의의가 크다는 것을 뜻한다.

5. Bernhard Duhm, *Das Buch Jesaja* (Göttingen: Vandenhoeck & Ruprecht, 1892).

보다는 주전 8세기 예루살렘 이사야가 하나님의 계시를 통해 전체의 예언서를 기록한 것으로 받아들여 왔다. 하지만 성서의 전승 과정을 이해한 독자라면 현재의 이사야서가 여러 시대를 거쳐 이사야의 신앙을 따르는 제자 집단 또는 익명의 저자들에 의해 정리된 결과물임을 받아들이는 데 어려움이 없을 것이다.

이사야서의 구조는 각 책별로 다음과 같다.

제1이사야(1-39장)[6]

1-12장	유다와 예루살렘에 대한 심판과 구원 선포
13-23장	이방 나라에 대한 경고와 심판 선포[7]
24-27장	이사야 소묵시록[8]
28-33장	앗시리아의 위협 가운데 놓여진 예루살렘
34-35장	에돔에 대한 심판과 포로민들의 귀환
36-39장	이사야와 히스기야 그리고 예루살렘의 운명

---

6. Gene M Tucker, *The Book of Isaiah 1-39* (NIB Vol. VI; Abingdon: Nashville, 2015), 43-44.
7. 바빌론과 그 왕(13:1-14:27); 블레셋(14:28-32); 모압(15:1-16:14); 다메섹(17:1-18:7); 이집트(19:1-20:6); 해변 광야/바빌론에 관한 경고(21:1-10); 두마(21:11-12); 사막 지대(21:13-17); 환상의 골짜기(22:1-25); 두로에 관한 경고(23:1-18)
8. 이 부분은 원시묵시 사상이 반영된 것으로 보아 포로 후기에 작성된 것으로 판단된다. 그러나 예루살렘의 궁극적인 회복의 강조를 위해 이방 나라에 대한 심판 선포(13-23장)의 맥락으로 재배치됐다.

제2이사야(40-55장)[9]

40-48장 전체 이스라엘의 회복

49-55장 예루살렘과 시온의 회복

제3이사야(56-66장)

56:1-8 소외된 자들을 성산에 모으심

56:9-57:21 예루살렘의 부정과 하나님의 치유 약속

58-59장 여호와의 의로운 파수꾼의 선포

60-62장 시온의 영광

63-64장 하나님의 보응과 기도문

65-66장 최후의 심판과 비전

예루살렘에서 활동했던 주전 8세기 예언자 이사야는 다가올 하나님의 심판을 선포하면서도 예루살렘 중심의 시온 신앙에 기초를 두었다. 반면에 포로기의 제2이사야는 이스라엘 회복의 비전을 외치면서 고난받는 종의 모습을 통해 구원의 의미를 새롭게 하려 했다. 포로기 이후 제3이사야는 심판과 회복의 메시지를 교차하며 궁극적인 하나님의 통치를 전파하고자 했다.

예루살렘 이사야의 메시지를 이해하는 데에는 두 가지 역사적 사건이 중요하다. 하나는 주전 735년에 일어난 시리아-에브라임

9. 버나드 W. 앤더슨, 『구약성서 이해』, 강성열, 노항규 옮김 (서울: 크리스천다이제스트, 1996), 460-466.

전쟁(Syro-Ephraimite War)이다. 또 하나는 주전 714년 또는 701년경 신앗시리아 제국의 산헤립 침공으로부터 예루살렘이 기적적으로 구원받은 사건이다. 시리아-에브라임 전쟁은 시리아(아람 제국) 왕 르신과 북이스라엘의 왕 베가가 남유다를 공격해 온 전쟁이다. 당시 팔레스타인 지역까지 지배권을 확장했던 신앗시리아 제국에 대항하여 시리아를 중심으로 동맹을 결성하려 할 때 남왕국의 아하스 왕은 이러한 움직임에 동참하지 않았기 때문이다. 문제는 시리아와 북이스라엘의 침공 위협 아래 아하스 왕이 신앗시리아 제국에 군사 원조를 요청했다는 데 있다(왕하 16:7). 이사야 예언자는 이에 대하여 강력하게 반대했다. "그(아하스)에게 이르기를 너는 삼가며 조용하라 르신과 아람과 르말리야의 아들(베가)이 심히 노할지라도 이들은 연기 나는 두 부지깽이 그루터기에 불과하니 두려워하지 말며 낙심하지 말라"(사 7:4). 어떠한 군사적 위협 앞에서도 두려워하지 말고 오직 야웨 하나님만을 의지하라고 선포했다. "만일 너희가 굳게 믿지 아니하면 너희는 굳게 서지 못하리라 하시니라"(7:9b). 그러나 아하스 왕은 예언자의 말을 따르지 않고 보이는 군사력을 의지했다. 그 결과는 참담했다. 신앗시리아 제국의 황제 티글랏-필레셀 3세(Tiglath-Pileser III, 주전 744-727년)가 출정하여 주전 732년 시리아를 멸망시켰고 북이스라엘과 남유다는 복속 식민지 신세로 전락했다. 급기야 10년 후 북이스라엘은 결국 제국에 의해 멸망당하고 만다.

두 번째 사건은 아하스 왕의 아들 히스기야 왕 때 일어났다. 사건의 추이는 정반대의 상황으로 전개됐다. 히스기야는 선왕의 친앗시리아 정책을 버리고 반앗시리아 정책을 편다. 제국에 대항하여 이번에는 남유다를 중심으로 반앗시리아 동맹을 결성하고 군사력을 증강하며 히스기야 터널을 파는 등 전쟁에 대비한다. 이에 산헤립(Sennacherib, 주전 704-681년)은 팔레스타인 지역에 대한 대대적인 정벌 전쟁을 벌이면서 남유다까지 공격해 들어왔다(왕하 18:13; 사 36:1-2). 워낙 강력한 제국의 군대 앞에 처음에는 유화 정책을 시도했다(왕하 18:14-16). 그러나 다르단과 랍사게가 이끄는 대군이 예루살렘까지 밀려들어 왔을 때 히스기야는 예언자 이사야의 말을 경청하며 성전에서 기도하기를 힘쓴다(19:1-7, 14-34). 그 결과는 놀라웠다. 하루아침에 신앗시리아 제국의 군사들이 예루살렘 주변의 포위를 풀고 물러났으며 산헤립은 니느웨에서 신하들에 의해 죽임을 당하게 된다(19:35-37). 하나님을 의지하는 다윗 왕조의 왕에 의해 예루살렘이 구원받는 기적을 이스라엘이 목도한 역사적인 사건이다.

위의 두 가지 사건을 계기로 이사야 예언자에게 강조되는 두 가지 메시지를 확인할 수 있다. 하나는 철저한 하나님 신뢰요 다른 하나는 메시아 사상이다. 시온에 임하시는 거룩하신 하나님(사 5:16; 8:13; 12:6; 29:23; 31:1; 37:23; 참조, 시 2:6)에 대한 견고한 믿음과 의뢰가 이스라엘의 구원임을 역사적 사건들을 통해 끊임없이 설파했다(사 7:9; 12:2; 26:3-4; 30:15; 참조, 36:15). 그러나 그들의 불신앙과 우상 숭배 그리고 사회에 만연한 부정의는 하나님의 심판을 불러올 수밖에 없다고 경고했다. 역설적이게도 메시아 사상은 하나님에 대한 신뢰의 선포를 따르지 않는 결과로 등장했다. 아하스 왕을 비롯한 다윗 왕조의 왕들이 예언자를 통한 하나님의 말씀을 순종하지 못했다. 심지어 히스기야 왕조차도 때로는 여호와에 대한 신뢰의 믿음을 보이기도 했으나 궁극적으로 자신의 왕권과 평판을 자랑함으로써 구원의 순간 올무에 걸리고 말았다(39:1-8). 이사야는 아하스 왕 앞에서 임마누엘의 징조를 계시했으며(7:14-15), 멸시받던 스불론 땅과 납달리 땅이[10] 영화롭게 될 것을 선포했고(9:1-7), 실패한 다윗 왕조에게 장차 공의로 다스릴 "한 싹"에 의해 성취될 하나님의 나라를 선포했다(11:1-9, 32:1-8). 실패한 다윗 왕조의 왕들이 아닌 새로운 다윗 왕조의 메시아를 기대했다.

제2이사야는 포로기에 활동했던 예루살렘 이사야의 제자 집단 또는 익명의 예언자를 가리킨다. 활동한 시기는 바빌론의 세력이 기울고 페르시아의 키루스 황제(Cyrus the Great, 주전 559-530년), 곧 고레스 대왕이 세계를 재패하던 무렵인 주전 550년에서 540년 어간이다. 또 다른 포로기 예언자였던 에스겔의 시기가 한 세대 전, 포로기 초기라면 제2이사야는 포로기 후기라 할 수 있다. 예루살렘 이사야가 하나님의 심판과 이스라엘의 죽음을 강조했다면 포로기 이사야는 하나님의 위로와 다가오는 이스라엘의 구원을 역설했다. 왜냐하면 "그 노역의 때가 끝났고 그 죄악이 사함을 받

10. 후에 예수 그리스도의 고향인 나사렛과 활동 근거지인 가버나움 등의 도시들이 이 지역에 해당된다.

았으며 그의 모든 죄로 말미암아 여호와의 손에서 벌을 배나 받았기"(40:2) 때문이다.

포로기 이사야의 구원 선포는 이전 예언자들과는 다른 방식으로 전개됐다. 첫째, 출애굽과 비교하여 바빌론 포로민들이 해방되는 사건을 제2의 출애굽으로 묘사했다(43:16-21; 48:20-21; 51:10-11). 일렁거리는 홍해 한가운데 길이 났듯이 광활한 사막 한가운데 길이 날 것이다(40:3). 노예들의 해방을 방해하던 이집트의 군사들과 병거가 수장됐듯이 포로민들의 회복의 장애물인 골짜기와 산과 언덕들이 평탄하게 될 것이다(40:4). 제2이사야가 야웨 신앙의 전통적 고백인 출애굽 구원을 포로기 상황에 새롭게 적용하고 있음을 볼 수 있다(40:11, 27-31). 둘째, 이전의 다윗 왕조에 한정했던 영원한 계약의 약속을 이스라엘 백성 전체의 차원으로 확대하여 그 구원의 의미를 확장시키고 있다. "너희는 귀를 기울이고 내게로 나아와 들으라 그리하면 너희의 영혼이 살리라 내가 너희를 위하여 영원한 언약을 맺으리니 곧 다윗에게 허락한 확실한 은혜이니라"(55:3). 이어 여기에 담긴 하나님의 섭리를 알려준다. 그것은 바로 이스라엘은 이제 구원의 대상이 아니라 도리어 만민의 구원이라는 하나님의 섭리를 위한 도구로서 거듭나야 한다는 사명의 발견이다(55:4-5). 셋째, 가장 획기적인 구원 선포는 바로 "고통 받는 주의 종"(41:8-9; 42:19; 44:1-2; 45:4; 48:20 등)의 노래이다. 기독교회 전통은 '고통 받는 주의 종'을 메시아로 오신 예수 그리스도와 동일시한다. 이스라엘 역사 당대에는 해당 인물을 모세나 예레미야 또는 다윗 왕이나 첫 번째 총독이었던 스룹바벨을 지칭하는 것으로도 여겼다. 그러나 가장 성서학적인 해석은 바로 포로로 끌려온 이스라엘 공동체 자신들로 보는 입장이다. 포로기 이사야에게 고통의 의미는 단지 이스라엘의 죄악에 대한 심판의 의미로 끝나지 않는다. 한 발 더 나아가 다른 이방의 민족들이 받아야 할 죄의 고통까지 대신 받은 것으로 해석한다(49:6; 53:10-12). 포로기의 이스라엘 백성들에게 그들이 받은 고통이 사실은 하나님의 섭리를 성취하기 위한 구원의 과정이었음을 재해석하도록 도와주고 있는 것이다.[11] 고난받는 야웨의 종은 대리적 고통자로서 미래의 예언자로 새롭게 설 것이라는 확신을 심어 주었다.[12] 이런 의미에서 포로민 이스라엘에게 주어진 위로는 단순한 회복의 선포에 그치지 않았다. 자신들을 향한 하나님의 부르심이라는 새로운 사명의 발견으로 인해서 그들은 어떤 고통도 관통하는 험난한 역사 여정을 감당할 수 있었던 것이다.

제3이사야에게는 포로 생활로부터 돌아온 자들에 의해 제2성전이 이미 재건되어 있는 상황이 전제되어 있다. 그의 활동 연대는 포로기 이후 학개와 스가랴의 연대(주전 520년경)와 에스라와 느헤미야의 시기(주전 450년경) 사이인 주전 500-480년으로 추정된다. 성전과 제의는 이미 회복되어 있으나 지도층의 부패와 제의의

---

11. "야웨의 종"의 노래는 다음의 네 본문에서 발견된다: 42:1-4; 49:1-6; 50:4-9; 52:13-53:12.
12. 도널드 E. 고웬, 『구약 예언서 신학』, 차준희 옮김 (서울: 대한기독교서회, 2004), 376.

부정이 두드러지게 고발되고 있다. 내용상 특징 중 하나는 희망과 절망이 교차되어 나타난다는 사실이다. 앞선 제2이사야나 또는 에스겔 예언자 들의 회복의 비전을 품고 예루살렘으로 돌아온 이스라엘의 남은 자들은 페르시아의 식민지라는 냉혹한 현실 앞에서 정치적·경제적 어려움을 당하고 있었기 때문이다. 하나님 말씀의 이상과 인간적 현실의 간극으로 인한 불평은 약간 더 늦은 시기의 저작인 말라기서에 의해 더욱 부각된다(말 3:14-15). 또 다른 특징은 포로기 이사야에서 발견되지 않는 죄악의 고발이 포로 후기 이사야에게서는 다시 등장하고 있다는 것이다(사 58:1-9; 59:9-15; 65:1-7). 그들의 죄악은 겉으로는 경건의 행위가 있어 보이나 실제로는 정의와 공의를 따르지 않고 마음으로 하나님을 배신하고 다른 신을 좇는 근본적인 불신앙의 문제다. 포로기 이전과 포로기 이후의 이스라엘의 모습이 달라진 게 없기 때문이다(65:7a). 무엇보다도 제3이사야의 가장 큰 특징은 다윗 왕조의 회복에 대하여 어떠한 관심도 나타나지 않는다는 점이다.[13] 본래 이사야 예언서 전승이 다윗 언약과 시온 신앙에 입각한 것이라는 사실을 염두에 두면 이러한 특징은 의외이다. 그러나 이미 제2이사야에 의해 다윗 왕조에 대한 기대가 전체 이스라엘로 확장됐다는 것과 포로 후기 이스라엘의 상황이 페르시아의 정치적 지배를 자연스레 받아들이고 있었다는 것을 감안한다면 어느 정도 의문은 해소된다. 더군다나 폴

13. 도널드 E. 고웬, 『구약 예언서 신학』, 405.

핸슨(Paul Hanson)을 비롯한 학자들에 의해서 주장되는 바,[14] 묵시문학의 기원이 되는 환상가 집단이 제3이사야 기록의 주축을 이루었다면 보이는 세상 왕조에 대한 무관심은 오히려 당연한 것으로 이해된다. 그러나 본서의 뒷부분, "이사야의 임마누엘의 신학"에서 언급하겠으나 포로 후기 이사야는 종말론적 입장이었기보다는 하나님 은혜의 보편주의를 꿈꾸었다는 사실에서 다윗 왕조 모티프 부재(不在)에 대한 더욱 타당한 근거를 찾을 수 있다.

(2) 예레미야

예레미야는 주전 627년에서[15] 587년까지 기울어가는 남유다의 비운을 목격하며 다가오는 하나님의 심판 앞에서 회개를 통한 구원의 길을 목 놓아 외친 눈물의 예언자다. 그는 예루살렘으로부터 북동쪽으로 5km 떨어진 곳에 위치한 아나돗 출신이다. 다윗 시절 폐위된 제사장 아비아달이 거기로 유배됐었는데(왕상 2:26-27), 그는 엘리 제사장 가문 출신이었다(삼상 14:3; 22:20). 그렇다면 예레미야는 그의 배경을 통해서 보건대 예루살렘의 사독 계열 제사장과는 반대급부의 사람이었음을 미루어 알 수 있다. 예레미야 1:1에서 그는 "아나돗의 제사장들 중 힐기야의 아들"로 소개되는데 이 힐기

---

14. 폴 핸슨, 『묵시문학의 기원』, 이무용 외 옮김 (서울: 크리스천다이제스트, 1999).

15. 역사적으로 예레미야는 요시야 왕이 므깃도에서 전사한(주전 621년) 후 본격적으로 활동을 시작한 것으로 보인다. 남유다 사회의 종교 개혁에 대한 언급이 전혀 발견되지 않는 이유가 여기에 있다.

야를 요시야 왕 시절 대제사장 힐기야와 혼동해서는 안 된다(왕하 22:4 이하). 예레미야는 몰락한 제사장 가문 출신으로서 실로 성소의 엘리 제사장과 연결되어 있다. 그래서 예레미야서는 "실로" 성소 언급의 전통적인 배경이 된다(렘 7:14; 26:6).[16] 총 40년에 가까운 그의 활동 시기는 크게 세 시대로 나눌 수 있다: (1) 요시야 시대(주전 627-609년), (2) 여호야김 시대(주전 609-598년), (3) 시드기야 시대(주전 598-587년).

예레미야서의 전체적인 구조는 다음과 같다.

1-25장	세 왕대에 걸친 남유다 왕국의 죄악상: 요시야(1-6장), 여호야김(7-20장), 시드기야(21-24장)
26-36장	여호야김과 시드기야 시대의 예레미야의 삶과 예언들
37-45장	예레미야 후기 시절의 이야기들(바룩에 의해 기록)
46-51장	열방에 대한 심판 선포
52장	주전 587년에 일어난 예루살렘 멸망에 대한 기록 (왕하 25장)

위의 본문 구조가 보여주듯이 예레미야서는 죄악상 고발의 심판 예언과 더불어 예레미야 개인의 삶에 대한 이야기들로 구성되어 있다. 먼저 그의 심판 예언의 내용들을 살펴보자면 세 가지로 요약할 수 있다. 첫째, '북으로부터의 재앙'이다. 남유다 왕국은 생수

16. John Bright, *Jeremiah* (Garden City: Doubleday, 1965), LXXXVII.

의 근원인 여호와를 버리고 다른 신들을 의지했다(렘 2:13, 20-25). 예루살렘에 만연한 죄악은 너무 커서 정의를 행하고 진리를 찾는 자를 한 명도 찾을 수 없는 지경이 됐다(5:1): "이는 그들이 가장 작은 자로부터 큰 자까지 다 탐욕을 부리며 선지자로부터 제사장까지 다 거짓을 행함이라"(6:13). 그 결과 이스라엘은 북으로부터의 재앙을 통해 심판을 받게 될 것이다(1:13-15; 4:5-8; 5:15; 6:22; 10:22). 이는 신바빌로니아 제국의 침략을 의미하고 있다. 둘째, 예레미야는 이제라도 당장 닥칠 민족의 위기 앞에 하나님께 돌아올 것을 절절히 외친다. 특히 예레미야 3:6-15에 보면 "돌아오다/가다"의 어근인 '슈브'(שוב)가 긍정적인 의미로 5번,[17] 반역의 의미로 5번[18] 나온다. 예레미야는 호세아와 같이 하나님과의 신실한 언약 관계를 강조하기 때문이다: "여호와의 말씀이니라 배역한 자식들아 돌아오라 나는 너희 남편임이라"(3:14a). 이스라엘이 듣고 회개하여 악한 길에서 돌아오면 하나님 또한 그들에게 내릴 재앙을 돌이키실 것이다(18:11; 26:3, 13). 그러나 이스라엘은 돌아오지 않았다. 이를 신랄하게 비판한 것이 성전 설교다. 예레미야는 7장과 26장에서 행위의 교정 없이 드리는 예배의 허실을 꼬집는다. 본래 성전 설교의 목적은 타성화된 이스라엘의 형식적 예배의 문제점을 고발하는 데 있었다. 또한 이것은 이전 히스기야 시대 때 산헤립 군사의 포위로부터 예루살렘이 기적적으로 구원받은 사건 이후 생긴 시온 불

---

17. 렘 3:7(2회), 10, 12, 14

18. 렘 3:6, 8, 11, 12('메슈바'), 14('쇼봐브')

가침에 대한 맹목적 믿음을 공격한다: "너희는 이것이 여호와의 성전이라, 여호와의 성전이라, 여호와의 성전이라 하는 거짓말을 믿지 말라"(7:4). 그러나 습관화된 신앙이 굳어짐으로 이스라엘은 더 이상 듣지도 않고 그들의 악한 행위로부터 돌이키려 하지도 않게 됐다(7:13). 도리어 성전 뜰에 들어와 "우리가 구원을 얻었나이다"(7:10)라고 하며 가증하게 굴며 순종치 않고 율법을 준행하지도 않았다(26:4-5). 이제 예루살렘은 옛적 실로가 당한 똑같은 심판 아래 놓일 수밖에 없게 됐다(7:14; 26:6).

이스라엘의 죄악에 대한 신랄한 비판이 예레미야 개인에게는 혹독한 박해로 돌아왔다. 그가 "눈물의 예언자"가 된 이유는 기울어 가는 민족의 운명과 회개 없는 이스라엘의 무감각으로 인한 것도 있었으나(4:19-22) 더 큰 이유는 심판과 저주의 예언 사명을 수행하는 데 따르는 어려움에 있었다. 다섯 번에 걸쳐서 나오는 소위 예레미야의 고백록은 이러한 예언자의 고통스러운 삶의 탄식을 담고 있다(11:18-12:6; 15:10-21; 17:14-18; 18:18-23; 20:7-18). 첫 번째 예레미야 고백록은 아나돗의 고향 사람들과 형제들이 그를 해치려는 상황과 이에 대한 하나님의 답변을 담고 있다. 두 번째 고백록은 예레미야의 상반된 정체성인 "온 세계의 다툼과 싸움을 다루는 자"(15:10)와 "주의 이름으로 일컬음을 받는 자"(15:16) 사이에서의 인간적 갈등과 신적 응답이 담겨 있다. 세 번째 노래는 간결한 시편의 탄식시와 같은 형식으로서 사명의 어려움을 토로하며 자신의 구원과 원수의 멸망을 간구하고 있다. 네 번째 탄식은 전형적인 원수 보복시다. 예레미야를 죽이려고 계획하는 자들(18:18)에 대한 하나님의 보응을 간구하고 있다. 예레미야의 고백록 가운데 가장 유명한 구절들은 다섯 번째 노래에 담겨있다. 그중 벗어나고 싶어도 벗어날 수 없는 사명자의 삶에 대한 표현은 예언자들의 사명을 드러내는 장면들 중 백미(白眉)이다.

> 내가 다시는 여호와를 선포하지 아니하며 그의 이름으로 말하지 아니하리라 하면 나의 마음이 불붙는 것 같아서 골수에 사무치니 답답하여 견딜 수 없나이다. (20:9)

이 구절은 어느 누구도 강력한 하나님의 말씀의 임재(렘 1:9; 15:16; 겔 3:1-3) 없이 스스로 예언자가 될 수 없고 철저하게 말씀의 삶을 감당해야 함을 알려준다. 또한 사람의 폐부와 심장을 꿰뚫어 보시는 하나님 앞에 선 인간 존재의 발견 또한 12절에 잘 표현되어 있다(비교, 히 4:12). 무엇보다도 가장 유명한 구절은 20:14-18에 나오는 생일 저주문이다. 욥기 3장의 생일 저주와 비견되는 본문은 얼마나 예언자가 고통스러운 삶을 살아야 했는가를 여실히 드러낸다. 오죽하면 감히 하나님 앞에 사명은 고사하고 자신의 생명조차 부정하려 하는가? 어떻게 보면 예레미야는 자신의 비극적 삶을 통하여 이스라엘 전체의 비극적 결론을 예견하고 있었던 것 같다.

그러나 예레미야의 메시지는 심판과 멸망으로만 끝나지 않는다. 희망과 생명의 말씀이 어둠 가운데 빛을 비추고 있다. 일단 29

장의 주전 597년에 1차로 바빌론에 끌려간 포로민들에게 쓴 편지에서는 그들이 70년 후 돌아오게 될 것을 예언한다(렘 29:10, 14). 끌려간 곳에서 집을 짓고 결혼하며 소망 가운데 일상의 삶을 영위하도록 권면한다(29:5-7). 결국에 이스라엘에게 허락하시는 하나님의 뜻은 재앙이 아니라 평안이요 멸망이 아니라 미래와 희망이라는 사실을 분명히 한다(29:11). 30장과 31장은 "위로의 책"으로 알려져 있다(30:2). "이스라엘과 유다에 대하여"(30:4) 회복의 말씀을 선포한다. 하나님이 그들과 함께하여 구원하고 모든 이방세력을 멸망시키며 모든 포로들을 돌아오게 하실 것이다(30:10-11). 폐허가 된 성읍은 재건될 것이고 번성하여 즐거운 소리가 날 것이며 통치자가 나와 다스릴 것이고 다시금 이스라엘은 하나님의 백성이 되며 여호와는 이스라엘의 하나님이 될 것이다(30:18-22, 31:1-4). 멸망한 이스라엘 자손들을 향한 라헬의 애곡이 그치며 위로받고 새롭게 창조되는 역사를 보게 될 것이다(31:15-22). 마침내 하나님이 이스라엘 집과 유다 집에 새 언약을 맺으실 것이다(31:31). 더 이상 강제로 지켜야 할 돌판에 새긴 옛 언약이 아니라 마음 판에 새긴 새 언약이다(31:32-34a). 새 언약의 요점은 한 가지이다. 하나님의 용서와 신실한 사랑('헤세드')을 알게 하기 위함이다. 실패한 옛 언약으로는 이스라엘의 구원이 불가능했다. 기대했던 인간의 책임성은 그 바닥을 드러냈다. 이제는 무한한 하나님의 은혜와 책임만이 구원의 길이다. 노아의 홍수 이후 무지개 언약으로 새로운 역사가 창조됐듯이 바빌론 포로기 이후 새 언약으로 또 다른 사랑의 역사가 시작된 것이다. 예레미야의 뽑고 파괴하고 넘어뜨리는 심판의 선포가 엄중했듯이 다시금 세우고 심는 희망의 선포 역시 더욱 강력히 빛을 발하고 있는 것이다(1:10; 31:28, 40).

(3) 에스겔

에스겔은 대표적인 포로기 예언자다. 그는 제1차 포로기인 주전 597년 여호야긴 왕과 함께 바빌론으로 끌려왔다. 1:2을 보면 에스겔은 "여호야긴 왕이 사로잡힌 지 오 년 그 달 초닷새"에 하나님의 말씀을 받고 예언 활동을 시작한다. 따라서 에스겔의 예언자로서 활동 연대는 주전 593년에서 573년으로 추정할 수 있다. 그의 예언 이외의 생애에 대한 정보는 빈약하다. 그러나 에스겔 예언의 독특성은 여느 예언자들과는 다른 배경을 암시해 준다. 아모스나 호세아의 예언이 짧고 직접적이었던 반면 에스겔의 예언은 드라마틱하고 회화적이다. 듣고 말하는 기존의 예언적 기능 위에 보고 행동으로 보여주는 제사장적 기능이 첨가되어 있다. 이를 통해 판단하건대 그가 예루살렘에서는 궁정 제사장의 기능을 수행했던 것으로 보인다. 누구보다도 다윗 언약 전승에 충실한 예언자였음(겔 34:23-24)을 기억한다면 이와 같은 가정은 타당성을 얻는다.

에스겔서의 구조를 간략히 요약하면 아래와 같다.

1-3장 소명장

4-24장 심판 선포

25-32장 이방 족속에 대한 예언

33-39장 회복 선포

40-48장 새 예루살렘의 비전

에스겔은 파수꾼으로서의 예언자의 사명을 전형적으로 드러낸다: "인자야 내가 너를 이스라엘 족속의 파수꾼으로 세웠으니 너는 내 입의 말을 듣고 나를 대신하여 그들을 깨우치라"(겔 3:17; 비교, 33:7)[19] 에스겔은 전체적인 메시지 구성에 있어서 이전 예언자들과 유사하다. 첫째, 에스겔은 "야웨의 심판의 날"을 선포한다(겔 7장). 심판의 이유는 남유다 예루살렘의 우상 숭배가 북이스라엘 사마리아보다도 심각하고 심지어는 소돔보다도 더하기 때문이었다(겔 16, 23장). 무엇보다도 유다 지도자들의 우상 숭배의 참상들과 부패상이 속속들이 고발된다(겔 8, 13, 14장). 둘째, 바빌로니아를 하나님의 도구로 보는 것은 예레미야와 같은 맥락이다. 예레미야가 '북으로부터의 재앙'에서 바빌로니아의 침략을 통한 하나님의 심판을 예언했듯이 에스겔은 "바벨론(바빌로니아) 왕의 칼"을 비유로 들어 이스라엘이 맞을 비운을 예언한다(겔 21:18-23). 셋째, 소위 '열방에 대한 심판 선포'는 주전 8세기 예언자 아모스 이래 모든 예언자들에

19. 에스겔은 파수꾼으로, 예레미야는 파수하는 나무로(렘 1:11-12), 하박국은 높은 망루에 올라(합 2:1) 하나님의 말씀을 기다린다. 결국, 예언자의 사명은 하나님의 말씀을 듣고 그것을 전하는 일이다. 남들이 듣지 못하는 하나님의 뜻과 말씀을 분별할 줄 아는 지혜와 영성을 소유한 자들이다. 그것을 가능케 하는 것이 하나님과의 친밀한 교제다. 참조, 시 25:14.

게 동일하게 등장한다. 에스겔 또한 25-32장에 걸쳐서 암몬, 모압, 세일, 에돔, 블레셋, 두로, 시돈, 이집트의 순서로 심판을 선포한다. 넷째, 회복에 대한 말씀이 이윽고 이어진다. 여호와께서 이스라엘을 위해 친히 목자가 되어 양 떼를 구원하실 것이다(겔 34:7-31). 이스라엘을 부정함으로부터 정결하게 씻기고(겔 36:16-25) 새 영을 부어주어 다시금 이스라엘은 하나님의 백성이 될 것이다(겔 36:26-28). 특히, "새 영"과 "새 마음"(겔 36:26)은 예레미야의 "새 언약"(렘 31:31)의 말씀과 더불어 포로기 이스라엘에게 가장 강력한 회복의 메시지로 작용했을 것으로 짐작된다. 율법 준수에 실패한 이스라엘에게 이처럼 강력한 위로와 소망의 메시지는 없었을 것이기 때문이다. 끝으로, 회복의 말씀의 절정으로 새 예루살렘성의 비전이 선포되고 있다. 더 이상 타락하여 멸망할 성 예루살렘이 아니라 회복된 영광의 성읍으로서 새 예루살렘의 설계도가 예언자에게 주어진다(겔 40:4). 부정하게 되어 성전을 떠날 수밖에 없었던(겔 10:18-19) 하나님의 영광의 임재가 새 예루살렘 성전의 동쪽 문으로 다시 들어간다(겔 43:4-5). 그리고 성소에서 발원한 능력의 생명의 물이 큰 강물이 되어 만물을 치유하고 새롭게 창조하는 비전을 본다(겔 47:1-12). 멸망한 이스라엘이 아닌 새로운 이스라엘 열두 지파의 기업의 경계들이 새롭게 지정되고(겔 48:1-29), 마침내 예루살렘 성읍은 여호와께서 그곳에 머무시는('야웨 삼마') 거룩한 도성이 된다(겔 48:35).

내용상 이전 예언서들과 유사하게 전개되는 에스겔의 예언은 그 형식에 있어서는 상당히 다른 특징을 보인다. 첫째, 앞에서 지적했듯이 예언을 전달할 때 듣는 것을 전하는 녹음(audible) 기능보다는 보는 것을 구현하는 영상(visible) 기능이 부각된다. 즉, 예언을 말하기보다는 보여준다. 예를 들어, 5장에서 자신의 수염을 셋으로 나누고 하나는 불에, 하나는 칼에, 하나는 바람에 날리며 장차 일어날 재앙을 알린다. 24장에서는 죽은 아내에 대한 묵언의 애도를 통해 에스겔 자신이 멸망에 처하는 이스라엘의 표징이 되기도 한다. 반면에, 37장은 마른 뼈 골짜기에서 뼈들이 살아나는 비전을 세세하게 묘사함으로써 이스라엘의 회복과 포로 귀환을 선포한다. 둘째, 비유를 들어 형상화시키는 능력이 뛰어나다. 예를 들면, 17장의 심판을 드러내는 두 독수리에 대한 비유와 31장의 백향목 이야기는 눈앞에 장면이 펼쳐지는 듯한 강한 이미지 효과를 준다. 또한 29장과 32장의 이집트를 리워야단으로, 26장과 27장의 두로를 침몰하는 큰 배로 묘사하는 장면은 여느 문학 작품의 표현 기술을 능가한다. 셋째, 때로는 기존 속담을 상당히 재해석한다. "너희가 이스라엘 땅에 관한 속담에 이르기를 아버지가 신 포도를 먹었으므로 그의 아들의 이가 시다고 함은 어찌 됨이냐"(겔 18:2). 여기에서는 아버지의 죄로 인하여 아들까지 처벌받는 이스라엘의 전통적 연대 책임 관념이 드러난다. 그러나 에스겔은 죄에 대한 개인적 책임성을 강조한다.

범죄하는 그 영혼은 죽을지라 아들은 아버지의 죄악을 담당하지

> 아니할 것이요 아버지는 아들의 죄악을 담당하지 아니하리니 의인의 공의도 자기에게로 돌아가고 악인의 악도 자기에게로 돌아가리라. (겔 18:20)

예레미야 역시 같은 말씀을 선포한 바 있다. "신 포도를 먹는 자마다 그의 이가 신 것같이 누구나 자기의 죄악으로 말미암아 죽으리라"(렘 31:30). 그러나 다음 장에서는 여전히 죄에 대한 연대 책임성을 말함으로써 아직 예레미야는 기존의 전통적 관념을 완전히 탈피하지 못하고 있음을 드러낸다(렘 32:18). 이와 달리 에스겔은 18장 전체를 할애하면서 자세한 해설을 통해 죄에 관한 새로운 해석을 분명하게 전달하고 있다. 마찬가지로 12:21 이하에서도 "날이 더디고 모든 묵시가 사라지리라"라는 속담을 재해석하여 임박한 심판을 선언하고 있다. 넷째, 신학적 이미지에 대한 비틀기(twist)가 독특하다. 특히, "광야" 이미지는 호세아(호 11장)나 예레미야(렘 2장)에게는 하나님과의 친밀한 관계가 형성된 곳으로서 심지어 "하나님과의 신혼 생활"(honeymoon period)로 묘사될 정도다.[20] 그러나 에스겔은 광야의 이미지를 이스라엘의 부정과 불순종의 기간으로 전복시킨다. 이스라엘은 광야 기간 내내 하나님 앞에 불성실했다. 다윗 전승에 충실했던 제사장계 예언자로서 에스겔은 성전이 없었던 광야 생활을 용납할 수 없었을 것이다. 끝으로, 예상할 수 있듯이 에스겔서만큼 제사장 용어가 많이 등장하는 예언서는 없을

20. Lawrence Boadt, *Reading the Old Testament, An Introduction*, 394.

것이다. 1장에서 여호와의 보좌에 대한 묘사로부터 시작해서 18장의 종교적 예전에 대한 위반들을 조목조목 제시하는 것은 마치 레위기 17-26장의 성결 법전을 보는 듯하다.[21] 40-48장에서 그려주는 새 예루살렘에 대한 설계도는 예전 중심의 제사장이 아니라면 전달할 수 없는 전문적 용어들로 가득 차 있다.

※ 참고 자료: 에스겔의 묵시 사상[22]

묵시적 종말론의 현관 안에 한 발 들여놓고 있는 또 다른 성서적 예언서는 에스겔이다. 바빌론에서의 포로살이로부터 에스겔은 이스라엘의 회복된 미래에 대한 영광스러운 비전을 보았다.[23] 자연 자체가 이스라엘의 돌아오는 자들을 위해 변혁된다.[24] 특히, 에스겔의 한 강물에 대한 묘사가 기억할 만한데 그 강물은 성전의 문지방으로부터 발원하여 사해로 흘러들어 사해를 갱신시키고 생명으로 충만케 한다(47:1-12).[25] (이미 사해를 보았거나 냄새를 맡은 이들은 무엇이 사해에서 이루어져야 할 기적인지 알 것이다.) 후대 저자들에게[26] 특별

---

21. Lawrence Boadt, *Reading the Old Testament, An Introduction,* 393.
22. Craig C. Hill, *In God's Time: The Bible and the Future* (Cambridge, U.K.; Eerdmans, 2002), 66-68; 『하나님의 시간과 종말론』 왕대일, 안근조 옮김 (서울: 프리칭아카데미, 2009), 112-114에서 발췌했음을 밝힌다.
23. 겔 11:17-20; 34-37장; 39:21-29 등
24. 겔 34:25-31; 36:8-12, 29-30
25. 똑같은 사상이 후대의 예언자들인 요엘(3:18)과 스가랴(13:1; 14:8)에서 나타난다.
26. 예, 단 11:40-12:1, 계 20:7-10.

히 중요한 것은 마곡이라는 지역으로부터 오는 이방 왕 곡의 패배에 대한 예언이다(겔 38-39장).[27] 에스겔은 이곳에서 하나님이 대적자들로부터 시온을 보호하신다는[28] 이사야의 약속과 "북"으로부터 오는 대적자에[29] 대한 예레미야의 수차례에 걸친 언급들에 기반하고 있음이 거의 분명하다(겔 38:15). (38:2에 언급된 "메섹과 두발"은 소아시아 북동쪽에 있던 나라들이었다.) 38:17을 주목하라: "주 여호와께서 이같이 말씀하셨느니라 내가 옛적에 내 종 이스라엘 선지자들을 통하여 말한 사람이 네가 아니냐 그들이 그때에 여러 해 동안 예언하기를 내가 너를 이끌어다가 그들을 치게 하리라."

에스겔은 분리되어 있고 본질적으로 반대되는 두 개의 예언 전승—큰 군대로부터 시온을 보호하신다는 전승(이사야)과 북으로부터의 무시무시하고 강대한 대적자의 침략에 대한 전승(예레미야)—을 연결하여 아직 이루어지지 않은 민족 구원의 예언을 바라본다. 따라서 곡은 결정적으로 제거되어야 하는, 이스라엘을 대적하는 모든 군사적 위협에 대한 인격화다. 곡은 최근에 포로살이로부터 돌아와 방어 능력이 없는(38:8, 11) 하나님의 백성을 공격하는 거대한 국제 연합군을 이끈다. 열방 앞에서 이스라엘에 대한 하나님

---

27. 이는 창세기 10:2과 관계가 있는데, 야벳의 자손들 가운데 마곡, 고멜, 두발, 메섹의 이름이 기록되어 있다. 이 본문이 에스겔의 예언에서 사용된 이름들의 주된 자료가 되는 것 같다. 하지만 곡이라고 하는 이름은 어디에도 나타나지 않는다. 다만, 주전 7세기의 강력한 리디아의 왕이었던 기게스(또는 구구)의 이름을 따왔을 가능성도 있다.
28. 사 4:5-6; 10:12, 24; 14:32; 24:23; 29:1-8 등
29. 렘 1:14-15; 4:6; 6:1, 22; 10:22; 13:20; 15:12; 25:26 등

의 성실성(39:21-29)에 대한 상징으로, 곡과 그의 모든 군대는 기적적으로 파멸될 것이다(38:17-23). 이 구원에 대한 종말론적인 구조화가 38:8에서 명백해진다: "여러 날 후 곧 말년에." 또한 38:16에서 "끝 날에."

귀환한 포로민들의 운명은 "제2이사야"가 상상했던 것처럼 영광스럽지도 않았고 에스겔이 그렸던 것처럼 그렇게 모험적이지도 않았다. 그들의 이상들은 신학적 확신의 수준에서 이해되어야 한다. 또다시, 문제는 신정론, 즉 하나님의 정의와 관련된다. 이스라엘이 패망 가운데 수모를 당했듯이 이스라엘은 승리 가운데 원수를 갚게 될 것이다. 그 승리는 하나님이 홀로 주장하는 것으로서 모든 세계에 이스라엘을 향한 하나님의 계속된 선택과 보살핌을 증명하는 것이다:

> 내가 내 거룩한 이름을 내 백성 이스라엘 가운데에 알게 하여 다시는 내 거룩한 이름을 더럽히지 아니하게 하리니 내가 여호와 곧 이스라엘의 거룩한 자인 줄을 민족들이 알리라 하라 주 여호와의 말씀이니라 볼지어다 그날이 와서 이루어지리니 내가 말한 그날이 이 날이라. (겔 39:7-8)

혹자는 이 본문들을—후대 묵시문학의 상당 부분들과 더불어—복수 판타지로, 즉 오늘날 할리우드의 액션 영화와 같은 대중적 장르와 유사한 것으로 특징지으려 할 것이다. 이러한 영화의 이야기

구성은 전형화되어 있다. 곧, 영화의 전반부는 악인들의 비인간적 만행을 그린다. 그럼으로써 후반부에 행해지는 끔찍한 복수극을 정당화시킨다. 묵시문학 일반에 있어서, 악은 추상 개념으로서 전형적인 영화에 등장하는 악인의 일차원적 잔인무도함과 다를 바 없다. 그러나 무시할 수 없는 차이는 영화에서는 주인공이 대적자들의 잔인함에 잔인함으로 맞서며 '정의'를 수행하는 반면, 묵시문학의 본문에서 징벌은 하나님의 손에 달려 있다는 것이다. 에스겔 38-39장은 무장하여 싸우라는 소리라기보다는 믿음을 가지라는 소리다. 인간의 힘이 아닌(사 31:1) 하나님의 공의를 신뢰하도록 격려하고 있는 것이다.

3) 대예언서의 흐름과 가르침

대예언서는 하나같이 복잡한 전승의 과정을 거쳐 우리의 손에 쥐어졌다. 이사야는 300년이 넘는 기간에 걸쳐 전해져 내려 왔다. 예레미야는 기록되고 불살라지고 재기록되고 힘겹게 보존되는 복잡한 과정을 거쳤다. 실제로 그리스어 70인역의 예레미야서는 히브리어 BHS의 예레미야서와 그 분량에서 큰 차이가 있다. 에스겔 또한 기본 전승층과 후대의 해석 과정을 통한 추가 본문들이 제1차 포로기부터 제3차 포로기에[30] 이르는 모든 기간을 관통하며 복

30. 해석자들에 따라 포로기 구분에 차이가 있다. 보수적인 학자들은 제1차 주전

잡하게 얽혀 있다. 이와 같은 예언서들의 내용으로부터 일목요연한 신학적 주제들을 도출하는 것은 다소 무리가 있다. 그럼에도 불구하고, 대예언서의 이해의 틀을 심판과 회복이라는 커다란 관점에 두고자 한다. 도널드 E. 고웬(Donald E. Gowan)은 일찍이 구약의 예언서를 "이스라엘의 죽음과 부활"이라는[31] 해석학적 구도로 소개한 바 있다. 즉, 주전 8세기에서 6세기 초반까지 활동한 예언자들은 '하나님 백성의 죽음'을, 주전 6세기 후반부터의 선포는 '하나님 백성의 부활'을 기록하고 있다는 것이다. 그러나 대예언서의 내용들을 가만히 살펴보면 심판과 회복의 구분이 시대에 따라 나뉘는 구분이 아님을 알 수 있다. 이미 심판의 메시지 가운데 구원과 회복의 메시지가 함께 들어가 있기 때문이다. 하나님의 심판 선포는 바로 하나님 사랑의 발로임을 알려주는 대목이다. 여전히 예언서들을 통해 펼쳐지는 하나님의 '헤세드'를 발견하는 것이 예언서 신학의 골자다.

(1) 이사야의 '임마누엘'의 신학

예언자들은 개혁자들이다. 기존의 관습적 신앙의 맹점을 지적하며 형식화된 관습을 타파하는 것이 그들의 역할이다. 그러나 인

605년, 제2차 주전 597년, 제3차 주전 587년으로 본다. 그러나 역사적인 측면을 고려하는 학자들은 제1차 주전 597년, 제2차 주전 587년, 제3차 주전 582년으로 본다.

31. Donald E. Gowan, *Theology of the Prophetic Books: The Death and Resurrection of Israel* (Louisville: Westminster John Knox, 1998), 144-187.

간적인 캠페인이나 당파적인 목적은 가지지 않는다. 하나님의 말씀과 계시에 의한 열정과 정념에 근거한다.[32] 예루살렘 이사야는 전통적 출애굽 신앙을 예루살렘 중심의 시온 신앙으로[33] 옮겨온 혁신적 사상가다. 더 이상 하나님의 임재가 저 멀리 남부 유대 광야를 지나 시내산 반도의 어디인지 모르는 시내산에 머물지 않는다. 다윗 왕조에게 언약하신 하나님은 이제 예루살렘 시온산을 새로운 거처로 삼으셨다는 것이다.[34]

> 많은 백성이 가며 이르기를 오라 우리가 여호와의 산에 오르며 야곱의 하나님의 전에 이르자 그가 그의 길을 우리에게 가르치실 것이라 우리가 그 길로 행하리라 하리니 이는 율법이 시온에서부터 나올 것이요 여호와의 말씀이 예루살렘에서부터 나올 것임이니라. (사 2:3)

이제 하나님은 인간의 영역 밖이 아닌 이스라엘 공동체, 곧 하나

32. 예언자의 비판 정신과 정념/파토스(pathos)에 의한 대안적 비전에 대한 메시지를 위해서는 다음의 책을 참조하라: W. 브루그만, 『예언자적 상상력』, 김기철 옮김 (서울: 복있는사람, 2009); 아브라함 J. 헤셀, 『예언자들』, 이현주 옮김 (서울: 삼인, 2004).
33. '시온 신앙'이란 나단을 통한 다윗 언약에 근거한 신학을 가리킨다. 다윗 왕조를 향한 무조건적 하나님의 은혜를 전제하며 더 나아가 다윗 왕조가 기반한 예루살렘, 곧 시온산 중심의 하나님의 보호하심과 다스리심을 의미한다.
34. Jon D. Levenson, *Sinai and Zion: An Entry into the Jewish Bible* (New York: HarperCollins, 1985). 91.

님의 백성의 삶 한가운데로 들어오신 것이다. 그러나 하나님의 함께하심을 이스라엘 백성이 감당하지 못했다. 거룩한 언약 백성으로서의 삶을 살아내지 못했기 때문이다. 행복해야 할 하나님의 임마누엘이 역설적이게도 심판으로 임할 수밖에 없었던 이유가 여기에 있다.

> 그러므로 주께서 친히 징조를 너희에게 주실 것이라 보라 처녀가 잉태하여 아들을 낳을 것이요 그의 이름을 **임마누엘**이라 하리라. (사 7:14)

> 그러므로 주 내가 흉용하고 창일한 큰 하수 곧 앗수르 왕과 그의 모든 위력으로 그들을 뒤덮을 것이라 그 모든 골짜기에 차고 모든 언덕에 넘쳐 흘러 유다에 들어와서 가득하여 목에까지 미치리라 **임마누엘**이여 그가 펴는 날개가 네 땅에 가득하리라 하셨느니라. (사 8:7-8)

7장 본문에서 이스라엘의 패역을 대표하는 아하스 왕의 불신앙의 결과, 실패한 다윗 왕조를 대신할 메시아, 장차 임할 "임마누엘"을 선포하고 있다. 그리고 그 임재는 8장에서 심판의 도구인 앗시리아 제국에 의해 온 땅에 임할 멸망임을 분명히 하고 있다. 마치 아모스가 "야웨의 날"을 기존의 구원의 날에서 심판의 날로 역전시켰듯이 이사야는 임마누엘의 의미를 복에서 저주로 뒤집어 놓는다. 이것은 예언자들의 수사학이다. 그만큼 이스라엘의 배신과 불신앙은 심각했다. 이사야 5장의 포도원 노래는 이스라엘에 내려지는 하나님의 심판의 안타까움을 여실히 드러낸다. "이스라엘"이라는 극상품 포도원을 심었는데 그리고 극진히 보살피며 좋은 포도 맺기를 기대했는데 들포도를 맺었다는 것이다. 정의의 심음이 포학으로, 공의의 가꿈이 부르짖음과 무질서로 돌아왔다는 것이다(사 5:1-7; 비교, 렘 2:21).

포로기 이사야에 이르면 예루살렘 이사야의 역설적 임마누엘이 확장된 임마누엘로 전이된다. 하나님의 임재가 단지 예루살렘과 다윗 왕조에 국한되지 않는다. 이스라엘 전체와 사명자 공동체로 확장된다. 특히, 네 번에 걸친 야웨의 종의 노래에서 죄악을 담당한 이스라엘 백성은 대리적 고통자로서 이방 민족을 비추는 빛이 된다(사 49:6). 그리고 마침내 하나님의 기뻐하는 뜻을 성취하는 사명 공동체에 의해 새롭게 된다(사 53:10-11). 여전히 시온 중심의 신앙에 기반하고 있으나(사 46:13) 단순한 구원과 정체성 회복의 문제보다는 감당해야 할 사명과 하나님의 뜻 성취에 집중된다. 포로기 이사야 집단은 이를 통해 하나님이 누구신지를 알려주려 한다. 곧, 야웨가 유일하신 분이요(사 40:12-20, 25), 구원자요(사 40:27-31), 역사의 주이시며(사 40:23-24) 창조자(사 40:21-22, 26)임을 교육한다. 자신들이 어떠한 백성이며 야웨가 어떠한 하나님인지를 깨달을 때 비로소 진정한 위로가 이스라엘에게 임하게 된다(사 40:1-11). 제2이사야서는 일관되게 창조자와 구속자 되신 하나님이 강조된다

(사 40:26-27; 43:1-7; 44:2; 45:7, 12, 15; 48:13, 17 등). 하지만 그럴수록 이스라엘의 죄악으로 인한 심판의 의미 또한 상기시킨다(사 43:22-28; 48:4-5; 50:1-3). 그럼에도 불구하고 하나님의 의로 이스라엘의 허물을 용서하고 죄를 다시는 기억하지 않으며 결국은 구원하실 것을 약속한다(사 43:25-26; 49:8-26; 54:1-10).

포로기 이사야의 혁신적 사상이 돋보이는 것은 페르시아의 황제인 키루스를 메시아로 칭하고 있는 장면이다.

> 여호와께서 그의 기름 부음을 받은('마쉬아흐') 고레스에게 이같이 말씀하시되 내가 그의 오른손을 붙들고 그 앞에 열국을 항복하게 하며 내가 왕들의 허리를 풀어 그 앞에 문들을 열고 성문들이 닫히지 못하게 하리라. (사 45:1)

하나님 임재의 확대가 심지어 타국의 왕에게까지 확장되고 있음을 볼 수 있다. 그러나 주전 8세기 예언자의 시조격인 아모스에게서 이미 나타났듯이 예언자들은 한결같이 '열방에 대한 심판 선포'를 통해 야웨는 온 세계와 우주의 하나님이시라는 관념을 갖는다. 야웨가 이스라엘만의 민족 신으로 묶일 수 없다는 사실을 기억한다면 페르시아의 초대 황제 키루스에게 기름 부어 이스라엘 구원의 도구로 사용하고 있다는 사실은 그리 놀라운 일이 아니다. 도리어 온 세계 역사의 주인되신 하나님의 주권을 드러내는 것이 예언자의 목적이다. 그 하나님 앞에 이제 이스라엘은 돌아오기만

하면 된다.

> 너희는 여호와를 만날 만한 때에 찾으라 가까이 계실 때에 그를 부르라 악인은 그의 길을, 불의한 자는 그의 생각을 버리고 여호와께로 돌아오라 그리하면 그가 긍휼히 여기시리라 우리 하나님께로 돌아오라 그가 너그럽게 용서하시리라. (사 55:6-7)

제3이사야에 이르면 하나님의 임재는 다윗 왕조에도, 이스라엘 공동체의 예배에도 나타나지 않는다. 도리어 탄식하며 통회하는 개인의 심령에 임한다(사 57:14-21; 66:1-4). 어떻게 보면 임마누엘의 신앙이 지극히 특정화된다. 이런 정황이 핸슨과 같은 학자들로 하여금 포로 후기 이사야 저자의 정체를 환상가 집단으로 보게 만들었다. 즉, 학개와 스가랴와 같이 제사장 집단의 정책에 동조하는 이들과 달리 제2성전의 중앙 제의를 비판하고 종말론적인 비전을 제시하는 예언자 집단이 있었다는 것이다. 그러나 제3이사야서의 시작과 끝은 여전히 시온을 만민이 기도하는 집으로(사 56:7), 예물을 드리는 여호와의 집으로(사 66:20) 그리고 있다. 예루살렘을 여전히 예전의 중심지로 보고 있으며 더 나아가 하나님 통치의 중심지로 보고 있다(사 66:6). 궁극적으로 이사야가 그리는 "새 하늘과 새 땅"(사 65:17; 66:22)은 아들을 순산한 여인과 같은 기쁨을 누리는 딸 시온, 곧 예루살렘성이다(사 66:8-11). 이스라엘은 그 역사적 성읍에서 평강과 위로와 기쁨을 누리게 될 것이다(사 65:18-25; 66:12-14).

실제로, 포로 후기 이사야가 말하고자 하는 임마누엘의 신앙은 개인의 심령으로 국한된 주관화나 묵시 신앙의 비전으로 형성된 영적인 신비화의 길을 가지 않는다. 도리어 하나님의 은혜의 보편화를 선언한다. 하나님이 겸손한 영과 통회하는 심령을 가진 자들(사 57:15) 즉, "여호와의 말씀으로 말미암아 떠는 자들"(사 66:5)과 함께하신다는 것이다. 그래서 말씀에 따라 안식일을 지키고 하나님의 기뻐하는 일을 선택하며 언약을 굳게 붙드는 모든 자들은 하나님의 거룩한 회중에 들어와 하나님의 자녀가 될 수 있다고 선포할 수 있었던 것이다(사 56:1-8). 신명기 법에서 거룩한 회중으로 들어올 수 없었던 자들이(신 23:1-3) 포로 후기 이사야의 말씀 공동체에서는 하나님의 자녀들로 받아들여진 것이다. 율법적 배타적 공동체에서 사랑과 말씀의 포용적 공동체로의 변화를 포로 후기 제3이사야 공동체가 실현하고 있었다. 예언자의 혁신적 대안 사상이 이곳에서도 빛나고 있다.

(2) 예레미야의 '슈브'의 신학

예레미야서에서 '슈브'(שׁוב)를 어근으로 하여 "돌아오다"(회개 또는 회복의 의미) 또는 "돌아가다"(반역의 의미) 등의 의미로 쓰인 단어는 총 52장 가운데 60회 이상 등장한다. '슈브'가 예레미야의 중심 단어 또는 주제 동기(motif)라고 해도 과언이 아니다. 따라서 나는 예레미야의 신학을 '슈브'의 신학이라고 부른다. 다음과 같이 네 가지 측면에서 '슈브'의 관점을 예레미야의 메시지와 연결할 수

있다: (1) 심판의 원인으로서의 '슈브', (2) 구원의 길로서의 '슈브', (3) 탄식으로서의 '슈브', (4) 회복으로서의 '슈브'.

첫째, 계약 백성으로서의 이스라엘이 하나님과의 관계에서 '돌아섰을' 때 이스라엘은 하나님의 심판 아래 놓이게 됐다. 본래 이스라엘은 일찍이 시내산 광야에서 하나님과 결혼한 관계였다: "가서 예루살렘의 귀에 외칠지니라 여호와께서 이와 같이 말씀하시기를 내가 너를 위하여 네 청년 때의 인애와 네 신혼 때의 사랑을 기억하노니 곧 씨 뿌리지 못하는 땅, 그 광야에서 나를 따랐음이니라"(렘 2:2). 호세아와 같이 북이스라엘의 전통을 배경으로 신명기적 신학에 근거한 예레미야는 우상 숭배와 혼합주의를 행음으로 규정한다. 예언자는 이스라엘 앞에 놓인 생명의 길이냐 사망의 길이냐의 선택의 기로에서(렘 21:8) 이스라엘은 악한 길로 돌아섰음을 고발한다: "그들이 내 말 듣기를 거절한 자기들의 선조의 죄악으로 돌아가서('샤부') 다른 신들을 따라 섬겼은즉 이스라엘 집과 유다 집이 내가 그들의 조상들과 맺은 언약을 깨뜨렸도다"(렘 11:10). 생명의 근원인 하나님과의 관계에서의 이탈은 곧 죽음을 의미했다(렘 17:13). 그들의 돌이킴으로부터 다시 돌아서지 않는 한 '북으로부터의 재앙'은 피할 수 없었다.

둘째, 본래의 계약 관계로 '돌아오는' 것, 곧 회개만이 살 길임을 예레미야는 외쳤다. 그는 다가오는 심판의 재앙을 온몸으로 느끼고 있었다: "슬프고 아프다 내 마음속이 아프고 내 마음이 답답하여 잠잠할 수 없으니 이는 나의 심령이 나팔 소리와 전쟁의 경보를 들음이로다"(렘 4:19). 그럼에도 불구하고 이스라엘은 성전설교에서 보듯이 "이것이 여호와의 성전이라"(렘 7:4)고 외치며 타성에 젖은 종교 행위에 빠진 채 무감각하게 이방 신들의 관습을 좇고 있었다(렘 3:8-9, 13). 이러한 상황에서 예언자는 이스라엘 자손을 찾는 하나님의 애절한 목소리를 알린다.

> 여호와의 말씀이니라 배역한 자식들아 **돌아오라**('**슈브**') 나는 너희 남편임이라 내가 너희를 성읍에서 하나와 족속 중에서 둘을 택하여 너희를 시온으로 데려오겠고. (렘 3:14)

> 여호와께서 이르시되 이스라엘아 네가 돌아오려거든 내게로 **돌아오라**('**타슈브**') 네가 만일 나의 목전에서 가증한 것을 버리고 네가 흔들리지 아니하며. (렘 4:1)

예레미야를 통해서 선포되는 '돌아오라'의 외침은 독특하다. 단순한 신명기 율법에 입각한 윤리적 선포가 아니다. 브루그만에 의하면 예레미야는 이전 아모스처럼 품행상의 문제를 다룬 것이 아니며, 교리적 회개를 강요하는 것도 아니다. 그는 '돌아오라'는 선포를 다만 하나님의 아픔이 역사의 무감각을 꿰뚫을 수 있기를 바라는 그러한 하나님의 파토스가 담겨 있는 선포로 읽는다.[35] 마치 호세아가 '하나님을 아는 지식'을 외치듯이 예레미야는 이스라엘을

35. W. 브루그만, 『예언자적 상상력』, 122.

향한 하나님의 사랑과 용서가 얼마나 큰지를 알리고 싶어 했다는 것이다. 하나님의 아픔에 대한 깨달음과 체험이 무감각을 깨뜨리고 죽음의 현실을 관통해서 생생한 생명으로 나아가도록 이끈다. 따라서 예레미야의 '슈브'의 신학은 율법적이거나 의지적 또는 교리적 회개를 요구하는 것이 아니다. 오히려 이는 하나님의 마음을 속속들이 헤아리는 합일의 영성으로의 초대라 할 수 있다. 이 '슈브'의 영성은 돌판이 아닌 마음 판에 새겨진 하나님의 새 언약이 의미하는 바다.[36] 하나님의 사랑을 아는 것(렘 24:7; 호 6:3-6) 그래서 그 하나님의 백성이 되는 것, 이것이 본래 시내산 계약을 통해서 하나님이 이스라엘과 나누려 했던 진정한 합일의 관계성이다.

셋째, 예레미야 개인은 사명자의 자리에서 일반인의 자리로 '돌아가려' 했다. 이스라엘을 향한 심판 선포의 짐을 감당하기에는 너무도 버거웠던 상황이 시시각각 그를 괴롭혔기 때문이다. 위에서 언급한 다섯 번에 걸친 예레미야의 탄식록은 이러한 예언자의 정황을 반영해준다. 실제로, 많은 하나님의 사람들이 탄식한다. 모세가 그랬고(민 11:11-15) 엘리야가 그랬으며(왕상 19:4) 하박국이 그랬고(합 1:2-4, 12-17) 욥과 같은 이들이 그랬다(욥 3장 이하). 그러나 그 때마다 하나님의 응답이 있었다. 욥은 폭풍 언설을 통해 창조 섭리를 깨달았고, 하박국은 "의인은 믿음으로 말미암아 사는" 진리

36. "그들이 다시는 각기 이웃과 형제를 가르쳐 이르기를 너는 여호와를 알라 하지 아니하리니 이는 작은 자로부터 큰 자까지 다 나를 알기 때문이라 내가 그들의 악행을 사하고 다시는 그 죄를 기억하지 아니하리라 여호와의 말씀이니라"(렘 31:34).

를 알았으며, 엘리야는 '세미한 음성'을 듣게 됐고, 모세는 칠십 장로와의 공동 치리의 지혜를 얻게 됐다. 하나님의 사람들은 그 말씀을 통해 한 단계 성숙한 영성으로 더 큰 사역들을 감당해 낸다. 마찬가지로 예레미야에게는 함께하심과 원수 보복 그리고 그를 놋 성벽과 같이 세우신다는 약속을 하셨다(렘 15:20-21). 그러면서 예레미야에게 "돌아오라"고 격려하신다.

> 여호와께서 이와 같이 말씀하시되 네가 만일 돌아오면 내가 너를 다시 이끌어 내 앞에 세울 것이며 네가 만일 헛된 것을 버리고 귀한 것을 말한다면 너는 **나의 입**이 될 것이라 그들은 네게로 돌아오려니와 너는 그들에게로 돌아가지 말지니라. (렘 15:19)

그가 세상의 자리가 아닌 하나님의 말씀의 자리에 돌아와 서게 될 때 예레미야는 '하나님의 입(mouthpiece)'이 됐다. '슈브'의 신학은 세상으로 미끄러져 내려가는 타락이 아닌 어떠한 상황에도 한결같은 빛을 발하는 하나님 말씀의 대변자로 굳건히 서게 한다.

넷째, 예레미야의 궁극적인 메시지는 이스라엘은 쫓겨났으나 결국은 '돌아오게' 된다는 회복 선포다. 예레미야는 바빌론 포로 생활 70년 후 해방되어 다시금 시온으로 향하는 구원과 회복의 발걸음을 예언하고 있다(렘 29:10). 새 언약이 선포된 31장 전후로 줄곧 등장하는 '슈브' 동사는 시온으로 돌아가는 구원과 소망의 행진을 의미하는 것으로 쓰인다(렘 29:14; 30:3, 10, 18; 31:8-9, 16-17, 21, 23;

32:37, 44; 33:7, 10, 26 등). 그들이 돌아올 수 있는 것은 조상들에게 허락하신 약속의 신실함('헤세드')이요 아버지 하나님의 긍휼하심('라함')이다.

> 여호와의 말씀이니라 보라 내가 내 백성 이스라엘과 유다의 포로를 돌아가게 할 날이 오리니 내가 그들을 그 조상들에게 준 땅으로 돌아오게 할 것이니 그들이 그 땅을 차지하리라 여호와께서 말씀하시니라. (렘 30:3)

> 그들이 울며 돌아오리니 나의 인도함을 받고 간구할 때에 내가 그들을 넘어지지 아니하고 물 있는 계곡의 곧은 길로 가게 하리라 나는 이스라엘의 아버지요 에브라임은 나의 장자니라. (렘 31:9)

결국 이스라엘에게 '슈브'를 외치는 하나님의 뜻은 당신의 백성들의 배신과 불신에도 불구하고 그들을 포기하지 못하는 하나님의 사랑, 곧 '헤세드'의 발로이다. 그 사랑의 끊을 수 없는 연결 고리가 부모/자녀 사이보다도 더 근원적으로 맺어져 있다.

> 에브라임은 나의 사랑하는 아들 기뻐하는 자식이 아니냐 내가 그를 책망하여 말할 때마다 깊이 생각하노라 그러므로 그를 위하여 내 창자가 들끓으니 내가 반드시 그를 불쌍히 여기리라 여호와의 말씀이니라. (렘 31:20)

마치 탕자가 돌아오기를 밤낮으로 기다린 아버지의 심정으로(참조, 눅 15:20) 예레미야의 하나님은 포로 이스라엘이 먼 땅으로부터 '돌아오기'를 기다리고 계신다. 그러나 그 마음을 '돌이켜' 하나님께로 돌아가려고 응답하는 자들만이 시온 땅에 마침내 '돌아가게' 될 것이다.

(3) 에스겔의 '삼마'의 신학

에스겔서는 여호와의 보좌의 영광의 임재로부터 시작해서(겔 1장) 그 임재의 떠남(겔 10장)과 포로민들과의 함께함(겔 11장) 그리고 영광의 돌아옴(겔 43장)과 거주함(겔 48장)으로 마무리된다. 에스겔서의 마지막 장, 마지막 절, 마지막 단어인 '야웨 삼마'(יהוה שמה, 겔 48:35), 곧 여호와께서 거기 거하신다는 개념은 에스겔 전체의 신학을 대변한다. 하나님의 거룩한 임재의 여부가 이스라엘의 운명을 결정한다는 점에서 이사야의 임마누엘의 신학과 일맥상통한다. 그러나 이사야의 임마누엘의 신학이 하나님 임재의 신학적 의미에 집중한다면, 에스겔의 '삼마'의 신학은 하나님 영광의 공간적 임재 그 자체를 강조한다.

먼저, 에스겔의 '삼마' 체험은 구원 문제와 관련된다. 네 생물이 이끄는 여호와의 움직이는 보좌에 대한 1장의 환상 보도는 구약성서 내에서 유일하게 하나님의 모습을 중계해 주는 파격적인 본문이다. 실제로, 전통적인 관념에서 하나님을 보는 자는 죽음을 면치 못했다(창 28:17; 출 33:20; 삿 6:22-23; 13:22). 그러나 에스겔은 1:1

에서 거리낌 없이 "하나님의 모습"('마르옷 엘로힘')을 보았다고 전한다. 지금 예언자는 사로잡힌 바빌론의 그발 강가에서 하나님을 보고 있다. 가장 하나님을 만날 수 없을 것만 같은 상황에서 이전에 어떤 하나님의 사람도 경험하지 못한 거룩한 임재 앞에 서게 된 것이다.[37] 에스겔서 서두에서 하나님의 보좌 환상이 보도되는 이유가 있다. 하나님의 공간적 임재를 실존적으로 체험하고 있다는 것을 알리기 위함이다. 즉, 네 생물의 형상과 날개들과 함께 나아가는 모습들에 대한 생생한 묘사는 하나님 형상 그 자체에 대한 기념이요 칭송이다. 이미 그 임재 자체가 에스겔에게는 "모든 것"이 됐다. 포로기 예언자는 멀리 떨어진 이방의 땅, 심판의 현장에서 하나님의 현존을 경험했고 그 공간적 함께하심이 곧 구원의 선포였다.

둘째, 그러나 '야웨 삼마'의 부재는 심판을 의미했다. 10장에서의 움직이는 보좌가 성전을 떠나는 것은 이스라엘 공동체의 부정성으로부터 파생된 어쩔 수 없는 '삼마'의 탈출이었다. 예루살렘 북문에 위치한 질투의 우상은 하나님이 성소로부터 퇴거하는 요인이 됐으며(겔 8:5-6), 성전 내에 자행되고 있는 온갖 가증스러운 일들(겔 8:9-18)은 하나님의 움직이는 보좌를 예루살렘 성전에서 몰

37. 출애굽기 24:11에서는 모세와 이스라엘 장로들이 "하나님을 뵙고 먹고 마셨더라"라고 기록되어 있고 33:18에서는 하나님에게 영광을 보여 달라는 모세의 요구를 기록하고 있다. 그러나 두 본문은 하나같이 제3자인 내레이터에 의해 보도되지만 에스겔 본문은 1인칭 시점으로 하나님을 체험한 본인이 직접적으로 전하고 있다는 점에서 차이가 있다.

아내는 결과를 초래했다(겔 10:18-19; 11:22-23). 이스라엘의 존재의 근원이요 구원의 반석인 영광의 광채가 성전을 떠나는 순간 이스라엘에게 남겨진 것은 여호와의 분노와 죽음이었다.

> 그룹에 머물러 있던 이스라엘 하나님의 영광이 성전 문지방에 이르더니 여호와께서 그 가는 베 옷을 입고 서기관의 먹 그릇을 찬 사람을 불러 … 늙은 자와 젊은 자와 처녀와 어린이와 여자를 다 죽이되 이마에 표 있는 자에게는 가까이 하지 말라 내 성소에서 시작할지니라 하시매 그들이 성전 앞에 있는 늙은 자들로부터 시작하더라 그가 또 그들에게 이르시되 너희는 성전을 더럽혀 시체로 모든 뜰에 채우라 너희는 나가라 하시매 그들이 나가서 성읍 중에서 치더라. (겔 9:3, 6-7)

'야웨 삼마'를 머물게 할 거룩성을 상실할 때 성전으로부터의 '삼마'는 떠나게 되고 그 결과 성읍 전체의 심판이 시작된다. 에스겔 예언자에게 하나님의 성소에서의 '야웨 삼마'를 유지하는 일은 이스라엘 전체의 생존의 문제였다.

셋째, '삼마'의 신학은 하나님 은혜의 이동성을 의미한다. 에스겔은 11:23에서 여호와의 영광이 예루살렘 성읍을 떠나 성읍 동쪽 산에 머물러 있음을 보도한다. 마치 하나님이 이제 막 어디론가 떠날 채비를 하는 형국이다. 그런데 이미 11:16에서 하나님의 행선지가 선언됐다: "주 여호와의 말씀에 내가 비록 그들을 멀리 이방인 가운데로 쫓아내어 여러 나라에 흩었으나 그들이 도달한 나라들에서 내가 잠깐 그들에게 성소가 되리라 하셨다." 포로로 끌려간 당신의 백성들을 위하여 '잠깐 그들에게 성소가 되리라'고 약속하고 있다. 1장에서 보였던 하나님 보좌의 이동성(mobility)은 이러한 공간적 이주를 가능케 한다. 이는 단순한 '함께함'의 의미를 넘어선다. 여호와의 거룩한 임재가 예루살렘 성읍을 떠나 이방 땅의 포로 공동체에게로 옮겨간다. 예루살렘은 타락하여 오염됐기 때문이다. 반면에 이방으로 끌려간 이들은 시련으로 말미암아 "새 영"과 "부드러운 마음"을 가지게 됐다(겔 11:19). '삼마'의 공간적 이동은 보이는 건물이나 장소로의 이동 이상의 의미를 갖는다. 이제 새롭게 단련되어 변화될 새 예루살렘, 거룩한 공동체가 거하는 어느 곳에서나 하나님의 영광은 그들 안에 임재하게 된다. 이는 하나님의 나라에 대한 예수 그리스도의 가르침과 통한다: "또 여기 있다 저기 있다고도 못하리니 하나님의 나라는 너희 안에 있느니라"(눅 17:21). 하나님의 백성 가운데 펼쳐지는 은혜의 나라는 이미 에스겔 예언자에 의해 그 원형적 의미를 드러내고 있었다.

넷째, '야웨 삼마'는 새로운 기회를 뜻한다. 43장에서 보면 예루살렘을 떠났던 여호와의 영광이 다시금 동문을 통하여 돌아온다. 그 영광의 형상은 예언자가 1장에서 보던 움직이는 보좌와 똑같은 형상이다(겔 43:3). 하나님의 움직이는 보좌가 포로지의 거룩한 공동체 가운데 잠깐 머물었다가 예루살렘으로 돌아온 것이다. 이제 끌려갔던 이스라엘 백성이 포로살이로부터 해방되어 예루살렘으로 돌아오게 되리라는 회복의 계시다. 그런데 회복의 이유가 명시되어 있지 않다. 도리어 아직 이스라엘은 이전의 가증한 행적을 제거하지 않았기에 새로운 과제를 부여받고 있는 실정이다: “이제는 그들이 그 음란과 그 왕들의 시체를 내게서 멀리 제거하여 버려야 할 것이라 그리하면 내가 그들 가운데에 영원히 살리라”(겔 43:9). 다시 말하면, 하나님 보좌의 돌아옴은 하나님의 선택이었고 이스라엘은 어떠한 일도 아직 하지 않았다. 단지, 하나님이 설계한 새 예루살렘성에 하나님이 먼저 돌아오신 것이다. ‘야웨 삼마’, 하나님의 거하시는 그곳으로 돌아갈 새로운 기회를 이스라엘은 허락받은 것이다. 하나님의 거룩한 복귀는 부정한 이스라엘에 대한 용서가 전제되어 있다. 이제 이스라엘은 먼저 돌아와 거하시는 ‘하나님의 삼마’ 앞에 회개의 영, 새로운 영으로 돌아오기만 하면 된다.

다섯째, ‘삼마’의 신학은 하나님의 영원한 화평의 언약을 말해준다. 에스겔은 37:26에서 다음과 같은 회복의 말씀을 전한다: “내가 그들과 화평의 언약을 세워서 영원한 언약이 되게 하고 또 그들을 견고하고 번성하게 하며 내 성소를 그 가운데에 세워서 영원히 이르게 하리니.” 화평의 언약 위에 야웨의 성소가 건축되어 영원에 이른다. “화평의 언약”의 내용이 앞 절인 25절에 소개되어 있다.

내가 내 종 야곱에게 준 땅 곧 그의 조상들이 거주하던 땅에 그들

> 이 거주하되 그들과 그들의 자자 손손이 영원히 거기에 거주할 것이요 내 종 다윗이 영원히 그들의 왕이 되리라. (겔 37:25)

여기서의 거주는 여전히 공간적인 거주를 뜻한다. 포로로 끌려간 이스라엘 백성들이 다시금 예루살렘으로 돌아올 것이다. 그들은 믿기지 않게도 사망의 무덤을 열고 새로운 영으로 큰 군대가 되어 돌아오게 될 것이다(겔 37:10-14). 그러나 그 이유는 그들 때문이 아니다. 그들 가운데 거하기 원하시는 하나님 때문이다.

> 내 처소가 그들 가운데에 있을 것이며 나는 그들의 하나님이 되고 그들은 내 백성이 되리라 내 성소가 영원토록 그들 가운데에 있으리니 내가 이스라엘을 거룩하게 하는 여호와인 줄을 열국이 알리라 하셨다 하라. (겔 37:27-28)

하나님과 이스라엘 백성 간의 계약 관계의 회복이 화평의 언약의 내용이요 이스라엘 가운데 거하는 것이 화평의 언약의 목적이다. 깨어진 계약 관계의 회복이자 끌려간 이방 땅에서 고향으로의 회복이 바로 그 회복이다. 포로로 잡혀간 이스라엘 백성들에게 '야웨 삼마'와 같이 강력한 평화의 메시지는 없었을 것이다.

끝으로, '야웨 삼마'는 하나님의 통치를 가리킨다. 이미 43:9 하반절에 "내가 그들 가운데에 영원히 살리라"는 더 이상 세상과 이방 신들의 다스림에 구속받지 않는 온전한 하나님의 다스리심으로의 초청이다. 40장에서 48장으로 이어지는 새 예루살렘성의 비전의 결론이 곧 '야웨 삼마'이다: "그 사방의 합계는 만 팔천 척이라 그날 후로는 그 성읍의 이름을 여호와삼마('야웨 삼마')라 하리라"(겔 48:35). 앞서 47장에서 성소로부터 흘러나온 생명의 물로 예루살렘 주변의 모든 땅은 치유되고 강과 바다에 물고기들이 가득하게 되며 나무들은 풍성한 열매를 맺고 새롭게 창조됐다. 그리고 이스라엘의 열두 지파는 새로운 경계를 설정하여 거룩한 땅의 기업을 부여받았다(겔 47:13-48:22). 새롭게 성과 속을 구별하는 동서남북 문들의 너비들이 측정됐다. 거룩의 경계가 사방 다 합쳐서 만 팔천 척이라고 선포된다. 이는 상징적인 수치요 하나님의 통치가 임하는 모든 영역에 대한 신학적인 선언이다. 거룩한 성의 이름이 "여호와삼마"이다. 새 예루살렘성의 모든 곳에 하나님의 다스리심이 임한다. 이제 세상의 모든 사람들은 '야웨 삼마'의 성읍을 바라보며 화평과 정의를 사모하게 될 것이다. 그런데 그 하나님의 임재는 에스겔이 현재 예언하는 이방 땅에서 시작되어 있었다: "여섯째 해 여섯째 달 초닷새에 나는 집에 앉았고 유다의 장로들은 내 앞에 앉아 있는데 주 여호와의 권능이 거기에서 내게 내리기로"(겔 8:1). 예언자가 예언하며 이스라엘 백성을 대표하는 유다의 장로들이 그 말씀을 듣는 그 공간에 이미 하나님의 나라가 역사하고 있었다.

제10장
소예언서

1) 구전전승으로부터 문서전승으로의 변화

구약성경의 예언자들을 크게 분류하면 문서 이전 예언자와 문서 예언자로 나눌 수 있다. 나단이나 엘리야 또는 엘리사처럼 본인의 이름으로 예언서가 전해지지 않는 예언자들은 전반적으로 문서 이전 예언자들이다. 그들의 예언과 활동은 주로 구전전승으로 전해진다. 그런데 이스라엘 역사의 어느 시점부터 예언자의 이름으로 전해지는 문서전승이 시작된다. 그 시점이 주전 8세기부터이며 아모스와 호세아가 시기상 가장 앞선 문서 예언자로 자리한다. 이미 주전 10세기 통일 왕국 시대에도 활동하던 예언자들이 많았으며 사사 시대와 그 앞선 시기에도 우리는 예언자 또는 선지자들의 활동을 찾을 수 있다. 그럼에도 불구하고 북이스라엘이 멸망한 전후 시기인 주전 8세기에 이르러서야 본격적인 의미에서의 구약성서의 문서 예언자들이 출현하는 것을 보게 된다. 그렇다면 어떤 이유에서 이 시기에 문서 이전 예언자들과 문서 예언자들을 구분 짓는 전승의 변화가 일어났는지를 먼저 밝힐 필요가 있다.

세 가지 이유를 각각 역사적, 문학적, 그리고 신학적 측면에서 살펴볼 수 있다. 먼저, 역사적인 이유로는 북이스라엘에 대한 심판 예언의 성취에 있다. 아모스와 호세아는 하나같이 임박한 하나님의 심판을 외쳤다. 아모스는 사마리아에 팽배한 부정의와 우상 숭배로 인하여(암 4:1-4) 처녀 이스라엘이 멸망하고(5:2) 다메섹 밖으로 사로잡혀 갈 것을 외친다(5:27). 호세아는 이스라엘의 우상 숭배를 결혼 관계를 파기한 음행으로 규정한다(호 2:2-8). 그럼에도 불구하고 그들이 하나님과의 계약 관계로 돌아오기를 외치나 끝내 돌아오지 않음으로 이스라엘은 하나님께 버림을 받고 여러 나라 가운데 떠도는 백성이 되리라고 예언했다(호 9:17). 그들의 예언은 불과 한 세대인 30년도 지나지 않아 현실이 됐다. 심판을 외쳤던 아모스를 벧엘의 제사장 아마샤는 핍박하여 쫓아 보내었고(암 7:10-13), 호세아의 돌아오라는 외침에 에브라임은 끝끝내 응답하지 않았던 상황에서(호 7:8-16), 이스라엘은 주전 721년 신앗시리아 제국에 의해 패망하게 된다. 예언이 실현됐다! 그들이 저버렸던 예언자들의 말씀이 사실로 증명됐다. 이후 그들은 예언자들의 말씀을 글로 남기기 시작했고 후대에 전수되기에 이른 것이다.

둘째, 문학적인 이유는 예언자들의 선포의 수사학적 성격에 있다. 아모스는 '야웨의 날'을 심판의 날로 전복시킨 최초의 예언자다. 전통적으로 야웨의 날은 '용사이신 하나님'이 이스라엘을 위해 싸워 승리하는 구원의 날이었다. 그러나 구원의 날이 심판의 날이 됐다. "그날"에 이루어질 구원을 기대했던 이스라엘 백성들에게 야웨의 날은 실로 충격적인 공포의 날이 되고 말았다(암 5:18-20). 그 심판의 두려움이 오랫동안 백성들의 가슴에 각인될 수밖에 없었다. 호세아의 경우 이스라엘의 죄악상을 본인의 불행한 결혼생활을 통해 자극적으로 고발했다. 이스라엘의 우상 숭배는 남편이신 여호와를 떠난 음행이라는 사실을 품행이 나쁜 아내 고멜과의 관계를 통해 극명하게 드러냈다. 더 충격적인 사실은 그럼에도 불구하고 몇 번이고 아내를 용서하고 받아주는 호세아 본인의 삶을 통해 이스라엘을 향한 하나님의 포기하지 않는 사랑('헤세드')을 알려주고 있는 것이다. 같은 주전 8세기 예언자 미가는 이스라엘의 심판을 종말론적인 선포로 극화했다. 산과 골짜기가 녹아내리는 환상을 직시하게 함으로써 다가오는 심판의 두려움을 극대화하고 있다(미 1:3-4). 그뿐 아니라 미가는 호세아와 더불어(호 4:1) 하나님의 법정 고발('리브')의 형식으로 이스라엘의 죄악상을 폭로했다(미 6:1). 하나님이 원고가 되고 이스라엘은 피고가 되어 그들의 범죄와 타락의 내용들이 낱낱이 드러나게 함으로써 죄를 객관적으로 돌아보게 했다. 이와 같은 반전과 생활 예언, 종말론적 직시와 법정 고발의 수사학이 예언을 듣는 자들의 뇌리에 남게 되고 점차로 새로운 수사학적인 문체로 발전되기에 이른 것이다.

셋째, 신학적인 이유로는 야웨 하나님 개념의 확대를 들 수 있다. 고대 근동의 민족 신 개념에 머물렀던 야웨가 열방을 다스리는 온 세계의 주권자로 이해되기 시작했다. 이집트나 메소포타미아의 제국들은 하나님의 심판의 도구라는 혁신적인 메시지가 선포됐다(암 6:14; 호 9:6). 심지어 야웨는 이스라엘만 구원한 것이 아니라 다른 나라들도 구원하는 신이다: "여호와의 말씀이니라 이스라엘 자손들아 너희는 내게 구스 족속 같지 아니하냐 내가 이스라엘을 애굽 땅에서, 블레셋 사람을 갑돌에서, 아람 사람을 기르에서 올라오게 하지 아니하였느냐"(암 9:7). 특별히 "열방에 대한 심판 선포"는 아모스로부터 도입된 문학 장르로서(암 1:3-2:3) 이후 거의 모든 문서 예언자들에게 한결같이 보도된다. 이제 야웨 하나님은 이스라엘과 유다만의 하나님이 아니다. 모든 민족들의 운명을 좌우하는 온 우주의 통치자로 이해됐다. 이러한 신학적인 변혁과 발전은 한 시대의 단편적 예언 활동으로 가능하지 않다. 어떻게 보면 주전 8세기 예언자들은 이전의 야웨 전승의 충실한 보존자요 계승자이면서 동시에 예언자적 상상력과 통찰을 통해 시대적 도전과 변화 속에서 더 깊은 하나님에 대한 이해로 나아간 신학적 선구자였다. 그들의 새로운 사고가 당대의 문제에 적극적으로 대응하면서 대안적 메시지로 후대에 계승될 수 있었던 것이다.

2) 소예언서의 구조와 내용

소예언자들의 활동 연대는 몇 명을 제외하고는 불분명하다. 그러나 시기 추정이 가능한 예언자들 중심으로 시대 배경을 구분해보면 아래와 같다.[1]

〈주전 8세기 예언자〉

- 아모스: 약 750년, 북이스라엘 여로보암 2세 통치 시대
- 호세아: 약 745년, 북이스라엘 여로보암 2세, 스가랴, 살룸, 므나헴, 브가히야, 베가, 호세아 통치 시대
- 미가: 약 740년, 남유다 요담, 아하스, 히스기야 통치 시대
- 제1이사야*: 약 740-700년, 남유다 웃시야, 요담, 아하스, 히스기야 통치 시대

〈주전 7세기 예언자〉

- 스바냐: 약 627-622년, 요시야 통치 시대
- 나훔: 니느웨 멸망(612년) 전
- 하박국: 약 605년, 여호야김 통치 시대
- 예레미야*: 약 627-587년, 요시야, 여호야김, 시드기야 통치 시대

1. 이해를 돕기 위해 상응하는 연대에 대예언자들도 *로 표기했다.

〈주전 6세기(포로기) 예언자〉

- 에스겔*: 약 593-573년, 바빌론
- 제2이사야*: 약 540년, 바빌론

〈포로기 이후 예언자〉

- 학개와 스가랴: 약 520-515년, 유다(예후드) 공동체
- 말라기: 약 500-450년
- 제3이사야*: 약 500년

시대 추정이 힘든 세 명의 예언자들은 위의 표기에서 빠졌다. 그러나 오바댜의 경우 유다 자손이 패망하는 날(옵 1:12)이 기록되어 있기에 포로기 이후 시기로 볼 수 있다. 요나의 경우 니느웨 성읍을 이야기하지만 타민족을 받아들이는 관점이 반영되어 있기에 실제 쓰인 시기는 포로기나 포로 후기 정도로 판단된다. 요엘은 아래에서 밝히겠으나 그 내용상 포로 후기 페르시아 시대에 가깝다.

(1) 아모스, 호세아, 미가

아모스는 남유다 드고아 출신이었지만 북이스라엘에서 활동한 예언자였다. 그의 활동 시기인 주전 750년경은 여로보암 2세 재위 시기(주전 786-746년)로서 북이스라엘의 중흥기였다. 정치적으로는 하맛 어귀에서부터 아라바 바다까지 영토가 회복됐으며(왕하

14:25-28) 당시 남북 왕조의 확장 정책은 경제적으로도 무역 교류의 증가를 가져와 부를 축적하는 시기이기도 했다. 그러나 경제적인 풍요는 신앙적인 해이와 타락을 가져오는 결과를 빚었다. 빈부 격차와 우상 숭배의 현실을 지적하면서 하나님의 정의와 공의를 세우지 않는다면 다가오는 야웨의 날을 피할 수 없음을 아모스는 예언했다. 아모스서의 구조를 내용 중심으로 세분하면 다음과 같다.

1:1–2	유다 왕 웃시야 시대에 아모스에게 임한 하나님의 말씀
1:3–2:3	이방 족속에 대한 심판 예언
2:4–8	남유다(4-5절)와 북이스라엘(6-8절)에 대한 심판 선포
2:9–16	심판의 이유
3:1–2	심판의 이유
3:3–8	하나님의 심판 선포의 정당성
3:9–15	사마리아/북이스라엘에 대한 심판 선포
4:1–3	이스라엘에 대한 심판 선포
4:4–11	이스라엘의 죄악상 – 헛된 예배와 회개치 않음
4:12–13	그 결과로 이스라엘에 재앙이 다가옴
5:1–9	이스라엘에 대한 하나님의 애가와 처방책
5:10–13	이스라엘에 대한 죄악상 고발

5:14-17 하나님의 처방책과 이스라엘의 애통

5:18-27 "여호와의 날"

5:18-20 여호와의 날은 심판의 날

5:21-23 하나님의 진노

5:24 처방책:

"오직 정의를 물같이, 공의를 마르지 않는 강같이"

5:25-27 징벌: 여호와의 날의 결과

6:1-7 지도자들의 안일함과 회개치 않음

6:8-11 하나님의 전방위적인 심판

6:12-14 하나님의 심판 선포의 정당성

7:1-3 환상 1: 메뚜기 심판(돌이킴)

7:4-6 환상 2: 불 심판(돌이킴)

7:7-9 환상 3: 다림줄 심판(임박함)

7:10-17 아모스의 소명장과 예언의 정당성

7:10-13 벧엘의 제사장 아마샤와의 대결

7:14-15 아모스의 소명

7:16-17 아마샤에 임하는 심판

8:1-3	환상 4: '켈루브 카이츠'(여름 실과 광주리)[2]
8:4-8	심판의 이유
8:9-14	심판 선포
9:1-6	전방위적 심판 선포
9:7-8	보편적 하나님의 비전과 선민 사상
9:9-10	죄악상
9:11-15	이스라엘의 회복

아모스의 전체적인 구조는 심판 선포와 심판의 이유인 죄악상 고발이라는 기본적인 틀로 구성되어 있다. 심판 선포는 문서 이전 예언자들에게 찾을 수 없었던 이방에 대한 심판 예언과 종말론적인 야웨의 날에 대한 선포가 주를 이루고 있다. 심판의 이유인 이스라엘의 죄악상에는 신앙적 문제와 사회적 문제가 동시에 고발된다. 먼저, 신앙적인 문제로는 성별된 백성의 규정 위반(암 2:12), 계약 관계 이탈(암 3:1-2), 헛된 예배와 회개치 않음(암 4:4-11), 심판의 현실 앞에서의 안일함(암 9:9-10) 등이 있었다. 사회적인 문제로는 가난한 자 학대(암 4:1), 부당한 세금 착취와 뇌물 수수(암 5:11-12), 지도자들의 교만과 안일(암 6:1-7), 극빈자 착취와 인신매매(암 8:4-5) 등이 격렬하게 비판됐다.

아모스는 "야웨의 날"에 이루어질 심판을 피하기 위해 몇 가지

2. '카이츠'(여름 실과)와 '케츠'(종말)는 동일한 어근을 이용한 언어유희다.

처방책을 제시한다. 첫째, 이제라도 야웨를 찾아야 한다(암 5:4-8): "여호와께서 이스라엘 족속에게 이와 같이 말씀하시기를 너희는 나를 찾으라 그리하면 살리라"(암 5:4). 더 이상 헛된 제사와 혼합적 예배의 현장인 벧엘이나 길갈 또는 브엘세바로 가지 말고(암 5:5) 만물의 창조자인 하나님을 찾으라고 권면한다(암 5:8). 둘째, 선을 구하고 악을 버리며 성문에서 정의를 세우라고 주문한다(암 5:14-15). 사회적인 부정의에 대한 치유책이다. 특히, 정의 실현에 대한 예언자의 호소는 5:24에서 유명한 비유적 환상으로 선포된다: "오직 정의를 물같이, 공의를 마르지 않는 강같이 흐르게 할지어다." 물이 높은 데서 낮은 데로 흐르듯, 강이 파인 곳을 먼저 채우듯, 사회에서 공평하고 공정한 정의가 이루어지는 비전을 계시했다. 셋째, 남은 자는 구원하실 것이라고 말한다. 죄악의 사회 속에서 선을 행하는 "요셉의 남은 자"(암 5:15)를 불쌍히 여기실 것이요 야곱의 집은 온전히 멸하지 않을 것을 약속하고 있다(암 9:8). 넷째, "그 날"에 이루어질 회복의 비전이다(암 9:11-15). 야웨의 날이 구원의 날에서 심판의 날로 선포됐다면 그럼에도 불구하고 심판 후 새로운 그날에는 다시금 구원이 이루어질 것이다.

> 그날에 내가 다윗의 무너진 장막을 일으키고 그것들의 틈을 막으며 그 허물어진 것을 일으켜서 옛적과 같이 세우고. (암 9:11)

> 여호와의 말씀이니라 보라 날이 이를지라 그때에 파종하는 자가

곡식 추수하는 자의 뒤를 이으며 포도를 밟는 자가 씨 뿌리는 자의 뒤를 이으며 산들은 단 포도주를 흘리며 작은 산들은 녹으리라. (암 9:13)

야웨께서 허락하실 새로운 그날에는 허물어진 이스라엘 공동체를 세우시기 위하여 사로잡힌 곳에서 돌이키실 뿐만 아니라(암 9:14) 이 위에 두 가지 새로운 약속이 주어진다. 하나는 만국을 기업으로 주신다는 것이며(암 9:12), 또 다른 한 가지는 다시는 허락하신 땅에서 뽑혀서 쫓겨나는 일이 없을 것이라는(암 9:15) 약속이다.[3] 주전 8세기 예언자의 시조인 아모스에게 주어진 새로운 약속이 약 180년 후 예레미야에게 더욱 강화된 새 언약으로(렘 31:31) 등장하는 것은 우연이 아니다. 문서 예언자들의 예언 전승이 후대까지 영향을 미치고 있었기 때문이다.

호세아는 아모스와 거의 비슷한 시기에 북이스라엘에서 예언했다. 그러나 두 사람의 메시지는 판이하다. 정의('미쉬팟')의 예언자 아모스는 혹독한 심판이 주된 내용을 이루었다. 반면에, 호세아는 긍휼의 하나님을 부각시킨다. 물론, 북이스라엘의 우상 숭배와 범죄로 인한 심판의 메시지는 동일하다. 그럼에도 불구하고 인애('헤세드')의 하나님께서 이스라엘을 버리지 않으실 것이라는 회복

3. 학자들에 따르면 9장 후반부의 "이스라엘의 회복"(9:11-15)은 후대의 첨가로도 본다: 브랜트 A 스트런, 『간추린 구약개론』, 정의현 옮김 (서울: 기독교문서선교회, 2021), 141. 그러나 본서에서는 현재의 정경 본문의 내용을 충실히 따랐다.

의 선포가 계속해서 함께 나온다. 그것도 호세아의 개인적인 결혼 생활의 실증을 들어 하나님의 포기하지 않는 사랑을 전한다. 예언자는 고멜이라는 여인에게서 이스르엘, 로루하마, 로암미라는 이름의 세 남매를 얻는다(호 1:2-9). 그러나 자식까지 낳고도 고멜은 바람을 피워 다른 남자랑 살게 된다. 하나님께서는 호세아에게 그녀를 다시 데려오라 명하신다. 예언자는 "은 열다섯 개와 보리 한 호멜 반"의 값을 치르고 아내를 데려와 다시 살게 된다(호 3:1-3). 이같이 여호와는 음행한 이스라엘을 돌아오게 하고 하나님의 은총으로 회복하리라는 약속을 호세아를 통해 보이고 있다(호 2:14-23; 3:5). 이스라엘을 향한 하나님의 애절한 사랑을 담고 있는 호세아서 내용의 구성은 아래와 같다.

1:1	여로보암 2세 시대에 호세아에게 임한 하나님의 말씀
1:2-9	고멜과의 결혼과 세 자녀의 이름을 통한 심판 선포
1:10-2:1	이스라엘과 유다의 회복 선포
2:2-13	이스라엘의 음행에 대한 심판 선포
2:14-23	여호와의 사랑을 통한 회복 선포
3:1-5	음녀가 된 여인과 그 여자를 사랑하는 호세아
4:1-5	여호와의 '리브'(논쟁/법정 고발)를 통한 멸망 선언
4:6-19	백성과 제사장에 대한 심판 선포
5:1-7	이스라엘과 유다의 음란과 교만으로 인한 심판 선포
5:8-15	이스라엘과 유다 사이의 전쟁(시리아-에브라임 전쟁)

6:1-6	여호와를 아는 지식과 회개 선포
6:7-11	이스라엘과 유다의 죄악상
7:1-16	이스라엘의 거짓과 불신앙, 회개치 않음
8:1-14	우상 숭배로 인한 심판 선포
9:1-17	여호와의 땅으로부터의 추방과 심판 선포
10:1-15	벧엘 제단에 대한 심판
11:1-11	사랑의 줄로 이끄시는 긍휼의 하나님
11:12-12:6	여호와께로 돌아오라
12:7-13:16	에브라임의 죄악상
14:1-3	예언자의 회개 권면
14:4-8	에브라임의 회복
14:9	여호와의 도(하나님을 아는 지식)

전체적인 내용 전개는 아래의 구조에서 보듯이 심판과 회개 선포의 병렬 구조를 보인다. 그러나 인애의 예언자답게 이스라엘에 대한 심판 선포(B, B′, B″)를 회복에 대한 선포(A-A‴)로 앞뒤에서 감싸는 봉합 구조를 궁극적으로 띤다.

1-3장	하나님의 사랑과 회복 선포	A	
4-5장	심판 선포		B
6장	회개 선포	A′	
7-10장	심판 선포		B′

11:1-12:6 하나님의 사랑과 회개 선포 A″
12:7-13:16 심판 선포 B″
14장 회복 선포와 하나님의 도 A‴

호세아와 고멜의 결혼 생활을 통한 하나님의 사랑을 생생하게 보여주며 일관된 회개 선포로 예언이 진행되다가 마지막 절인 14:9에서 "누가 총명이 있어 이런 일을 **알겠느냐**"의 수사의문문으로 마무리된다. 예언자는 이스라엘과 유다를 향하여 하나님을 아는 지식에 대해 절절하게 호소한다. 하나님에 대한 무슨 지식인가? 이미 6장에서 "여호와를 알자 힘써 여호와를 알자"(호 6:3)고 선포하며 하나님을 아는 지식에 대해서 강조한 바 있다. 또한 앞서 2장에서는 어떤 여호와의 본성을 알아야 하는지 명시했다.

> 내가 네게 장가 들어 영원히 살되 공의와 정의와 은총과 긍휼히 여김으로 네게 장가 들며 진실함으로 네게 장가 들리니 네가 여호와를 알리라. (호 2:19-20)

결국, 호세아는 이스라엘을 향한 무한하고 무조건적인 사랑을 알려주는 예언자다. 아모스의 중심 주제인 '공의'와 '정의'를 간과하지 않으면서 그 위에 "은총"('헤세드')과 "긍휼히 여김"('라하밈')을 더한다. 그리고 그 핵심에 결혼 관계의 "진실함"('에무나')에 대한 강조가 있다. 계약 관계의 상대자 이스라엘이 어떠하든지 간에 여호와와 함께 맺은 언약은 파기되지 않는다. 그들이 돌아오기만 하면 된다. 그 진실하고 포기하지 않는 하나님의 사랑('헤세드')을 아는 것이 이스라엘의 구원이다.

미가는 이사야 예언자와 동시대에 활동했다. 그러나 예루살렘 중심의 궁중 예언자였던 이사야와는 달리 미가는 성읍에서 떨어진 시골 마을 중심의 농민 예언자였다(사 1:21; 미 2:4). 그의 고향으로 알려진 모레셋은 예루살렘에서 남서쪽으로 약 40km 떨어진 세펠라 지역의 시골이며 전통적인 블레셋 도시인 가드 지역 인근에 위치한 유다 지파의 땅이다. 그는 광야에서 외치는 예언자와 같이 부패한 유다 사회를 바라보며 탄식하고 있다(미 1:8-16; 7:1-6). 미가서의 전체적인 구성은 다른 예언자들과 같이 심판 선포와 회복 선포의 틀을 지닌다.

1:1–3:12	**사마리아와 유다에 대한 심판 선포**
1:1–7	심판 선포
1:8–16	예언자의 탄식
2:1–11	죄악상 고발
2:12–13	남은 자
3:1–12	지도자들의 타락
4:1–5:15	**소망과 회복에 대한 선포**
6:1–7:6	**'리브'를 통한 죄악상 고발**
6:1–8	하나님의 법정 고발, '리브'

6:9-16 그들의 죄악상 고발

7:1-6 부패한 사회에 대한 탄식

7:7-20 **이스라엘 대적자에 대한 승리와 회복 선포**

미가는 이사야와 같이 유다 내에서 이루어지는 온갖 부정의를 고발한다. 그중에서도 특징적인 점은 가난한 이들의 노동력을 착취하는 땅 주인들에 대한 고발이다(미 2:1-11). 따라서 하나님의 심판이 그들과 그들의 지도자들에게 임할 것을 선포한다(미 3:1-4). 또 다른 특징은 메시아 예언이다. 곧, 5:2에 "베들레헴 에브라다"를 의인화하여 외친 유명한 장면이 나온다: "베들레헴 에브라다야 너는 유다 족속 중에 작을지라도 이스라엘을 다스릴 자가 네게서 내게로 나올 것이라 그의 근본은 상고에, 영원에 있느니라." 그가 평강의 왕으로 임하여 대적자들을 물리치고 구원하실 것을 선포한다(미 3:5-6). 미가서의 문학적 특징은 법정 논쟁의 형식인 '리브'의 사용이다.

> 너희 산들과 땅의 견고한 지대들아 너희는 여호와의 변론을 들으라 여호와께서 자기 백성과 변론하시며 이스라엘과 변론하실 것이라 이르시기를 내 백성아 내가 무엇을 네게 행하였으며 무슨 일로 너를 괴롭게 하였느냐 너는 내게 증언하라. (미 6:2-3)

여호와의 법정 논쟁이라는 수사학을 사용하여 이스라엘의 죄악상을 고발한다. 그러면서 이스라엘 백성들에게도 자신들을 변론하라고 도전한다(미 6:1). 끝으로, 미가서의 가장 유명한 구절은 하나님의 선하신 뜻을 밝힌 6:8의 말씀이다: "사람아 주께서 선한 것이 무엇임을 네게 보이셨나니 여호와께서 네게 구하시는 것은 오직 정의를 행하며 인자를 사랑하며 겸손하게 네 하나님과 함께 행하는 것이 아니냐." 주전 8세기 예언자들과 더불어 미가는 정의('미쉬팟')와 인자('헤세드')를 강조한다. 그리고 그 위에 겸손히 하나님과 동행하는 삶('할락 임 엘로힘')의 영성을 강조한다. 100여 년 후 예레미야는 미가 예언자의 활동이 언급되면서 목숨을 건지기도 했다(렘 26:18-19). 그만큼 미가 예언자의 예언은 당대뿐만 아니라 후대에까지 상당한 영향력을 끼치고 있었음을 알 수 있다.

(2) 스바냐, 나훔, 하박국

문서 예언자들의 시초를 이루는 아모스와 호세아, 이사야와 미가의 주전 8세기를 지나면 한동안 예언자들의 목소리가 들리지 않는다. 주전 7세기 예언자인 스바냐와 나훔 그리고 예레미야는 627년경부터 활동하기 시작했기에 700년에서 625년 어간의 약 75년간은 '예언의 부재(不在) 시대'였다. 그 이유로는 일단 721년에 신앗시리아 제국에 의해 사마리아가 멸망한 사건의 충격이 가시지 않았을 것이다. 남유다 입장에서 북왕조의 멸망을 눈앞에서 목격했다는 사실은 새로운 종교적인 시도나 활동에 있어 큰 장애가 아닐 수 없었다. 그러나 이보다 더 중대한 원인이 남유다 사회 내에 작용하고 있었다. 바로 친앗시리아 정책을 표방한 므낫세의 폭정이다. 그의 통치 기간인 주전 697년부터 642년까지는 예언 부재의 시대 한가운데를 지나는 중이었음을 주목할 필요가 있다. 선왕 히스기야 시대의 반앗시리아 정책이 실패로 돌아가자 므낫세는 철저하게 앗시리아에 굴복했다. 전통적인 야웨 종교는 앗시리아의 이교 문화의 광풍으로 인해 지하로 숨어들어가 침묵의 시간을 지나게 된 것이다. 더군다나 주전 7세기 중엽은 신앗시리아 제국의 최대 팽창기이기도 했다.[4]

주전 627년 공포의 대상이었던 신앗시리아 제국의 아슈르바니팔 황제가 죽은 때, 오랜 침묵을 깨고 스바냐 예언자가 활동을 시작한다. 스바냐는 주전 8세기 예언자들의 전승을 보존, 새로운 시대에 적용했다. 먼저, 이사야를 따라 스바냐는 신앗시리아 제국이 그들의 자만 때문에 심판을 받으리라고 선포했다(습 2:13-15). 그러나 스바냐는 남유다가 100여 년 전 미가나 이사야의 시대보다 더 악해졌음을 지적한다. 므낫세 통치하에 조장된 모든 제의적 혼란이 만연해 있었기 때문이다. 즉, 바알 숭배와 하늘 신 숭배, 암몬과 모압의 신인 밀곰과 몰렉 숭배 등이 심각했다.[5] 더군다나 므낫

---

4. 산헤립 이후 에살핫돈은 이집트 멤피스를 점령했고(주전 671년), 다음 왕인 아슈르바니팔은 테베(멤피스에서 남쪽으로 700km 떨어진)까지 점령했다(주전 663년). 그러나 신앗시리아 제국은 주전 627년 아슈르바니팔이 죽자 급격히 붕괴되기 시작했다. 공교롭게도 스바냐 예언자가 침묵을 깨고 예언을 시작한 해가 627년이다. 요시야 왕의 종교 개혁은 이러한 새로운 예언 운동과 관계가 깊다.
5. 도널드 E. 고웬, 『구약 예언서 신학』, 199.

세 자신이 힌놈 골짜기에서 아들들을 몰렉에게 바치는 제사를 행하기까지 했다(대하 33:6; 렘 32:35). 둘째, 스바냐는 아모스를 따라 죄악상에 대하여 '야웨의 날'을 선포한다. 그러나 그날의 심판의 규모는 아모스를 능가한다: "내가 사람과 짐승을 진멸하고 공중의 새와 바다의 고기와 거치게 하는 것과 악인들을 아울러 진멸할 것이라 내가 사람을 땅 위에서 멸절하리라 나 여호와의 말이니라"(습 1:3). 셋째, 아모스로부터 문서 예언의 주된 주제로 자리한 이방 민족에 대한 심판 선포가 여전히 스바냐서에서도 등장한다. 남유다 주변의 모든 국가들, 즉 블레셋으로부터 모압과 암몬, 구스와 앗시리아까지 총망라되어 여호와가 세상의 모든 신들을 통치하는 주권자임을 선포한다(습 2:11). 이 밖에도 스바냐는 아모스와 호세아에게서 공히 발견되는 사회적 부정의와 우상 숭배를 고발하고 있다. 또한 미가서 6:8과 같이 심판의 날을 모면하는 남은 자들은 바로 여호와를 찾는 "겸손한 자들"(습 2:3)이라고 강조한다. 따라서 스바냐는 주전 8세기 예언서 전승의 종합체라고 표현해도 과언이 아니다. 스바냐서 전체적 내용 구성은 아래와 같다.

1:1	요시야 시대에 스바냐에게 임한 말씀
1:2-18	야웨의 날 심판 선포
2:1-3	심판이 임하기 전 회개를 종용
2:4-15	이방 민족에 대한 심판 선포[6]

6. 특히, 2:13-15은 나훔과 같이 앗시리아의 멸망에 대해 예언한다.

3:1-8 예루살렘에 대한 심판

3:9-13 회복된 백성과 남은 자

3:14-20 예루살렘의 승리에 대한 새 노래

나훔은 주전 612년 메대와 신바빌로니아 제국에 의해 멸망한 니느웨에 대한 혹독한 심판 예언이다. 그럼에도 나훔의 뜻은 '위로'이다. 왜냐하면, 이미 주전 8세기 말 사마리아를 파괴시키고 7세기 내내 홀로 남은 남유다를 괴롭혀온 신앗시리아 제국이 멸망했기 때문이다. "보복하시는 하나님"(나 1:2)이 드디어 분노를 발하시고 대적자를 무너뜨렸기에 이스라엘은 위로를 받게 된다. 1:1에 "니느웨에 대한 경고"에서 경고는 '마싸'라는 단어로 본래는 "짐을 진다"는 어원을 지니고 있으며,[7] 예언서에서 하나님의 말씀이 경고로 주어질 때 주로 사용되는 표현이다.[8] "나훔의 묵시의 글"이라 할 때 묵시는 '하존'이라는 단어로서 "환상"이나 "비전"을 의미한다. 이는 예언자가 경험한 특별한 계시를 가리킨다. 또한 나훔은 "엘고스 사람"으로 소개되는데 후보지는 갈릴리 지역 또는 유다 지파의 지역 또는 티그리스강 유역 등 다양하다.

나훔의 특징은 주전 8세기 예언자들로부터 등장한 "이방 민족에 대한 심판 예언"이 예언서 전체에 소개되고 있다는 점이다. 이러한 점에서 오바댜와 요나와 유사한 문학적 맥락을 지닌다. 유다

7. 개역개정판에서는 "경고"로 번역: 나 1:1; 슥 12:1; 말 1:1; 참조, 슥 9:1.
8. 예, 사 13:1, 15:1, 19:1; 슥 9:1, 12:1; 말 1:1; 비교, 잠 31:1.

와 예루살렘에 대한 심판 예언이 결여되어 있는 것도 또 다른 특징이다. 가장 큰 특이점은 니느웨에게 임하는 심판이 '하존'을 통해서 묘사될 때 가장 두려워할 만한 자연 현상이 동원된다는 사실이다[9]: "회오리바람과 광풍"(1:3), "바다를 꾸짖어 그것을 말리시며"(1:4), "산들이 진동하며 작은 산들이 녹고"(1:5), "범람하는 물"(1:8), "가시덤불같이 엉크러졌고"(1:10). 신앗시리아 제국의 공포와 억압이 컸던 만큼 이제 역으로 그들에게 임한 심판 또한 모든 자연 세계가 뒤바뀔 정도의 극심한 파괴로 표현되고 있다. 이렇게 나훔서의 내용은 단순한 구조를 지닌다.

1:1-8	용사이신 하나님께 드리는 찬미
1:9-2:2	니느웨의 심판과 유다의 구원
2:3-3:19	니느웨의 멸망과 조롱의 노래

나훔이 신앗시리아 제국에 대하여 예언했다면 하박국은 신바빌로니아 제국과 관련된 예언을 하고 있다. 그러나 나훔의 니느웨 멸망에 대한 심판 선포와는 달리 하박국은 신바빌로니아 제국의 갈대아인들의 횡포를 불평의 형식으로 고발하고 있다. 그러면서 위기의 시대에 이스라엘 백성들이 어떻게 하나님 앞에 응답해야 하는지에 대한 격려의 예언을 선포하고 있다. 하박국의 이름은 "포옹"을 뜻하며 또한 아카드어에서 유래된 식물 이름으로도 보

9. 도널드 E. 고웬, 『구약 예언서 신학』, 212.

지만 명확지는 않다. 하박국의 활동 연대는 1:6에 "갈대아 사람"이 명시되어 있기에 주전 626년 나보폴라살이 앗시리아를 공격하던 시기로 보기도 한다.[10] 그러나 1장과 2장에서 갈대아 사람의 위협이 이스라엘에게 실제적인 고통으로 나타나는 것을 볼 때 여호야김 시대 이후 줄곧 남유다를 괴롭히고 백성들을 포로로 끌고가던 남유다의 마지막 시기로 보는 것이 더 타당하다.

하박국서는 질의응답의 형식으로 하나님의 말씀을 받고 있는 것이 특이하다. 먼저, 1:2-4에서 예언자가 "악인이 의인을 에워싼" 부정의의 현실을 탄식하며 아뢴다. 이에 대하여 1:5-11에는 갈대아 사람을 일으켜 심판을 행할 것이라는 하나님의 응답이 나온다. 예언자는 이 응답에 만족하지 않고 1:12-17에서는 두 번째 질문을 아뢴다. "어찌하여 거짓된 자들을 방관하시며 악인이 자기보다 의로운 사람을 삼키는데도 잠잠하시나이까"(합 1:13). 즉, 왜 악인인 갈대아 사람들을 일으켜 의인인 남유다 하나님의 백성을 심판하시는가라는 궁극적인 하나님의 정의와 섭리에 대한 질문을 드린다. 이에, 하나님께서는 2장 전체를 통해 결국에 신바빌로니아 제국에 대한 심판이 반드시 이루어질 것을 선포한다. 끝으로, 예언자는 하나님의 말씀 앞에 묵상적 기도와 찬양을 드린다. 이와 같은 내용이 아래의 구조를 통해 전개되고 있다.

---

10. 우택주, "12 예언서," 『구약성서개론』, 661.

1:1-2:20 **하박국과 하나님의 대화**

1:1-4 하박국의 탄원

1:5-11 하나님의 답변:

갈대아인들이 유다에 대한 하나님의 징벌의 도구

1:12-17 하박국의 탄원

2:1-20 하나님의 답변: 정의의 심판

3:1-19 **하박국의 기도**

3:1-2 서론

3:3-15 진노하시는 하나님의 임재

3:16-19 하박국의 찬양

(3) 요나, 요엘, 오바댜

요나는 그 문학적 형식과 전달하고자 하는 내용에서 다른 예언서들에 비해 가장 특이한 문서이다. 문학 형식은 하나의 짧은 전기소설 또는 지혜담론을 연상케 하며 내용은 나훔과는 정반대로 적국인 신앗시리아 제국의 회개와 구원을 다루고 있기 때문이다. 더 나아가서 실제 예언자의 예언은 단 다섯 어절에 불과하다 (3:4).[11] 학자들 중에는 이와 같은 이유로 요나라는 예언자의 역사성을 의심하기도 한다. 그러나 분명한 사실은 이스라엘 역사의 어느 지점에서 적국인 나라들에 대한 이스라엘의 인식이 달라진 시점이 있다는 것이다. 전통적인 관념은 나훔처럼, 또 오바댜처럼 적국

11. **עוד ארבעים יום ונינוה נהפכת** ("사십 일이 지나면 니느웨가 무너지리라").

에 대한 하나님의 보복하심이다. 그러나 요나는 이스라엘의 기대와는 다른 하나님의 뜻을 계시한다. 이방인들에게도 회개의 기회가 주어지며 누구든지 회개하면 구원을 얻는다는 열방의 주권자인 하나님의 섭리가 드러나고 있다. 따라서 요나서는 도리어 나훔서나 오바댜서보다도 더 늦은 시기 곧 이스라엘에게 국제적인 감각이 지배적으로 자리하는 페르시아 시대에 저작된 것으로 보인다.

요나서의 문학적 구성 요소를 다룰 때 가장 주목할 만한 부분은 지혜 전승의 영향이다. 먼저, 그 내용에 있어서 창조 신학적 요소가 주된 문학적 동기를 이룬다. 요나서의 이야기는 처음부터 끝까지 창조주 하나님의 섭리 가운데 진행된다. 하나님의 예언 명령을 거스르고 다시스로 도망가는 요나가 탄 배에 큰 폭풍우가 닥친다. 바다에 던져진 예언자를 큰 물고기가 삼킨다. 바로 그 물고기 배 속에서 삼 일 밤낮을 지내며 요나는 회개하게 된다. 그러나 니느웨에서 회개 선포를 마치고 요나는 다시금 하나님께 불평하게 된다. 그러한 예언자를 일깨우기 위해 하나님은 큰 박 넝쿨과 그 식물을 파먹는 벌레를 사용한다. 끝으로, 하나님은 니느웨 성읍의 좌우를 분변하지 못하는 인간들, 그리고 심지어 가축들까지도 돌보신다는 사실을 알려준다. 모든 피조물이 야웨께 속했음을 분명히 하고 있는 것이다.[12] 또한 내용뿐만 아니라 문학 형식에 있어서도 지혜문학의 수사의문문을 동원하고 있다. 특별히 가장 중요한

12. 도널드 E. 고웬, 『구약 예언서 신학』, 335.

주제인 요나의 배타주의를 깨는 장면에서 창조주 하나님의 포용적 사랑을 수사의문문을 통한 깨우침으로 교육하고 있다.

> 여호와께서 이르시되 네가 성내는 것이 옳으냐 하시니라. (욘 4:4)

> 하나님이 요나에게 이르시되 네가 이 박 넝쿨로 말미암아 성내는 것이 어찌 옳으냐 하시니. (욘 4:9a)

> 하물며 이 큰 성읍 니느웨에는 좌우를 분변하지 못하는 자가 십이만여 명이요 가축도 많이 있나니 내가 어찌 아끼지 아니하겠느냐 하시니라. (욘 4:11)

교육적인 질의응답의 형식과 지혜자적 깨우침을 이끌어내는 수사의문문의 도입은 창조주 하나님의 섭리를 일깨우는 욥기의 폭풍우 신 언설과 유사하다(욥 38-42장). 이것으로 요나서 저작의 배경에 지혜 서기관들의 역할이 작용하고 있었다는 합리적 추정이 가능하다. 더군다나 기존의 개념과는 전혀 다른 방향의 새로운 사상을 제시하고 있다는 점에서 요나서의 지혜 전승의 배경을 짐작할 수 있다. 요나서의 전체 이야기는 아래와 같이 구성되어 있다.

1:1–2:10 **요나의 소명과 도망, 갈등 그리고 돌아옴**

1:1–3 야웨의 명령과 요나의 반응

1:4-6 야웨의 폭풍과 사람들의 반응

1:7-16 재난을 벗어나려는 이방 선원들의 노력과 결과

1:17-2:10 물고기 배 속의 요나의 기도

3:1-4:11 **선교, 회개, 그리고 불평**

3:1-4 야웨의 명령과 요나의 반응

3:5-10 재앙을 피하려는 니느웨 사람들의 노력과 결과

4:1-5 요나의 반응, 야웨의 대답, 그리고 요나의 떠남

4:6-11 야웨와 요나의 논쟁(무엇이 옳은가?)

요엘 또한 요나와 같이 명확한 시대 추정은 어렵다. 왜냐하면 예언서의 주된 심판으로 소개되는 메뚜기 재앙은 주전 9세기부터 2세기에 걸쳐서 다양한 시대에 있었기 때문이다. 천생 요나서처럼 내용을 통해서 저작 시기를 가늠할 수밖에 없다. 대부분의 학자들은 요엘서가 포로 후기에 등장한 것으로 본다. 그 첫 번째 근거는 요엘이 말하는 '야웨의 날'이라는 새로운 개념에 있다. 그날은 주전 8세기 예언자들처럼 재앙의 날이지만(욜 1:15; 2:1-2, 11), 동시에 주전 6세기 포로 후기 예언자들처럼 야웨의 개입을 통해 적들로부터 구원받는 날이다(욜 3:16). 둘째, 탄식시에서 자주 등장하는 탄식과 불평들이 발견된다(욜 1:13-20). 공개적 불평이 감히 표현될 수 있는 것은 회복 예언에 대한 기대가 귀환 공동체의 현실에서 실현되지 않았던 포로 후기 시대에 비로소 가능하다.[13] 셋째, 궁극적인 하

13. 포로 후기 주전 5세기 예언자 말라기에게서 항변과 불평의 목소리가 자주

나님의 뜻은 재앙이 아닌 하나님의 백성에게 복 주시는 것임을 밝히는 장면이다(욜 2:12-14). 포로 후기 공동체의 현실에도 불구하고 낙담하지 말고 끝까지 하나님의 은혜를 기다리라는 예언자의 격려의 메시지다.[14] 넷째, 공적 제의의 중요성을 강조하고 있다(욜 1:13-14; 2:15-17). 말라기와 같이 제의 공동체의 정체성을 부각시키는 점에서(말 2:4-7; 3:10) 포로 후기의 상황을 반영하고 있다. 끝으로, 가장 포로 후기적 요소로 볼 수 있는 것은 은사의 "민주화"에[15] 대한 다음의 구절이다.

> 그 후에 내가 내 영을 만민에게 부어 주리니 너희 자녀들이 장래 일을 말할 것이며 너희 늙은이는 꿈을 꾸며 너희 젊은이는 이상을 볼 것이며 그때에 내가 또 내 영을 남종과 여종에게 부어 줄 것이며. (욜 2:28-29)

이는 다음 구절인 2:32에서 "누구든지 여호와의 이름을 부르는 자는 구원을 얻으리니 …"의 말씀과 더불어 장애인이나 이방인이나 구분 없이 누구에게나 열려 있는[16] 보편적인 하나님의 구원을 알리는 포로 후기의 사상적 특징을 보여준다. 요엘서의 전체적인 구

등장함을 기억하라: 말 1:2a, 6b, 7, 12-13; 2:14a, 17; 3:7b-8, 13b-15.

14. 도널드 E. 고웬, 『구약 예언서 신학』, 428.
15. 도널드 E. 고웬, 『구약 예언서 신학』, 431.
16. 참조, 사 56:1-8

조는 아래와 같다.[17]

1:1-2:17 **하나님의 징벌로서의 메뚜기 재앙**

1:1-20 민족적 애곡의 날 선포

2:1-17 심판 앞에서의 회개

2:18-3:21 **민족에게 축복의 날 도래**

2:18-27 풍작의 회복

2:28-32 주님의 날

3:1-15 열방들이 재판받기 위해 소환됨

3:16-21 시온에서 드러나는 하나님의 영광

오바댜는 열두 소예언서 가운데 가장 짧은 예언서다. 총 21절로 구약성경 전체에서도 가장 짧은 책이다. 여기에는 이스라엘의 원수 에돔을 향한 심판 신탁이 보존되어 있다. 에돔은 실제로 주전 587년 남유다 멸망 이후 유다의 소유였던 땅을 상당 부분 차지했다. 에스겔 25:12에서는 "에돔이 유다 족속을 쳐서 원수를 갚았고 원수를 갚음으로 심히 범죄하였도다"를 언급함으로써 에돔의 죄악상을 고발하고 있다. 또한 시편 137:7에서도, "여호와여 예루살렘이 멸망하던 날을 기억하시고 에돔 자손을 치소서 그들의 말이 헐어 버리라 헐어 버리라 그 기초까지 헐어 버리라 하였나이다"라는 언급을 통해 적대 관계의 원인을 역사적으로 밝혀주고 있

17. Lawrence Boadt, *Reading the Old Testament, An Introduction*, 467.

다.[18]

오바댜(עבדיה)의 이름은 "야웨의 종" 또는 "야웨를 예배하는 자"라는 뜻이다. 소예언서의 묶음에서 아모스 다음에 위치하는 것은 두 개의 책 공히 '야웨의 날'에 대한 강조가 드러나 있기 때문이다. 본문의 시기는 주전 587년 예루살렘 멸망 직후로 보인다. 왜냐하면 10-14절에 의하면 예루살렘이 바빌로니아 군대에게 정복당할 당시 에돔은 도피하던 유다 사람들을 붙잡아 바빌로니아에 내어주면서 이스라엘 멸망을 기뻐했다고 기록하고 있기 때문이다. 한편으로는 1b-5절까지의 내용이 예레미야 49:7 이하의 내용과 평행하기에 두 예언서 간 상호 의존성을 지적하면서(옵 1:2-4 = 렘 49:15-16; 옵 1:5 = 렘 49:9) 예레미야와 비슷한 시기로 추정하기도 한다. 오바댜서의 구성은 아래와 같다.[19]

1절	표제
2-9절	에돔 심판 신탁
10-14절	에돔의 죄악상
15-21절	야웨의 날과 이스라엘의 회복

(4) 학개, 스가랴, 말라기

학개와 스가랴 그리고 말라기는 대표적인 포로 후기 예언자들

18. 도널드 E. 고웬, 『구약 예언서 신학』, 279.
19. 우택주, "12 예언서," 『구약성서개론』, 673-77.

이다. 학개와 스가랴는 포로 후기 공동체의 시초, 곧 제2성전 건축 시기에[20] 활동한 예언자이며 말라기는 그들보다도 한 세기가량 늦은 시기에[21] 예언하며 구약성서 시대의 마지막을 장식하고 있는 예언자다.

학개는 고레스 칙령(주전 538년)에 의해 바빌론에서 예루살렘으로 귀환한 때에 활동했다. 이때는 예레미야, 에스겔, 포로기 이사야 등의 회복 예언이 고레스 칙령에 의해 실제로 성취된 시기이기도 하다. 따라서 이스라엘의 회복의 꿈과 희망이 한껏 부풀어 오르던 때였다. 그러나 실제로 귀환한 이스라엘인들의 형편은 어려움의 연속이었다.

> 너희가 많이 뿌릴지라도 수확이 적으며 먹을지라도 배부르지 못하며 마실지라도 흡족하지 못하며 입어도 따뜻하지 못하며 일꾼이 삯을 받아도 그것을 구멍 뚫어진 전대에 넣음이 되느니라. (학 1:6)

> 너희가 많은 것을 바랐으나 도리어 적었고 너희가 그것을 집으로 가져갔으나 내가 불어 버렸느니라. (1:9a)

이 구절들이 귀환 직후의 힘든 상황을 말해주고 있다. 바빌론에서

---

20. 주전 520-515년; 참조, 스 5:1-2
21. 주전 약 500-450년.

예루살렘까지는 직선거리로만 하더라도 800km가 넘는다. 실제로 유프라테스강을 따라서 북서쪽으로 이동하다가 하란 근처에서 남서쪽으로 방향을 틀어 다마스쿠스를 거쳐서 예루살렘까지 이르는 거리는 1,500km에 가깝다. 그렇게 힘든 여정을 말씀만을 좇아서 돌아온 포로 귀환민들에게 회복과 안정은 여전히 없었다. 학개는 회복불발의 원인이 하나님의 성전 건축의 지연에 있음을 지적했다.

> 이 성전이 황폐하였거늘 너희가 이때에 판벽한 집에 거주하는 것이 옳으냐. (학 1:4)

> 너희는 산에 올라가서 나무를 가져다가 성전을 건축하라 그리하면 내가 그것으로 말미암아 기뻐하고 또 영광을 얻으리라 여호와가 말하였느니라. (1:8)

이후 예언자 학개와 더불어 총독 스룹바벨, 대제사장 여호수아(예수아)의 리더십을 통해(1:1, 12-14) 주전 520년에서 515년까지 제2성전이 건축되기에 이른다.

학개는 총 네 개의 예언으로 구성되어 있다.

1:1-15	성전 건축 독려와 회복의 약속
2:1-9	성전 건축 독려 및 성전의 영광과 공동체의 평강 약속

2:10-19 민족의 죄로 인한 저주의 현실과 도래하는 복

2:20-23 열방 멸망과 스룹바벨의 통치 약속

학개서 내용의 특징은 다음의 세 가지다. 첫째, 포로기 이전의 예언자들이 성전에서 드리는 형식적 예배를 비판한 것과는 달리 학개는 성전 예배를 중시한다. 성전의 중요성은 포로 후기 귀환 공동체의 신앙 중심지로서 부각될 수밖에 없었다. 둘째, 성전의 중요성을 강조했으나 학개 예언자의 보다 중요한 강조점은 보이는 건물보다는 공동체와 함께하시는 하나님의 임재에 있다.

> 그때에 여호와의 사자 학개가 여호와의 위임을 받아 백성에게 말하여 이르되 여호와가 말하노니 내가 너희와 함께 하노라 하니라. (학 1:13)

> 너희가 애굽에서 나올 때에 내가 너희와 언약한 말과 나의 영이 계속하여 너희 가운데에 머물러 있나니 너희는 두려워하지 말지어다. (2:5)

셋째, 이사야에게서 발견되는 "기름 부음 받은 자"로서의 메시아 사상보다는 "인장으로 삼으리니"(학 2:23)라는 새로운 메시아 전통을 도입하고 있다. 이는 예레미야 22장에서 고니야 즉, 여호야긴의 인장이 바벨로니아의 왕에게 넘겨졌던 심판으로부터(렘 22:24-

25) 다시금 여호야긴의 손자인 스룹바벨에게 돌아온다는 회복의 선포로 읽힌다. 학개는 자신에게 주어진 포로 후기 상황에서 공동체를 향하여 최선의 선포를 감당했던 신학자이다. 신앙적으로는 귀환 공동체의 경건의 중요성으로서의 성전 건축을 강조하면서도 동시에 제2성전의 보잘것없음에(학 2:3) 대해서는 건물의 규모가 아니라 하나님의 함께하심이 더 중요하다고 명시한다. 정치적으로는 바빌로니아에게 빼앗겼던 다윗 왕조의 인장이 스룹바벨에게 돌아온다는 예언자적 비전 곧, 새로운 시대의 하나님 통치로 귀환 공동체의 구성원들을 인도하고 있다.

스가랴에 의하여 메시아 사상은 한 걸음 더 발전한다. 학개보다는 몇 개월 늦게 활동한[22] 스가랴는 성전 재건 자체에 대한 문제보다는 하나님 통치와 관련하여 좀 더 포괄적인 사명을 행사한다. 곧, 새로운 공동체 형성 그 자체에 집중한다.[23] 스가랴서는 열두 소예언서 가운데 가장 긴 책으로서[24] 1-8장과 9-14장의 두 부분으로 구성되어 있다. 1-8장은 예루살렘의 회복에 대한 메시지이며 여덟 개의 환상이 기록되어 있다. 9-14장은 예루살렘에 대한 두 개의 "경고"('마싸') 묶음으로 메시아 사상이 이곳에서 새롭게 전개된다.

---

22. 학개서의 날짜는 다리우스 왕 제2년의 6, 7, 9월이며 스가랴서는 같은 해 8, 11월 및 제4년 9월이다.
23. 도널드 E. 고웬, 『구약 예언서 신학』, 389.
24. 스가랴서는 총 14장 211절, 호세아서는 총 14장 197절이다.

〈스가랴 1-8장〉[25]

1:1-6 회개 선포

1:7-17 첫째 환상: 홍마를 탄 사람—여호와의 예루살렘 복귀

1:18-21 둘째 환상: 네 뿔과 네 대장장이—이스라엘 대적자들 심판

2:1-13 셋째 환상: 척량줄을 든 사람—하나님의 보호

3:1-10 넷째 환상: 대제사장 여호수아—리더십

4:1-14 다섯째 환상: 순금 등대와 두 감람나무—리더십

5:1-4 여섯째 환상: 날아가는 두루마리—도둑질과 거짓 맹세의 종말

5:5-11 일곱째 환상: 에바 가운데 앉은 여인—부정함의 퇴치

6:1-15 여덟째 환상: 네 병거와 네 바람—도래할 평화

7:1-14 회개 선포

8:1-23 하나님의 예루살렘 귀환

〈스가랴 9-14장〉[26]

첫 번째 묶음: 9-11장

9:1-8 열방에 임하는 심판

9:9-10 새 왕의 임재

9:11-17 포로들을 해방

10:1-2 예언자적 교훈

25. Lawrence Boadt, *Reading the Old Testament, An Introduction,* 442.

26. Ralph L. Smith, *Micah-Malachi* (Waco: Word Books, 1984), 181.

10:3-12 유다와 요셉의 회복

11:1-3 전제군주들에 대한 심판

11:4-17 불성실한 목자

두 번째 묶음: 12-14장

12:1-9 열방의 예루살렘 침략

12:10-14 찌른 자에 대한 예루살렘의 애통

13:1-6 예루살렘의 정화

13:7-9 타격을 입은 목자와 남은 자들의 보존

14:1-5 예루살렘 전쟁의 때

14:6-11 새 예루살렘

14:12-15 예루살렘 대적자들에게 임하는 재앙

14:16-21 예루살렘으로 오르는 열국 백성들

스가랴서는 원시 묵시문학(prtoro-apocalyptic)으로 알려져 있다. 1-8장의 형식이 다니엘서처럼 천사가 계시를 보여주거나 또는 계시의 내용을 해석해 주고 있으며 9-14장은 하나님의 직접적인 개입을 통한 하나님 통치의 완성을 보여주고 있기 때문이다. 스가랴서의 후반부인 9-14장의 메시아 사상은 묵시적 요소들이 더욱 짙게 배어있다. 본래 스가랴는 학개와 더불어 당대의 스룹바벨을 메시아로 기대했었다(슥 4:6-14). 그러나 성전 봉헌식 때 총독 스룹바벨은 온데간데없이 사라지고 대제사장 예수아만 등장한다. 다윗 왕조의 자손으로서의 스룹바벨의 실종은 귀환 공동체의 소망을 보이는 인간적 통치에서 미래에 임할 하나님의 직접적인 통치로 이동하게 했던 것으로 보인다. 묵시적 요소와 결합한 스가랴의 새로운 메시아 사상은 이후 신구약 중간 시대를 준비하게 하고 급기야 예수 그리스도의 오심을 통해 성취되기에 이른다. 일찍이 브루스(F. F. Bruce)는 스가랴에 드러난 메시아 사상이 실제로 예수 그리스도의 메시아적 사명과 연결된 것으로 해석했다.[27] 다음의 일곱 가지 항목에서 그 관련성을 확인할 수 있다: (1) 침을 당한 목자와 흩어지는 양 떼(슥 13:7-9), (2) 자기 백성의 양 떼(슥 9:16), (3) 나귀에 타시고 임하는 왕(슥 9:9-10), (4) "그날에 감람산에 나뉘어짐"(슥 14:4; 참조, 마 26:30; 요 8:1), (5) 은 삼십 전(슥 11:12), (6) 찔림을 당한 자(슥 12:10), (7) 성전 숙청(슥 14:21).

말라기에는 구체적 시대를 추정할 만한 역사적 언급이 없다. 그러나 정황상 포로 후기 시대 유대인 공동체의 일반적 불평을 반영하고 있는 것으로 보아 주전 450년까지의 시기에 저술된 것으로 본다. 제2성전 건립 이후에도 학개가 약속했던 영화가 도래하지 않는 상황에서 야웨 신앙에 대한 불평과 회의가 있는 그대로 표출되고 있기 때문이다. 따라서 말라기는 다음과 같이 총 여섯 개의 논쟁의 말들로 구성되어 있다.

---

27. F. F. Bruce, *The New Testament Development of Old Testament Themes* (Grand Rapids: Wm. B. Eerdmans, 1968), 18.

1:2-5	에돔(에서)보다도 이스라엘(야곱)에 대한 하나님의 사랑
1:6-2:9	무익한 제사를 드리는 제사장들의 죄악
2:10-16	이혼으로 인한 백성들의 죄악(계약 파기)
2:17-3:6	심판하기 위해 임하는 하나님의 사자
3:7-12	회개에 대한 선포와 십일조 도적질
3:13-4:3	심판의 날에 의인에게 주어지는 축복
* 4:4-6	부록: 열두 소예언서 전체에 대한 결론부 첨가[28]

말라기의 내용은 종교 지도자들을 비판하고(말 1:6-2:9; 3:2b-4), 다가올 야웨의 날을 선포하며(말 3:1-5; 4:1-3), 온 민족에 뛰어난 하나님을 선포(말 1:11, 14)한다는 점에서는 앞선 예언자들과 유사한 측면이 있다. 그러나 말라기만의 상이성이 더욱 많이 관찰된다. 무엇보다도 전형적인 예언 양식이 아닌 논쟁적인 방식으로 말씀이 선포되고 있다. 당시 제2성전 공동체가 지니는 일련의 신앙적 문제들을 제기하고 반박하는 형식으로 예언의 말씀들을 엮어간다. 수사학적 질문이 많이 등장하는 것도 이 때문이다. 둘째, 제사장들의 행위를 비판하고는 있으나 여전히 성전의 중요성과[29] 제사장 제도

28. 도널드 E. 고웬, 『구약 예언서 신학』, 413-14.
29. "만군의 여호와가 이르노라 보라 내가 내 사자를 보내리니 그가 내 앞에서 길을 준비할 것이요 또 너희가 구하는 바 주가 갑자기 그의 성전에 임하시리니 곧 너희가 사모하는 바 언약의 사자가 임하실 것이라"(말 3:1): 그들이 구하는 바 "그 주"('하아돈')가 "그의 성전"('헤이칼로')으로 임재하는 것에 주목하라!

자체는 높이 평가한다. 특히 구약성서의 어떤 곳보다도 레위인들에게 핵심적인 위치가 주어진다(말 2:4-7). 페르시아 제국의 지배 아래에서 성전 중심의 공동체를 통해 자신들의 정체성을 유지할 수밖에 없었던 당시의 상황이 반영되어 있다. 셋째, 이와 관련하여 구체적으로 십일조 규정 위반을 하나님에 대한 도둑질로 지적한다(말 3:8-12). 당시에 성전 공동체의 리더십인 제사장과 레위인들의 주요 소득원인 십일조(레 27:30-33; 민 18:21-32; 신 14:22-29)가 무시되고 있었기 때문이다. 야웨 신앙의 결정체인 성전 제의가 위협받게 되는 것 자체가 현실의 어려움 속에서 점차로 성실한 신앙을 떠나는 자들이 많아지고 있었다는 사실을 방증한다(말 3:14-15). 끝으로, 말라기의 종말론은 용서가 선행된 종말론이다.

> 만군의 여호와가 이르노라 너희 조상들의 날로부터 너희가 나의 규례를 떠나 지키지 아니하였도다 그런즉 내게로 돌아오라 그리하면 나도 너희에게로 돌아가리라 하였더니 너희가 이르기를 우리가 어떻게 하여야 돌아가리이까 하는도다. (말 3:7)

하나님의 백성들이 돌아올 때 하나님도 돌아가리라 선포한다. 백성에 대한 용서가 선행되어야 하나님이 종말론적으로 임재(말 3:2-5)하는 것으로 읽혀진다. 이전의 예레미야나 에스겔, 또는 포로기 이사야에게서 약속된 하나님의 무조건적 은혜의 용서가 이루어지는 종말론적 지평과는 확실히 다른 점이다.[30] 말라기 예언자는 안타까움으로 궁극적인 하나님의 임재의 날 도래 이전에 하나님의 백성들이 본래의 신앙의 자리로 돌아오기를 간절히 소망하고 있었다. 그러하기에 말라기(מלאכי, "나의 사자") 예언자는 자신의 정체성을 주님의 "길을 준비하는" 자로 의식하고 있었던 것이 확실하다.

> 만군의 여호와가 이르노라 보라 내가 내 사자(말라기)를 보내리니 그가 내 앞에서 길을 준비할 것이요. (말 3:1a)

3) 소예언서의 신학

정경에서 12권으로 이루어진 소예언서의 편집에 대하여 내용적으로 분류하려는 학자들의 시도가 있다. 왜냐하면 연대적 순서로 따지면 주전 8세기 예언자인 아모스와 호세아, 미가의 순서로 나와야 하지만 현재의 구약성경은 그와 다르기 때문이다. 일단은 '야웨의 날'의 주제를 중심으로 소예언서의 앞머리에 호세야, 요엘, 아모스를 배치한 것으로 보인다. 그리고 그다음으로 다른 나라에 대한 관심을 보이는 오바댜, 요나, 나훔 등이 따르고 있다. 소예언서의 마무리로 스가랴와 말라기가 놓여 있는 것은 종말론적인

30. 도널드 E. 고웬, 『구약 예언서 신학』, 422.

강조에 의한 것으로 보인다.[31] 그러나 현재의 소예언서의 정경적 배치에 대한 함의는 한마디로 정리하기는 힘들다. 다만, 소예언서의 서두와 말미에서 똑같이 '야웨의 날'에 대한 강조가 대표적으로 아모스와 말라기에 의하여 각각 강조되면서 수미상관의 구조(inclusio)를 이룬다는 점은 분명하다. 그런데 소예언서에서 6번째로 등장하는 미가서는 비교적 심판과 회복의 메시지가 균형 있게 나타난다(심판, 미 1-3, 6장; 회복, 미 4-5, 7장). 그리고 그 앞뒤로 요나서와 나훔서는 각각 회복의 소망과 심판의 두려움을 드러내는 예언서로 자리한다. 이와 같은 관찰을 토대로 소예언서의 전체적인 정경적 구조는 심판 선포에서 회복 소망으로 중심 주제가 옮겨가는 것으로 확인된다.

- 호세아, 요엘, 아모스: 야웨의 날의 심판
- 오바댜: 심판
- 요나: 회복
- 미가: 심판과 회복
- 나훔: 심판
- 하박국: 회복
- 스바냐: 심판
- 학개: 회복
- 스가랴, 말라기: 야웨의 날의 심판과 종말론적 회복

---

31. 브랜트 A. 스트런, 『간추린 구약개론』, 143.

이와 같은 전체적인 구도를 염두에 두면서 이곳에서는 각 예언서들에서 강조되는 신학 주제들을 간략히 살펴봄으로써 앞서 세 개의 대예언서들에서도 공통적으로 관찰되는 바, 심판의 선포와 회복의 약속이 여전히 드러나고 있음을 확인하고자 한다.

먼저, 아모스의 신학은 개혁적 통찰로 가득 차 있다. 첫째, 야웨의 심판의 날에 대한 선포이다. 정치적으로나 경제적으로 잘 나가던 시절이었던 여로보암 2세 때 아모스는 남왕국에서 굳이 북왕국까지 올라가 야웨의 날의 개념을 전복시킨다. 그날은 더 이상 구원의 날이 아닌 심판의 날이 될 것임을 개혁적으로 부르짖는다. 그의 통찰은 모든 것이 잘되어 간다고 착각하고 있는 이스라엘의 무감각을 깨고 다가오는 신앗시리아의 위협, 곧 티글랏-필레셀 3세의 위협을 경계하도록 인도한다. 둘째, 야웨는 이스라엘만의 민족 신이 아니라 역사 가운데 일하시는 열방의 하나님이라는 사실을 천명한다. 아모스로부터 시작된 "열방들에 대한 야웨의 심판 선포"(암 1:3-2:3)는 바로 야웨 하나님께서는 세상의 민족들을 굴복시키고 다스리시는 우주의 주권자가 되심을 분명히 하고 있다. 셋째, 심지어 선택된 이스라엘의 심판을 위하여 이방 족속을 도구로 사용하신다는 관념이 도입되고 있다: "만군의 하나님 여호와의 말씀이니라 이스라엘 족속아 내가 한 나라를 일으켜 너희를 치리니 그들이 하맛 어귀에서부터 아라바 시내까지 너희를 학대하리라 하셨느니라"(암 6:14). 이는 나중에 모든 예언자들의 심판 선포에서 반복하여 나오는 문학적 동기가 되기도 한다. 끝으로, 아전인수 격의 이스라엘의 편협한 신앙의 틀을 깨고 그들이 하나님의 눈으로 볼 때에는 다른 열방의 족속과 다를 바가 없음을 가르쳐 주신다.

> 여호와의 말씀이니라 이스라엘 자손들아 너희는 내게 구스 족속 같지 아니하냐 내가 이스라엘을 애굽 땅에서, 블레셋 사람을 갑돌에서, 아람 사람을 기르에서 올라오게 하지 아니하였느냐. (암 9:7)

이제, 이스라엘의 유일한 살길은 하나님 앞에 돌아오는 일이다. 그것을 위해 이집트 탈출과 광야 인도 그리고 가나안 정복의 기간 동안 함께하신(암 2:9-11) 하나님의 구원을 상기시킨다. 그러면서 하나님의 백성 공동체로서 본래 하나님의 본성인 공의와 정의를 펼치도록 독려한다(암 5:24). 그러나 그들이 돌이키지 아니하면 야웨께서도 심판의 칼날을 돌이키지 않으실 것이다(암 2:4-8). 이스라엘은 끝내 계약 관계에 합당한 계약 백성으로서의 삶을 저버리고 말았다. 예언자 아모스의 개혁적 진단이 이루어진 후 30년이 지나지 않아서 북이스라엘의 사마리아는 신앗시리아 제국에 의해 무참히 짓밟히고 만다(주전 721년).

남유다 출신이었던 아모스와 달리 호세아는 북이스라엘 출신의 예언자였다. 아모스와 더불어 이스라엘의 음란과 교만으로 인한 심판을 선포하고 있으나 예언의 결이 다르다. 아모스는 조건적인 모세 계약 위반으로 인한 필연적 결과로서의 심판을 선포하지만 호세아는 그러한 심판을 실행할 수밖에 없는 하나님의 마음에 더욱 집중한다.

> 에브라임이여 내가 어찌 너를 놓겠느냐 이스라엘이여 내가 어찌 너를 버리겠느냐 내가 어찌 너를 아드마같이 놓겠느냐 어찌 너를 스보임같이 두겠느냐 내 마음이 내 속에서 돌이키어 나의 긍휼이 온전히 불붙듯 하도다 내가 나의 맹렬한 진노를 나타내지 아니하며 내가 다시는 에브라임을 멸하지 아니하리니 이는 내가 하나님이요 사람이 아님이라 네 가운데 있는 거룩한 이니 진노함으로 네게 임하지 아니하리라. (호 11:8-9)

심판 아래 놓인 이스라엘을 그대로 볼 수 없는 하나님의 "불붙는 듯한 긍휼"('니크메루 니후밈')을 전하고 있다. 이런 의미에서 호세아의 예언은 심판 선포가 아니라 헤세드, 곧 포기하지 않는 하나님의 사랑에 대한 선포이다. 이를 위해 먼저 호세아 예언자 자신이 고멜과의 불행한 결혼생활을 통하여 그 사랑을 직접 경험하고 있다(호 1-3장). 그는 음란의 범죄에도 불구하고 여전히 하나님은 이스라엘을 사랑하고 계심을 밝힌다: "여호와께서 내게 이르시되 이스라엘 자손이 다른 신을 섬기고 건포도 과자를 즐길지라도 여호와가 그들을 사랑하나니 너는 또 가서 타인의 사랑을 받아 음녀가 된 그 여자를 사랑하라 하시기로"(호 3:1). 둘째, 호세아 예언의 중심 강조는 '하나님을 아는 지식'이다. 어떤 지식인가? 4:1에서 그들의 지식 없음을 논쟁('리브')[32] 형식으로 지적하고 이윽고 6:3에 이르러 "힘써 여호와를 알자"고 외친다. 그 하나님은 바로 인애의 하나님이다: "나는 인애('헤세드')를 원하고 제사를 원하지 아니하며 번제보다 하나님을 아는 것('다앗 엘로힘')을 원하노라"(호 6:6). 셋째, 결론적으로 호세아의 주된 메시지는 사랑의 하나님으로 돌아오라는 회개 선포다: "오라 우리가 여호와께로 돌아가자 여호와께서 우리를 찢으셨으나 도로 낫게 하실 것이요 우리를 치셨으나 싸매어 주실 것임이라"(호 6:1). 그러나 이스라엘은 교만하여 돌아오지 않는다(호 7:10). 이에, 다가오는 심판의 위기 앞에서(호 5:8-15; 9:1-17) 호세아는 계속해서 회개를 부르짖고 있다.

> 그런즉 너의 하나님께로 돌아와서 인애와 정의를 지키며 항상 너의 하나님을 바랄지니라. (호 12:6)

> 이스라엘아 네 하나님 여호와께로 돌아오라 네가 불의함으로 말미암아 엎드러졌느니라 너는 말씀을 가지고 여호와께로 돌아와서 아뢰기를 모든 불의를 제거하시고 선한 바를 받으소서 우리가 수송아지를 대신하여 입술의 열매를 주께 드리리이다. (호 14:1-2)

인애의 하나님은 애초에 호세아 예언의 시작부터 이스라엘의 회

32. 2:2 그리고 12:2에서 볼 수 있듯이, 호세아서는 전체적으로 이스라엘의 죄악상을 고발하는 '리브' 형식의 맥락 가운데 놓여 있다.

복을 이미 꿈꾸고 계셨다(호 1:10-2:1). 그 꿈은 호세아 예언의 말미에 "이스라엘에게 이슬과 같이 내리는"(호 14:5) 은혜로, "에브라임에게 푸른 잣나무의 열매"(호 14:8)로 함께하신다. 하나님의 회복의 말씀은 심판 예언에 앞선다. 하나님의 사랑의 본성이 그렇다. 이미 주전 8세기 예언자 호세아에게 용서하시는 하나님의 본성이 충만히 증언되고 있다.

주전 8세기 예언자 가운데 아모스는 심판의 예언을, 호세아는 회복의 예언을 강조했다면 미가는 두 주제를 똑같은 비중으로 드러내고 있다. 그는 사마리아와 예루살렘에 관하여 그들의 우상 숭배의 현실을 질타한다(미 1:5-7). 유다 내에서 이루어지는 온갖 부정의 또한 고발하는데 특히 가난한 이들의 노동력을 착취하는 땅 주인들을 강하게 고발한다(미 2:1-11). 더불어 예루살렘 이사야처럼 하나님의 심판이 그들과 그들의 지도자들에게 임할 것을 선포한다(미 3:1-4; 7:3-4). 6장에서는 전형적인 '리브'의 형식으로 이스라엘 백성이 하나님의 구원의 은혜를 저버렸음을 지적한다(미 6:1-5). 이윽고, 부유한 자들이 하나님을 경외하지 않음으로 결국 황폐하게 될 것을 예언한다(미 6:9-16). 하지만 심판 예언과는 달리 계속해서 남은 자에 대한 소망의 말씀이 등장하고 있으며(미 2:12-13; 5:3, 7-8) 본격적으로 "끝날에"(미 4:1)[33] 시온에 임할 하나님의 평화가 4장에

33. 미가서에는 "야웨의 날"에 대한 선포가 나타나지 않는다. 대신에 "끝날에", 곧 '아하릿 하야밈'의 개념이 도입되며 그날은 도리어 평강을 통한 회복의 날로 소개된다.

서부터 선포된다. 그 계기는 하나님의 입으로부터 나오는 말씀과 도이다(미 4:2, 4). 그리고 그 말씀의 중심에는 장차 다스릴 자의 임재, 곧 메시아 사상이 자리한다: "베들레헴 에브라다야 너는 유다 족속 중에 작을지라도 이스라엘을 다스릴 자가 네게서 내게로 나올 것이라 그의 근본은 상고에, 영원에 있느니라"(미 5:2). 하나님의 구원을 받기에 합당한 남은 자로서 하나님의 원하시는 뜻이 무엇인지를 예언자는 명확하게 알린다.

> 사람아 주께서 선한 것이 무엇임을 네게 보이셨나니 여호와께서 네게 구하시는 것은 오직 정의('미쉬팟')를 행하며 인자('헤세드')를 사랑하며 겸손하게('하쯔네아') 네 하나님과 함께 행하는('레켓 임-엘로헤이카') 것이 아니냐. (미 6:8)

여기에 미가의 중심 사상이 담겨 있다. '정의'와 '인자'를 통해 각각 심판과 회복의 의미를 균형감 있게 전하고 있는 것이다. 그러나 정작 그가 말하고자 한 것은 겸비한 심령으로 하나님과 동행하는 삶이다. 그렇기 때문에 심판의 때에도 미가는 오직 구원의 하나님만을 바라는 불굴의 신앙인으로 우리의 뇌리에 남게 됐다: "오직 나는 여호와를 우러러보며 나를 구원하시는 하나님을 바라보나니 나의 하나님이 나에게 귀를 기울이시리로다"(미 7:7).

스바냐는 앞서 언급했듯이 주전 8세기 예언자의 종합판이라 할 수 있을 정도로 이전의 예언자들의 전통을 온전히 보존하며 새로운 시대 상황에 적용하고 있다. 스바냐의 시대는 신앗시리아 제국이 멸망하고 요시야 왕에 의해 회복의 무드가 성립되는 희망에 찬 시대였다. 그러나 당대의 분위기를 거스르는 '멸망'에 대한 예언을 선포하고 있다. 왜냐하면 유다 사회 일반의 고질적 죄악이 고쳐지지 않았기 때문이다. 그것은 바로, 여호와를 찾지 않는 병이다: "여호와를 배반하고 따르지 아니한 자들과 여호와를 찾지도 아니하며 구하지도 아니한 자들을 멸절하리라"(습 1:6). 그리고 이렇게 된 원인을 '하나님에 대한 신뢰 없음'으로 규정한다. "여호와께서는 복도 내리지 아니하시며 화도 내리지 아니하시리라"(습 1:12b)는 불신앙이 사람들의 마음속에 자리하고 있음을 신랄하게 지적한다. 곧 하나님 없이도 살 수 있는 것처럼 생각하는 불순종의 시대가 됐다. 종말론적 '야웨의 날'이 유독 강조되는 것은 이 때문이다(습 1:14-18). 마치 노아의 홍수 심판 이전에 사람들의 "마음의 생각과 계획"이 항상 악했던 것처럼(창 6:5), 이제는 "여호와의 불" 심판으로(습 1:18) 멸절될 수밖에 없음을 엄하게 경고한다.

예언자는 저주받은 교만한 자들과는 달리 겸손한 자들을 기대한다: "여호와의 규례를 지키는 세상의 모든 겸손한 자들아 너희는 여호와를 찾으며 공의와 겸손을 구하라 너희가 혹시 여호와의 분노의 날에 숨김을 얻으리라"(습 2:3). 하나님 없이 살 수 있는 것처럼 살아가는 자들과는 달리 하나님만을 의지하는 자 곧, 심령이 가난하며 애통해 하는 자를 부른다. 그들의 특징은 여전히 "여호와의 규례"를 지키는 자들이다(습 2:3a). 다른 게 없다. "여호와를 찾으며 공의와 겸손을 구하는" 일이다(습 2:3b). 그들이 이스라엘의 "남은 자"들이 되어 하나님의 보호를 받고 두려움 없이 성산에 거하게 된다(습 3:9-13). 이들을 중심으로 드디어 예루살렘에 승리의 노래가 울려 퍼지게 된다(습 3:14-20).

> 너의 하나님 여호와가 너의 가운데에 계시니 그는 구원을 베푸실 전능자이시라 그가 너로 말미암아 기쁨을 이기지 못하시며 너를 잠잠히 사랑하시며 너로 말미암아 즐거이 부르며 기뻐하시리라 하리라. (습 3:17)

이스라엘 구원의 궁극적인 노래는 '너의 가운데 계시는 여호와'이다. 그 하나님의 마음은 여전히 사랑이며 자녀들을 향한 기쁨이다. 두려운 '야웨의 날'에 대한 선포가 '임마누엘'의 구원과 기쁨으로 끝나고 있다. 여기에는 스바냐(צפניה)라는 이름의 이중적 의미가 있다. 하나는, "야웨가 숨다"('짜판 야웨')의 뜻이다. 하나님의 얼굴의 가리심 곧 숨기심은 이스라엘에게는 멸망이다. 그러나 또 다른 의미가 있다. "시온에 거하는 야웨"('짜폰 야웨')이다.[34] 야웨의 시온 임재는 이스라엘에게는 보호와 구원이다. 스바냐는 주전 8세기 예언자들의 심판과 회복의 메시지를 보존하여 당대에 새로운 구원의 메시지로 개혁했던 신학자였음을 그의 이름이 증명하고 있다.

나훔은 강포했던 신앗시리아 제국의 멸망을 노래한다. 유다에

---

34. Ralph L. Smith, *Micah-Malachi,* 120-121.

대한 억압자들의 학대가 다시는 일어나지 않으리라는 반복 구조(나 1:12, 14-15; 2:13)를 통해서 유다의 최종적인 구원을 강조한다. 그렇다고 나훔서는 대적 국가의 수도 니느웨가 멸망한 것에 대한 기쁨을 표현하는 편협주의적 민족주의 노래가 아니다. 오히려 어느 민족을 막론하고 야웨 하나님의 뜻을 거스르는 민족과 집단에 대해서는 하나님의 의로운 우주적 통치가 구현되기를 염원하는 신학이 반영되어 있다. "진노하시는 하나님"에 대한 강조(1:2, 6, 8; 2:1)는[35] 제국의 잔학상이 반영되어 있으며 더 나아가 니느웨가 궁극적인 죄악의 권세로서 상징되고 있음을 시사한다. 결국 나훔서는 악의 근원에 대한 야웨 하나님의 최종 승리를 선포하는(1:11-13) 신학을 표명하고 있다.

하박국은 남유다에 만연한 죄악상과 신바빌로니아 제국의 침략이라는 견디기 힘든 현실 속에서도 여전히 신실한 신앙과 하나님의 구원을 붙드는 절대적인 믿음의 삶을 강조한다. 그의 예언의 말씀은 신앙의 위기에 처한 자들에게 네 가지 믿음의 방도를 전한다. 첫째, 묻는 신앙이다. 현실의 어려움을 있는 그대로 전하면서 하나님의 응답을 받고 있다. 어떤 면에서 예언자의 두 번에 걸친 불평에 가까운 질문(합 1:2-4, 12-17)은 하나님에 대한 절대적인 신뢰의 또 다른 표현이다. 둘째, 어떠한 상황 속에서도 빛을 발하는 성실한 신앙('에무나')을 주문한다: "의인은 그의 믿음으로 말미암아

35. 다른 신 현현 본문에서 하나님의 진노는 단지 하박국 3장과 이사야 13장에서만 나온다: 도널드 E. 고웬, 『구약 예언서 신학』, 216.

살리라"(합 2:4b). 이 말씀은 사도 바울이 로마서 1:17에서 그대로 인용하면서 믿음의 진리를 일깨운 본문이기도 하다. 그리스어 '피스티스'(πίστις)로 번역된 "믿음"이란 단어는 본래 히브리어 원어로는 '에무나'(אמונה)이다. 이는 "신실성", "성실성", "정직"을 의미한다. 천 날이 하루와 같이 하루가 천 날같이 변함없는 하나님 신뢰의 견고함을 강조하고 있는 것이다. 셋째, 하나님의 보편적인 통치와 승리를 선포한다.

> 이는 물이 바다를 덮음 같이 여호와의 영광을 인정하는 것이 세상에 가득함이니라. (합 2:14)

> 오직 여호와는 그 성전에 계시니 온 땅은 그 앞에서 잠잠할지니라 하시니라. (합 2:20)

현실의 어떠함에도 불구하고 하나님의 정의와 구원은 온 세계에 반드시 임한다고 하는 예언자의 확신이 계시되고 있다. 끝으로, '그럼에도 불구하고'의 신앙이다. 이는 앞선 하나님의 보편적인 통치와 승리에 기반한다. 나의 기대와 소망을 배반하는 비참한 상황에 처할지라도 구원의 하나님에 대한 살아있는 신앙이 여전히 "여호와는 나의 기쁨, 나의 힘"(합 3:18-19)의 선포를 가능하게 한다. 하박국은 이미 포로기 이전 세대에게 하나님의 절대 주권에 대한 자기 부정의 태도를 강변하고 있었다. 예언자들의 시대를 넘어서는 신앙적 통찰을 확인할 수 있다. 하박국의 대안적 혜안은 "오직 여호와로 말미암아 즐거워하는"(합 3:18) 초월의 영성이다.

요나는 자신의 예언 사역의 실패를 통해서 매우 개혁적인 시대정신을 역설적으로 전하고 있는 독특한 예언자다. 처음 니느웨를 향한 회개 선포의 소명을 받고서도 정반대 방향인 다시스로 향했던 반항의 예언자다. 게다가 커다란 물고기의 배 속에서 회개하고 니느웨로 갔지만 그가 외친 예언은 앞서서 지적한 대로 다섯 어절뿐이었다(עוד ארבעים יום ונינוה נהפכת, 욘 3:4). 더 큰 문제는 오히려 회개하는 니느웨의 백성들을 보고 분노하는 장면이다. 회개하는 그들의 모습은 자신의 심판 예언의 불발일 뿐만 아니라 적국의 수도가 멸망해야 할 텐데 그런 일이 일어나지 않게 됐기 때문이다. 결국, 하나님은 박 넝쿨과 벌레를 통해 요나의 근본적인 실패를 깨닫게 한다. 그것은 바로 '온 만물의 하나님'을 자신의 '민족주의적 배타성'에 가두어 둔 잘못이다. 지혜문학의 창조 신학적 지평에서 요나서는 새로운 시대정신을 소개하고 있다. 야웨 하나님의 백성인 요나 자신보다도 폭풍을 만난 이방인 선원들이 하나님을 더욱 경외한다(욘 1:4-16). 이스라엘 백성의 회개치 않는 불순종에 비해 니느웨 사람들은 왕부터 백성에 이르기까지 금식하며 철저히 돌이킨다(욘 3:5-10). 그러나 요나는 하나님의 사랑의 본성으로 인하여 도리어 화를 낸다.

요나가 매우 싫어하고 성내며 여호와께 기도하여 이르되 여호와

> 여 내가 고국에 있을 때에 이러하겠다고 말씀하지 아니하였나이까 그러므로 내가 빨리 다시스로 도망하였사오니 주께서는 은혜로우시며 자비로우시며 노하기를 더디하시며 인애가 크시사 뜻을 돌이켜 재앙을 내리지 아니하시는 하나님이신 줄을 내가 알았음이니이다. (욘 4:1-2)

요나의 공동체적 이기주의가 하나님의 "오래 참으심"의 은혜의 본성을 도리어 불평의 대상으로 떨어뜨리고 만다. 인간의 편향된 자기중심성이 얼마나 하나님을 오해하고 잘못된 방향으로 이끄는지를 그대로 노출시키고 있다. 요나는 실패한 예언자였으나 그의 실패 가운데 새로운 깨달음으로 이끄는 지혜자적 요소가 자리한다.

요엘은 은사의 "민주화"로 유명한 예언자다(욜 2:28-29). 마치, 하나님의 영이 흘러넘침으로 말미암아 모든 백성을 예언자로 만드시기를 소망하는 민수기 11:29의 하나님의 소원이 이루어진 세계를 보는 듯하다. 요엘은 페르시아 시대 때 이스라엘의 국제적 감각이 확장되면서[36] 보편적 하나님의 비전이 부각되던 시기의 사상을 반영한다. 물론, 요엘서에서는 기존 예언자들의 "야웨의 날" 개념(욜 1:15; 2:1, 11)과 남은 자 사상, 시온에 대한 강조를 통한 회복의 비전이 여전히 발견된다.

36. 요나서와 룻기 등의 이방 세계에 대한 관심과 이사야 56장 등에서의 이스라엘 공동체 내 이방인과 장애우들에 대한 개방적 입장을 기억하라!

그러나 새로운 사상의 흐름들이 감지되고 있다. 첫째, 야웨의 크고 두려운 날이 임하기 전에 "누구든지 여호와의 이름을 부르는 자는 구원을 얻으리니"(욜 2:31-32)의 선포를 통해 야웨 신앙의 보편화를 완성한다. 둘째, 유다의 범죄나 이스라엘을 향한 어떤 요구도 등장하지 않는다. 단지, 그들에게 닥쳐온 환난과 메뚜기 떼의 폐해를 있는 그대로 묘사할 뿐이다. 셋째, 2장에서 강조하는 회개의 요구, 즉 "돌아오라"('슈브')의 강조가 이전 예레미야나 다른 예언자들의 회개의 의미와는 사뭇 다르다. 어떤 종교적 행위보다는 단순히 도움을 구하기 위해 하나님께 향한다는 의미가[37] 크다. 왜냐하면, 요엘은 아예 죄에 대해서는 침묵하고 있기 때문이다. 그렇다면 "너희는 옷을 찢지 말고 마음을 찢고 너희 하나님 여호와께로 돌아올지어다"(욜 2:13)의 회개 요구는 이스라엘의 제의 전통이나 계약 신앙의 교리적 처방이기보다는 교만으로부터 겸비한 심령으로 낮아지는 일반적 경외의 심령을 뜻한다. 마치, 포로 후기 이사야가 인간의 땅에서의 어떠한 성전도 인정하지 않은 채(사 66:1), 창조주 앞에 자연스레 우러나오는 겸비의 심령을 말하듯이 말이다:[38] "나 여호와가 말하노라 내 손이 이 모든 것을 지었으므로 그들이 생겼느니라 무릇 마음이 가난하고 심령에 통회하며 내 말을 듣고 떠는 자 그 사람은 내가 돌보려니와"(사 66:2).[39] 끝으로, 전통적인 인과응

---

37. 도널드 E. 고웬, 『구약 예언서 신학』, 426-27.
38. 요엘서의 저작 시기를 말라기서와 비슷한 포로 후기로 잡는 근거들 중 하나다.
39. 교리적 신앙 또는 형식적 신앙이 아니라 하나님의 존엄하신 임재 앞에 진정

보의 신앙이 퇴색되어 있다. 재앙의 현실이 공동체의 불신앙의 결과라는 죄와 심판의 율법적 상관성을 증명하려 들지 않는다. 고웬은 요엘에게 드러나는 이러한 교리 신앙의 퇴조의 원인을 신학적 과제로 제시할 뿐 답을 주지는 못하고 있다.[40] 그러나 요엘에게 확인되는 종말론적 '야웨 신앙의 보편화'라는 측면에서 해답을 찾을 수 있다. 포로기 신명기역사가의 역사 반성은 포로 후기 제2성전 공동체에게 크게 다가오지 못했다. 왜냐하면 신명기역사가들의 인과응보적 신앙에 근거한 포로 귀환자들에 대한 기대와 제2성전 건립 이후의 회복에 대한 소망이 현실에서 구현되고 있지 않았기 때문이다. 신앙의 기대와 현실의 상황 사이에 격차를 경험하고 있었기 때문이다. 이제 포로 후기 시대의 관심은 하나님의 전적인 통치의 도래다. 그 어떤 개인이나 공동체의 노력과 신앙적 경주보다는 하나님의 직접적인 임재와 다스림만이 새로운 세상을 열 수 있다는 종말론적 믿음이 대두됐다. 요엘은 하나님의 절대 주권이 이루어지는 그날, 온 세계는 하나님의 생명의 젖줄기와 샘물로 비로소 윤택하게 될 것을 꿈꿨다.

> 그날에 산들이 단 포도주를 떨어뜨릴 것이며 작은 산들이 젖을 흘릴 것이며 유다 모든 시내가 물을 흘릴 것이며 여호와의 성전에서 샘이 흘러 나와서 싯딤 골짜기에 대리라. (욜 3:18)

한 경외심의 발로로서 본질적 신앙의 차원을 강조하고 있다.

40. 도널드 E. 고웬, 『구약 예언서 신학』, 434.

고웬에 의하면, 오바댜는 다음의 네 가지 주제에 집중한다. 첫째, 하나님의 정의가 역사의 지평에서 이루어질 것을 확신하고 있다. 둘째, 그것이 야웨의 날에 완성될 것을 희망한다. 셋째, 구체적으로 하나님의 통치 질서가 이루어지는 날, 시온은 해방과 자유를 얻은 신앙 공동체의 새 수도가 될 것을 바라본다. 넷째, "나라가 여호와께 속하리라"(옵 21절)의 비전을 통해 하나님의 열방 다스리심을 강조한다. 한 가지 눈에 띄는 것은 "네가 멀리 섰던 날 … 너도 그들 중 한 사람 같았느니라"라는 11절의 지적에서 오바댜의 악에 대한 정의는 방관하는 것임을 밝히는 장면이 인상적이다. 그만큼 이스라엘 역사의 기억에서 바벨로니아 침탈기에 에돔의 방관은 대대로 이스라엘에게는 용서할 수 없는 악행으로 남아있었던 것으로 보인다.

학개에서는 이전 예언자들의 전통이 고스란히 드러난다. 먼저, 아모스와 같이 개인의 행위를 살피는 경건성이 강조된다(학 1:4-5[41]). 이는 포로 후기 이사야가 인간의 책임성을 강조하는 사상과도 연결되어 있다(사 56:1[42]). 또한 에스겔의 전통이 확인되는데 현실의 상황이 피폐함은 새로운 성전의 건립으로 극복되고 이스라엘의 영화가 회복될 것이라는 예언을 담고 있다. 더 나아가 예레미야서에

41. "이 성전이 황폐하였거늘 너희가 이때에 판벽한 집에 거주하는 것이 옳으냐 그러므로 이제 만군의 여호와가 이같이 말하노니 너희는 너희의 행위를 살필지니라."

42. "너희는 공평을 지키며 의를 행하라 이는 나의 구원이 가까이 왔고 나의 공의가 나타날 것임이라."

나타난 여호야긴의 인장 반지를 빼어 느부갓네살에게 넘겨준 장면으로부터(렘 22:24-25) 이제 학개는 다시금 여호야긴의 손자인 스룹바벨을 인장으로 삼는다는 메시아적 비전을 선포하고 있다(학 2:23).

학개 예언의 가장 큰 특징은 시온 신학의 재개다. 예루살렘 이사야 이후 발전했던 '시온 불가침 사상'(사 37:35)은 예레미야 7장과 26장의 '성전 설교'로 비판받았다. 그러나 포로기 이사야에 의해 시온 신학은 새롭게 이어졌다(사 46:13; 51:11; 52:1-12). 하나님의 구원이 다윗 왕조뿐 아니라 이스라엘 백성 전체에게 시온의 회복을 중심으로 허락되기에 이른다. 학개는 포로기 이사야처럼 전방위적인 규모의 낙관적인 시온 신학을 외치지는 않는다. 왜냐하면 성전 파괴의 역사적 사건으로부터 성전 건물 자체에 대한 안일한 신앙을 상기하고 있었기 때문이다.[43] 대신에 새롭게 건축될 성전은 새로운 공동체를 창조하는 중심지가 될 것을 선포한다. 야웨께서 그들 가운데 머물기 원하시기 때문이다(학 1:8; 2:5). 건물이 아닌 거룩한 공동체에 임하는 하나님의 현존을 학개는 선포하고 있었다(학 1:13; 2:4). 페르시아 제국 아래에서 예루살렘에 위치한 종교적 중심지로서의 성전 건축 그리고 그곳에서 매일 드리는 제사는 디아스포라 이스라엘 백성들을 정신적으로 단결시키는 수단을 제공했을 것이다. 시온 신학의 갱신을 통해 예루살렘을 더 이상 정치적이

---

43. 학개 1:2은 성전 건축 여부에 대한 논쟁이 당시에 있었음을 알려준다. 비교, 사 66:1-2

아닌 종교적 중심지로 선포하고 있는 지점에서 학개 예언의 창조성과 통찰력이 빛을 발하고 있다. 학개는 예언 전통의 보존과 개혁적 적용을 통하여 당시의 포로 귀환 공동체에게 비전을 심고 실제로 성전 건립을 완성케 하는 실천하는 신학자로서의 직무를 감당했다.

스가랴 또한 학개와 더불어 성전 건립을 주도한 예언자였다. 그러나 학개가 시온 신학을 재개했다면 스가랴는 메시아 사상을 발전시켰다. 학개와 더불어 스가랴는 스룹바벨을 통해 새롭게 기름 부음 받은 구원자로 인한 이스라엘 회복의 비전을 꿈꾸고 있었다(학 2:23; 슥 4:6-14). 그러나 성전 건립 이후 스룹바벨은 사라졌고 공동체의 현실은 나아지지 않았다. 스가랴 9장에서 14장까지 등장하는 묵시적 요소는 약속된 회복의 비전이 더디 이루어지는 시기의 상황을 반영하고 있다. 따라서 스가랴의 메시아 사상은 하나님의 직접적인 통치에 대한 강조로 나아가게 된다. 야웨의 실질적인 개입을 통해 예루살렘이 보호받고 최종적으로 악의 세력으로부터 승리한다는 사상을 전하게 된 것이다. 스가랴의 메시아에 대한 강조는[44] 신약 시대에 이르러 예수 그리스도의 자기 정체성과 사명에 대한 자각에 큰 영향을 끼쳤다. 또한 야웨의 직접적인 임재(슥 9:9; 10:5)와 용사이신 하나님의 직접적인 전쟁 수행(슥 9:4; 12:9; 14:3)은 인간 실패의 역사 현장에서 하나님만을 의지할 수 없는 인간의 실존적 상황을 강변해준다. 이러한 묵시 사상의 단초는

44. Ralph L. Smith, *Micah-Malachi*, 175-81.

이후 신구약 중간 시기 묵시문학의 태동을 이끌게 된다.

말라기는 신명기신학과의 깊은 관련성을 지닌다. 제사장의 축복과 저주 선포(말 2:2)로부터 언약 강조(말 2:14; 3:1)와 회개의 선포(말 3:7)가 그렇다. 무엇보다도 모세의 율법 강조가 두드러진다: "너희는 내가 호렙에서 온 이스라엘을 위하여 내 종 모세에게 명령한 법 곧 율례와 법도를 기억하라"(말 4:4)[45]. 그러면서도 말라기 시대의 상황이 곳곳에서 묻어난다. 예를 들면, '야웨의 날'에 대한 의미는 더 이상 심판의 날이 아니라 모세 율법의 준수로 돌아오는 회개의 계기로 작용한다. 현실의 비참한 상황으로부터 야웨 신앙을 떠나는 자들의 불평을 물리치고 여전히 구원의 하나님에게로 돌아올 수 있는 기회를 주고 있는 것이다.

그런데 말라기는 전통적 모세 계약에 대한 강조로부터 새로운 시대를 예비하는 요소들로 발전하고 있다. 무엇보다도, '야웨의 날'이 종말론적으로 묘사된다. "내가 정한 날"(말 3:17; 4:1)로 표현되는 말라기의 하나님의 날은 구원과 심판이 동시에 임하는 날이다.

> 만군의 여호와가 이르노라 나는 내가 정한 날에 그들을 나의 특별한 소유로 삼을 것이요 또 사람이 자기를 섬기는 아들을 아낌같이 내가 그들을 아끼리니 그때에 너희가 돌아와서 의인과 악인을 분별하고 하나님을 섬기는 자와 섬기지 아니하는 자를 분별하

---

45. 학자들에 의하면 4장 결론부는 말라기가 아닌 열두 소예언서 전체의 결론으로 보기도 한다.

> 리라. (말 3:17-18)

하나님의 심판의 날에 의인과 악인이 최종적으로 판결받게 될 것이다. 둘째로, 여섯 개의 논쟁으로 이루어진 말라기서 자체는 구약 시대 말기에 펼쳐진 새로운 경향, 곧 하나님의 살아계심과 정의에 대한 신정론적 질문의 대두를 시사한다. 이미 하박국서에서 질의 응답 형식의 예언을 목격한 바 있지만 이는 예언자 본인의 질문이었으며 애타는 하나님의 뜻 발견의 갈구 그 이상도 이하도 아니었다. 즉, 정식적인 신정론 질문은 아니었다. 그러나 말라기 시대에 이르러 하나님의 돌보심도 예배의 실효성도 의심이 되는 상황에서 진지하고 실제적인 야웨 현존에 대한 의심과 도전이 발생했다. 말라기는 이러한 질문들을 여과 없이 수용함으로 하나하나 논쟁하며 궁극적인 야웨의 통치와 의로운 판정('미쉬팟')을 선포하면서 신구약 중간 시대를 열고 있는 것이다. 끝으로, 야웨의 두려운 날의 임재를 예비하는 "엘리야"와 같은 인물의 도래에 대한 예언이 특징적이다. 물론, 신약성경의 변화 산상의 모세와 엘리야와 예수 그리스도의 존재를 예언하는 말씀으로도 볼 수 있지만 말라기가 본래 의미했던 바는 아니었을 것이다. 정작 그 인물의 역할은 4:6에 기록되어 있다.

> 그가 아버지의 마음을 자녀에게로 돌이키게 하고 자녀들의 마음을 그들의 아버지에게로 돌이키게 하리라 돌이키지 아니하면 두

렵건대 내가 와서 저주로 그 땅을 칠까 하노라 하시니라.

엘리야는 장차 임할 하나님의 직접적인 통치, 곧 하나님의 나라를 준비시키는 자다. 그의 말씀을 듣고 돌이키는 자는 구원을, 돌이키지 아니하면 심판을 받게 된다. 이는 신구약 중간 시대를 마감하고 메시아의 시대를 깨우는 하나님의 예언자의 첫 일성과 통한다: "회개하라 천국이 가까이 왔느니라"(마 3:2). 말라기는 그가 의도했든 의도하지 않았든 예수 그리스도를 통해 도래하는 하나님의 직접적인 통치와 천국의 길을 예비한 세례 요한을 400년 전에 예언하고 있었던 것이다.

제11장
지혜서

1) 고대 이스라엘의 지혜

지혜는 동서고금을 막론하고 어느 공동체에서나 일반적인 공통 원리로 작용한다. 그래서인지 고대 이스라엘의 지혜문학은 그다지 주목을 받아오지 못했다. 왜냐하면 야웨 신앙의 독특성, 곧 뿌리체험인 출애굽 구원과 시내산 언약 등의 고유한 사상이 등장하지 않기 때문이다. 물론, 전통적인 히브리 성서 구분에서 오경('토라')과 예언서('느비임')가 우선적으로 묶이고 난 후, 시편과 지혜서가 성문서('크투빔')로서 나중에 정경에 편입된 이유도 한몫한다. 이러한 이유로 지혜문학은 구약성서신학에 있어서 이차적인 자료로 취급되어 왔다.[1]

1. Keun-Jo Ahn, "From Peripheral to Central: The Place of Wisdom in Old

그러나 20세기 말부터 지적되어 온 창조 세계에 대한 관심과 21세기 이후 현실의 삶에 충실하려는 신앙 생활의 기조가 변화되면서 구약성서의 지혜문학에 대한 관심이 폭발적으로 증가했다. 교리적 구원 신학의 틀은 유지하되 현실 세계의 도전에 응답하는 윤리적 창조 신학의 지평이 확장되고 있는 것이다. 이에 따라 구약성서신학에 있어서도 굳이 야웨 신앙의 고유성을 여타 고대 근동 문화와의 비교에서 도출하려 하기보다는 창조 세계의 주권자라는 야웨 신앙의 근본적인 전제하에서 지혜문학을 재조명하게 됐다. 다시 말하면, 기존 주장처럼 고대 이스라엘의 지혜 전승은 솔로몬 시대에 이르러 이집트와 메소포타미아의 국제적 지혜에 영향받아 시작된 것이라기보다는[2] 이미 그 이전 시기인 출애굽과

Testament Theology," 「한국기독교신학논총」 45 (2006), 31-33.

2. 과거에 많은 학자들은 지혜문학 자체가 이스라엘의 독특한 문학 형태가 아니라 오히려 근동 이웃 문화에서 차용된 것으로 주장했다: (1) 주전 2000년경 수메르 문화의 잠언들이 구약성서의 잠언과 유사한 것으로 나타남. 예, 수메르(Sumerian) 문서, "A chattering scribe-his guilt is great!" = 잠 18:13, "사연을 듣기 전에 대답하는 자는 미련하여 욕을 당하느니라"; 『탄식자와 그의 하나님』(*Man and His God*)의 수메르판 욥기(Sumerian Job): 성서에 나타난 욥과 같이 의인의 고통을 다루고 있음; (2) 또한 앗시리아나 바빌로니아의 나무나 식물에 관련된 많은 우화들 그리고 의인의 고통을 다룬 많은 문학들이 나타남. 예, "나는 지혜의 주를 찬양하리"(I will Praise the Lord of Wisdom: 바빌로니아판 욥기[Babylonian Job], 주전 1550-1200년경)와 『바빌로니아 신정론』(*The Babylonian Theodicy*, 주전 1000년경); (3) 이집트의 교훈서들. 예, 『프타호텝의 교훈』(주전 2765년)의 경험 많은 고위 관료 귀족이 자신의 후계자("아들")에게 성공의 비결을 전수, "If thou art one of those sitting at the table of one greater than thyself, take what he may give when it is set before thy nose!" (ANET 412) = 잠 23:1, "네가 관원과 함께 앉아 음

광야 시대를 거쳐 가나안 정착 시기에 가정과 부족 지파를 중심으로 발생했다는 것이다. 일찍이 폰 라드(G. von Rad)는 이스라엘의 지혜가 후기의 발전이 아니라 야웨 신앙 초기부터 작용하고 있었다고 보았다.[3] 왜냐하면 '야웨 경외'의 신앙이라는 인식론적 기반이 이스라엘 종교 경험의 초기로부터 이스라엘 신앙의 근본적 요소로 작용하고 있었기 때문이라는 것이다.

고대 이스라엘의 지혜를 다루면서 어떠한 사회적 삶의 자리에서 지혜 전승이 보존되고 발전해 왔는가의 질문이 자주 제기된다. 학자들의 견해를 종합해 보면 이스라엘 지혜의 사회적 배경에 대하여 다음의 네 가지 입장이 존재한다. 첫째, 교훈과 지혜 잠언은 촌락으로 구성된 지파 시대에서 기원하기에 가정에서의 교육과 지파의 공동체 교육을 배경으로 한다는 입장이다.[4] 잠언서의 지혜 경구들이 "내 아들아"(잠 1:8, 10; 2:1; 3:1 등)로 시작되는 것은 바로 부모가 자녀에게 또는 스승이 일군의 제자들에게 교육하는 정황으로부터 유래한 것이다. 둘째, 귀족 계층의 교육 기관이나 왕궁 기관에서 지혜 교육을 관장했다는 것이다. 그러나 이와 같은 관점은

식을 먹게 되거든 삼가 네 앞에 있는 자가 누구인지를 생각하며"; 『아멘-엠-오페의 교훈』 주전 10세기경: 많은 잠언들이 기록되어 있는데 특히 그 잠언들은 잠언 22:17-24:22에 기록된 것과 거의 흡사하기에 이스라엘에서 차용하여 쓰고 있는 것이 아닌가 추정 가능. 예, 아멘-엠-오페(Amenemope)의 명령: "Do not associate to thyself the heated man" (ANET 423) = 잠 22:24, "성급한 사람과 사귀지 말라."

3. G. von Rad, *Wisdom in Israel* (Nashville: Abingdon, 1972), 155.
4. 리처드 J. 클리포드, 『지혜서』 안근조 옮김 (서울: 대한기독교서회, 2015), 62.

이집트의 서기관 학교에서 유추한 것인데 실제로 구약성경 내에서 이에 해당하는 정보나 자료를 찾을 수는 없다. 단지, 잠언 25:1에 "히스기야의 신하들이" 잠언 전통의 일부를 편집한 것으로 보아 궁정 관료들이 포함된 서기관들의 활동을 추정할 뿐이다.[5] 셋째, 서기관들의 존재에 착안하여 실제로 서기관 집단들의 모임과 활동이 지혜문학 배경에 직접적으로 작용하고 있었다고 보는 입장이다. 퍼듀(Leo G. Perdue)는 포로 후기 페르시아 시대의 성전 학교나 가족 길드 조직의 배경을 상정한다. 이러한 교육 기관에서 조상들로부터 전수되어 온 문서들을 보존하고 계승하는 작업이 이루어진 것으로 본다.[6] 그러나 그럴려면 이 또한 사회적 공식 교육 기관으로 보아야 하는데 여전히 교육 제도에 대한 흔적이 전혀 발견되지 않는다는 것이 이 견해의 약점이다. 끝으로, 케임브리지 대학교의 캐서린 J. 델(Katharine J. Dell)에 의하면, 공식적으로 제도화된 서기관 학교보다는 가정 중심의 교육적 환경으로부터 파생된 전문화된 서기관 가문이 이스라엘의 지혜 전승을 책임진 것으로 본다. 즉, 본래 잠언에서 발견되는 '아들'을 향한 '아버지'와 '어머니'의 교훈들을 있는 그대로 받아들이면서 씨족 집단 중심의 전통 보존과 계승의 역할을 담당했던 서기관 가문의 형성을 주장하게 된 것이다. 따라서 지혜는 공식적 교육 기관의 문학적 집적물이기보다는 구전전승의 민담 전통의 결과물로 간주되어야 한다고

---

5. 리처드 J. 클리포드, 『지혜서』, 63.
6. Leo G. Perdue, *Proverbs* (Louisville: Westminster John Knox, 2000), 61.

주장한다.[7] 델의 주장은 오늘날 히브리 성경 마소라 본문(MT)의 최종 형태가 유대인 필사가 전통인 '벤 아쉐르'(Ben Asher) 또는 '벤 나프탈리'(Ben Naftali) 등의 지도자 가문들을 중심으로[8] 이어져 왔다는 사실에서 타당성을 확보한다. 지혜의 사회적 배경에 대한 학자들의 논의를 종합해 보건대 구체적인 사정은 규명할 수 없으나 가정 교육의 기원과 서기관 가문의 문서전승의 보존 및 계승의 노력이 현재의 지혜문학을 결과했음을 알 수 있다.

최근에 들어 점차로 많은 구약성서 학자들이 동의하는 바, 현재의 구약성서 정경 형성에 있어서 절대적인 역할을 한 것은 제사장 집단이나 예언자 집단이 아니라 지혜자 그룹이었다고 본다. 고대 이스라엘 사회에서 실제로 글을 읽고 문서를 보관했던 계층은 지극히 제한적인 엘리트 또는 지도자 계층이었을 것이며 그들이 형성했던 지혜 전승 그룹이[9] 이스라엘 역사 내내 야웨 신앙의 구원 경험과 신앙고백들의 이야기를 구전과 문서 전승으로 후손들에게 전수했다는 것이다. 이러한 신앙 전통의 문서들이 집대성된

7. Katharine J. Dell, "Proverbs 1-9: Issues of Social and Theological Context," *Interpretation* 63 (2009), 229-240.

8. Emanuel Tov, *Textual Criticism of the Hebrew Bible* (Van Gorcum, Assen: Fortress, 1992), 22, 47.

9. 초기에는 전통적인 지파 체제의 부족장들로부터 제사장과 예언자 등의 종교적 지도자 그룹을 포괄하여 지칭한다. 그러나 점차적으로 왕정 시대와 포로기를 거쳐 포로 후기로 갈수록 서기관이나 필사가들 중심의 지혜자 그룹이 구약성서 전승의 주인공 역할을 감당하게 된다: Joseph Blenkinsopp, *Sage, Priest, Prophet: Religious and Intellectual Leadership in Ancient Israel*, 64-65.

시기를 이전에는 포로기로 보았으나[10] 오늘날은 포로 후기 페르시아 시대로 잡는다. 그 이유들 중 하나는 구약성서의 전반적인 신학적 발전이 포로기의 율법 순종과 계약 사상 중심의 소위 '인과응보적 신앙'에 그치지 않고 있기 때문이다. 도리어 페르시아 제국의 고레스를 '기름 부음 받은 자'로 포로기 이사야가 선포한 이후(사 45:1) 포로 후기 시대는 하나님과 이스라엘만의 계약 관계에 그치지 않고 세계 역사의 주관자요, 온 만물의 창조주로서의 하나님을 고백하는 국제적인 감각(룻기, 요나서)과 창조 신앙 중심 사상(욥기, 전도서, 지혜 시편들)이 다양하게 반영되기 때문이다. 심지어, 예언서들에서조차 전통적인 하나님과의 관계성에 의문을 품고 실제적인 신앙과 현실의 문제를 여과 없이 전해주고 있다는 사실(사 56-66장, 말라기)에서 전통적 제사장이나 예언자의 목소리가 아닌 경험 중심의 실제적인 목소리를 대변하는 지혜자의 활동을 감지할 수 있다. 이처럼 다음과 같은 팍스(Michael V. Fox)의 견해는 구약성서에 흐르는 지혜자들의 손길을 포착하는 데 도움을 준다.

> 학식 있는 서기관들은 원리와 속담, 화폐 제도와 민담 등을 거르는 심사자들이었다. 잠언의 중심 묶음은 그들의 심사를 통과한 결과물로서 본질적으로 동질성을 띤다. 결국 우리가 읽고 있는 것은 그들의 작품이며 그들의 지혜 관념이다. 따라서 일관성을

10. 장일선, 『이스라엘 포로기 신학』 (서울: 대한기독교서회, 2002), 11-17, 350.

띠고 있는 것은 그리 놀랄 일이 아니다.[11]

나는 팍스의 탁월한 통찰을 단지 잠언에만 한정하지 않고 구약성서 전체에도 적용할 수 있다고 본다. 즉, 구약성서 문서 형성에 주도적으로 활동했던 지혜 그룹의 사상이 오경과 예언서 그리고 시편과 지혜서를 편집할 때 일관적으로 반영됐을 것이다. 더 나아가 정경 형성의 최종 단계뿐만 아니라 출애굽 구원 전승이든, 시내산 계약 전승이든지 간에, 각 신앙고백의 형성 초기부터 가정과 씨족 집단의 지혜 교육의 배경이 자리하고 있었고, 근본적인 이스라엘의 인식 기반에서 '야웨 경외'라는 지혜자의 인식론이 대부분의 문서 형성에 영향을 주고 있었다고 본다. 이스라엘의 지혜가 세속적인 지혜에서 신학적인 지혜로 발전한 것이 아니라 야웨 신앙의 지혜가 이스라엘 신앙의 시작부터 자리했고 이후 야웨 신앙의 전개 방향을 주도한 것이다.[12] 델에 의하면, 구약성서 전반에 걸쳐서 지혜 전승의 내용과 양식들이 다양하게 발견되고 있다.[13] 오경의 창세기나 신명기에서 지혜의 요소가 부각되고 아모스나

---

11. Michael V. Fox, "The Social Location of the Book of Proverbs," in *Texts, Temple, and Traditions: A Tribute to Menahem Haran,* eds. Michael V. Fox 외 (Winona Lake: Eisenbrauns, 1996), 239.
12. H. H. Schmid, *Wesen und Geschichte des Weisheit: Eine Untersuchung zur altorientalischen und israelitischen Weisheitliterartur* (Berlin: Verlag Alfred Töpelmann, 1966).
13. Katharine J. Dell, "On the Development of Wisdom in Israel," in *Congress Volume 1995,* ed. John A. Emerton (Leiden: E. J. Brill, 1997), 141.

이사야 또는 예레미야에서 지혜 전승의 내용과 문학 형태들이 발견되는 것들이 그 예다.[14] "지혜 전승은 초기부터 이스라엘 야웨 신앙의 근본으로 작용하고 있었고 시대적 도전에 직면할 때마다 시의적절한 신앙적 응답을 제공해 주었다."[15] 이런 의미에서 지혜 전승의 창조주와 창조 신앙의 관점에서 구약성서신학이 새롭게 조명될 필요가 있다.

구약성서의 창조 신학의 결정체로서의 지혜문학에는 다음과 같은 책들이 있다. 잠언, 욥기, 전도서, 아가서,[16] 그리고 지혜 시편들(1, 19, 25, 34, 49, 73, 119편 등)을 비롯해, 외경으로 가면 집회서(Ecclesiasticus)로 알려진 시락서(예수 벤 시라[Jesus ben Sira] 또는 시락[Sirach])와

---

14. Joseph Blenkinsopp, *Wisdom and and Law in the Old Testament: The Ordering of Life in Israel and Early Judaism* (Oxford: Oxford University, 1995); Moshe Weinfeld, *Deuteronomy and the Deuteronomic School* (Oxford: Clarendon, 1972); Samuel L. Terrien "Amos and Wisdom," in James L. Crenshaw ed., *Studies in Ancient Israelite Wisdom* (New York: KTAV, 1976), 448-455; J. W. Whedbee, *Isaiah and Wisdom* (Nashville: Abingdon, 1971); H. W. Wolff, *Amos the Prophet: The Man and His Background* (Philadelphia: Fortress, 1973); Keun-Jo Ahn, "The Trace of Wisdom in the Book of Jeremiah," in *Mapping and Engaging the Bible in Asian Cultures: Congress of the Society of Asian Biblical Studies 2008 Seoul Conference,* eds. Young Mee Lee & Yoon Jong Yoo (Seoul: Christian Literature Society of Korea, 2009), 177-193.
15. 안근조, 『히브리 지혜전승의 변천과 기독교의 기원』, 33.
16. 아가서는 창조 세계의 일부로서의 남성과 여성의 에로스적 사랑과 육체의 아름다움을 경험적으로 묘사하면서 인간 행복의 가능성을 타진한다. 전통적인 구속사 중심의 사상보다는 창조사 중심의 새로운 신앙의 영역을 전달하고 있기에 지혜 전승의 맥락에 서 있다.

솔로몬의 지혜서(Wisdom of Solomon)[17] 정도가 지혜문학으로 분류된다. 각 책의 구체적인 내용을 살펴보기 전에 지혜 전승의 맥락에서 각 책의 위치를 살펴보는 것은 의미가 있다.

먼저, 잠언은 이스라엘 지혜의 정수로서 '야웨 경외'의 신앙을 1장에서 9장까지 신학적으로 선포하고 10장에서 31장까지는 일상에서 만나는 하나님의 창조 원리와 인간 이치를 각종 교훈과 잠언으로 안내하고 있다. 반면에, 욥기는 지혜 전승의 반정통주의(anti-orthodox)를 대변한다. 왜냐하면 잠언에서 그렇게 강조하는 인과응보의 원리, 즉 의로운 사람이 복을 받고 불의한 사람이 저주를 받는다는 사상을 정면으로 도전하고 있기 때문이다. 세상의 모든 경험과 인간의 모든 가능성에 열려 있었던 지혜 그룹의 저자 또는 편집자들이 기존의 구속사적 신앙으로는 더 이상 설명할 수 없는 현실의 문제, 즉 신정론적 문제에 봉착했을 때 얻게 된 창조자 하나님의 응답을 제시하고 있다. 그러나 전도서에 이르면 지혜자들의 고민은 더욱 깊어진다. 해 아래 새것이 없으며 세상의 모든 것들은 반복 그 이상도 그 이하도 아니라는 회의주의적 목소리가 들리기 때문이다. 그러면서도 현재의 삶에 충실하라는 당부를 곁들인다. 사실상 학자들이 언급하는 바, '야웨 경외'라는 결론부의 첨가 부분(전 12:9-14)이 아니라면 전도서는 경전으로 받아들이기 어려운 인생무상의 철학적 관념이 가득하다. 아가서는 한 발 더 나아가 오늘날 교회에서도 언급하기 어려운 남녀 간의 관능적 사랑

17. 솔로몬의 지혜서를 간략히 '지혜서'라고 부르기도 한다.

을 육체적인 아름다움의 묘사와 더불어 여과 없이 표현하고 있는 사랑의 시이다. 그럼에도 불구하고 하나님과 이스라엘 간의 계약적 사랑을 비유로 받아들이는 문학 전통과 솔로몬의 저작이라는 전승이 아가서를 구약 39권의 정경으로 편입시키는 주요 결정 요인이 됐다. 지혜 시편들은 주로 토라시에서 많이 나타나며 하나님의 창조 세계의 원리를 때로는 찬양의 영성으로, 때로는 탄식 어린 질문과 깨달음으로 표현해 주고 있다. 외경에 나타난 시락서와 솔로몬의 지혜서는 헬라 사상과 만난 유대인 지혜자들의 융합 노력이 드러난 작품들이다. 아래에서 자세히 살펴보겠으나 시락서가 여전히 구약성서의 율법 중심의 신앙에 비중을 둔다면 솔로몬의 지혜서는 그 사상과 표현 방법에 있어서 헬라 철학의 세계관을 적극적으로 수용하고 확대한다.

2) 지혜서의 구조와 내용

같은 지혜문학의 테두리에 묶이더라도 잠언서와 지혜 시편들이 지혜 전승의 정통성(Orthodox)을 대변한다면 욥기와 전도서는 또 다른 목소리(Heterodox)를 담고 있다. 신구약 중간 시대의 작품에 해당되는 시락서와 지혜서에 이르면, 헬레니즘 철학과의 대결(Clash)을 통과한 율법과 지혜의 통합된 목소리(시락서)와 헬레니즘 철학의 옷을 입은 유대인의 지혜(솔로몬의 지혜서)를 만나게 된다. 이와 같은 지혜 전승의 맥락에서 아가서는 관계적 영성의 차원으로 전개되는 독특한 위치를 점하고 있다. 아래에서는 각 책의 구조와 내용을 간략히 살피려 한다.

(1) 잠언[18]

잠언 1:1은 "다윗의 아들 이스라엘 왕 솔로몬의 잠언이라"를 명시함으로써 잠언의 저자를 솔로몬으로, 저작 연대를 주전 10세기로, 기록 배경을 궁정으로 소개한다. 그러나 구약성경이 '다양한 전승들의 총합'으로서 오랜 기간의 형성 과정을 거친 것을 상기한다면 잠언 또한 솔로몬의 저술이기보다는 "지혜의 왕"(왕상 3:9; 4:29-34)으로서의 그의 권위 아래 잠언의 기록들이 모아졌음을 이해할 수 있다. 이에 따라 저작 시기도 주전 10세기로만 확정 지을 수 없다. 명시적으로 25:1은 "유다 왕 히스기야의 신하들이 편집" 했다는 사실을 잠언 자체가 기술하고 있기에 최소한 주전 10세기부터 8세기에 이르는 전승의 과정을 전제해야 한다. 그러나 잠언의 결론으로 제시된 31:10-31의 "현숙한 여인"의 활동상은 왕정 시대를 넘어서 포로기를 지나 페르시아 시기 여자들의 활발한 사회 참여와 상인들의 국제적 해상 무역(잠 31:14, 24)의 정황을 반영한다. 따라서 학자들은 페르시아 시대까지 잠언 편집의 과정이 이루

18. 아래의 내용은 필자의 다음 책에서 일부 발췌하여 정리한 것임을 밝힌다: 안근조, 『잠언』 (서울: 대한기독교서회, 2020), 11-13.

어졌다고 본다.[19] 심지어 팍스와 같은 학자들은 최종 편집 연대를 초기 헬레니즘 시대까지 늦추어 잡기도 한다. 왜냐하면, 잠언 8장의 창조자로서 의인화된 지혜에 대한 묘사는 그리스 철학과의 교류를 반영하기 때문이다.[20] 따라서 잠언의 저작은 솔로몬의 시대인 주전 10세기 말로부터 히스기야 시대인 8세기를 거쳐서 4세기 헬레니즘 시대까지 약 600년에 가까운 시기에 걸친 이스라엘 지혜의 축적물이라 할 수 있다.[21]

잠언서의 중심 메시지는 '야웨 경외'이다. 이것은 소위 '신학적 잠언'이라 일컬어지는 잠언 1-9장의 서론과 결론 부분에서 동일하게 강조되고 있다(잠 1:7; 9:10). '야웨 경외'의 강조 아래 전체적인 잠언의 구성은 아래와 같다.[22]

1:1–9:18	"다윗의 아들 이스라엘 왕 솔로몬의 잠언이라": 신학적 잠언
10:1–22:16	"솔로몬의 잠언이라": 여러 종류의 잠언들
22:17–24:22	"지혜 있는 자의 말씀": 여러 가지 의무와 규정들
24:23–34	"이것도 지혜로운 자들의 말씀이라": 현자의 잠언
25:1–29:27	"이것도 솔로몬의 잠언이요": 히스기야 왕 시대에 편

19. 리처드 J. 클리포드, 『지혜서』, 54.
20. Michael V. Fox, *Proverbs 1-9, A New Translation with Introduction and Commentary* (New York: Doubleday, 2000), 6.
21. 안근조, 『잠언』, 12.
22. 안근조, 『잠언』, 20.

집된 솔로몬의 잠언

30:1-33 "야게의 아들 아굴의 잠언이니": 아굴의 잠언

31:1-31 "르무엘 왕이 말씀한 바": 르무엘의 잠언

잠언서의 도입 부분인 1:1-7은 아래에서 읽어 내려갈 잠언의 전체 내용과 목적을 '교육'이라는 관점으로 읽도록 소개한다. 그 내용은 하나님 경외요, 목적은 깨달음을 통한 행복이라고 가르쳐 주고 있다. 특히, 1:5에서 강조되는 내용에 주목해야 한다.

ישמע חכם ויוסף לקח ונבון תחבלות יקנה

('이쉬마 하캄 브요세프 레카흐 브나본 타흐불로트 이크네')

지혜로운 사람은 듣고 배움을 더하고 슬기로운 사람은 능력을 얻으라. (사역)

지혜는 "들음"('이쉬마')과 "배움"('레카흐')을 더하고 "능력"('타흐불로트')을 얻는 데 있다. 무엇을 듣는가? 창조주의 목소리를 대변하는 율법과 전통을 들어야 한다. 어떤 배움인가? 창조주의 섭리 곧 창조 질서를 아는 일이다. 무슨 능력인가? 창조주의 뜻을 펼치는 관리 능력과 지도력이다. 흥미로운 것은 "능력"(개역개정은 "지략")으로 번역된 원어 '타흐블로트'는 자동차의 운전대(steering)를 의미한다. 잠언의 교육은 인생의 항해를 진리의 길로 안내하여 마침내 행복의 목적지로 잘 도달하도록 인도하는 지혜 매뉴얼이다.

구체적인 교육의 형식은 부모가 자녀를 가르치는 권면과 경고의 글들로 이루어진다. 자주 등장하는 내용은 다음과 같은 훈계다: "음녀를 조심하라"(잠 5:1-6), "부지런하라"(잠 6:6-11), "말/입 조심"(잠 11:12-13; 12:13-14; 15:1-4), "사람의 마음의 교만은 멸망의 선봉이요 겸손은 존귀의 길잡이니라"(잠 18:12), "술 마심의 경계"(잠 23:31-35; 31:2-5). 이 가운데 "음녀 경계"는 신학적 잠언 부분인 1-9장의 주요 뼈대를 이룬다.

〈지혜 여인과 어리석은 여인의 대조〉

지혜 여인(9:1-6)[23]	어리석은 여인 (9:13-18)[24]
• 지혜 여인의 외침(1:20-33)	• 어리석은 여인의 유혹(5:1-14; 22:14; 23:27-28[25])
• 지혜 여인의 보호(6:20-24)	• 어리석은 여인의 사냥(6:25-35)
• 지혜 여인의 당부(7:24-27)	• 간교한 여인의 유혹 (7:1-23)
• 지혜 창조시(8:1-36[26])	

23. 잔치의 초대 → 생명을 얻고 명철의 길을 행하게 되리!
24. 잔치의 초대 → 죽음과 음부에 이르게 되리!
25. 이곳에서 유혹하는 "음녀"를 가나안의 풍요신 숭배로 해석하는 입장이 있다. 그러나 이것은 지지되기 어렵다. 그 음녀는 말 그대로 이스라엘 여인 중 혼외의 다른 여인을 의미하며 따라서 혼인 관계의 정절을 강조하는 것으로 보아야 한다. 또한 동시에 종교적인 정절, 즉 하나님 경외의 신앙을 견지하는 교훈으로 해석될 수 있다: Roland E. Murphy, *The Tree of Life: An Exploration of Biblical Wisdom Literature* (Grand Rapids: Eerdmans, 2002).
26. 8:30의 "창조자" 또는 "양육받는 아이"(darling) 또는 "명공"(master worker).

잠언은 주로 젊은이들에게 당부하는 교훈들로 되어 있다. 진리의 길로 나아가는 것을 방해하는 요인이 말 그대로 '어리석은 여인' 또는 '낯선 여자'의 유혹이다. 육체적인 유혹은 물론이고 정신적인 어리석음과 신앙적 타락까지 포괄하는 비유다. 잠언의 배경 가운데 하나는 왕정 체제에서 새롭게 왕의 신하로 등용되는 젊은 관원들의 훈련을 담당하는 궁정 교육 기관이다. 이를 확대해서 해석하면 앞으로 사회에 진출하는 젊은이들에게 주어지는 인생 선배의 가르침이다. 그 으뜸은 바로 육체적 정절이다. 유혹에 빠지는 어리석음 또는 악을 떠나 참 길로만 나아가는 일이다: "좌로나 우로나 치우치지 말고 네 발을 악에서 떠나게 하라"(잠 4:27). 따라서 야웨 경외자의 구체적 실천은 이제 지혜 여인의 음성을 사모하고 듣고 좇는 삶으로 발전한다. 그 열매는 생명과 은총이다.

> 나를 사랑하는 자들이 나의 사랑을 입으며 나를 간절히 찾는 자가 나를 만날 것이니라. (잠 8:17)

> 누구든지 내게 들으며 날마다 내 문 곁에서 기다리며 문설주 옆에서 기다리는 자는 복이 있나니 대저 나를 얻는 자는 생명을 얻고 여호와께 은총을 얻을 것임이니라. (잠 8:34-35)

(2) 욥기[27]

욥이라고 하는 인물은 노아와 다니엘과 더불어 고대 이스라엘 사회에서 뛰어난 신앙적 인물 중 하나다. "비록 노아, 다니엘, 욥, 이 세 사람이 거기에 있을지라도 그들은 자기의 공의로 자기의 생명만 건지리라 나 주 여호와의 말이니라"(겔 14:14). 이를 근거로 보수적 입장의 학자들은 욥기의 저작 시기를 아브라함과 같은 족장 시대[28] 또는 그 이전 시기라고까지 본다. 그러나 고대 사회의 문학적 관습에서 자신의 이름을 밝히기보다는 해당 분야의 뛰어난 이전 인물을 인용했던 것을 염두에 둔다면 욥기 또한 후대의 저작자가 자신의 체험과 계시를 욥이라는 위인을 통해 저술한 작품임을 알 수 있다.

욥의 저작 시기는 일반적으로 포로기 이후, 주전 6세기 후반에서 5세기 전반으로 본다. 그 근거로 첫째, 언어학적인 이유가 있다. 만약에 욥기가 포로기 이전에 쓰여졌다면, 본문 가운데 고대

---

27. 아래 욥기 저작 시기에 대한 내용은 필자의 책에서 일부 인용하고 있음을 밝힌다: 안근조, 『지혜말씀으로 읽는 욥기』 (서울: 감은사, 2020), 27-30.
28. 욥기 이야기 자체의 배경은 창세기의 족장 시대다. 데이비드 클라인즈는 욥이 아브라함처럼 많은 가축들과 종들을 소유하고 있는 점(1:3; 42:12), 어떠한 제사장의 중재 없이 본인이 직접 제사를 집례하는 모습(1:5), 욥도 다른 족장들과 비슷한 수명을 누린 점(42:16) 등을 들고 있다(David J. A. Clines, *Job 1-20,* [Dallas: Word, 1989], lvii.). 그러나 이야기 자체 내의 시대 배경과 실제적인 저작 시기는 분명히 다르다. 특히 욥기의 현재의 형태는 족장 시대보다도 훨씬 후대의 기록임을 말하는 많은 정보들을 포함하고 있다. 따라서 클라인즈를 비롯한 많은 학자들은 욥기의 저작 시기를 주전 6세기경으로 두고 있다: 이군호, 『욥기』 (서울: 대한기독교서회, 1998), 41-42.

히브리어의 단어와 어근 등에 나타나는 아람어화(Aramaism)된 형태를 설명할 수 없다. 왜냐하면 히브리어의 아람어화 문체는 포로 후기의 현상이기 때문이다.[29] 둘째, 사회사적으로 욥기 6:19에 등장하는 "데마의 대상들 및 스바의 행인들"에 대한 언급과 3:14-15에 나타나는 왕들과 고관들 그리고 통치자들에 대한 관료적 명칭은 바로 포로 후기인 페르시아 시대의 배경을 반영하는 증거다.[30] 셋째, 종교사적으로 1-2장에 등장하는 사탄의 개념은 포로 후기의 예언서인 스가랴서에서 등장하는 사탄의 존재와 유사하다(슥 3:1-2, "고소자"). 실제로, 구약성서에서 השטן(*ha Satan*)은 욥기 1-2장과 스가랴 3:2에서만 나타나며 그 이전 문학 자료에서는 등장하지 않는다.[31] 넷째, 신학적으로 의인의 고통에 대한 문제 제기는 주로 남유다가 멸망한 다음 포로기 이후에 등장하며 더군다나 악인의 번영과 연관하여 욥기에서처럼 심각한 하나님 섭리에 대한 질문은 페르시아 식민지 시대인 포로 후기의 종교적이고 경제적인 정황을

29. A. Hurvitz, "The Date of the Prose Tale of Job Linguistically Reconsidered." *Harvard Theological Review* 67 (1974), 17-34; Carol A. Newsom, *The Book of Job* (Nashville: Abingdon, 1996), 325.

30. James L. Crenshaw, "Book of Job." *Anchor Bible Dictionary vol. 3* (New York: Doubleday, 1992), 863.

31. 구약성서의 사탄과 신약성서의 사탄 개념의 종교사적 발전 단계를 구분할 필요가 있다. 욥기에서는 천상 회의의 구성원 중 하나인 기능체로서의 *ha Satan*("고발자" 또는 "감찰관")이며, 신구약 중간 시대와 헬레니즘 이후 신약성서에서는 독립된 인격체로서의 Σατανᾶς(Satan) 혹은 ὁ διάβολος(the devil), 즉 하나님의 역사를 방해하는 대적자로서의 "악한 영" 또는 "마귀"이다.

잘 반영한 것으로 볼 수 있다.[32] 다섯째, 비교 문학적으로 쿰란동굴에서 발견된 욥기의 아람어 역본인 『타르굼 욥기』(*The Targum Job*)는 욥기 저작 연대의 하한선을 결정하는 데 도움을 준다. 즉, 욥기가 아무리 늦어도 주전 2세기까지는 사람들의 입에 회자되고 있었음을 보여준다.

욥기는 의로운 자의 고통을 다룬다. 기존의 인과응보의 교리로는 대답할 수 없는 현실의 상황에 대한 지혜자의 항변과 간구 그리고 창조주 하나님의 답변을 전하고 있다. 욥기의 전체적인 구조는 아래와 같다.[33]

1-2장	하나님과 사탄 사이의 대화 및 욥에게 닥친 재앙
3장	욥의 독백: 자신의 생일과 하나님의 창조를 저주
4-27장	욥과 세 친구와의 대화(세 번에 걸친 사이클)
1. 첫째(4-14장):	엘리바스(4-5장)—욥(6-7장)
	빌닷(8장)—욥(9-10장)
	소발(11장)—욥(12-14장)
2. 둘째(15-21장):	엘리바스(15장)—욥(16-17장)
	빌닷(18장)—욥(19장)
	소발(20장)—욥(21장)

32. Rainer Albertz, *A History of Israelite Religion in the Old Testament Period. Vol. II: From the Exile to the Maccabees*, tr. John Bowden (Louisville: Westminster John Knox, 1994), 497-503.

33. 안근조, 『지혜말씀으로 읽는 욥기』, 21-22.

3. 셋째(22-27장): 엘리바스(22장)—욥(23-24장)
빌닷(25장)—욥(26-27장)
소발 없음

28장 지혜시
29-31장 욥의 독백, 마지막 탄원
32-37장 엘리후의 발언
38:1-42:6 하나님의 폭풍우 언설과 욥의 응답
42:7-17 후기: 욥의 회복과 축복

전통적 야웨 신앙에서 주로 말해왔던 주제와는 판이한 하나님의 세상 섭리(신정론[神政論])와 정의(신정론[神正論])에 대한 문제 제기를 다루고 있기에 이를 전달하는 욥기의 문학적 양식의 특징 또한 독특하다. 첫째, 욥기는 대화식 전개 구조를 지닌다. 마치 소크라테스적 문답법처럼 욥기의 드라마 내내 진리에 이르는 대화적 변증법이 도입되고 있다. 서론에서 하나님과 사탄 사이의 대화로부터 시작하여 욥과 세 친구와의 논쟁, 그리고 절정 부분에서 하나님과 욥 사이의 두 번에 걸친 대화가 오고 가고 있다. 둘째, 야웨 신앙의 동원 가능한 모든 문학 전승들이 활용되고 있다. 가장 대표적으로 하나님의 직접적인 폭풍우 신현은 예언 전승의 산물이다. 더군다나 '신-인 법정 소송'의 '리브'("논쟁") 양식이나 서론에서의 천상 회의는 예언 문학에서 자주 발견되는 문학적 특징이다. 제사장 전승 또한 발견되는데 하나님이 탄원자에게 마침내 현현하여 답하는 "제사장적 구원 응답"(priestly salvation oracle)이[34] 그 예다. 물론, 무엇보다도 지혜 전승이 두드러지는데 의인의 고통에 대한 신정론적 성찰과 폭풍우 신 언설에서 쏟아지는 하나님의 수사 의문문들은 지혜문학에서 친근한 문학 양식이다. 그뿐 아니라 시가 전승도 동원되고 있다. 28장의 지혜 찬양시와 하나님의 폭풍우 응답 장면에서 자연 세계의 아름다움을 찬양하는 것 등이 해당된다. 폭풍우 신 언설의 40-41장에서 펼쳐지는 베헤못과 리워야단의 힘과 아름다움을 칭송하는 야웨의 노래는 그 어떤 다른 찬양시가 따를 수 없는 시가 전승의 백미다.

욥기 내용의 이해를 돕기 위하여 욥기의 보편성에 대한 지식은 중요하다. 사실상, 지혜문학의 특징 중 하나로서 욥기는 창조주 하나님이라는 보편적 신 개념을 표방한다. 히브리 백성들을 구원한 출애굽 이스라엘의 계약적 하나님이라기보다는 천하 만물을 주관하는 우주적 하나님을 지시한다. 실제로, 욥기 1-2장과 42장의 산문체 부분에서는 하나님을 가리킬 때 '야웨'로 지칭하지만 대부분을 차지하는 3장에서 37장까지의 운문체 부분에서는 줄곧 '엘로힘'으로 등장한다.[35] 또한 의인의 고통을 다루는 문제는 고대 근동의 지혜문학과 유사하다. 특히 메소포타미아의 지혜문학 중에 욥기와 유사한 내용들이 많이 발견된다: 『탄식자와 그의 하나님』(*Man and His God*, Sumerian Job); 『인간과 신의 대화』(*Dialogue*

34. 비교, 삼상 1장: 한나의 기도와 제사장 엘리의 응답.
35. 예외, 12:9

between Man and His God, Old Babylonian Tablet AO 4462); "나는 지혜의 주를 찬양하리"(*Ludlul bêl nêmeqi*); 『고통자의 구원』(*A Sufferer's Salvation*); 『바빌로니아 신정론』(*The Babylonian Theodicy*).[36] 결정적으로, 욥기의 보편성은 주인공 욥 자신이 이스라엘인이 아니라 외국인 이름으로 표현되어 있다는 데 있다. 그의 거주지인 "우스" 땅 자체도 이스라엘의 전통적 구역 내에 포함되지 않는 이방의 영역이다. 또한 그의 세 친구들도 하나같이 외국인 이름으로 소개된다. 이는 욥기에서 다루는 주제가 전통적인 야웨 신앙의 테두리를 신학적으로 벗어나고 있다는 문제와도 무관하지 않다.

(3) 전도서

전도서의 기본 구성은 한 백발의 지혜자 또는 전도자(Qoheleth, "preacher")가 삶을 돌이켜 보며 공동체 회중에게 인생살이의 의미 없음을 특별한 형식 없이 전달하는 내용들로 이루어져 있다. 전통적인 구약성서의 계약 사상이나 예언 성취 사상 또는 잠언 중심의 지혜서가 전제하는 인과응보적 사상과는 관계없는 내용이 주를 이룬다. 이는 포로 후기에 표방된 이스라엘 종교의 사상적 변화를 보여준다. 그 배경은 포로기 예언자들의 회복의 비전을 붙들고 예루살렘으로 돌아온 귀환자들이 경험한 현실의 절망적인 상황에 근거한다. 기존 야웨 사상의 인과응보적 원리에 회의를 품게 됐으

---

36. 해당 작품들에 대한 자세한 내용은 다음의 글을 참조하라: 안근조, 『지혜말씀으로 읽는 욥기』.

며 그렇다고 당시에 유입되기 시작한 헬라 사상의 합리적인 신앙 개념도 현실의 문제에 답을 주지 못함을 전도자는 간파한다. 물론, 하나님 곧 창조주가 모든 것을 다스리고 있음을 묵상하고 있다. 그러나 문제는 하나님이 무엇을 하고 계시는지, 왜 그렇게 하시는지를 인간으로서는 도저히 가늠할 수 없다는 것이다. 단지 인간이라는 존재로서 할 최선의 일은 하나님께서 우리에게 주신 바를 즐기고 선용하는 것뿐임을 고백한다. 전도서의 내용 중 독특한 것은 시간 개념에 대한 사색이다. 인생사 모든 일은 정해진 때가 있다(전 3:1-8). 그러나 문제는 시시각각 닥치는 시간 속에서 적절한 '그 때'를 인생은 알 수 없다는 데 있다. 하나님만이 모든 때를 지으셨고 아름답게 하신다(전 3:11a). 결국, 인간은 주어진 삶에서 측량할 수 없는 인생의 시기를 인정할 수밖에 없음을 담담히 받아들이고 있다. 단지, 시간을 넘어선 영원을 "사모하는 마음"만이 허락되어 있을 뿐이다(전 3:11b).

전도서의 저작 시기는 포로 후기 중에서도 늦은 시기, 곧 페르시아 시대에서 헬레니즘 시대로 넘어가는 주전 5세기에서 4세기로 볼 수 있다. 물론, 전도서의 시작이 "다윗의 아들 예루살렘 왕 전도자의 말씀이라"고 되어 있기에 주전 10세기의 솔로몬의 저작이라고 볼 수도 있다. 그러나 이 또한 익명의 지혜자가 제2성전 시기, 자신이 정리한 책에 솔로몬의 권위를 부여한 것으로 보인다. 구약성서 형성에 있어서 가장 늦은 시기인 페르시아 시대 말기로 전도서의 저작을 보는 이유는 다음의 여섯 가지의 전도서의 특징 때문이다.[37] 첫째, 전도서의 주인공은 개인의 관찰과 경험에 집중하는 비판적인 개성의 소유자라는 것이다. 공동체의 계약 사상에 익숙한 전통적 구약 사상과는 거리가 있다. 둘째, 전도서에 나타난 보편성은 최소한 페르시아 시대 이후에 등장한다. 이스라엘의 특별한 역사에 대한 언급이 없으며 야웨라는 신명 대신에 '하엘로힘'을 사용하고 일반적인 인간 경험과 사유 방식이 두드러진 것은 헬라 세계의 특징이다. 셋째, 특별히 전도자의 인생에 대한 비판적 사고는 전통적 야웨 사상에서는 유래를 찾아볼 수 없는 새로운 철학 사상을 전제한다. 넷째, 죽음을 인간의 궁극적인 운명으로 묘사하는 전도자의 언급은 헬라 철학의 회의주의적 성향에 잇닿아 있는 증거가 된다. 다섯째, 죽음이라는 인간의 시간적 제한성을 말하면서도 동시에 하나님의 시간의 영원성(전 3:11)을 언급하는 것 또한 고대 이스라엘의 사상과는 전혀 다른 맥락으로부터 유래한다. 끝으로, 인간은 아무것도 알 수 없고 단지 각자에게 주어진 삶에 만족하며 사는 것이 가장 선한 것이라고 설파하는 전도자의 주장은 고대 이스라엘의 신앙 전통에서는 낯선 사상이다. 이와 같은 불가지론과 순간적 쾌락주의는 헬라 사상의 대두와 관계한다. 이렇듯 전통적인 야웨 신앙과 판이한 사상들로 인하여 전도서는 구약성서의 정경(Canon)의 테두리에 끝까지 포함되지 않고 있었다. 그러나 후대 가필로 여겨지는 12:9 이하의 부록 부분에서 "하나님 경외"의 강조와 무엇보다도 저자를 "다윗의 아들 예루살렘 왕 전

---

37. 안근조, 『히브리 지혜전승의 변천과 기독교의 기원』, 101-103.

도자"(전 1:1), 곧 솔로몬 왕으로 소개하고 있는 점에서 마지막 순간에 정경으로 편입된 것으로 보인다.

앞서 소개한 것처럼 전도서 자체는 특별한 구조가 존재하지 않는다. 인생에 대한 경험론적 묵상으로 의식의 자유로운 전개 가운데 내용들이 펼쳐진다. 그러나 주된 모티프로 반복되는 두 구절이 있으니 바로 "헛되도다"의 '헤벨'의 선포와 현재의 때를 붙잡으라는 '카르페 디엠'(*carpe diem*)의 가르침이다. '헤벨'은 인간 호흡의 한 숨(breath)과 같이 덧없고 일시적인 인생의 헛됨을 의미한다. 전도서는 처음부터(전 1:2) 끝까지(전 12:8) '헤벨'을 선포한다. 이와 더불어 '카르페 디엠'의 가르침 또한 일관되게 발견된다. '헤벨'의 삶으로 인해 "해 아래 새것이 없다"는 반복의 연속에서 아무것도 알 수 없는 인생에게 최선의 길은 현재를 붙잡는 일임을 상기시킨다. 어떻게 보면 '카르페 디엠'은 '헤벨'에 대한 답으로 주어진다. 삶 자체가 창조자의 선물이니 그 안에서 만족하고 삶을 누리라는 전도자의 현명한 가르침이 순간순간 빛을 발한다. 전도서는 총 아홉 번의 '헤벨'과 일곱 번의 '카르페 디엠'의 틀 가운데 열두 번의 전도자의 묵상이 들어가 있는 구조를 아래와 같이 보인다.

1:1-2	서론
1:3-11	1 헤벨[38]: 해 아래에서 수고하는 모든 수고—새것이 없으며 반복과 망각의 인생

38. 전도서의 '헤벨' 시리즈는 기존의 지혜 전통의 관념들에 도전한다.

1:12-18 2 헤벨: 해 아래에서 행하는 모든 일—바람을 잡으려는 것

2:1-11 3 헤벨: 인간의 웃음과 희락—바람을 잡으려는 것

2:12-17 4 헤벨: 지혜와 어리석음—지혜자와 우매자의 죽음이 일반

2:18-23 5 헤벨: 내 뒤를 이을 이—내 노력의 결과가 수고하지 않은 이에게

2:24-26 [1 카르페 디엠]: 먹고 마시며 기쁘게 하라—하나님의 손의 은혜

3:1-11 **{1 묵상}: 기한과 때**

3:12-13 [2 카르페 디엠]: 먹고 마시고 낙을 누리라—하나님의 선물

3:14-15 **{2 묵상}: 하나님의 영원성**

3:16-4:1 6 헤벨: 재판과 정의를 행하는 곳—위로자의 부재

3:22 [3 카르페 디엠]: 자기 일에 즐거워하라—자신의 몫

4:2-16 **{3 묵상}: 더 나은 일**

5:1-9 **{4 묵상}: 하나님 경외**

5:10-6:9 7 헤벨: 재물과 부요—소유함의 폐해와 만족 없는 욕심

5:18-20 [4 카르페 디엠]: 먹고 마시며 낙을 누리라—자신의 몫, 하나님의 응답

6:10-12 **{5 묵상}: 인간의 연약함**

7:1-14 **{6 묵상}: 형통과 곤고의 하나님 섭리**

7:15-22 8 헤벨: 인간의 의—의인의 부재

7:23-29	**{7 묵상}: 인간의 지혜 터득의 한계**
8:1-13	**{8 묵상}: 하나님 경외의 복/'토브'**
8:14-9:12	9 헤벨: 인과응보—의인의 고통과 악인의 번영
8:15	[5 카르페 디엠]: 먹고 마시며 즐거워하라—하나님의 허락
9:7-9	[6 카르페 디엠]: 먹고 마시며 즐거워하라—하나님의 응답과 자기 몫
9:13-18	**{9 묵상}: 지혜의 효용성**
10:1-20	**{10 묵상}: 우매의 폐해**
11:1-8	**{11 묵상}: 지혜로운 삶**
11:9-10	[7 카르페 디엠]: 어린 때를 즐거워하며 원하는 대로 행하라—단, 행악을 조심
12:1-8	**{12 묵상}: 창조주를 기억**
12:9-14	결론: 하나님을 경외하고 그의 명령들을 지킬지어다

위의 구성에서 12번에 걸친 묵상 부분을 관찰하면 인생의 경험이 하나님의 묵상과 계속해서 대구를 이루며 나타나는 것을 볼 수 있다. 해당 구절만을 떼어서 보면 아래와 같다.

3:1-11	{1 묵상}: 기한과 때	A	
3:14-15	{2 묵상}: 하나님의 영원성		B
4:2-16	{3 묵상}: 더 나은 일	A′	

5:1-9	{4 묵상}: 하나님 경외		B′
6:10-12	{5 묵상}: 인간의 연약함	A″	
7:1-14	{6 묵상}: 형통과 곤고의 하나님 섭리		B″
7:23-29	{7 묵상}: 인간의 지혜 터득의 한계	A‴	
8:1-13	{8 묵상}: 하나님 경외의 복/'토브'		B‴
9:13-18	{9 묵상}: 지혜의 효용성 C		
10:1-20	{10 묵상}: 우매의 폐해 C′		
11:1-8	{11 묵상}: 지혜로운 삶 C″		
12:1-8	{12 묵상}: 창조주를 기억		B⁗

위의 구성에서 A는 인생의 경험을 B는 하나님 의뢰의 신앙을 대조적으로 강조한다. 그리고 C에서 하나님 경외의 지혜를 강조하면서 궁극적으로 창조주를 기억하라는 야웨 경외의 삶으로 전도자 가르침이 절정을 이루고 있다(B⁗). 전도자는 그의 인생 묵상을 통해서 초월적 하나님과 현실적 인간 사이에 놓여 있는 감히 어쩔 수 없는 큰 도랑 곧 인간-신 사이의 격차를 전도서 내내 직시하고 있다(A-B의 대조). 이러한 전도자의 경험론적 관찰이 궁극적으로 창조주 하나님을 바라게 하는 지혜의 길로 인생들을 안내한다.

(4) 아가

아가서는 다음과 같이 시작한다. '쉬르 하쉬림 아쉘 르쉘로모'(아 1:1). 직역하면, "노래 중의 노래, 솔로몬에게 속한"으로서, 솔로몬이 지은 으뜸된 노래라고 소개되고 있다. 그러나 시편의 '미즈몰 르다비드'(다윗에게 속한 노래, 시 3:1a 히브리 성경)가 다윗이 전체의 시편을 다 지었다기보다는 다윗의 이름 아래 150개의 시편이 묶인다는 것을 가리키는 것처럼 아가서 또한 솔로몬의 권위 아래 정선된 노래집(anthology)으로 이해하는 것이 좋다. 어쨌든 솔로몬의 이름이 밝혀져 있기에 아가서는 남녀 간의 에로스적 사랑과 육체적 관능미의 직설적인 표현에도 불구하고 히브리 정경의 테두리 안에 편입될 수 있었다. 아가서의 내용은 솔로몬과 술람미 여인 사이의 순전한 사랑을 기념하며 노래한다. 그러나 전통적인 히브리 시로 보기에는 고대 이집트의 사랑의 서정시와 유사한 측면이 많다. 예를 들면, 신부를 '누이'로 표현하고 사랑의 평등성과 상호성을 강조하거나, 오감을 자극하는 묘사와 연인에 대한 열정적 사모, 사랑을 방해하는 자들과 동물과 식물의 잦은 언급 등이 그렇다.[39] 또한 고대 이스라엘의 가부장적 사회의 배경에서 생각해 본다면, 아가서는 여성의 모습이 두드러질 뿐 아니라, 책의 처음(아 1:2-7)과 끝(아 8:14) 그리고 많은 부분에서 남성보다도 여성 화자가

39. Roland E. Murphy, "Towards a Commentary on the Song of Songs," *CBQ* 39 (1977), 484.

주도한다는 점은 독특하다.[40] 따라서 학자들은 아가서를 타문화권에 영향을 받은, 세속적인 사랑시들의 모음집으로 보면서 그 삶의 자리를 고대 이스라엘의 결혼식의 정황으로 읽으려 한다.[41]

그러나 전통적인 고대 히브리 문학은 남녀 간의 사랑 또는 결혼식과 같은 문학적 비유에 친숙하다. 특히, 하나님과 이스라엘 사이의 계약 관계를 표현할 때 호세아와 예레미야와 같은 예언자들은 결혼, 배신, 이혼에 해당하는 관념들을 동원한다. 에스겔 24장에서는 솔로몬 성전 멸망의 전조로서 예언자가 아내를 잃는 사건을 묘사하기도 한다.[42] 더군다나 여성 중심의 문학적인 비유는 앞서 잠언에서 살펴본 바, "지혜 여인"이 우매한 자들을 초대하는 장면에서(잠 1:20-33; 9:1-6) 두드러질 뿐만 아니라 잠언 8:17에서는 지혜로운 자의 길을 사랑하는 여인을 만나는 것으로까지 그리고 있다: "나를 사랑하는 자들이 나의 사랑을 입으며 나를 간절히 찾는 자가 나를 만날 것이니라." 궁극적으로 잠언의 마무리를 '에셋 하일', 곧 "현숙한 여인", 더 정확하게는 '유능한 여인'의 활약상으로 대단원의 막을 내리고 있는 것은 그만큼 고대 이스라엘의 구약 전승이 오늘날의 생각과는 달리, 여성 중심의 문학적 비유에 열려 있었음을 알 수 있다.

---

40. 브랜트 A. 스트런, 『간추린 구약개론』, 217.
41. L. Krinetzki, "'Retractationes' zu früheren Arbeiten über das Hohe Lied," *Biblica* 52 (1971), 176-189.
42. 래리 L. 라이크, 『내가 너를 영원히 아내로 맞이하리라: 아가와 히브리 성서의 사랑신학』, 이유미 옮김 (서울: 대한기독교서회, 2012), 141.

아가서는 남녀 간의 육체적 사랑을 노래하는 내용만 문제되는 것이 아니다. 내용 전개의 문학적 형식이 다양하게 전개되어 쉽게 읽어내려 가기가 어렵다. 1인칭과 3인칭이 혼재되어 있고 주인공인 남자와 여자 외에도 다양한 배역들이 화자로 등장하기 때문이다. 그럼에도 불구하고 분석 가능한 배역들을 남자와 여자, 여자의 친구들(코러스)로 한정하여 각각의 대본들 중심으로 아가서의 전체 구성을 정리하면 아래와 같다.[43]

1:1	표제
1:2-4	여자: 입맞춤
1:5-8	여자: 정오에 쉴 곳(8절 코러스 또는 남자)
1:9-2:7	남자(1:9-11, 15; 2:2); 여자(1:12-14, 16-17; 2:1, 3-7)
2:8-17	여자: 봄의 기운(10-15절 남자의 말을 인용하는 여자의 독백)
3:1-5	여자: 도성에서의 밤
3:6-11	코러스: 솔로몬의 가마
4:1-5:1	육체의 노래 I(남자: 4:1-15, 5:1; 여자: 4:16)
5:2-6:3	연인을 못 만난 밤(여자: 5:2-8, 10-16; 6:2-3; 코러스: 5:9, 6:1)
6:4-7:10	육체의 노래 II(남자: 6:4-12; 7:2-10; 코러스 7:1)
7:11-8:4	여자: 포도원에서
8:5-7	나를 도장같이 마음에 품으라(여자: 5b-7)

43. Richard J. Clifford, *The Wisdom Literature* (Nashville: Abingdon Press, 1998), 160-161.

8:8-14 성벽과 포도원(여자: 10, 14; 남자: 11-13)

기독교 교회 전통은 아가서를 남자 역할의 예수 그리스도께서 여자 역할의 교회에 대한 사랑을 드러낸 것으로 보는 알레고리적 해석의 입장을 취해 왔다. 그러나 최근의 주석가들은 점차로, 문학적인 표현을 있는 그대로 읽으면서 창조 세계의 아름다움과 창조 질서의 표현으로서의 남녀 간의 사랑으로 읽고 있다.[44] 히브리 지혜 전승 자체가 창조 세계 곧, 물질 세계를 있는 그대로 수용하는 경험론적 경향을 반영하고 있기 때문이다.

(5) 시락서(집회서)와 솔로몬의 지혜서

가톨릭성경에서 집회서로 불리는 시락서는 이름이 다양하다: 집회서(Ecclesiasticus), 시락(Sirach), 시락서(The Book of Ben Sira), 벤 시라의 지혜서(The Wisdom of Jesus Son of Sirach). 솔로몬의 지혜서와 더불어 시락서는 개신교에서는 외경(Apocrypha)으로 취급되나 가톨릭에서는 "제2의 경전"(deutero-canonical)으로 정경 내에 편입되어 있다. 저자인 벤 시라는 예루살렘의 한 랍비로서 대제사장 시몬의 죽음 이후(주전 180년대)와 마카비 항쟁 발발 전, 곧 주전 175년 사이에 저술한 것으로 보인다.[45] 그때는 기존의 프톨레마이오스 왕조

44. 안근조, "아가서의 정경성과 신학: 알레고리적 이해에서 지혜전승의 창조신학적 이해로" 「신학 연구」 55 (2018), 109-136.

45. Richard J. Clifford, *The Wisdom Literature,* 116.

에서 셀레우코스 왕조로 유대아 지역의 지배가 넘어간 주전 198년 이후의 시기로서 점차로 셀레우코스 왕조의 종교적이고 문화적인 위협이 커져 갈 무렵 벤 시라는 유대인의 정체성에 합당한 삶을 살도록 젊은이들을 충고하는 것이 본서 기록의 목적이었다. 본래 히브리어로 작성된 것을 그의 손자가 이집트 알렉산드리아에 주전 132년경 도착 이후 수년간 코이네 그리스어로 번역한 글이 오늘날 전해진다.

시락서의 내용은 다양하여 창조론으로부터 섭리론, 신정론, 죽음의 문제 등과 같은 신학적 주제뿐만 아니라 부와 가난, 명예와 수치, 가족 등과 같은 사회적인 문제들도 다룬다. 그러나 시락서의 가장 두드러진 주제는 '야웨 경외'의 강조를 통한, 지혜와 율법의 동일시다: "이 모든 것(지혜)은 지극히 높으신 하느님의 계약의 글이고 야곱의 회중의 상속 재산으로 모세가 우리에게 제정해 준 율법이다"(집회 24:23 가톨릭성경). 특히 시락서 24장은 잠언서 8장과 같이 지혜('호크마')가 1인칭 화자 시점으로 자신에 대하여 소개하는 것이 기존의 히브리 지혜 전승과 유사하다. 또한 창조주와 특별한 관계에 있는 것으로 그리고 있는 점도 동일하다(잠 8:30; 집회 24:8). 그러나 시락서의 지혜는 잠언의 추상적 지혜와 달리 구체적인 "이스라엘의 지혜"로 특정화된다(집회 24:8, 10-12, 23). 신구약 중간 시대에 이스라엘의 지혜 전승이 더욱 신학화되어 가는 과정을 시락서를 통해서 확인하게 된다.

총 51장의 시락서의 문학적 구성은 일정한 형태를 이루지는 않지만 1:11-30과 같은 단락은 히브리어 알파벳 순서대로 총 22개의 절들로 이루어진 운문체를 띤다. 대부분의 내용은 잠언과 같이 스승인 벤 시라가 젊은이들에게 가르침을 준 조언과 훈계들이지만 이외에도 다음과 같은 다양한 장르들로 이루어져 있다.[46]

찬송시: 1:1-10; 18:1-7; 39:12-35; 42:15-43:33; 50:22-24; 51:1-12

탄원 기도: 22:27-23:6; 36:1-22

자서전적 기록: 33:16-18

창조주의 사역 목록: 39:16-35; 42:15-43:33

솔로몬의 지혜서(Wisdom of Solomon)는 전통적 입장의 시락서와는 달리 이스라엘의 지혜가 헬레니즘의 옷을 입고 새롭게 묘사된다. 그리고 주전 250년에서 주후 50년 어간에 알렉산드리아의 헬라화된 유대인에 의해 기록된 것으로 알려져 있다. 이 책은 일종의 권고 조의 훈계서로서 지혜('소피아')에 대한 열정적이고 찬양적인 글들로 가득하다. 저술 목적은 두 가지인데, 하나는 디아스포라된 유대인들에게 전통적 믿음에 대한 자부심을 가지고 신앙적 전통을 고수하도록 하기 위한 것과 동시에 이방인들에게는 헬라 철학적 용어를 빌려 이스라엘의 신앙을 소개하기 위한 것이었다. 따라서 이방신 숭배에 대한 철저한 배격이 드러나 있는 것과 더불어, 영혼 불멸설 등의 기존의 히브리 사상에서 찾아볼 수 없었던

46. Frank S. Frick, *A Journey through the Hebrew Scriptures*, 510.

새로운 개념들이 등장한다.

알렉산드리아의 국제적이고 문화적인 환경에서 지혜의 개념은 더욱 정교하게 발전한다. 예를 들면, 지혜의 인도자는 하나님(지혜 7:15)으로서 지혜의 신적인 차원이 소개되면서도 동시에 지혜는 과학적 지식(7:17-21)과 다름없이 취급된다. 또한 지혜는 인간의 정신을 소유하여 모든 것을 통찰하게 하고(7:22-24), 더 나아가 지혜는 하나님의 숨결이고 영광이다(7:25-26). 지혜의 주요 기능은 "모든 것을 새롭게 하며" 사람들로 하여금 하나님의 벗과 예언자로 만든다(7:27). 따라서 하나님은 지혜로운 사람들을 사랑하신다(지혜 7:28). 지혜는 해, 달, 별들보다도 더 빛나며 어떠한 악도 이겨낸다(지혜 7:29-30). 솔로몬의 지혜서는 시락서에 비해 헬라 철학의 개념을 더욱 적극적으로 받아들이면서 지혜 소유의 가능성을 주장한다.[47] 학자들은 솔로몬의 지혜서야말로 유대적 세계관과 헬라적 세계관 통합의 전형적 예로 본다. 솔로몬의 지혜서는 다음의 세 가지 구성으로 되어 있다: 의와 불멸성(1-5장), 지혜의 본성(6-9장), 지혜와 이스라엘의 초기 역사(10-19장).

47. 흥미롭게도, 정경적 지혜문학은 지혜 소유의 가능성(잠 1:2; 2:6, 10; 3:13-18; 8:17, 33-36; 10:19; 욥 12:12; 38:36; 전 1:16; 2:13, 26; 7:4; 10:10 등)과 불가능성(욥 28장; 전 1:17; 2:15; 7:23; 8:17 등)을 동시에 견지한다.

3) 지혜서의 신학과 적용

고대 이스라엘 지혜 전승의 결정체인 잠언에서 명시하듯 지혜서 신학의 핵심은 '야웨 경외' 사상이다(잠 1:7; 9:10). 그리고 지혜서 신학의 적용 현장은 일상의 삶, 곧 현실이다. 그러나 지혜서 각각은 전통주의와 혁신주의 또는 통합주의의 노선을 따른다. 즉, 잠언이 전통적 입장을 따르고 있다면, 욥기와 전도서, 아가는 혁신적 입장을 도입하며, 외경의 지혜서들은 새로운 헬라 사상과의 통합을 시도한다. 그럼에도 불구하고 모든 지혜서는 창조 신학이라는 하나의 주제로 수렴된다.

(1) 잠언의 신학

구약성경의 신학에서 지혜서, 특히 잠언은 오랫동안 주류 신학으로 취급되지 못했다. 앞서 언급했듯이 이스라엘 고유의 계약 신학과 구원 신학의 관점이 드러나 있지 않기 때문이다. 그러나 도리어 잠언에서 강조되는 새로운 요소들은 고대 이스라엘의 야웨 신앙의 내용을 대신적 수직 관계에 머물지 않고 대인적 수평 관계로 그 지평을 확장시켜 준다. 하나님의 살아계심을 받아들이면서 그 창조자의 섭리와 더불어 살아가는 삶을 잠언의 지혜는 추구한다. 그 창조 질서에 부합한 삶이 곧 지혜로운 삶인데 이는 다음의 신학적 요소들을 내포한다.

첫째, 현세의 신학이다. 잠언은 현실적 삶의 중심이 풍성한 생명령 발휘에 있음을 분명히 한다.[48] 특히, 생명 나무와 생명 샘의 강조가 두드러진다(잠 3:18; 10:11; 11:30; 13:12; 16:22). 구체적으로 생명을 위한 부와 명예(22:4), 명성(10:7; 22:1) 그리고 장수의 삶(3:16; 28:16)을 중요한 가치로 여긴다. 그 생명을 주는 지혜를 만나게 되는 곳은 다름 아닌 현실의 삶 한복판이다. 바로 "길가의 높은 곳과 네거리, 성문 곁과 문 어귀와 여러 출입하는 문"이다(8:2-3). 둘째, 선인과 악인의 대조가 분명하다. 이는 신명기사가의 신학에서 말하는 인과응보의 교리와 유사하다. 단지, 차이점은 선악 구분이 율법 준수 여부보다는 지혜 소유 여부에 달려 있다. 곧, 지혜를 얻은 자와 그렇지 못한 자의 대조를 통해서 생명의 길을 가느냐 사망의 길을 가느냐가 결정된다(1:32-33; 2:20-22; 3:33; 4:18-19 등). 선악 구분의 극명한 대조가 바로 의인화된 두 종류의 여성인, "지혜 여인"의 소리를 듣느냐(9:1-6), "우매한 여자"의 소리를 듣느냐(잠 9:13-18)의 문제에 집중된다. 셋째, 창조 질서의 신학이다. 지혜는 창조의 원리이며(8:30) 동시에 통치의 원리다(8:15). 마치 이집트의 '마아트' 여신이 정의와 진리 또는 질서 등으로 해석되어 따라야 할 자연의 질서와 인간 세계의 질서를 아우르는 어떤 법칙이 되듯이, 잠언의 지혜는 삶의 질서와 따라야 할 길을 제시한다. 그러나 이스라엘의 지혜('호크마')는 이집트의 지혜('마아트')와 차이가 있다. 단순한 인간 중심의 처세술적 의미에 머물지 않고(10-31장의 '보편적 잠언') 하나님 중심의 경외의 신앙으로 나아가고 있기 때문이다(1-9장의 '신학적 잠

48. 잠 8:35; 9:6; 10:17, 27; 14:27 등

언'). 넷째, 잠언의 하나님은 창조자 하나님이다. 구속사 신학에 나타나는 죄의 문제와 부정성에 대한 강조는 발견할 수 없다. 대신에 "하늘과 궁창을 지으시며 … 바다의 한계와 땅의 기초를 정하시는" 하나님으로 설명된다(8:27-29). 그러나 우주적 창조자로서의 추상적 신이라기보다는 시장에서의 "속이는 저울"은 미워하시고 "공평한 추"를 기뻐하시는, 구체적 삶에 관여하시는 하나님이다(11:1). 또한 "교만한 자의 집을 허시며 과부의 지계를 정하시는" 실제적 살림의 하나님이다(15:25). 잠언의 결론 장은 창조자 하나님의 구체적 현현을 충격적인 방식으로 알려준다. 소위 "현숙한 여인", 곧 "능력의 여인"('에셋 하일')으로 형상화되어 있다는 점이다. 와이브레이(R. N. Whybray)는 '에셋 하일'을 '지혜로운 아내'('이솨 마스칼렛')를 의미하는 것으로 보고, 더 나아가 지혜('호크마')의 지상적 현현(Wisdom Incarnated)으로 본다.[49] 이러한 잠언의 의인화된 신적 개념의 구현은 신구약 중간 시대를 거쳐서 원시 기독교 시대 요한 공동체에 이르러 말씀('로고스')의 성육신(요 1:1-3) 교리로 발전한다.[50]

※ 참고 자료: 지혜문학의 창조 신학

지혜문학의 창조 신학(creation theology)은 구약성서신학의 통일

---

49. R. N. Whybray, *Proverbs* (Grand Rapids: Eerdmans, 1994), 425-426.
50. Ben Witherington III, *Jesus the Sage: The Pilgrimage of Wisdom* (Minneapolis: Fortress, 1994), 253-257, 282-289.

적인 체계를 완성한다. 기존의 구원 신학(salvation theology)이 일관되게 설명할 수 없었던 오경으로부터 예언서와 성문서를 아우르는 전체적인 구약성서신학의 얼개를 제공하기 때문이다. 창세기의 우주 창조로부터 시작하여 타락한 창조 세계의 회복을 위한 계약 관계 체결과 유지를 위한 율법서, 우상 숭배의 배교로부터 계약 관계 회복을 위한 예언서, 그리고 창조 질서의 구현과 확장을 위한 성문서라는 통일된 흐름을 가능케 한다. 궁극적으로, 새 창조를 바라보는 포로 후기 메시아 예언과 묵시적 종말론인 다니엘에 이르기까지 창조 신학은 '창조 질서'의 회복과 완성이라는 일관된 신학적 모티프를 허락한다. 그리고 이러한 '창조 질서'를 부여한 만물의 창조주 하나님은 여전히 그 질서에 따라 다스리시는 지혜자 하나님이요, 통치자 하나님으로서 결국은 구원자 하나님이시다. 왜냐하면, 무질서로부터 질서를 창조하신 하나님은 창조 질서의 "좋음"('토브')으로 세상을 항상 이끄시기(deliver) 때문이다. 창조는 경계(boundary)를 정하는 일이요, "혼돈"과 "흑암", "수면" 위에 운행하는 하나님의 신(창 1:2)이 무질서로부터 질서를 나누는 역사다. 말씀('로고스')으로 어둠으로부터 빛을, 바다로부터 육지를 나누고 동식물의 경계를 정하여 종류별로 존재하게 하며 급기야 흙으로 빚은 사람을 여자와 남자로 나누었다. 이렇게 말씀으로 경계를 정하여 질서를 완성하는 일은 율법 규정의 율법서와 심판 신탁의 예언서, 삶의 규칙을 가르치는 지혜서에서 계속해서 드러나는 창조적 사건이다.

(2) 욥기의 신학

욥기는 많은 신학적 문제를 제기하는 지혜서이다. 우리가 가장 듣고 싶어하는 문제는 왜 의로운 자에게 고통이 닥쳤는가의 문제다. 우리가 이해할 수 없는 것은 욥기 1-2장이 고통의 시작 자체를 하나님과 사탄 사이의 내기에서 비롯한 것으로 보도하고 거기에다가 욥은 도리어 의로운 사람이었기에 시련을 당하게 된 것으로 묘사하고 있다는 사실이다. 기존의 전통적 신명기사가의 신학인 '인과응보적 신앙', 곧 의인은 복을 받고 악인은 벌을 받는다는 사상에 정면으로 위배되는 상황을 연출한다. 이러한 기본적인 문제 외에도 욥기는 "신앙의 동기"(1-2장), "생일 저주"(3장), "악인의 번영"(9:24; 10:3; 21:7 등), "지혜의 길"(28장), "신-인 법정 소송"(31:35-37), "엘리후의 정체"(32-37장), "하나님의 동문서답"(38-41장), 결론부의 "갑절의 축복"(42:10) 등의 신학적 난제들을 해석자들에게 던지고 있다.

이러한 욥기 해석의 어려움에도 불구하고 욥기의 신학을 한마디로 이야기하자면 '신정론'(theodicy)에서 '인정론'(anthropodicy)으로의 변화라고 말할 수 있다.[51] 본래 신정론(神正論)이란 하나님의 정의를 묻는 질문이다. 그런데 욥기는 인정론(人正論), 즉 인간의 정의를 묻는 것으로 욥의 관점을 180도 돌려놓는다. 욥은 3장부터

51. James L. Crenshaw, "The Shift from Theodicy to Anthropodicy," in *Theodicy in the Old Testament,* ed. James L. Crenshaw (Philadelphia: Fortress, 1983), 5-10.

31장에 걸친 세 친구들과의 논쟁에서 다음과 같은 신정론적 질문들을 제기했다: 왜 의인인 자신에게 처절한 고난을 허락하셨는가? 하나님은 오히려 악인을 번영하게 하시는가? 도대체 하나님의 정의는 어디에 있는가? 그런데 38장부터 펼쳐지는 하나님의 폭풍우 응답의 주제는 창조 세계 가운데 인간의 위치다: "내가 땅의 기초를 놓을 때에 네가 어디 있었느냐"(욥 38:4a); "네가 너의 날에 아침에게 명령하였느냐 새벽에게 그 자리를 일러 주었느냐"(38:12); "네가 눈 곳간에 들어갔었느냐 우박 창고를 보았느냐"(38:22); "네가 능히 줄로 매어 들소가 이랑을 갈게 하겠느냐"(39:10a). 욥의 질문에 대한 하나님의 응답은 '너 자신을 알라'이다. 하나님의 창조 세계의 파노라마가 펼쳐지는 가운데 인간은 창조주의 섭리 앞에 아무것도 알 수 없고 어떤 일도 할 수 없음을 알려준다. 그러나 욥기의 주제는 여기에서 그치지 않는다. 이어 시작되는 두 번째 하나님의 폭풍우 언설인 40-41장에서 수수께끼와 같은 신화적 동물인 베헤못과 리워야단이 등장하기 때문이다. 그러면서 이 세상 어떤 피조물도 지상 동물의 으뜸인 베헤못을 대적할 수 없고 해상 동물의 무적인 리워야단을 이길 수 없음을 하나님은 천명하고 있다. 그런데 폭풍우 신 언설의 반전(反轉)은 그 베헤못과 리워야단을 욥에 빗대어 묘사한다는 점이다: "이제 소같이 풀을 먹는 베헤못을 볼지어다 내가 너를 지은 것같이 그것도 지었느니라"(40:15); "세상에는 그것과 비할 것이 없으니 그것은 두려움이 없는 것으로 지음 받았구나"(41:33). 사실상, 베헤못과 리워야단

은 창조 세계 속에 욥의 위치 그리고 욥을 대표로 하는 인간의 위치를 알려주는 시청각적 교재다.[52]

아닌 게 아니라 하나님은 폭풍우 언설에서 줄곧 욥의 정체성에 관심을 두어 왔다: "무지한 말로 생각을 어둡게 하는 자가 누구냐"(욥 38:2); "트집 잡는 자가 전능자와 다투겠느냐 하나님을 탓하는 자는 대답할지니라"(40:2); "네가 하나님처럼 능력이 있느냐 하나님처럼 천둥소리를 내겠느냐"(40:9). 그런데 이와 같은 질문은 욥이라는 인간 존재의 위상을 꺾기 위함이 아니라 도리어 고양시키려는 의도가 있는 도전적 질문이다. 그런 게 아니라면 예언자들에게 사명을 부여할 때 흔히 사용되는 다음과 같은 격려 문구는[53] 등장하지 않았을 것이다: "너는 대장부처럼 허리를 묶고 내가 네게 묻는 것을 대답할지니라"(38:3); "너는 대장부처럼 허리를 묶고 내가 네게 묻겠으니 내게 대답할지니라"(40:7).

하나님의 폭풍우 언설은 욥에 대한 견책이나 교정이 아니라 창조 세계 내 인간에게 부여된 사명으로의 초청인 것이다. 비록 풍자적인 맥락이지만 하나님은 욥에게 다음과 같은 역할을 주문한다.

---

52. John G. Gammie, "Behemoth and Leviathan: On the Didactic and Theological Significance of Job 40:15-41:26," in *Israelite Wisdom: Theological and Literary Essays in Honor of Samuel Terrien* (ed. John G. Gammie, Walter A. Brueggemann, W. Lee Humphreys, and James M. Ward; New York: Scholars Press, 1978), 217-231.

53. 왕상 18:46; 왕하 9:1; 렘 1:17: "허리를 동이다/묶다."

> 너의 넘치는 노를 비우고 교만한 자를 발견하여 모두 낮추되 모든 교만한 자를 발견하여 낮아지게 하며 악인을 그들의 처소에서 짓밟을지니라. (욥 40:11-12)

이윽고 40:15 이하에서 베헤못과 리워야단의 으뜸된 모습을 욥의 정체성과 관련하여 깨닫게 하심으로써 세상의 부정의를 바로잡아야 할 사명이 피조물 가운데 유일하게 하나님의 형상을 따라 창조된 인간에게 주어져 있음을 계몽하고 계신 것이다. 욥의 최종적 응답인 42:2-6은 이러한 깨달음을 드러낸다. 먼저, 미처 깨닫지 못했던 이전의 자신의 상태를 인정한다: "무지한 말로 이치를 가리는 자가 누구니이까 나는 깨닫지도 못한 일을 말하였고 스스로 알 수도 없고 헤아리기도 어려운 일을 말하였나이다"(42:3). 그러나 이윽고 새로운 깨달음의 경지에서 이제는 감히 하나님과 대화의 파트너로 서게 된 현재의 상태를 선포한다.

> 내가 말하겠사오니 주는 들으시고 내가 주께 묻겠사오니 주여 내게 알게 하옵소서 내가 주께 대하여 귀로 듣기만 하였사오나 이제는 눈으로 주를 뵈옵나이다. (욥 42:4-5)

흥미로운 것은 앞서 리워야단을 묘사할 때 "누가 먼저 내게 주고 나로 하여금 갚게 하겠느냐"(욥 41:11a)의 질문에 42:4-5은 욥이라고 대답하고 있다는 사실이다. 욥과 같은 자가 감히 세상 섭리에 대하여 하나님과 신정론적 질문을 주고받으며 눈과 눈을 마주하고 하나님의 정의를 온 천하에 펼칠 수 있는 존재로 고양(sublime)될 수 있다는 것이다. 포로기 이후 대두됐던 의인의 고통의 문제에 대한 신정론적 질문에 대하여 욥기는 인정론으로 응답하고 있는 것이다. 즉, 세상의 고통과 부정의의 해결의 책임은 하나님께 있는 것이 아니라 인간에게 있는 것이요 이것이 창조 세계 가운데 주어진 인간의 사명이라는 것을 우리에게 가르쳐 주고 있다.[54]

물론, 항상 무질서와 죄악으로 치닫는 세상의 궁극적 구원은 창조자 하나님의 섭리와 그 주권적 결정 가운데 있음을 욥기는 여전히 전제한다(욥 1:6-12; 2:1-6; 19:25-26; 28:1-28; 42:7-9). 그럼에도 불구하고 욥기는 인간의 경험론에 입각한 히브리 지혜 전승의 관점에서 기존의 야웨 신앙의 교리와 현실의 인간적 상황 사이의 간극의 문제를 있는 그대로 노출시키고 있다. 이제까지의 신명기사가의 인과응보적 신앙이 현실의 고통의 문제에 적절한 응답을 주지 못할 때 욥기의 주인공은 구띠에레즈(Gutiérrez)가 언급한, 이른바 "갓-톡"(God-talk)의[55] 장을 열고 있는 것이다. 남미의 해방신학자 구

54. 최근의 욥기 주석가들은 42:6에 대하여 새로운 번역비평적 해석을 따르고 있다. 즉, 폭풍우 신 언설 체험 이후 욥의 최종적 입장이 '회개'가 아닌 '깨달음'이라는 것이다. 이는 다음과 같은 본문비평적 해석에 근거한다: "그러므로, 저는 저의 말들을 거두어들이고 티끌과 재에 관한 제 생각을 달리하겠습니다." 이에 대한 논의는 다음의 글을 참조하라: 안근조 "욥기 42:6 번역의 문제와 제안," 「성경원문연구」 31-별책 (2012), 48-56.

55. G. Gutiérrez, *On Job: God-Talk and the Suffering of the Innocent,* trans. M. O'Connell (Maryknoll, N.Y.; Orbis, 1987).

띠에레즈에 의하면, 하나님이 살아계신 것 같지 않은 세상의 현실에서 여전히 하나님에 대한 신앙의 이야기를 계속해 가는 것이 '갓-톡'이다. 실존적인 신앙의 문제와 치열하고도 경건한 신학적 논쟁이 펼쳐지는 무대가 욥기인 것이다. 이런 의미에서 욥은 기존의 신앙적 교리의 경계를 깨고 더욱 폭넓은 현실의 문제들을 야웨 신앙의 울타리 안에 섭렵한 위대한 지혜자요 신학자라 할 수 있다.

(3) 전도서의 신학

전도서는 잠언과 같이 '지혜'를 찾기보다는 '의미'를 찾는다. 이런 측면에서 '의로운 자가 당하는 고통'의 의미를 묻는 욥기와 그 신학적 맥락이 닿아있다. 그러나 인생의 의미에 대한 해답을 욥기는 하나님 만남을 통한 존재의 고양에서 찾았다면 전도서는 존재의 부정(negation)을 통해 찾는다.[56] 마치 "부정의 철학"의 방법과 같이 '진리는 이것이 아니다'로 진리를 설명하는 방식이다. 곧, 존재하는 모든 것의 부정을 통해 궁극적인 진리 곧 하나님에게 전도자는 이르고 있다고 볼 수 있다. 전도자는 아래의 열 가지를 부정하고 있다: (1) 모든 것이 헛되다(전 1:2); (2) 새로운 것이 없다(1:9); (3) 지혜와 지식(1:18)[57]; (4) 의도적인 낙(2:1); (5) 인간의 일과 수고(2:23); (6) 하나님의 때를 아는 것(3:11b); (7) 권력(4:16); (8) 돈과

56. Roland E. Murphy, *The Tree of Life*, 58-59.

57. 그러나 동시에 지혜 긍정의 언급도 발견된다: 7:11-12; 8:1; 9:17-18; 12:11.

재산(5:10-11); (9) 인과응보론(8:10, 14); (10) 하나님의 행사와 뜻을 아는 것(8:17; 11:5).

실제로, 전도자는 자신이 택한 부정의 길을 극단까지 몰고가기에 어떤 시점에 이르면 인생의 "의미"를 찾는 노력 자체를 포기하는 듯하다: "내가 다시 지혜를 알고자 하며 미친 것들과 미련한 것들을 알고자 하여 마음을 썼으나 이것도 바람을 잡으려는 것인 줄을 깨달았도다"(1:17); "또 내가 하나님의 모든 행사를 살펴보니 해 아래에서 행해지는 일을 사람이 능히 알아낼 수 없도다 사람이 아무리 애써 알아보려고 할지라도 능히 알지 못하나니 비록 지혜자가 아노라 할지라도 능히 알아내지 못하리로다"(8:17). 얼핏 회의주의나 불가지론으로 끝날 수도 있는 지점에서 전도자는 새로운 두 가지 길을 제시한다. 하나는 헛된 인생의 문제의 원인은 창조자에게 있지 아니하고 사람에게 있다는 신앙적 반성의 길이다: "내가 깨달은 것은 오직 이것이라 곧 하나님은 사람을 정직하게 지으셨으나 사람이 많은 꾀들을 낸 것이니라"(7:29). 또 다른 하나는 현재의 삶에 충실하라는 '카르페 디엠'(*carpe diem*)의 현실적 적용의 길이다: "너는 가서 기쁨으로 네 음식물을 먹고 즐거운 마음으로 네 포도주를 마실지어다 이는 하나님이 네가 하는 일들을 벌써 기쁘게 받으셨음이니라"(9:7). '카르페 디엠'의 외침은 헬라 철학의 인본주의적 외침이 아니다. 부정의 길을 통해서 마침내 도달한 신본주의적 인생의 통찰이다.

> 사람이 하나님께서 그에게 주신 바 그 일평생에 먹고 마시며 해 아래에서 하는 모든 수고 중에서 낙을 보는 것이 선하고 아름다움을 내가 보았나니 그것이 그의 몫이로다 또한 어떤 사람에게든지 하나님이 재물과 부요를 그에게 주사 능히 누리게 하시며 제 몫을 받아 수고함으로 즐거워하게 하신 것은 하나님의 선물이라.
>
> (전 5:18-19)

전도서는 기존의 히브리 지혜 전승에서 다루지 않았던 새로운 사상들을 부각시키고 있는데, 그 가운데 가장 두드러진 것은 죽음에 대한 묵상(*memento mori*)이다. 기존 구약성경의 전승은 시간과 죽음의 문제에는 그리 관심을 두지 않았다. 왜냐하면 하나님과의 계약 관계에 있는 이스라엘은 계약 관계가 유지되는 한 여전히 과거의 선조들과 하나요 또 미래의 후손들과 연결되어 있기 때문이다. 관계성이 중요하지 시간성은 그리 큰 문제가 아니었다. 그러나 이 초기 이스라엘의 계약 사상은 더 이상 전도서에 등장하지 않는다. 대신에, 시간에 대한 묵상과 죽음에 대한 그늘이 깊게 드리워져 있다. 이는 인간의 운명에 대한 헬라 사상의 영향이며 인생의 궁극적 문제에 대한 진지한 성찰의 심화를 의미한다.[58] 이러한 죽음과 관련된 운명론은 전도서 저자의 비관주의의 원인이 되며 근본적으로 인과응보 교리에 반론을 제기하기에 이른다. 결국 의인

---

58. Bernhard W. Anderson, *Understanding the Old Testament* (Englewood Cliffs, New Jersey: Prentice Hall, Inc., 1986), 528.

이든 악인이든 모두 죽음이라는 똑같은 종착지에 이르게 되기 때문이다(9:2). 또 다른 한편 죽음에 대한 성찰은 지혜자로 하여금 삶의 중용을 추구하게 한다. 지나치게 똑똑해도 안 되며 지나치게 어리석어도 문제가 되니 그저 중도를 유지하는 게 최선임을 강조한다(전 7:15-18), 동시에, 시간 관념에 있어서는 현재에 충실할 수밖에 없는 '카르페 디엠'의 결론에 도달하게 된다(9:9-10; 11:9-12:8).

그러나 전도자의 시간에 대한 관념은 단지 현실 적응의 가르침으로만 끝나지 않는다. 이제 "영원"('하올람')이라는 구체적 시간 개념에 대한 진지한 묵상으로까지 나아간다(3:11b).[59] 그리고 모든 인간의 시간들과 때가 하나님의 주권 가운데 놓여져 있음을 선포하기에 이른다(3:1-11a). 곧, '시간의 창조자'로서의 하나님의 개념을 구약성서에서 최초로 전도자는 전하고 있다. 그리고 이러한 묵상의 궁극적 결론은 여전히 하나님 경외다.

> 하나님께서 행하시는 모든 것은 영원히 있을 것이라 그 위에 더 할 수도 없고 그것에서 덜 할 수도 없나니 하나님이 이같이 행하심은 사람들이 그의 앞에서 경외하게 하려 하심인 줄을 내가 알

---

59. העלם('하올람')이 시간적 개념으로 영원성을 의미하는 본문은 구약성경에서 전도서 본문 외에 역대상 16:36에서만 발견된다: "여호와 이스라엘의 하나님을 영원부터 영원까지 송축할지로다 하매 모든 백성이 아멘 하고 여호와를 찬양하였더라." 그 외 구약성경에서의 "영원"은 정관사 '하'가 빠진 '올람'으로 시간적인 개념보다는 추상적인 개념으로 등장한다. 예, 시 12:7[히브리 성경 8절]; 18:50[51]; 25:6; 89:52[53] 등.

았도다. (전 3:14)

흔히들, 학자들은 전도서가 정경에 편입된 이유 중 하나를 12:9 이하의 첨가 부분에서 야웨 경외를 강조했기 때문이라고 지적하기도 한다(전 12:13-14).[60] 그러나 전도서 전반의 내용은 그 근본 바탕에 있어서 회의주의나 비관주의가 아니라 하나님 경외라는 신앙의 기반 위에 서 있음이 분명하다.

(4) 아가의 해석과 신학

구약성경 전체의 신학적 맥락에서 아가서는 이스라엘을 향한 하나님의 신실한 사랑을 드러낸 것으로 이해한다. 물론 주후 2세기까지 유대인 랍비들은 여과 없이 표현된 젊은 남녀의 에로스적 사랑과 육체성으로 인해서 아가서를 정경에 편입시키기를 꺼려했었다. 그러나 초기 기독교인들은 '문제의 책'을 기독교의 경전으로 받아들이는 데 주저함이 없었다. 왜냐하면 아가서의 사랑의 신학이 그리스도의 교회에 대한 사랑이라는 알레고리적 해석의 입장을 취했기 때문이다. 본격적인 알레고리적 이해 이전에 모형론적 해석의 입장도 있었는데 기독교의 초대 교부 중 한 사람인 2세기 로마의 히폴리투스(Hippolytus)는 성경 전체를 하나님의 구속사의 섭리가 감추어져 있는 '섭리적 모형'(economy of types)으로 해석하려 했다. 특히, 아가서는 지혜(*sophia*)의 매개자인 솔로몬에 의

60. Roland E. Murphy, *The Tree of Life*, 59.

해 하늘의 심오한 의미를 기록한 것으로서 나중에 그리스도의 사건을 통해서 그 참 의미가 비로소 계시된 것으로 풀이하기도 했다.[61] 알레고리 해석의 대가는 알렉산드리아의 오리게네스(Origen)이다. 그는 아가서의 남녀 간의 사랑의 관계를 그리스도와 교회 사이의 사랑의 관계로 여전히 읽는다. 그러나 그는 구약성경의 다른 노래들(Songs)[62] 또한 신랑(그리스도)의 친구들인 "예언자들과 천사들"에 의해 전달된 사랑의 노래들로 보고 최고의 노래인 아가서(Song of Songs)를 위한 서론으로 해석한다.[63] 따라서 오리게네스는 아가서에 이르러 비로소 신랑과 신부의 사랑이 절정의 합일의 관계로 들어간다고 보았다.[64] 이러한 기독교 전통의 알레고리 읽기는 아가서를 그리스도와의 신비적 연합을 말하는 영적 관계의 계

---

61. Hippolytus, "Commentary on the Song of Songs," in *The Mystery of Anointing: Hippolytus' Commentary on the Song of Songs in Social and Critical Contexts,* ed. Yancy Smith (Piscataway, NJ: Gorgias, 2015), 425; Hans Boersma, "Nuptial Reading: Hippolytus, Origen, and Ambrose on the Bridal Couple of the Song of Songs," *Calvin Theological Journal* 51 (2016), 231 재인용.
62. 1. 모세의 노래(출 15:1-18); 2. 우물물의 노래(민 21:17-18); 3. 모세의 마지막 노래(신 32:1-43); 4. 드보라와 바락의 노래(삿 5:2-31); 5. 다윗의 승리의 노래(삼하 22:2-51); 6. 다윗의 감사의 노래(대상 16:8-36).
63. Origen, "The Song of Songs: Commentary and Homilies," R. P. Lawson, ed. and trans. *The Ancient Christian Writers,* vol. 26 (Westminster: Newman Press, 1961), 46; 이유미, "아가의 알레고리적 해석 역사 연구," *Canon & Culture* 8 (2014), 54 재인용.
64. Hans Boersma, "Nuptial Reading," 241.

시서로 받아들이는 데까지로 확장시킨다.[65]

오늘날 아가서 주석가들은 아가에서 노래하는 남녀 간의 성애적 사랑의 본문을 우회적인 방법이 아니라 있는 그대로 읽으려 한다.[66] 아가서의 본래의 자리는 사랑을 다룬 서정시이기 때문이다. 창조 신학적 입장에서 지혜 그룹의 전승자들(tradents)은 인간 경험의 지혜('호크마')들을 잠언이라는 책을 통해 전수했듯이 인간 경험의 사랑('아하바')을 아가라는 노래를 통해 전해주고 있는 것이다.[67] 일찍이 이스라엘의 신앙 전통은 하나님의 본성을 신인동형론적 입장에서 표현해 왔다. 인간 경험을 바탕으로 '질투하시는 하나님', '노하기를 더디하시는 하나님', '인애가 풍성하신 하나님' 등으로 묘사해 왔다. 아가서가 전하는 하나님은 사랑하는 연인을 향한 "죽음과 같은 사랑"(아 8:6)의 하나님이다. 그리고 그 사랑이 베풀어지는 현장은 새봄의 향기로 가득한 생명력 넘치는 포도원과 같은 낙원이다(아 7:12). 태초에 창조자 하나님께서 이룬 창조 세계의 온전한 질서가 펼쳐지는 현장이 아가서의 남자와 여자가 사랑

65. 예를 들면, 이용도 목사의 아가서 이해: 박종수, "이용도 목사의 성서이해," 『이용도의 생애, 신학, 영성: 이용도 목사 탄신 100주년 기념 논문집』 (서울: 한들출판사, 2001).

66. Richard J. Clifford, *The Wisdom Literature*, 157-165; 현창학, "아가서 해석," 「신학정론」 26 (2008), 118; 이유미, "아가의 알레고리적 해석 역사 연구," 41-67; Rosalind S. Clarke, "Canonical Interpretations of the Song of Songs," *Tyndale Bulletin* 65 (2014), 306.

67. J. Coert Rylaarsdam, "The Song of Songs and Biblical Faith," *Biblical Research* 10 (1965), 14.

을 완성하는 자리다. 그래서 아가는 창조주 하나님 사랑의 선함과 아름다움을 노래한 최고의 찬양이 된 것이다.

(5) 시락서와 솔로몬의 지혜서의 신학

시락서의 핵심 사상은 유대교의 율법이 참다운 지혜라는 주장에 있다(집회 24:23). 벤 시라의 이러한 통합적 입장은 예루살렘의 지혜 스승으로서 이교적 문화의 도전 가운데 젊은이들에게 유대주의 전승의 전통을 물려주고 보존하도록 하기 위한 교육적 의도가 있다. 그러나 그의 전통주의적 입장이 이전의 욥기와 전도서에서 도전했던 다양한 경험론적 지혜 그룹의 사상적 스펙트럼을 좁히는 결과를 초래하기도 했다. 더군다나 여성과 노예 제도에 대한 벤 시라의 입장은 본문의 가르침을 있는 그대로 받아들이는 것을 어렵게 한다. 그럼에도 불구하고 벤 시라의 공헌은 율법과 지혜의 통합을 통해서 지혜를 중시하는 헬라 철학의 거대한 파고에 맞서서 히브리 신앙의 전통을 신구약 중간 시대를 통과하기까지 지탱시켜 주는 사상적 기반을 제공했다는 데 있다. 고대 이스라엘의 율법을 헬레니즘 세계에서도 지혜라는 새로운 이름으로 적응시켜 생존하고 계속해서 꽃을 피울 수 있는 계기를 마련해주고 있었다.

반면에, 솔로몬의 지혜서는 시락서의 전통주의보다는 헬라 세계에 더욱 개방되어 있었다. 승리와 불멸을 가져오는 정의와 지혜가 논의되고 있고 무엇보다도 그 무엇도 따를 수 없는 지혜의 가치를 찬양한다. 그러면서 지혜 관념으로 이해된 이스라엘의 역사를 이스라엘을 향한 하나님의 사랑으로 새롭게 가르친다(집회 11:2-19:22). 지혜서의 가장 큰 신학적 특징은 이제까지 다루어지지 않았던 영혼의 불멸성이 언급되고 있다는 사실이다. 구약성서의 영육일치의 관념이 헬라 철학의 영향으로 비로소 분명하게 구분되기에 이르렀다. 또 다른 특징은 이스라엘의 구속사를 하나님의 지혜를 알아가는 과정으로 새롭게 묘사하고 있는 부분이다. 어떤 의미에서는 유대주의와 헬라주의의 충돌이라는 주전 2세기의 상황에서 이스라엘의 신앙적 유산을 보존하고 새로운 세계에 개혁적으로 적응하려는 신학자의 노력이 솔로몬의 지혜서라는 결실로 드러난 것으로 볼 수 있다. 이를 통해 보건대 지혜자들은 그 시대의 신학자였으며 그들의 과제는 변화하는 세계의 도전 앞에서 자신들의 신앙적 전통과 유산을 보존하고 개혁하는 일이었음을 알 수 있다.

제12장
이스라엘의 기도와 노래

1) 시편의 형성과 정경적 구조

시편은 고대 이스라엘의 기도와 찬양이다. 야웨 신앙을 가진 이스라엘의 시인이 때로는 탄식시로 때로는 찬양시로 하나님과 소통한 영적 교제의 보고(寶庫)이다. 잠언이 수백 년에 걸친 이스라엘 지혜의 모음집이라면[1] 시편 또한 다윗의 시대인 주전 1000년부터 제2성전 시대인 주전 400년대에 이르기까지 600년이 넘는 기간 동안 축적된 이스라엘의 기도와 노래의 모음집이다.[2] 물론,

1. 약 600년에 걸친 잠언의 모음집에 관해서는, 앞선 제11장 속 "지혜서의 구조와 내용"의 잠언 부분을 참조하라!
2. 고대 이집트나 메소포타미아 또는 가나안의 시들의 영향을 받은 시편들은 그 기원이 이스라엘의 왕정 시대 이전까지 거슬러 올라간다. 예, 시 82, 104편 등.

현재 구약성경의 시편을 보면 대부분의 시들이 '다윗의 시'로 명명되어 있다. 그러나 이는 제2성전 시대에 시편의 최종 편집을 맡은 레위인들의 첨가에 따른 것이다.[3] 본래 히브리 시편의 두루마리에는 표제어가 붙어있지 않다. 구약성서 시대의 익명성의 관습에 따라 시와 노래를 다윗의 권위 아래 명명함으로써 해당 시편을 다윗과 같은 영성과 신앙의 유산으로 받아들이도록 의도했던 것이다.

시편 1편부터 150편에 이르는 거대한 시가집의 복잡한 형성 과정과 배경을 학자들은 상이한 관점과 접근 방법으로 토론해 왔다.[4] 그러나 시편 형성사의 주요 패턴은 크게 다음의 다섯 과정을 거친 것으로 본다: (1) 하나의 시나 노래, (2) 다른 시들과 묶이는 작은 모음집, (3) 작은 모음집들의 묶음을 통한 큰 모음집, (4) 큰

---

3. "다윗의 시": 3-41, 51-70, 138-145편(33, 66, 67편 제외); "솔로몬의 시": 72편; "모세의 기도": 90편; "아삽의 시": 73-83편. 아삽은 레위인 성전 음악 담당자로서, 다윗 시대에 예배 음악의 지휘자 역할을 했다(대상 15:17-19; 16:4-5). 그 자손들이 가문의 음악적 전통 계승했다(스 3:10); "고라 자손": 42-49, 84-88편(43, 86편 제외). 고라는 고핫의 자손들이며 성전 음악을 담당했다(대상 6:22); "성전에 올라가는 노래들"(Songs of Ascent): 120-134편. 장막절(Feast of Tabernacle)과 관련된다.
4. 궁켈(Hermann Gunkel)—양식비평(찬송시, 대관식시, 공동탄식시, 제왕시, 개인탄식시, 감사시, 토라시); 모빙켈(Sigmund Mowinckel)—신년축제 배경; 바이저(Artur Weiser)—언약갱신제; 한스-요아킴 크라우스(H.-J. Kraus)—과거 야웨 활동의 현재적 재현(특별히 다윗 언약 축제); 베스터만(Claus Westermann)—시편의 제의적 성격 부정, 탄식시 중심의 시편 주제의 발전(탄식 → 신뢰 → 자신감 회복 → 감사와 찬양); 게르스텐베르거(Erhard S. Gerstenberger)—특성화된 제의적 배경과 문학 형식

모음집들의 묶음, (5) 정경적 배치를 통한 현재의 시편. 이러한 형성 과정의 흔적은 장 수와 절 수의 유동성에서 발견된다. 예를 들면, 마소라 텍스트와 달리 70인역은 시편이 151편까지 있고 장 수와 절 수가 다르게 되어 있다. 또한 현재 구약성경의 시편을 보면 내용이 똑같은 시편이 14편과 53편에서 반복되어 있다. 70편은 40편의 일부인 13-17절과 똑같다. 심지어, 108:1-13은 57:7-11과 60:5-12을 묶은 결과다. 이 같은 현상은 오랜 세월을 거친 각기 다른 편집자들의 활동을 반영하고 있다. 그러나 제2성전 시대 이후 시편은 한 권의 두루마리에 기록됨으로써 어느 정도 안정된 형태를 갖추게 됐다.

※ 참고 자료: 시편 전통의 발전 과정[5]

사이볼트(Seybold)는 시편의 기원과 발전 과정에 대하여 다음의 다섯 가지 단계를 거친 것으로 설명한다. 본서에서 관심하는 바는 시편의 최종 형태에 관심하는 정경적 읽기이지만, 정경적 완성 이전의 역사적 형성 과정의 이해는 보다 타당한 정경비평적 해석의 기반이 된다.

(1) 개인의 경건: '다윗의 시'로 명명된 '나-시' 또는 '개인시' 들의 수집—개인 경건과 묵상을 위한 목적으로 이스라엘의 모범적인 신

5. Klaus Seybold, *Introducing the Psalms*, tr. R. Graeme Dunphy (London: T & T Clark, 1990).

앙인이자 왕이었던 다윗의 생애와 그의 기도를 묵상하면서 야웨 신앙을 더욱 공고히 하려는 의도로 묶이기 시작

(2) 공동체의 교육: '나'가 '우리'의 대표격으로 이해되고 교육을 위한 시들의 묶음—개인적인 묵상의 목적보다는 공동체의 교육적인 성격을 띠게 되면서 다윗의 신앙이 곧 우리의 신앙됨을 가르치며 올바른 예배자를 위한 모형과 규례로서 수집

(3) 제의적 목적: '아삽의 시' 또는 '고라 자손의 시'로서 노래하는 레위인 성가대의 '성가책'이 첨가—공동체를 위한 '우리-시'는 전통적인 신학의 요소들을 담고 있기에 기도문에 새로운 요소를 부여하는 기능을 가진 실천적 예배에 활용되는 찬양들로 수집

(4) 제왕시의 첨가: 솔로몬 성전의 궁중 의식에 사용되는 2, 72, 89편과 같은 제왕시들의 첨가—시편을 옛 군왕 전승과 시온 전승에 관한 일종의 기록 문서로 만들게 됐는데 포로기 상황에서는 애국적 요소, 신앙 보존과 국가 회복을 위한 청사진과 희망을 고취

(5) 토라시의 첨가: 신학적 연구와 교육 지침서로서 율법적 기능 강조의 1, 19, 119편 등의 첨가—실제로, 시편의 발전 과정의 최종 단계에서 시편 1편이 서론에 자리하여 "여호와의 율법을 주야로 묵상하는 자의 복"을 이야기함으로써 시편 또한 율법과 같이 일상의 삶에서 언제나 묵상하며 지켜야 할 말씀으로 정경적 권위 격상

20세기 말부터 시편 연구의 방향은 역사비평적 입장에서 현재

의 시편의 정경적 형태를 묻는 정경비평적 입장으로 그 방향을 선회하고 있다. 궁켈 이후 지배적인 시편 연구 방법인 삶의 정황을 묻는 양식비평이나 모빙켈(Mowinckel) 학파의 제의적 배경 연구보다는 현재의 최종적 시편 구성에 대한 신앙 공동체의 신학적 의도를 밝히려는 정경비평적 읽기가 시편 해석의 주류를 이루고 있다.

무엇보다도 정경비평학자들은 다섯 권으로 묶여 있는 시편의 오경적 구조에 주목한다: 1-41편(제1권); 42-72편(제2권); 73-89편(제3권); 90-106편(제4권); 107-150(제5권). 시편 전체를 오경 곧 토라의 권위와 같은 경전으로 읽도록 의도하고 있다는 것이다. 전체적으로 제1권과 제2권의 앞선 묶음에는 주로 탄식시가 자주 등장하지만, 후반부로 갈수록 제4권과 제5권에서는 찬양시의 비중이 늘어난다. 시편 전체의 구성이 탄식으로부터 찬양으로 나아가는 구조를 보인다고 할 수 있다. 아래에서 확인하겠지만 개별적 탄식시 또한 탄식에서 찬양으로 나아가는 흐름을 보인다. 시편의 내용은 빈도에 있어서 찬양의 노래보다 불평과 한탄의 부르짖음이 더 많이 나오지만, 여전히 중심 주제는 탄식을 넘어선 찬양임을 알 수 있다. 오경적 구조 각 권의 마무리 시편 또한 일관되게 송영(doxology)으로 끝남으로써 시편이 찬양집이라는[6] 사실을 확인시켜

6. 현재 시편으로 명명된 'Psalms'는 70인역의 그리스어 제목인 '프살모스'(*psalmos*)에서 유래한다. 그 의미는 '손으로 현악기를 연주하다'이다. 그런데 본래 이 단어는 히브리어 성경의 '미즈모르'(*mizmor*)의 번역으로서 이 또한 현악기로 연주하는 노래의 뜻을 지닌다: Jerome F. D. Creach, *Discovering the Psalms: Content, Interpretation, Reception* (Grand Rapids:

준다.

- 이스라엘의 하나님 여호와를 영원부터 영원까지 송축할지로다 아멘 아멘. (**제1권** 41:13)
- 이스라엘의 하나님을 찬송하며 그 영화로운 이름을 영원히 찬송할지어다 온 땅에 그의 영광이 충만할지어다 아멘 아멘. (**제2권** 72:18-19)
- 여호와를 영원히 찬송할지어다 아멘 아멘. (**제3권** 89:52)
- 여호와 이스라엘의 하나님을 영원부터 영원까지 찬양할지어다 할렐루야. (**제4권** 106:48)
- 호흡이 있는 자마다 여호와를 찬양할지어다 할렐루야. (**제5권** 150:6)

한 가지 주목할 만한 것은 제1권부터 제4권까지의 찬양이 '이스라엘의 하나님 여호와'를 강조했다면 제5권의 종결은 민족적 울타리를 넘어선 피조물 세계 전체의 하나님을 가리킨다. 곧, 150편의 마지막 절은 문학적으로 제5권을 포함한 전체 시편의 마무리 역할을 할 뿐만 아니라 내용적인 면에서는 창조 세계의 '호흡이 있는' 모든 자를 하나님 찬양으로 인도하는 역할을 하고 있다.

덧붙여, 시편의 서론 격인 1편과 2편에 각각 등장하는 토라시와 제왕시의 정경적 기능 또한 주목해야 한다. 먼저, 시편 1편의 토라시는 시편 전체를 하나님의 말씀, 곧 율법에 상응하는 계명과

Eerdmans, 2020), 11-12.

교훈으로 보기를 원하는 의도가 담겨있다. 즉, 단순한 '아래로부터의'(from below) 인간 경험과 신앙고백의 기록으로서의 성문서가 아닌, 율법서와 같이 '위로부터의'(from above) 하나님의 말씀과 가르침으로 읽게 하기 위함이다. 이를 위해, 의인과 악인의 극명한 대립을 시작부터 보여주고 있으며, 양자 판단의 절대적 기준은 시편 말씀의 청종과 경외 여부에 달려있다고 강조한다. 하나님의 가르침을 사랑과 순종으로 받아들인 자들은 '복 있는 자'로서 시냇가에 심은 나무와 같이 과실이 풍성하고 형통한 삶을 살지만 하나님의 말씀을 따르지 아니하고 인간의 자율성에 따라 행하는 악인들의 결국은 '바람에 나는 겨'와 같이 된다. 이러한 토라, 즉 하나님의 교훈에 대한 강조는 시편 내에 있는 토라시, 즉 19편과 119편에 대한 학자들의 관심을 새롭게 했다. 사실, 그 이전에 토라시들은 예전적 성격이 부족해서 후대의 작품으로 치부되어 학자들의 관심으로부터 멀어져 있었다. 그러나 정경비평적 연구는 1편을 비롯한 19편과 119편의 토라 신앙과 정경적 위치에 대한 연구를 불러일으켰다.[7]

시편 2편의 제왕시는 1편과 짝을 이루어 토라 신앙은 '하나님

---

7. 김정우, 김진현, "지혜서와 제왕시의 짝으로 본 시편의 구성 연구 - 제1권(1-41편)을 중심으로," *Canon & Culture* 14-2 (2020), 117-152; 김진명, "시편 19편에 나타난 하나님의 '창조'와 '구원'과 '율법': 편집비평과 수사비평적 연구," 「한국기독교신앙논총」 108 (2018), 5-24; Jeung-Yeoul Bang, "The Canonical Function of Psalms 19 and 119 as a Macro-Torah Frame," 「구약논단」 23-4 (2017), 251-285; James L. Mays, "The Place of Torah-psalms in the Psalter," *Journal of Biblical Literature* 106 (1987), 3-12.

의 통치'에 이르는 길임을 나타낸다. 시편 1편이 하나님의 말씀에 대한 강조와 이 교훈에 대한 사랑과 묵상의 태도를 이야기한다면, 2편은 그 교훈의 내용이 궁극적인 하나님의 종말론적 다스리심에 있음을 이야기한다.[8] 의인의 삶은 하나님의 통치를 인정하고 그에게 전적으로 의지하는 삶이요, 악인의 삶은 하나님을 인정하지 않고 자신의 뜻에 따라 사는 삶이다. 제왕시를 통해 나타난 하나님께서 인정하신 왕의 다스림은 곧 하나님의 통치와 심판을 의미하는 것으로서 시편 전체의 중심 주제다. 따라서 정경비평적 해석은 시편 주석가들로 하여금 토라시와 더불어 제왕시에 대한 관심을 갖게 했다. 이와 같은 상황에서 윌슨(Wilson)의 시편 구성에 관한 제왕시의 전략적 위치에 대한 논의는 시편의 정경적 형태의 신학적 의도를 밝히는 연구의 기폭제가 됐다.

윌슨에 의하면, 시편 2편을 포함하여 72편, 89편의 세 개의 제왕시가 시편에서 중대한 위치에 나온다. 총 5권의 시편에서 2편은 첫 권의 첫머리에, 72편은 둘째 권의 끝머리에 그리고 89편은 세 번째 권의 끝머리에 나온다. 2편과 72편은 다윗 왕조에 대하여 그리고 하나님의 다스리심과 보호에 대하여 긍정적인 태도를 보이지만, 89편에 가서는 38-51절이 보여주는 바, 다윗 가문의 왕정이 거부당한 일과 언약의 실패를 이야기한다. 이에 대해 윌슨은 시편의 총 5권 가운데 전반부 1-3권은 하나님께서 이스라엘에게 허락하신 다윗 언약을 기억하고 있지만 89편으로 제3권이 마무리됨으

---

8. James L. Mays, "The Place of Torah-psalms in the Psalter," 10.

로써, 결국 그 언약의 성취는 실패로 돌아간 것으로 기록하고 있다고 본다. 즉, 이스라엘 왕조의 멸망의 현실에서 그 언약 신학은 파기된 것으로 나타난다. 따라서 89편은 종결부에서 "언제까지니이까?"(46절[히브리 성경 47절]), "다윗에게 맹세하신 그 전의 인자하심(언약)이 어디 있나이까?"(49절[히브리 성경 50절])라고 부르짖고 있는 것이다.[9]

윌슨은 이 부르짖음에 대한 응답이 바로 제4권과 제5권에서 나오고 있다고 본다. 윌슨의 정경적 읽기의 가장 큰 특징은 제4권을 시편의 최종 형태의 편집적 '중심'으로 주장하고 있다는 사실이다. 바로 93, 95-99편 등의 즉위시들(enthronement pslams)이 제4권에 집중되어 있는데, 이 시들의 통일된 주제는 하나님의 통치, 곧 "주는 왕이시다", "주께서 다스리신다"(시 93:1; 95:3; 96:10; 97:1; 98:6; 99:1)이다. 그는 이것을 시편 전체의 핵심으로 주장한다.[10] 이러한 편집 구성의 목적은 하나님의 주권을 확인함으로써, 포로기의 신학적 위기(성전의 상실, 땅의 상실, 왕정의 상실)에 대한 격려의 메시지를 전하는 것이라고 설명한다. 결국 시편은 하나님의 통치와 하나님의 나라를 선포하고 사람들로 하여금 하나님의 다스리심 가

---

9. Gerald H. Wilson, *The Editing of the Hebrew Psalter*, SBL Dissertation Series 76 (Chico, Calif.: Scholars Press, 1985), 212; "The Use of the Royal Psalms at the 'Seams' of the Hebrew Psalter," *JSOT* 35 (1986), 88-92.

10. 오늘날 대부분의 시편 주석가들은 이 주제에 동의하고 있다: James L. Mays, *The Lord Reigns: A Theological handbook of the Psalms* (Louisville: Westminster John Knox, 1994); Patrick D. Miller, *The Lord of the Psalms* (Louisville: Westminster John Knox, 2013).

운데 살아가도록 초대하는 거룩한 문서다. 마치 예수 그리스도가 공생애 기간 동안 하나님의 나라 곧 천국의 삶을 위한 회개의 복음 전파를 한 것과 흡사하다: “이때부터 예수께서 비로소 전파하여 이르시되 회개하라 천국이 가까이 왔느니라 하시더라”(마 4:17).

시편이 150편 찬양시로 끝나는 것 또한 정경적 읽기의 주된 해석의 과제다. 클라우스 베스터만(Claus Westermann)은 시편의 형성 과정에서 한때 시편이 현재의 1편으로 시작해서 119편으로 끝났을 때가 있었음을 지적했다.[11] 그렇다면 당시의 시편의 구성은 토라시로 시작하여 토라시로 끝남으로써 시편의 하나님 말씀에 대한 초점을 분명하게 알려주었을 것이다. 그러나 이후 계속된 첨가와 보완 등의 편집의 과정으로 최종적으로는 시편 150편으로 끝나는 현재의 형태를 취하게 됐다. 이것은 처음 편집에서 시편이 율법서로 읽혀지기를 원했던 의도와 상치되는 것이다. 즉, 150편의 결론은 이 시편을 궁극적으로 예배 입문서로 받아들이게 한다. 이로부터 찬양은 이스라엘 신앙의 알파와 오메가가 됐다.

11. 시편의 오랜 형성 과정은 시편 시가집의 확대, 증보의 흔적을 드러낸다. 119편을 결론으로 삼기 이전에는 72편이 시편의 종결부였다: “이새의 아들 다윗의 기도가 끝나니라”(시 72:20).

2) 시편의 저술 배경 및 수용사

시편은 누가, 언제, 어떤 목적으로 저술했을까? 현재의 시편을 단순히 찬양으로만 읽을 수 있을까? 시편의 다양한 문학 형식을 어떻게 이해할 수 있을까? 앞서 밝혔듯이 시편은 오랜 기간에 걸쳐 형성된 다양한 저자들의 기도와 찬양의 모음집이다. 그리고 최종적인 쓰임은 제2성전 시대 예배의 찬양집으로 사용됐다. 그러나 모음집(collection)이기에 각각의 시들은 개별적 저자와 특별한 저술 배경을 지닌다. 궁켈이 타당하게 지적했듯이 처음에는 구전전승으로 노래와 기도들이 전해져 내려왔을 것이기 때문에 본래 시들의 저자와 구체적 저술 정황을 밝히기는 어렵다. 그러나 우리는 구약성경을 통해서 이스라엘의 경건한 기도와 찬양의 전통을 알고 있다. 예를 들면, 미리암의 노래(출 15:21), 한나의 기도(삼상 1:11), 사르밧 과부의 고백(왕상 17:24), 다윗의 기도(삼하 7:18-29), 히스기야의 기도(왕하 20:2-3) 등이다. 이를 통해 보건대 개별 시편들의 기원은 이스라엘의 신실한 신앙인들 곧 우리에게 알려졌거나 알려지지 않은 것과 상관없이 야웨 하나님 앞에 그들의 삶을 의지했던 무수한 신앙인들의 체험과 고백으로부터 유래함을 알 수 있다.

따라서, 시편 저자들의 상황을 고려할 때 첫 번째 저술 배경은 '개인 경건'의 신앙고백의 정황을 들 수 있다. 물론, 현재 우리 눈앞의 시편은 제2성전 시대의 공동체 예배용으로 편집, 보완된 형태이다. 그러나 개별적 시편의 기원을 거슬러 올라가면 개인적 경건과 묵상의 특정한 상황을 만나게 된다. 시편 중 가장 많이 애송되는 23편은 힘겨운 들판의 노동으로부터 한순간 목자 되신 하나님의 발견이라는 통찰을 통해서 더욱 깊은 신앙의 경건으로 들어갔던 한 목자의 깊은 영성의 노래인 것이다. 처음에는 개인에 의해 써지고 불렸던 시들이 구전으로 전승되고 여러 사람들에 의해 암송되다가 결국에는 공중 예전에 편입되어 공동체의 노래로 수용된 것이다.

둘째, 개인의 질병이나 비극적 상황의 배경을 짐작할 수 있다. 시편 6편과 같은 시들은 육체적 어려움을 토로한다: "여호와여 내가 수척하였사오니 내게 은혜를 베푸소서 여호와여 나의 뼈가 떨리오니 나를 고치소서"(시 6:2[히브리 성경 6:3]). 시편 38편의 질병의 상황은 더욱 구체적이고 종합적이다: "내가 아프고 심히 구부러졌으며 종일토록 슬픔 중에 다니나이다 내 허리에 열기가 가득하고 내 살에 성한 곳이 없나이다"(시 38:6-7[히브리 성경 38:7-8]). 이 외에도 30, 32, 51, 102, 130, 143편 등은 하나님께서 그의 얼굴을 돌리심으로써 병 또는 고난의 상황을 맞게 된 것으로 고백한다. 동시에 악한 세력 또는 대적자에 의한 고통 또한 시편의 시인은 호소하고 있다(시 5:8-11; 6:1-10; 10:1-15; 17:10-15).[12] 그것이 억울한 재판이든 전쟁의 상황이든 정확한 정황은 알 수 없으나 분명한 것은 질병의 상황이나 원수에 의한 어려움 혹은 신앙인이 당하는 모든 고통을 하나님 앞에 가져갈 때 치유와 구원을 체험한 동일한 간증이 해당

12. Lawrence Boadt, *Reading the Old Testament, An Introduction,* 290.

시편들의 배경이 되고 있다.

셋째, 가정이나 씨족집단 또는 학교에서의 교육을 목적으로 하는 환경이 작용하는 시들이 있다. 토라시와 지혜시와 같은 시들이 전형적인 예이다(시 1, 19, 36, 37, 49, 73, 78, 112, 119, 127, 128편 등). 선인과 악인의 구분을 통하여 축복과 저주를 이야기하는 가운데 의로운 삶과 경건의 신앙으로 안내하는 시들이다. 과거에는 이러한 교육의 배경 자체가 성전 예배나 씨족 공동체의 종교 회합과 같은 예전적 상황을 상정했다.[13] 그러나 최근의 학자들은 잠언이나 전도서와 같은 지혜문학 전승의 주인공들이 활동한 서기관 학교나 지혜 그룹의 교육적 상황을 그 배경으로 보고 있다.[14]

끝으로, 시편의 저술 환경 가운데 대다수의 시들은 공동체 예전의 상황을 전제한다. 가장 대표적인 예가 15편과 24편의 출입 예전시다. 1년에 세 번 유월절과 맥추절, 장막절에 예루살렘에 오르는(출 23:17) 순례객들이 마침내 예루살렘 성문에 이르렀을 때 성문을 지키는 레위인들과 순례객들의 문답을 전하고 있다.[15] 제왕시

---

13. Lawrence Boadt, *Reading the Old Testament, An Introduction,* 282.

14. Jerome F.D. Creach, *Discovering the Psalms,* 91; 비교, James L. Crenshaw, *Old Testament Wisdom: An Introduction* (Louisville: Westminster John Knox, 2010), 180-185.

15. ・문지기: "여호와여 주의 장막에 머무를 자 누구오며 주의 성산에 사는 자 누구오니이까"(시 15:1).
 ・순례객: "정직하게 행하며 공의를 실천하며 그의 마음에 진실을 말하며 그의 혀로 남을 허물하지 아니하고 그의 이웃에게 악을 행하지 아니하며 그의 이웃을 비방하지 아니하며 그의 눈은 망령된 자를 멸시하며 여호와를 두려워하는 자들을 존대하며 그의 마음에 서원한 것은 해로울지라도 변하지 아

들은 대부분 예전시이다. 2편은 제왕 즉위식에서, 20편은 전쟁 출정 시에 왕의 승리에 대한 기도로, 45편은 왕의 결혼예식에 관한 노래인 것이다. 이 외에도 레위인들이 유월절 양을 잡을 때 부르던 노래들이 113-118편의 '할렐 시편들'이며, 정결과 속죄 의식을 위한 시들이 50, 81, 106편 등이다. 120-134편의 '성전에 올라가는 노래들'(Songs of Ascent)은 순례의 시로서 축제를 위해 모이는 큰 무리들의 진행 또는 행렬 의식과 관련이 있다. 주로 예루살렘성을 향한 간구, 야웨 하나님의 위대한 행사들, 그리고 여호와의 궤가 다윗 성에 모셔지던 때에 대한 회상 등의 주제들이 다루어진다.[16]

이같이 다양한 배경의 노래와 기도들이 입에서 입으로 전해져 내려오다가 일정한 시점부터 기록되기 시작한 것이다. 고대 사회 대다수의 문맹률을 감안할 때 기록전승을 수행할 만한 이들은 극소수 계층들 즉, 지방 성소를 중심으로 하는 예언자나 제사장들 정도였을 것이다. 그들은 해당 부락이나 씨족집단의 신앙 교육을 위해 경건의 유산들을 남기려고 했을 것이다. 왕정 시대가 열린 이후에는 궁중의 서기관들이 왕의 칙서나 궁중 예언자들의 신탁을 기록, 정리하면서 더불어 신앙적 시편들과 경건한 잠언들 또한 수합, 보존하게 된 것이다.

시편이 이스라엘의 야웨 신앙의 중심적 경건 수단으로 자리하

니하며 이자를 받으려고 돈을 꾸어 주지 아니하며 뇌물을 받고 무죄한 자를 해하지 아니하는 자이니 이런 일을 행하는 자는 영원히 흔들리지 아니하리이다"(15:2-5).

16. Lawrence Boadt, *Reading the Old Testament, An Introduction*, 283.

게 된 결정적인 시기는 포로기이다. 성전이 파괴되고 제사를 위한 제기(祭器)들은 수탈당한 채, 거룩한 산 예루살렘으로부터 멀리 떨어진 바빌론에 끌려온 이스라엘 백성들이 하나님 앞에 드릴 수 있는 유일한 예배 수단은 시편의 노래와 기도밖에 없었다(예, 시 137편). 이후 시편은 "입술의 열매"로 자리하게 됐고(예, 사 57:19; 호 14:2; 히 13:15) 제2성전 시대에 이르러 예배에 사용되기 위한 기도서와 찬양집으로서 성전 음악을 담당하는 레위인들에 의해 체계적으로 집대성됐다. 대부분의 표제 또는 제목은 이때 부쳐지게 되는데 '영장에 맞춘 노래', '여두둔 형식', '인도자를 따라 알라못에 맞춘 노래' 등의 음악적 지시는 제2성전 시대의 예배 관습으로부터 기원한 것이다.[17] 이렇듯 제2성전의 레위인 성가대와 제사장 예배 관리자들의 시편 보존 및 낭독의 예배 행위는 이후 확립된 '회당 예배'의 기반을 이룬다. 왜냐하면, 제1차 유대인 전쟁을 거치면서 로마의 티투스 장군에 의해 성전이 훼파된(주후 70년) 이후, 디아스포라 유대인들은 제사 예배를 드리는 대신, 회당에 모여 시편을 낭독하고 찬양하기 시작했기 때문이다.

초대 기독교 형성 시기, 시편은 다음의 세 가지 점에서 구약성경의 다른 책들에 비해 중요한 위치를 점하고 있었다. 무엇보다도 예수의 공생애 기간 동안 당신 자신의 메시아적 예언 말씀의 성취

17. 시편에는 "셀라"(selah)가 곳곳에 나타나는데 그 의미는 불명확하지만 제2성전 시대 음악 예식과 관련된 것으로 보인다. 학자들은 이를 일시 정지나 간주, 연주 중에 음높이의 이동 표시 또는 음악의 특정 부분의 반복 표시 등으로 추정하고 있다: 브랜트 A. 스트런, 『간추린 구약개론』, 200-201.

를 드러내는 주된 증거로서 시편의 말씀을 자주 인용했다: 22:1[히브리 성경 2절]("엘리 엘리 라마 사박다니", 막 15:34), 31:5[6]("나의 영을 주의 손에 부탁하나이다", 눅 23:46), 69:21[22]("쓸개 탄 포도주", "신 포도주"; 마 27:34, 48), 110:1("여호와께서 내 주에게 말씀하시기를 내가 네 원수들로 네 발판이 되게 하기까지 너는 내 오른쪽에 앉아 있으라", 막 12:36), 118:22("건축자가 버린 돌", 마 21:42). 둘째, 시편은 원시 기독교의 '유일한 성경'이었다. 신약성경 자체는 사도 바울이나 복음서 기자들에 의해 집필되기 이전이었다. 유일하게 경전적 권위를 가지고 예수 그리스도의 사역을 해석할 수 있는 유일한 거룩한 문서가 회당에서 낭독됐던 시편이었다. 이후 신약성경의 정경화는 주후 4-5세기 여러 공의회들을 거쳐 451년 칼케돈 공의회에서 비로소 확정된 것을 기억할 필요가 있다. 끝으로, 시편의 중요성은 사도 바울에 의해 계속해서 강조되고 있었다. 특히 그는, 시편의 '찬송시'를 다른 은사들, 즉 '말씀', '계시', '방언', '통역'과 더불어 가장 중요한 영적 은사 중의 하나로 보았다.

> 그런즉 형제들아 어찌할까 너희가 모일 때에 각각 찬송시도 있으며 가르치는 말씀도 있으며 계시도 있으며 방언도 있으며 통역함도 있나니 모든 것을 덕을 세우기 위하여 하라. (고전 14:26)

바울은 총 31번 시편 구절을 인용하고 있고 초대 교회 성도들을 격려할 때에는 항상 "시와 찬송과 신령한 노래로"(엡 5:19; 골 3:16-17)

하나님을 찬양하라는 권면을 잊지 않는다. 사도행전 2:42의 "사도의 가르침" 안에는 시편 낭송과 해석이 분명히 있었을 것으로 학자들은 본다. 초대 교부들의 시대에는 예수 그리스도의 구원 사건을 시편을 해석하고 적용하는 기준으로 삼았는데 오늘날의 교회에서도 이와 같은 시편 해석의 전통이 이어지고 있다.

3) 시편의 운율과 장르

시편은 구약성경 가운데 대표적인 운문체의 문학 양식을 띠고 있다. 창세기나 출애굽기 또는 역사서들은 대부분 산문체의 형식이나, 시편을 비롯한 예언서들과 지혜서들은 운문체이다. 산문은 직접적인 전달 형식으로 내용을 전개하는 반면, 운문은 간결하고 상징적인 어체를 활용함으로써 보다 초월적인 의미를 전달한다. 문제는 히브리어 구약성경에서 무엇이 산문체이고 무엇이 운문체인지 분명하게 드러나지 않는다는 점이다. 왜냐하면, 현대의 시집처럼 보기 쉽게 짧은 연과 단락들로 히브리어 성경이 구성되어 있지 않고 고대 시절의 문학 양식에 대한 지식이 오늘까지 전수되어 있지도 않기 때문이다. 그럼에도 불구하고 학자들은 성경의 운문체를 결정짓는 요소들로 다음의 일곱 가지를 든다.[18]

18. Adele Berlin, "Introduction to Hebrew Poetry," in *The New Interpreter's Bible Commentary Vol III* (Nashville: Abingdon Press, 2015), 303 이하.

첫째, 간결성(terseness)이다. 완전한 주어-동사의 문장보다는 강조하고자 하는 명사나 형용 어구가 분절되어 특별한 의미를 인상적으로 전해주는 형식을 취한다. 둘째, 의미상 또는 문법상의 반복이 평행하게 나타나는 평행법(parallelism)이다. 시편의 노래들은 한 절 내에서 비교적 규칙적인 반복으로 전달하고자 하는 내용을 효과적으로 강조한다. 셋째, 이러한 형식적 반복의 결과는 운율(meter) 또는 리듬(rhythm)을 동반하게 된다. 운문체와 같은 짧은 구절일수록 악센트와 반복 단어들로 일정한 리듬과 박자가 형성되는 것을 발견하게 된다. 넷째, 중심 단어(key word)들의 반복이 두드러지면서 특별한 규칙적 형식(pattern)을 띠게 된다. 자주 보이는 패턴들에는 두문구(頭文句) 또는 미문구(尾文句)의 반복, 후렴구, 봉합구조, 교차대칭, 병렬대칭 등이 있다. 다섯째, 비유적인 표현(imagery)이 자주 등장한다. 모든 언어에서 은유(metaphor)와 직유(simile)는 운문체의 공통적인 특징이다. 연관된 비유와 상징으로 직접적 전달이 어려운 내용들을 간접적으로 표현할 수 있다. 여섯째, 수사학적 표현의 방식들이(figures of speech) 동원된다. 과장법이나 점층법 또는 이사일의(hendiadys)적[19] 표현이 대표적이다. 그러나 이러한 수사학적 표현은 산문체에서도 발견된다. 끝으로, 문학적 모티프들(motifs)이나 주제들(themes)의 반복이다. 예레미야의 경우

19. 영어로 설명하자면, 이는 접속사 and로 연결된 두 다른 단어가 하나의 뜻을 의미하는 표현 방식이다. 예를 들면, death and honor = honorable death, good and cold = very cold를 의미하는 형식이다.

남편-아내(렘 2:2)의 관계 또는 부모-자식(31:9)의 관계가 그의 예언 전반에 지배적으로 반복되어 청자들을 설득하기 위한 극적 효과를 더하고 있다. 이 외에도, 이사야 40장에는 창조의 모티프가, 시편 104편에는 창조 섭리 모티프가 전반적으로 등장하고 있다.

학자들은 위의 일곱 가지 요소들 가운데 평행법을 성경의 운문체를 결정하는 가장 두드러진 특징으로 본다.[20] 1753년에 라틴어로 편찬된 로버트 로우드(Robert Lowth)의 『거룩한 히브리 시 강의』(*De sacra poesi Hebraeorum* [*Lectures on the Sacred Poetry of the Hebrews*])에 의하면 평행법에는 크게 세 가지 종류가 있다: 동의적(synonymous), 반의적(antithetic), 종합적(synthetic). 먼저, 동의적 평행법은 같은 뜻의 내용이 반복되는 평행법으로서 첫 단락절(colon)과 둘째 단락절(때로는 세 번째 단락절까지 포함)이 동일한 의미를 지닌다. 즉, a:b = a′:b′(2+2) 또는 a:b:c = a′:b′:c′(3+3)의 형식이다. 예를 들면, 114:3을 사역하면 "바다는 / 이를 보고 / 도망하며 // 요단은 / 주춤하여 / 물러갔도다"의 3+3의 운율을 갖는다. 19:1-2은 주어, 동사, 목적어까지 일치하는 완벽한 동의적 평행법의 예를 제공한다.

> 하늘이 / 하나님의 영광을 / 선포하고 //
> 궁창이 / 그의 손으로 하신 일을 / 나타내는도다(3+3)

---

20. James Kugel, *The Idea of Biblical Poetry: Parallelism and Its History* (Baltimore: Johns Hopkins University, 1998); Robert Alter, *The Art of Biblical Poetry* (New York: Basic Books, 1985).

날은 / 날에게 / 말하고 //

밤은 / 밤에게 / 지식을 전하니(3+3)

둘째, 반의적 평행법은 두 단락절들 간 내용이 대립되거나 대조를 보인다. 따라서, 두 번째 단락절은 통상, '그러나' 또는 '하지만'의 의미가 함축되어 있다. 토라시나 지혜서에서 효과적인 교육과 설득을 위해 반의적 평행법을 자주 사용한다. 예를 들어, 1:6은 "의인의 길은 / 여호와께서 인정하시나 // 악인의 길은 / 망할 것이다"(2+2)와 같이 의인과 악인 사이의 분명한 대조를 강조한다. 20:8 역시 대조를 통한 교육적 의미를 강화한다. "대적들은 / 엎어지고 / 넘어지지만 // 우리는 / 일어나서 / 꿋꿋이 섭니다"(3+3). 셋째, 종합적 평행법은 첫 단락절의 내용을 다음 단락절에서 보충 또는 발전시키는 형식이다. 즉 단순한 반복이나 대립이 아니라 첫 단락절에서 완결되지 못한 사상을 둘째 단락절에서 완성한다. 엄밀히 말해서 둘째 단락절의 내용은 단순한 반복이나 의미의 평행이 아니라 논리적인 연속으로 보아야 한다. 즉, '원인 → 결과' 또는 '결과 → 원인'의 관계성을 띤다. 예를 들면, 25:16은 "주여 / 나는 / 외롭고 / 괴로우니 // 내게 돌이키사 / 나에게 / 은혜를 / 베푸소서"(4+4)와 같이 전개되는데 탄식과 간구에 대한 이유를 밝히는 인과적인 관계성을 드러낸다. 40:1-3도 각각의 절들이 논리적인 관련성을 띤다.

내가 여호와를 기다리고 기다렸더니(이유)
귀를 기울이사 나의 부르짖음을 들으셨도다(결과)

나를 기가 막힐 웅덩이와 수렁에서 끌어올리시고(구원 이전)
내 발을 반석 위에 두사 내 걸음을 견고하게 하셨도다(구원 이후)

새 노래 곧 우리 하나님께 올릴 찬송을 내 입에 두셨으니(원인)
많은 사람이 보고 두려워하여 여호와를 의지하리로다(결과)

평행법과 더불어 학자들 사이에는 히브리 운문체의 특징으로 일정한 운율 또는 리듬을 주요 요소로 꼽고 있다. 사이볼트(Seybold)는 이러한 운율을 결정짓는 요소로 히브리어 단어의 강세(accent)와 단락절의 억양(intonation), 단어의 음절수와 문장의 단어 수 등을 말한다.[21] 그러나 과거의 시조들이나 현대의 정형화된 시들처럼 수학적 운율을 히브리 시가 따로 가지고 있었다고 보기는 어렵다. 오히려 평행법의 결과 자연스레 운율과 리듬이 따라오고 있는 것으로 볼 수 있다. 따라서 히브리 시의 평행법에 대한 연구는 학자들에 의해 계속해서 연구되는 주요 과제다.[22]

---

21. Klaus Seybold, *Introducing the Psalms,* 79-81.
22. 알터는 로우드의 "종합적 평행법"을 더욱 정교하게 발전시킨다. 단락절들 간 단순한 인과관계가 아니라, 강화(시 18:8; 79:5; 147:4), 진행(시 37:32), 서술적 요소(창 37:33; 시 102:16, 20) 등 다양한 형태의 관련성을 들면서 두 단락절들 사이에 크고 미묘한 변화들에 주목한다: Robert Alter, "The

시편은 오랜 세월에 걸쳐 많은 저자들과 편집자들에 의해 형성됐기에 다양한 문학적 장르가 어우러져 있다. 구체적인 시편의 문학 양식에 대한 선이해가 없어도 시편 1-3편을 읽어보면 서로 다른 유형의 시들을 쉽게 발견할 수 있다. 1편은 잔잔한 분위기의 개인적 묵상시라면 2편은 위엄 넘치는 기세로 특별한 공동체를 향한 명령 또는 선포가 이뤄짐이 대조적이다. 그러다가 3편에 이르면 지극히 개인적인 탄식조의 간구가 등장한다. 20세기 초 헤르만 궁켈(Hermann Gunkel)은 이러한 문제를 관찰하면서 각 시들의 삶의 정황(*Sitz im Leben*)을 밝히는 뛰어난 시도를 했다.[23] 그는 양식비평(Form Criticism) 연구를 통해 이스라엘의 시문학에 대한 구전전승의 과정을 환기시켜 주었으며 특별히 시편에 나타난 다양한 문학 유형들(literary types)을 분류하고 각각의 상황을 밝히는 데 주력했다. 이로써 시편의 시인과 해석자 사이에 놓인 시공간적 간격을 좁힐 수 있었고 분명치 않은 본문의 의미를 많은 부분 밝혀줄 수 있었다. 궁켈의 양식비평적 분류는 이후 많은 학자들에 의해 비판적으로 계승되고 정교하게 발전했다.[24]

Characteristics of Hebrew Poetry," in *The Literary Guide to the Bible,* eds. Robert Alter & Frank Kermode (Cambridge: Harvard University Press, 1987), 611-623. 그러나 아직 한국 학계에서는 히브리 시의 연구는 초기 단계에 있다. 방정열, "히브리 시의 평행법과 한글번역 : 한계와 여지(餘地)," 「구약논단」 24-3 (2018), 107-139.

23. Hermann Gunkel, *Einleitung in die Psalmen: die Gattungen der religiösen Lyrik Israels* (Göttingen: Vandenhoeck & Ruprecht, 1966).

24. 이에 대한 연구는 아래의 글들을 참조하라: 김태경, "시편 연구사: 1990년

궁켈은 시편의 유형을 다음의 다섯 가지로 정리했다: (1) 개인 탄식시(Individual Laments), (2) 공동 탄식시(Communal Laments), (3) 찬양시(Hymns of Praise), (4) 개인 감사시(Individual Thanksgiving Psalms), (5) 제왕시(Royal Psalms). 물론, 모든 시편들이 다섯 가지 유형에 정확히 부합하는 것은 아니다. 궁켈 자신은 혼합된 유형(mixed types) 또한 인지하고 있다. 그러나, 시편 이해의 기초를 위하여 궁켈의 다섯 가지 유형의 시편 이해는 유익하다. 먼저, 개인 탄식시는 다음의 구성 요소로 되어 있다: (1) 하나님께 탄원, (2) 탄원의 이유, (3) 응답을 위한 설득, (4) 신뢰의 확신, (5) 구원의 찬양.[25] 개인 탄식시는 전체 시편의 약 25%를 차지할 정도로 비중이 가장 높은 유형이다. 학자들마다 유형별 분류는 조금씩 다르지만 베스터만의 경우 50개의 개인 탄식시를 정리했다: 3-17편(8, 9, 15편 제외), 22-28(24편 제외), 31, 35-43(37, 40편 전반부 제외), 51-64(60편 제외), 69, 71, 73, (77),[26] 86, 88, (94), 102, 109, (120), 130.[27]

이후 현재까지," 「구약논단」 20-3 (2014), 325-356; 유윤종, "시편의 최근 연구 동향," 「구약논단」 15/2 (2009), 30-62; David G. Firth & Philip S. Johnstone, *Interpreting Psalms: Issues and Approach* (Downers Grove, Illinois: IVP, 2005).

25. Hermann Gunkel with Joachim Begrich, *An Introduction to the Psalms: The Genres of the Religious Lyric of Israel.* tr. James D. Nogalski (Macon, GA: Mercer University Press, 1998), 121-122.
26. 여기서 괄호로 표시된 시편들은 공동 탄식시적 요소가 발견됨과 동시에 다른 장르로도 볼 수 있는 시편들이다.
27. 클라우스 베스터만, 『시편해설: 구조, 주제 그리고 메시지』, 노희원 옮김 (서울: 은성, 1996), 77.

둘째, 공동 탄식시는 개인 탄식시의 '나'가 '우리'로 확장한 경우다. 특별히 국가적인 재난이나 공동체의 비극적인 상황에서 하나님께 아뢰는 간구로 이해하면 된다. 해당 시편들에는 44, 60, 74, 79, 80, 83, 85, 89, 90, 137편 등이 있다. 구성 요소는 개인 탄식시와 유사하다. 단지 개인 탄식시에 비하여 공동체를 위한 과거의 하나님의 구원 역사에 의존하여 현재의 새로운 구원 역사를 간구하는 것이 특징적이다:[28] (1) 공동체의 위기에서 하나님께 탄원, (2) 탄원의 이유, (3) 과거에 베푸신 하나님의 영광과 신실성 상기, (4) 신뢰의 확신, (5) 과거의 하나님의 구원 역사의 반복을 통한 하나님의 주권의 문제 부각, (6) 하나님의 구원 후 공동체의 찬양 서원.

셋째, 찬양시는 본래 시편 전체가 의도한 기본 방향이기에 근본적인 시편의 장르로서 소개되는 데 무리가 없다. 그러나 실제적인 찬양시의 빈도는 탄식시에 비하여 많지 않다. 개인과 공동 탄식시는 60편이 넘지만 찬양시는 30편도 안 된다. 스트런은 다음의 28개의 시편들을 찬양시로 정리하고 있다: 8, 29, 33, 46, 47, 48, 76, 84, 87, 93, 95, 96, 97, 98, 99, 100, 103, 104, 111, 113, 114, 117, 145, 146, 147, 148, 149, 150편.[29] 확실히, 시편의 후반부인 제4권과 제5권에서 찬양시들이 많이 등장하고 있다. 찬양시의 구성은 '찬양으로의 초대', '찬양의 이유', '송영'으로 비교적 단순하다. 그

28. James L. Mays, *Psalms* (Louisville: Westminster John Knox, 1994), 25.
29. 브랜트 A. 스트런, 『간추린 구약개론』, 198.

러나 찬양의 주제는 창조의 아름다움, 고통으로부터의 구원, 제왕 즉위에 따른 시온의 영광 등 다양하다.

넷째, 개인 감사시는 주로 개인적 간증으로 드려진다. 병이나 억울함 또는 중대한 위기로부터 구원을 경험한 시인의 감사('토다')가 일정한 회중들 앞에서 선포되는 형식이다. 찬양시와 다른 점은 탄식시와 짝을 이룬다는 것이다. 이전의 고난의 상황에서 서원하며 간구한 기도 제목에 대한 응답의 체험이 전제되어 있다. 어려움 중에 서원한 찬양과 예배의 약속을 감사시로 이행하고 있는 것으로 볼 수 있다.[30] 감사시에는 18, 30, 32, 34, 40, 41, 66, 92, 116, 118, 138편 등이 있다. 본래, 개인의 감사로 시작하여 전승의 발전 과정 가운데 이스라엘 공동체 전체의 감사로 옮아간 공동 감사시 또한 발견된다: 65, 67, 75, 107, 124편.

끝으로, 제왕시는 이스라엘의 다윗 왕조와 관련된 시를 기록한 것이다. 주로 궁전의 특별한 행사의 절차나 예식을 위한 시들이다. 가장 대표적인 시는 2편으로서 왕의 대관식에서 낭송됐던 시다. 하나님의 '기름 부음 받은 자' 앞에 이스라엘 백성뿐만 아니라 세상 군왕들과 이방 나라들에게 무릎 꿇고 그의 다스리심을 받아들이라고 선포한다. 왜냐하면, 그는 하나님의 아들(2:7, 12)이기 때문이다. 신명기사가가 우리에게 전해주는 왕의 모습(신 17:14-20)과는 사뭇 다른 2편의 묘사는 장엄한 궁중 예식의 배경을 반영한다. 왕의 결혼식에 부르던 45편, 왕을 위한 기도인 20, 21, 72편 이

30. Jerome F.D. Creach, *Discovering the Psalms,* 74.

외에도 89, 101, 110, 132, 144편 등이 제왕시에 속한다.

궁켈은 위의 다섯 개의 주된 장르 외에 일곱 개의 하위 범주의 시편 유형을 이야기했다: 순례의 시, 공동 감사시, 지혜시, 예전시, 예언시, 토라시, 혼합 유형의 시. 시편 유형에 대한 견해는 학자들마다 차이가 있지만 이곳에서 소개된 궁켈의 기본적인 논의에 대부분 기반하고 있다. 베스터만과 같은 학자는 시편의 유형을 "찬양"과 "탄식"으로 단순화하여 이해하기도 하고[31] 게르스텐베르거(Gerstenberger)와 같은 학자는 도리어 이스라엘의 다양한 일상에 상응하는 예전시들로 더욱 세밀하게 정교화하여 이해하기도 한다.[32] 그러나 브루그만과 같은 학자는 시편 시들의 이해를 문학적 유형보다는 각각의 시들이 개인의 영성에 대하여 어떻게 표현하고 있는가에 따라 "질서의 시"(psalms of orientation), "무질서의 시"(psalms of disorientation), "새 질서의 시"(psalms of new orientation)로 나누기도 한다.[33] 브루그만의 견해에 따라 궁켈의 범주를 재배치하면 아래와 같다: (1) 질서의 시: 창조시, 찬양시(주로 창조를 찬양하며 선포하기보다는 묘사하는 찬양 토라시), 지혜시, 인과응보의 시 등; (2) 무질서의 시: 개인 탄식시, 공동 탄식시, 신정론적 문제 제기의 시편 등; (3)

---

31. Claus Westermann, *Praise and Lament in the Psalms* (Atlanta: Westminster John Knox, 1981).
32. Erhard S. Gerstenberger, *Psalms: Part 1 with an Introduction to Cultic Poetry* (Grand Rapids: Eerdmans, 1988); Erhard S. Gerstenberger, *Psalms: Part 2 and Lamentation* (Grand Rapids: Eerdmans, 2001).
33. Walter Brueggemann, *The Message of the Psalms* (Minneapolis: Augsburg, 1984); 월터 브루그만, 『시편사색』, 조호진 옮김 (서울: 솔로몬, 2007).

새 질서의 시: 개인 감사시, 공동 감사시, 찬양시(주로 역사 가운데 나타난 하나님의 구원 행위 선포의 시), 제왕시 등.

4) 시편의 신학

방금 소개한 브루그만의 시편 시인의 영성에 근거한 세 가지 부류의 범주는 시편의 신학을 이야기하는 데 하나의 신학적 틀을 제공한다. 그것은 바로 인생살이에서 나타나는 삶의 주기(life cycle)에 대한 이해에 뿌리를 두고 있기 때문이다. 시편의 내용은 우리 인생의 모든 계절을 다루고 있다: 기쁠 때(찬양)와 슬플 때(기도), 감사할 때(감사시)와 불평할 때(탄식시), 안정의 시기와 혼란의 시기(지혜시), 결혼할 때와 전쟁할 때(제왕시), 하나님 의지와 예배의 시기(신뢰시, 예전시) 등. 이러한 시편의 시들을 묵상하다 보면 한 사람이 살아가면서 겪는 희로애락을 경험할 수 있다. 이 인생살이에는 일정한 패턴이 있다. 처음에는 모든 것이 안정되고 행복을 누리는 평안의 시기가 있다. 그러나 별안간 그 안정을 혼돈으로 몰아가는 고통의 시기가 닥친다. 한동안의 방랑과 역경의 시기가 지나면 이제는 다시금 회복되고 거듭나는 새로운 구원의 시기가 도래한다. 그러나 우리의 삶의 역동성은 항상 계속된다. 그 새로운 안정의 시기가 또 다른 무질서의 시기에 의해 또 고통, 그리고 다시 구원의 시기로 이어져 간다. 인생의 순환(circle of life)이다. 브루그만은 그의 책에서 시편 전체의 시들을 이 인생의 주기에 따라 다음의 세 가지로 분류한 것이다.

먼저, 질서의 시(psalms of orientation)를 다루면서 브루그만은 시편 연구에 있어서 신학적 출발은 안정된 믿음에 관한 것이라고 본다. 주변 환경의 질서와 하나님을 향한 믿음의 견고성이 강조되는 상태를 말한다. 마치 어린아이가 부모의 품에서 보호받는 것처럼 모든 것이 안정되고 아름다워 보일 때를 이야기한다. 시편의 많은 시들이 이와 같은 편안하고 안정된 상황에 대하여 노래한다. 특히, 하나님을 의심의 여지없이 신뢰할 만한 분으로 찬양하며 이 하나님에 대한 의지와 믿음으로의 굳은 심지가 시인의 노래에 나타난다.

이러한 질서의 시의 일반적인 특징을 브루그만은 다음의 다섯 가지 측면으로 설명한다. 첫 번째, 인간의 삶에 대한 이해다. 인간의 삶은 문제나 위기가 없이 편안한 것으로 묘사되고 있다. 인생은 뜻밖의 사고나 어려움, 공포로 차 있는 것이 아니라 늘 일관된 삶의 연속으로, 굳건한 토대 위에 서 있는 것으로 그려진다. 둘째로 이 질서의 시의 신학적인 근거는 창조 신앙이다. 이 세상을 잘 짜인 질서의 체계로 보고 하나님께서 이렇게 세상을 창조했고 또 질서 가운데 세계가 조화롭게 운행되고 있는 것으로 본다. 무질서는 이 세상에 발붙일 곳이 없다. 이 질서의 시들은 단지 하나님이 조화로운 세계의 창조자라는 이론적인 소개도 아니고 성서가 창조에 대하여 어떻게 이야기하고 있는가에 대한 답변도 아니다. 이

시들이 정작 말하고자 하는 것은 매일의 조화로운 삶 가운데 체험되는 하나님의 선하심과 사랑하심에 대한 고백이다. 평화로운 가정과 부모의 사랑, 부부간의 사랑, 친구지간의 우정, 동역자들 간의 긴밀한 협력 등을 통한 질서와 조화의 세계가 하나님의 창조섭리 가운데 선포된다. 셋째로, 이러한 안정을 노래하는 시들의 기능은 신학적으로는 하나님을 찬양하고 감사하는 기능을 수행하며, 사회적으로는 질서 잡힌 사회의 청사진을 제시한다. 따라서 사람들로 하여금 질서의 세계 법칙대로 살아가도록 유도한다. 무질서로 향하는 반대의 목소리는 용납되지 않는다.

넷째, 브루그만은 이러한 질서의 시들의 이데올로기적 측면을 간과하지 않는다. 이렇게 세상이 조화롭고 사회가 안정되어 있다는 노래는 어떤 사람들에 의해 칭송되겠는가? 바로 기존 사회의 지배 계층들이다. 체제 안정(*status quo*)의 현재 상황을 어떻게 해서든지 유지하려는 이데올로기적 측면을 배제할 수 없다. 따라서 브루그만은 우리가 창조 신학을 이야기할 때에는 이 신학이 누구를 위한, 어떤 계층을 위한 것인지를 분별할 필요가 있다고 역설한다. 끝으로 다섯 번째 측면은 질서의 시들의 신앙적 읽기이다. 지배 계층의 사회 유지의 의도가 깔려있음에도 불구하고, 질서의 시편들은 여전히 모든 종류의, 모든 세대의 사람들에게 유효한 노래이다. 왜냐하면 이 시들의 또 다른 측면은 종말론적 신앙으로서, 현재 사회 구조의 혜택을 못 받는 이들은 하나님의 질서와 조화의 세계에 대한 비전 가운데에서 그 창조 질서의 하나님이 반드시 평등과 정의를 이루시리라는 확신을 갖게 되기 때문이다. 아직, 하나님의 온전한 질서는 도래하지 않았으며, 장차 이루어지리라는 기대로 인해 이제 시편은 현실 긍정과 유지의 노래에서 개혁과 새 창조의 새 노래로 변화된다.

다음으로, 무질서의 시(psalms of disorientation)와 관련하여 브루그만은 인생의 어두운 측면을 부각시킨다. 창조 세계의 질서에 대한 믿음에도 불구하고 기독교인들은 무질서의 현실 앞에 그대로 노출되어 있다는 것이다. 문제는 교회에서 질서의 세계라는 원론만 강조했지 정말로 현실에서 나타나는 그 무질서의 존재에 대해서는 진지하게 생각하지 않으려 한다는 것이다. 실제로, 성도들은 그들의 삶의 현장 속에서 경험하는 혼돈과 무질서를 인정하기보다는 오히려 그 실제의 혼돈의 삶을 미화시키고, 감싸고, 애써 부정하려 들고 있음을 브루그만은 지적한다.[34]

또한 데니스 홉킨스(Denise Hopkins)는 삶의 무질서에 대한 교회의 부인을 지적한다. 실제로 교회에서 자주 읽히는 시편들의 대부분은 안정의 시편들뿐이지 혼돈의 시편들, 즉 개인의 탄식이나 불평, 하나님 앞에서의 항변 등은 거의 읽히지 않는다는 것이다. 교회 전통에서 '회개의 시'로 명명된 6, 32, 38, 51, 102, 130, 143편은 그나마 고통의 원인을 자신의 죄악으로 돌리는 고백이 확실하게 나타나고 있다. 그러나 오늘날 기독교 성도들의 예배 시에 교독되는 찬송가 뒤의 교독문에는 탄식시들이 거의 등장하지 않는다. 왜

34. Walter Brueggemann, *The Message of Psalms*, 51.

냐하면, 탄식자의 분노, 불평과 항변의 "외람된" 표현들은 "경건한" 예배를 드리는 현장에서 적절하지 않기 때문이다.[35] 있는 그대로의 인간 삶의 솔직한 표현이 도리어 교회 현장에서 차단되고 있는 것이다. 그러나 시편 신학은 고대 이스라엘인들의 진솔한 신앙의 표현들을 적나라하게 드러내고 신앙인들을 진지한 고민과 대결의 장으로 안내하고 있다.

브루그만은 오늘날 제도권 교회의 성도들이 신앙인의 삶에서 부정성(negativity)을 있는 그대로 인정하려 들지 않는 경향을 지적한다. 기독교인의 삶에서 인간적인 정황과 비관적이거나 부정적인 태도는 마치 불신앙의 표현같이 여겨지기 때문에 그렇다는 것이다. 왜냐하면 하나님께서 함께하시는 신앙의 삶은 "완전해야" 하는데, 뭔가 부족하고 혼란스러워 보이는 인간 현실에 대한 인정은 하나님의 완전한 통제와 다스리심을 거스르는 것이 되기 때문이다.[36] 브루그만에 따르면, 삶의 부정적이고 어두운 부분을 담고 있는 이러한 "무질서의 시"를 사용하는 것은 어떤 면에서 하나의 불신앙적 행위(acts of unfaith and failure)로 신앙인을 떨어뜨릴 염려가 있다는 것이다. 그러나 신앙 공동체에게 있어서 이 탄식과 불평의 시의 사용은 동시에 보다 더 담대한 신앙의 표현(an act of bold faith)으로 받아들여질 수 있다고 주장한다. 그 이유는 첫째로, 이

35. Denise Dombkowski Hopkins, *Journey through the Psalms: A Path to Wholeness* (New York: United Church Press, 1990), 57.

36. Walter Brueggemann, *The Message of Psalms,* 52.

시들을 노래하며 사용하는 것은 곧 세상을 어떤 교리적인 선이해나 자의적인 틀로 미리 규정하는 것이 아니라 삶을 있는 그대로 경험케 하는 것을 의미한다. 곧, 현실을 직시하도록 우리를 이끈다는 것이다. 둘째로, 이 현실의 무질서의 경험들이야말로 하나님과의 대화에 있어서 마땅히 아뢰어야 할 주제가 되는 것이다. 하나님 앞에 우리가 아룀에 있어서 그 어떤 것도 아뢰어서는 안 되는 것이 없기 때문이다. 오히려, 이 현실의 혼돈에 대한 탄식과 불평이 욥기에서 보듯이 우리를 하나님과의 대화의 장으로 이끌게 된다.[37]

끝으로, 새 질서의 시(psalms of new orientation)가 있다. 이는 현실 직시의 무질서의 시와 밀접한 관련이 있다. 혼돈의 시라 할 수 있는 탄식시들은 삶이 무질서해지고 자기 자신이 미처 통제할 수 없는 상황을 애가로, 애탄으로 표현한다. 그러나 이 시들이 단지 고통의 상황을 표현하는 것에 그치지는 않는다. 더 나아가 삶에서 닥치는 새로운 현실을 있는 그대로 경험하고 대결할 수 있게 해준다. 탄식과 간구로 문제를 직면하고 아뢺과 부르짖음을 통해 눈앞의 상황을 인정하고 감싸 안을 수 있게 된다.[38] 마치 상담에 있어서 내담자가 자신의 아픔을 표현할 때에 근본적 치유가 시작될 수 있듯이 이러한 탄식시들은 시인 자신이 고통 극복의 단초를 이미 동

37. 안근조, 『하나님의 지혜 초청과 욥의 깨달음: 욥기의 지혜코드』 (서울: 킹덤북스, 2012), 298-299.

38. Walter Brueggemann, *The Message of Psalms*, 123.

반하고 있다. 바로 여기에 새로운 질서와 새 노래의 지평이 열린다.

시편의 새 질서의 시들은 그 누구도 예상치 못했던 형편으로부터 놀라운 새로운 삶의 은혜를 고백한다. 그 새로운 질서는 과거의 고통의 상황 이전의 안정된 상황으로 돌아가는 것과는 거리가 멀다. 하나님 앞에 현실의 고통을 허심탄회하게 아뢰었기에 이제 탄식자와 하나님과의 관계는 위기와 긴장 관계를 넘어서 더욱 굳건한 신뢰 관계로 묶이게 된다. 결과적으로 현실에 대한 시인의 이해는 더욱 성숙해진다. 더 나아가, 새 질서의 시들은 하나님의 은혜에 대한 체험의 기록들로서 의미가 크다. 구원의 은혜는 인간의 생각과 말로는 충분히 설명될 수 없는 하늘로부터의 새로운 가능성이자 하나님의 신비한 능력이요 은혜다. 이 '새로운 현실'(newness)은 예견될 수도 계획될 수도 없는 것이다. 이 새 질서의 시편들은 구약에서 죽은 사람을 살리시는 역사이며 신약에서는 문둥병을 고치시고 눈먼 바디매오를 보게 하시는 그런 하나님의 기적 체험이다.[39]

베스터만은 탄식시의 구조 자체가 고통과 애탄으로부터 기쁨과 찬양으로 변화되는 극적 반전인 것에 주목한다. 구약성경 속 이스라엘 영성의 완성이 비로소 시편의 시들을 통해 나타난다고 주장한다. 개인 탄식시나 공동 탄식시를 살펴보면 문제들만을 열거하고 있지 않다. 기도자의 신뢰의 확신과 믿음의 결단이 들어가

39. Walter Brueggemann, *The Message of Psalms*, 123.

있다. 무엇보다도 고통 속에서도 빛을 발하는 찬양과 감사가 나타나 있다. 물론, 시편의 장기간에 걸친 편집 형성 과정을 고려할 때, 탄식시가 처음 쓰여질 때에는 찬양과 감사가 없었으나 실제로 문제를 해결받은 경험 이후에 첨가됐을 수도 있다. 그렇다면 찬양과 감사의 시들이 본질적이지 않고 탄식시 뒤에 따라오는 부분적 형식을 이루고 있었을 것이다. 그러다가 찬양과 감사의 새 질서의 시들이 독자적으로 떨어져 나와서 기록되기 시작한 것이다. 점차로, 새 질서의 시들은 탄식과 불평과 상관없이 하나님의 은혜와 능력을 찬양하는 시들로 독립적으로 전승되고 활용되어진 것이다. 그러나 이러한 새로운 질서의 시들이 원래는 고통과 탄식의 상황으로부터 유래한 것임을 기억해야 한다. 이 시들이 단순한 낭만적 찬양이 아닌 생생한 구원 체험의 역사적 간증임을 깨달을 때 새 질서의 시들은 온전히 이해될 수 있다. 실제로, 감사시와 같은 시들은 일반적으로 삶의 심연으로부터, 과연 그 고통의 깊이로부터 빠져 나올 수 있을지 의심되는 그러한 삶의 곤궁으로부터 탄생한다. 감사시의 절정은 실패할 수밖에 없었던 자가 마침내 '승리했다'는 확언과 선포에 있다.

이스라엘인들의 새 질서의 시의 신학적 의의는 하나님의 창조와 구원 섭리의 선포다. 하나님께서 현실에 대한 탄식 기도를 들어주시고 응답해 주신다는 사실을 이야기하며 이제 그 무질서를 바로 잡고 계신다는 것이다. 바로 이 하나님의 중재와 역사로 말미암아 기도자는 현실을 변혁시키는 신학적인 의지와 힘을 얻는다. 이제 시편의 노래들은 그 근본에서 더 이상 고통의 현실로부터 나타나지 않는다. 오히려 불가능한 상황 가운데 새로운 삶을 열어주시는 하나님의 구원에 대한 기대로부터 나타난다.[40] 바로 이곳에 시편의 말씀이 전해주는 하나님의 종말론적 통치와 새 창조의 비전과 지혜가 자리한다.

※ 참고 자료: 시편의 죄의 신학

교회 전통은 6, 32, 38, 51, 102, 130, 143편의 일곱 개의 시를 회개시로 명명하고 있다. 그러나 이 시들은 죄에 대한 설명보다는 고백이 두드러진다. 게다가 6, 102, 143편은 죄에 대한 언급이 전혀 드러나지 않고 있다. 대신에 인간의 한계성과 인간의 유한함을 보여주는 묘사들만 나오고 있다. 베스터만은 시편의 시인들이 눈앞에 닥친 현실의 문제들을 눈에 보이지 않는 하나님과의 관계와 밀접히 관련시키고 있다고 설명한다. 질병이나 고난이 닥치면 이를 하나님 앞에서의 범죄의 결과로 이해한다는 것이다. 따라서 이스라엘의 영성은 굳이 죄에 대해 언급을 하지 않더라도 고통에 대한 철저한 묘사만으로도 자신의 죄에 대한 인정과 고백이 된다고 보았다.[41] 따라서, 시인이 간구하는 것은 고통의 제거뿐만 아니라 죄의 용서를 바라는 회개의 기도인 것이다. 시편의 죄론은 하나님과의 관계가 끊어진 상태이다. 하나님의 일식 현상(eclipse of God)

---

40. Walter Brueggemann, *The Message of Psalms*, 125
41. 클라우스 베스터만, 『시편해설: 구조, 주제 그리고 메시지』, 97.

가운데 인간은 철저한 한계 상황에 부딪힐 수밖에 없다. 하나님이 없는 철저한 인간적 상황이 범죄의 현장인 것이다. 왜냐하면 그곳에서는 하나님의 살아계심도, 하나님의 다스리심도 경험되지 않기 때문이다. 그러나 인간의 연약함이 고백되는 곳에서 인간의 가능성은 새롭게 열릴 수 있다. 시편의 회개시들은 인간들만의 세상에서 '각기 자기의 소견에 옳은 대로' 살아가기를 그치고 '우리는 주가 필요합니다'라는 전적인 하나님 의지로 나아가는 구원의 현장을 우리에게 증언해 준다. 삶의 모든 측면에서 일어나고 있는 일들에 대한 철저한 하나님의 주권 인정이 인간의 소망이요 진리이다. 시편 시인의 회개의 영성에 죄로부터의 자유함이 있다.

제13장
다니엘과 묵시문학

1) 묵시문학의 기원과 발전

구약성경에서 묵시문학(apocalyptic literature)은 다니엘이 유일하다. 본래, 묵시라는 단어 자체가 그리스어 '아포칼립시스'(*apokalypsis*, "계시", "드러냄")에서 왔듯이, 히브리적 세계에 속하기보다는 주전 333년 알렉산드로스 대왕의 소아시아와 팔레스타인 점령 이후에 이러한 묵시 현상이 두드러지게 나타난 것으로 볼 수 있다. 그렇다고 이스라엘의 묵시문학을 전적인 외래적 기원으로 볼 수 없는 것은 포로기 이후 예언서에서 묵시문학의 기원을 찾을 수 있기 때문이다. 특히, 폴 핸슨(Paul Hanson)은 포로기 이후 제2성전 시대 패권을 장악한 제사장 집단들과 예언자적 환상가 집단들 사이의 사회적 대립에서 유대적 묵시주의의 기원을 찾았다.[1] 포로기 이후 예루살렘에 돌아온 귀환민들에게는 예언자들에 의해서 선포됐던 야웨 하나님의 새로운 회복과 창조의 예언에 대한 기대감이 팽배해 있었다. 그러나 실제로 포로 후기 제2성전 공동체의 실상은 예언의 말씀과 동떨어져 있었다. 다윗 시대의 영화와 번영은 고사하고, 성전 공동체의 종교적 지도자들은 페르시아 제국 정부의 하수인으로 전락해 있었다. 핸슨은 이러한 현실에 실망한 환상가 예언자 집단이 제도권 제사장들과 갈등을 빚으면서 장차 임할 종말론적 비전을 통한 묵시적 세계관의 싹을 틔우게 된 것으로 보고 있다.

실제로 구약성경 내에서 예언서이면서 동시에 초기 묵시문학적 요소들을 동반하는 책들을 발견하게 된다. 예를 들면, 에스겔서는 전체적으로 다섯 개의 이상들을 중심으로 문서가 구성되어 있으며 그 시작은 다니엘서와 유사한 측면을 보인다: "서른째 해 넷째 달 초닷새에 내가 그발 강가 사로잡힌 자 중에 있을 때에 하늘이 열리며 하나님의 모습이 내게 보이니"(겔 1:1). 하늘의 신비가 선택된 예언자에게 특별히 계시되고 설명되고 있다. 그 가운데 에스겔 38-39장은 마곡 땅의 곡 왕에 대한 예언을 통해 마지막 전쟁과 최후 하나님의 주권적 승리에 대한 묵시적 예언을 담고 있다. 이사야 24-27장도 궁극적인 시온의 회복과 하나님의 주권의 우주적

1. Paul D. Hanson, *The Dawn of Apocalyptic: the Historical and Sociological Roots of Jewish Apocalyptic Eschatology* (Philadelphia: Fortress, 1979).

완성이라는 묵시문학의 주제를 다루고 있다. 이와 같은 궁극적 종말의 세계관들은 스가랴 9-14장과 이사야 56-66장에서도 발견되고 있다.[2] 이러한 묵시적 측면들은 주로 약속된 예언의 성취가 지체되는 상황에서 사회적 갈등으로 촉발된 생존의 위협 아래 처한 일정 집단의 실존적 정황과 관련이 깊다. 프릭(Frick)은 포로 후기 예언서의 묵시적 요소의 배경을 레위계 제사장과 사독계 제사장 사이의 대립으로 설명한다. 다윗 시대 이후 예루살렘의 중앙 예전을 집례해 오던 것은 사독 계열의 제사장이었다. 그러나 그들이 바빌론으로 잡혀간 이후 예루살렘에 남아있던 레위계 제사장들이 새롭게 중앙 예배의 지배권을 장악했다. 그러나 다시금 돌아온 사독 계열 제사장들이 자신들의 기득권을 주장하면서 갈등의 상황이 빚어졌다. 이러한 상황 가운데 레위계 제사장들에 의해 이사야 24-27장과 스가랴 9-14장과 같은 소위 "원시 묵시문학"(proto-apocaytic)이 형성됐다는 것이다.[3] 반면에 에스겔서는 오히려 포로로 끌려간 사독계 제사장 그룹이 예루살렘 성전 제의 회복의 청사진으로 40-48장의 새로운 예루살렘의 비전을 제시하고 있다고 해석한다.

그러나 묵시주의의 배경을 대립적 사회 갈등의 상황으로만 설

2. 핸슨이 묵시문학의 근거로 삼는 본문은 이사야 56-66장이다. 소위, "제3이사야"를 비롯한 레위인들이 소외된 상황 속에서 고대 가나안의 신화적 용어들을 활용하여 체제 전복의 비전을 꿈꾸며 묵시 사상의 세계관이 후기 예언서 본문에서 비롯되고 있는 것으로 주장한다.

3. Frank S. Frick, *A Journey through the Hebrew Scriptures*, 520.

명하는 것은 한계가 있다. 왜냐하면 강자와 약자 또는 지배자와 피지배자라는 사회학적 현실 분석과 이원론적 분파 이론에 지나치게 의존하고 있기 때문이다. 겉보기에는 명쾌한 이론이지만 실제적인 묵시문학의 다양한 생성 과정을 간과하기 쉬운 논리라고 할 수 있다.[4] 보편적으로, 급변하는 사회 변동 속에서, 전통적 신앙의 이상향을 포기할 수 없는 열정적인 환상가 집단이 출현하게 마련이다. 그들은 현실의 절망에 머물지 않고 자신들의 신앙을 구현할 수 있는 새로운 세계관에 그들의 믿음을 투사한다. 현실 세계에 부적응이 심화할수록 종말론적 통치의 극단적 신앙 운동이 전개된다. 이 경우, 묵시주의는 소집단 운동으로 특성화하여 발전한다.[5] 뉴섬(Newsom)은 쿰란 공동체의 소종파적 특징을 예로 들어 기존의 제도와 단절된 배타적 집단의 특징적 경험 내지는 세계관에 주목한다. 거기에는 사회 변동에 따라 붕괴하는 가치 체계와 세속적 문화 조직에 적응하지 못하는 일단의 사람들이 경험하는 위기의식이 전제되어 있다. 이러한 묵시주의적 단초가 전반적인 사회적 반향을 일으키게 될 때 묵시주의 운동(apocalyptic movement)이 발생한다. 곧, 현실의 삶으로부터 유리된 상징적 체계를 가지고 초역사적 실체의 도래를 꿈꾸게 된다. 이러한 묵시주의 운동은 주전 3

4. 왕대일, 『묵시문학과 종말론』 (서울: 대한기독교서회, 2004), 23.
5. Carol Newsom, "'Sectually Explicit' Literature from Qumran," in *The Hebrew Bible and Its Interpretation*, eds. William Henry Propp, Baruch Halpern and David Noel Freedman (Winona Lake: Eisenbrauns, 1990), 167-187.

세기에 본격적으로 발흥하여 주후 3세기까지 이어진 것으로 여겨진다. 주후 1세기경 주목할 만한 유대인 묵시문학으로는 에녹1서, 에녹2서, 바룩2서, 에스라4서, 모세의 승천, 아브라함의 묵시 등이 있다. 신약성경의 요한계시록 또한 이와 비슷한 시기 즉 주후 1세기가 끝날 무렵 기록됐다.

묵시주의의 배경과 묵시문학의 발전 과정을 추적하면서 한 가지 기억해야 할 일이 있다. 묵시는 현실과 상관없는 수수께끼 같은 암호와 상징 그리고 미래에 일어날 종말의 신비가 아니라 도리어 현실에 대한 예민한 문제 제기로 발생한다는 사실이다. 현실에서 당연히 실현되어야 할 진리와 정의에 대한 외침이 묵시적 비전의 모판이다. 이러한 점에서 묵시는 예언과 밀접한 관련이 있다. 현실에 대한 대안적 세계(alternative vision)를 예언자들이 선포하기 때문이다. 그러나 묵시는 예언자의 종말론을 넘어선다. 하나님 나라의 성취를 인간 역사의 현장(예언자적 종말론)에서 모든 인간의 노력이 포기된 하나님의 주권적 섭리(묵시적 종말론) 영역으로 끌어올리기 때문이다.[6] 예언이 실패한 곳에서 묵시가 시작되는 이유가 여기에 있다. 따라서 묵시문학이야말로 믿음의 강도에 있어서 순도 100%의 절정의 신앙을 가르쳐준다. 혼돈의 현실을 살지만 최고의 질서를 소망하며 오늘을 살아가는 힘과 지혜를 부여하는 것이 묵시문학의 목적이다.

따라서 묵시문학의 저자들은 주로 과거로부터 알려진 위대한

6. 왕대일, 『묵시문학과 종말론』, 32-33.

신앙의 인물들로 의도되어 있다. 그들이 어떻게 죄악된 세상을 이기고 마침내 최후의 승리를 쟁취할 수 있었는가를 보도한다. 에녹이나 아브라함, 모세와 에스라 등의 믿음의 위인들이 언급되는 연유이다. 그러나 종말의 시대에 품고 있어야 할 하늘의 섭리를 가르쳐 주는 방식은 두 가지로 나뉜다. 하나는, '저세상으로의 여행'(otherworldly journey)이며, 또 다른 하나는 '역사적 묵시'(historical apocalypse)이다. 전자가 우주의 존재론적 구조를 계시한다면, 후자는 인간의 역사 이면의 하나님의 시간표를 계시한다. 저세상으로의 여행은 계시를 받는 주인공 앞에 잘 정돈된 우주의 파노라마가 펼쳐진다. 현실의 무질서에도 불구하고 우주는 확고부동한 창조자의 질서로 운행되고 있음을 알려준다. 반면에, 역사적 묵시는 꿈이나 환상을 통해, 주로 천사와 같은 천상적 존재가 나타나 마지막 때에 일어날 징조들을 계시한다. 끝날 것 같지 않는 현실의 혼돈과 고통이 끝나고 마침내 최후 승리와 하나님의 나라가 임할 것을 확인시켜 준다. 다니엘서가 바로 역사적 묵시에 속한다.

묵시문학의 일반적 특징은 과거로부터 잘 알려진 신앙의 인물들을 저자로 명명하도록 의도하는 익명성(anonymous)과 천상의 존재가 계시를 전달하며 해석해 주는 점들 외에도 소수의 선택된 사람들만 이해할 수 있는 상징적 용어들이 동원되며 묵시가 성취될 때까지 공개되어서는 안 되는 밀의성 등이 있다. 이러한 형식적 특징 외에 내용적 특징으로는 아래의 일곱 가지가 대표적이다.[7]

---

7. Lawrence Boadt, *Reading the Old Testament, An Introduction,* revised and

1. 현실 세상과 인간의 능력에 대한 비관주의
2. 선과 악의 이원론적 세계관
3. 악의 최후 심판의 결정론
4. 의인을 위한 신적 중재
5. 전 우주적 차원의 종말론적 전투
6. 죽은 자의 부활과 의의 최후 승리
7. 새 하늘과 새 땅의 하나님의 나라

2) 다니엘

개신교 구약성경에서 다니엘은 에스겔과 호세아 사이에 나오면서 예언서에 편입되어 있다. 그러나 본래 히브리 성경에서 다니엘은 오경('토라'), 예언서('느비임'), 성문서('크투빔') 중 제일 마지막 묶음인 '크투빔'에[8] 포함되어 있다. 그것도 끝에서 3번째 책으로 나온다. 히브리 성경의 3대 구성은 정경으로 형성된 역사적 순서라는 사실을 기억한다면, 다니엘은 늦은 시기, 그것도 에스더와 에스라-느헤미야 사이에 위치한 페르시아 시대 이후의 작품으로 이해된다. 그럼에도 불구하고 개신교 성경이 다니엘을 예언서로 간

---

updated by Richard Clifford & Daniel Harrington (New York: Paulist Press, 2012), 447.

8. 크투빔은 "시편, 잠언, 욥기, 다섯 두루마리[아가, 룻기, 예레미야애가, 전도서, 에스더], **다니엘**, 에스라-느헤미야, 역대기상하"의 순서로 되어 있다.

주하는 것은 70인역의 전통을 따르기 때문이다. 70인역 번역의 주인공인 주전 2세기경 알렉산드리아 내 헬레니즘화된 유대인 공동체는 다니엘에서 나타나는 묵시들을 미래의 종말론적 예언으로 받아들였기에 비슷한 내용의 환상적 예언서인 에스겔 다음에 다니엘을 위치시켰다. 이후, 초기 기독교 공동체는 다니엘 7:13-14의 "인자 같은 이"와 12:2의 부활을 언급하는 부분을 예수 그리스도의 사역과 관련시킴으로써 구약 시대 예언의 성취로 해석하고자 했다.[9]

(1) 시대 배경과 저자

기존의 이해와는 달리 오늘날 학자들은 다니엘을 예언서가 아닌 묵시서로 이해한다. 저작 배경도 바빌론 포로기가[10] 아닌 헬레니즘 시대로 본다. 주전 165년경 헬라 제국의 왕 안티오쿠스 4세 에피파네스(주전 175-164년)가 유대인들에게 종교적인 박해를 가하고 이에 대한 대응으로 마카비 투쟁이 일어나던 시대의 역사적 상황을 배경으로 하고 있다.[11] 익명의 저자는 유대교의 율법 중심의

---

9. 브랜트 A. 스트런, 『간추린 구약개론』, 235.
10. 다니엘 1:1 이하는 여호야김 왕 제삼 년에 바빌로니아의 느부갓네살 왕이 예루살렘을 침공했을 때 다니엘이 포로로 잡혀 갔다고 기록한다(주전 605년). 계속된 다니엘서의 보도는 다니엘이 바빌로니아 멸망 후 페르시아 시대(주전 538년 이후)까지 고레스 왕을 섬겼고 이후 다리우스 왕(주전 518년경) 때까지 산 것으로 되어 있다.
11. 천사무엘, "제19장 다니엘," 『구약성서개론』, 김영진 외 (서울: 대한기독교서회, 2005), 499-511.

신앙 생활을 끝까지 고수하여 혼돈의 시기를 종말론적 비전으로 극복하도록 유대인들을 격려하고 있다. 이를 위해 이미 고대로부터 존재한 신앙의 위인인 다니엘이라는 인물의 권위를 빌어 예정된 종말론의 시간표를 기록하고 있는 것이다.

사실상, 다니엘의 저자에 대한 논쟁은 18세기 영국의 경험주의 철학자 안토니 콜린스(Anthony Collins)가 '포르피리오스의[12] 논쟁'(arguments of Porphyry)을 재현한 이후 끊임없이 등장하고 있다. 그는 다니엘이 예언(豫言)이 아니라 사후예언(事後豫言)이라고 결론을 내렸다. 이후 보수적인 학자들의 반발을 사게 되는데 영국의 정통주의자 E. B. 퍼시(E. B. Pusey)는 주전 6세기 바빌로니아 시대의 저작설을 열렬히 옹호하면서 이에 대한 수용 여부가 바로 참된 기독교 신앙인가 아닌가의 가늠자가 된다고까지 주장하게 된다.[13] 그러나 19세기 말에 이르러 다니엘서의 마카비 시대(주전 2세기) 저작설은 학계에서 중론이 됐다. 오늘날에도 대부분의 학자들은 다음과 같은 근거들을 가지고 헬레니즘 시대의 저작설을 받아들이고 있다.

첫째, 다니엘은 바빌로니아 시대의 인물이 아니기 때문이다. 다니엘의 이름은 이미 포로기 예언자 에스겔에 의해 고대의 인물로 세 번 언급되고 있다(14:14, 20; 28:3).[14] 다니엘은 포로기 이전 일

12. 주후 3세기(주후 234?-305년) 인물로 신플라톤주의 철학자다. 이미 당시에 다니엘서의 저작 연대를 안티오쿠스 시대인 주전 2세기로 추정했다.

13. 왕대일, 『묵시문학과 종말론』, 168-169.

14. 처음 두 번은 의로운 인물 목록에 노아와 욥과 더불어 나오고 있으며("비록 노아, 다니엘, 욥, 이 세 사람이 있을지라도 그들은 자기의 공의로 자기의 생

찍부터 이스라엘 민족에게 잘 알려진 인물이었다. 예를 들면, 우가릿 문헌에는 '다넬'이라는 인물이 등장한다. 의롭고 고귀한 가나안 왕으로서 히브리어의 다니엘과 우가릿어 다넬은 발음상 동일하다. 다니엘이라는 인물은 이미 고대 팔레스타인 지방에서 의로운 영웅의 대명사로 알려진 인물이었다. 익명의 저자는 잘 알려진 전통적이고 전설적인 영웅인 다니엘의 권위로 다니엘서를 기록하고 읽히도록 한 것이다.[15] 둘째, 다니엘의 일부가 아람어로 기록되어 있기 때문이다. 다니엘은 히브리어로 시작하다가(1:1-2:4a) 중간에 아람어로 언어가 바뀐다(2:4b-7장). 그러다가 8-12장은 다시 히브리어로 끝난다. 헬레니즘 시대에 히브리어는 문어체에 불과했고 유대인들에게 잊혀져 가고 있었다. 대신에 아람어가 페르시아 시대를 거쳐 헬라 시대 내내 구어체로 통용되던 언어였다. 구약성경에서 아람어가 발견되는 책은 다니엘 이외에 에스라(4:8-6:18; 7:12-26)가 유일한데 에스라는 페르시아 시대 말기, 헬레니즘 시대에 가까운 역사서다. 다니엘이 바벨론 포로 시대에 기록됐다면 아람어가 중요한 궁중 이야기 시리즈(2:4-6:28)와 묵시의 첫 부분(7:1-28)에 사용될 이유가 없다. 셋째, 다니엘에서 발견되는 묵시문학적 요소 때문이다. 예를 들면, 2:31-45의 신상의 모습을 통한 결정론적 역

명만 건지리라", 겔 14:14, 20), 세 번째에는 "네가 다니엘보다 지혜로워서 은밀한 것을 깨닫지 못할 것이 없다"(겔 28:3)에서, 예언자가 아닌 지혜자로 나타난다.

15. 천사무엘, "제19장 다니엘," 502.

사관은 묵시적 시나리오의 축소판이며,[16] 3장과 6장에서 다니엘과 그의 세 친구가 보이는 순교자적 신앙은 인간 역사의 부정과 종말론적 최후 승리를 소망하는 묵시 신앙의 전형적인 장면들이다. 이러한 역사관은 기존의 구약 시대의 히브리적 사고에서는 생소한 것으로서 주전 3세기 이후 헬레니즘 시대의 세계관을 반영하고 있다. 더군다나 7장 이후에 펼쳐지는 환상적 묵시와 종말의 때에 대한 계산과 관심은 주전 6세기의 세계가 아니라 주전 2세기 세계의 정황을 확증한다. 넷째, 다니엘서에 등장하는 주인공 다니엘이 예언자가 아니라 지혜자로 묘사되고 있는 것을 주목해야 한다. 포로기 때까지만 하더라도 이스라엘의 종교적 지도자는 예언자들 중심이었으며, 그들의 회복 예언의 성취를 갈구하던 시대였다. 그러나 다니엘은 회복을 선포하는 포로기 예언자들과 다르다. 도리어 페르시아 제국 정부의 궁궐에서 페르시아 황제의 꿈을 해석하고 제국 정부를 다스리는 지혜자요, 고위 관리로 나타난다.[17] 에스겔에서도 다니엘은 지혜자로 묘사된다: "네가 다니엘보다 지혜로워서 은밀한 것을 깨닫지 못할 것이 없다 하고"(28:3). 따라서 다니엘의 저작 배경에는 예언자 그룹보다도 지혜자 그룹이 관여하고 있음을 알 수 있다. 페르시아 시대 말기로부터 에스라와 같은 서기관들의 활동이 두드러졌기 때문이다. 더군다나 헬레니즘 시대

16. 왕대일, 『묵시문학과 종말론』, 270.

17. 단 1:4: "모든 지혜를 통찰/통달하며"(מַשְׂכִּילִים בְּכָל־חָכְמָה, '마스킬림 브콜-호크마'); 다니엘은 "하마스킬림"(단 12:3-4), 곧 지혜자로 불려진다.

에 들어서 유대인의 율법 전통이 새롭게 유입되는 헬레니즘 문화에 의해 위협을 받으면서 유대인 서기관 출신의 지혜자 그룹이 전통의 보존과 개혁적 계승의 기능을 담당하고 있었다.[18] 다섯째, 한 발 더 나아가, 다니엘에서 확인되는 무저항주의는 이 책의 저자가 하시딤 그룹에 속한 지혜자임을 암시한다. 마카비1서에 의하면 하시딤 그룹은 극단적 경건주의자들로서 안식일에 자행되는 적의 공격에 대항하지 않고 죽음을 택한 사람들이다.[19] 이는 기존의 이스라엘 역사의 신앙 전통에서 찾아볼 수 없는 새로운 동향의 신앙으로 회복을 꿈꾸는 예언자적 종말론이 아니라 역사 초월의 묵시적 종말론에 근거한 고백에 기초한다. 여섯째, 다니엘의 주전 2세기 저작설은 포로기 이후 예언자들이 답하지 못했던 신정론적 질문에[20] 대한 지혜자적 응답을 새로운 형태로 제공하고 있다는 사실에서 지지(支持)된다. 곧, 하나님이 모든 역사의 주권자임을 강조

---

18. 안근조, 『히브리 지혜전승의 변천과 기독교의 기원』, 107-113.
19. 왕대일, 『묵시문학과 종말론』, 326.
20. "주께서 어떻게 우리를 사랑하셨나이까"(말 1:2); "정의의 하나님이 어디 계시냐"(말 2:17); "하나님을 섬기는 것이 헛되니 만군의 여호와 앞에서 그 명령을 지키며 슬프게 행하는 것이 무엇이 유익하리요"(말 3:14); 비교, "어찌하여 악인이 생존하고 장수하며 세력이 강하냐"(욥 21:7); "지혜자도 우매자와 함께 영원하도록 기억함을 얻지 못하나니 후일에는 모두 다 잊어버린 지 오랠 것임이라 오호라 지혜자의 죽음이 우매자의 죽음과 일반이로다"(전 2:16). 포로 후기 예언자들의 신정론적 고민에 대한 응답을 지혜자들이 찾고 있었던 정황을 욥기와 전도서를 통해서 발견하게 된다. 어떻게 보면, 다니엘서의 묵시적 종말론은 예언자적 종말론이 극복하지 못했던 신정론에 대한 지혜 그룹의 답변으로 등장한 것일 수 있다. 참조, 안근조, "묵시의 기원으로서의 지혜 재고," 「신학 연구」 62 (2013), 7-30.

하면서 의인의 최후 승리와 악인의 멸망을 종말론적 시간표에 따라 천상의 존재 또는 환상 등을 통해 설명한다. 이와 같은 묵시적 장르는 주전 2세기에나 가능한 문학 형식과 신학적 응답이다. 끝으로, 12:2에 나오는 부활과 영생 개념은 구약성경 시대의 히브리적 사고가 아닌 헬라적 사건에 기반한 새로운 사상들이다. 이러한 사상은 마카비2서에서 비로소 등장하고 신약시대에 가서야 바리새인의 중심 주장으로 등장하고 있는 것을 기억해야 한다.[21]

물론 다니엘을 지혜자가 아닌 예언자로 보면서 주전 6세기 포로기의 예언자로 보려는 견해도 여전하다. 이와 같은 주장의 근거 또한 여럿 있다. 예를 들면, 주전 1세기 말엽의 것으로 여겨지는 쿰란 사본(4Q174 col. ii, line 3)의 구절은 "(박해의 때가) 예언자 다니엘의 책에 기록된 대로 (예고되어 있다)"로 되어 있고, 주후 1세기 요세푸스의 기록에도 다니엘은 예언서로 취급되고 있다. 무엇보다도, 마태복음 24:15의 기록을 보면 "선지자(예언자) 다니엘"로 되어 있다.[22] 그러나 위의 근거 자료들은 이미 70인역에서 다니엘을 에스겔과 호세아 사이에 예언서로 편입시킨 이후의 전통을 반영한다. 즉, 당대의 해당 공동체들이 다니엘의 예언들을 지혜자의 묵시가 아닌 예언자의 예언으로 받아들이고 있었던 결과다. 그러나 본래의 다니엘서의 자리는 '느비임'이 아닌 '크투빔'이었다. 그리고 다

21. Lawrence Boadt, *Reading the Old Testament, An Introduction* (revised and updated), 444.
22. 왕대일, 『묵시문학과 종말론』, 195.

니엘의 배경은 기존 구약성경의 세계가 몰랐던 헬레니즘의 문화적 상황이다.

(2) 내용과 구조

다니엘 본문은 두 부분으로 명확하게 나누어진다. 전반부인 1-6장은 '궁정(宮庭) 이야기'(court story)로서 이방 세계의 왕 앞에서 펼쳐지는 유대인들의 신앙적 성공담이 3인칭 시점으로 그려진다. 반면에, 후반부인 7-12장은 다니엘에게 계시된 묵시(apocalypse)로서 하늘의 비밀이 환상 가운데 1인칭 시점으로 보도된다. 콜린스(J. J. Collins)는 1-6장의 내러티브와 7-12장의 묵시 사이의 문학적 일체성의 문제를 제기한다.[23] 전반부의 궁정 이야기는 후반부의 저술 배경인 안티오쿠스 에피파네스의 박해를 언급하지 않을 뿐만 아니라 1-6장에 등장하는 왕들은 에피파네스와 달리 하나같이 순하고 점잖은 종교적인 인물들로 묘사되고 있기 때문이다. 더군다나 다니엘과 그의 동료 유대인들의 번영하는 모습을 통해 역사 속에 실행되는 하나님의 목적에 관한 긍정적인 내용을 전한다. 그러나 7-12장에서 인간 지도자들은 무시무시하고 기괴한 짐승으로 비유되며 인간 역사의 현장은 폭력적이고 부정적인 것으로 묘사되고 있다.[24] 다니엘의 전반부와 후반부는 이렇듯 상호 모순된 주제로

23. J. J. Collins, "Book of Daniel" *Anchor Bible Dictionary Vol. 2* (New York: Doubleday, 1992), 30-31.

24. 브랜트 A. 스트런, 『간추린 구약개론』, 236.

구성되어 있다.

이에 대하여 콜린스는 2-6장을 에피파네스 박해 시대 이전에 기록된 것으로 구별했다. 환상적 묵시인 7-12장은 막상 신앙의 위기가 불거진 마카비 항쟁 시대(주전 167-164년)에 생성되어 다니엘이라는 인물을 중심으로 함께 묶였고 나중에 1장이 전체의 서론으로 첨가되는 역사적 형성 과정을 겪었다고 설명했다. 브루그만 또한 7-12장은 주전 2세기의 작품으로 보는 반면, 1-6장의 궁정 이야기는 훨씬 이전 시기로부터 전승된 것으로서 심지어 주전 6세기까지 거슬러 올라간다고 보았다. 또한 콜린스와는 달리 주전 2세기의 환상적 묵시 가운데 에피파네스를 주전 6세기의 느부갓네살의 관점으로 읽는 통합적 읽기를 시도한다. 브루그만에 의하면 유대인들이 견고하게 의지하는 야웨 신앙의 능력 앞에 과거 느부갓네살과 같이 현재의 에피파네스 또한 굴복할 수밖에 없다는 메시지를 의도하고 있다는 것이다.[25]

이와 같은 통합적 읽기는 왕대일에 의해 더욱 체계적인 정경적 읽기로 소개된다. 그는 역사적 재구성의 과정을 이해하면서도 현재 본문을 있는 그대로 함께 읽어내려는 정경적 해석에 집중했다. 1-6장의 이방 왕의 궁중에서 벌어지는 유대인(들)의 이야기가 다니엘이 "경험한 이야기"라면, 7-12장은 그 유대인이 수령하는

---

25. Walter Brueggemann, *An Introduction to the Old Testament: The Canon and Christian Imagination* (Louisville: Westminster John Knox, 2003), 354-355.

하늘의 비밀 보도로서 다니엘이 "듣는 묵시"라고 해석했다.[26] 따라서, 다니엘에 관한(about Daniel) 이야기체의 보도가 다니엘이 털어놓은(through Daniel) 환상과 계시의 보도로 발전하고 있다는 것이다. 즉, 1-6장에서 이방인 왕을 깨우치던 지혜 교사 다니엘이 7-12장에서 동료 유대인들을 깨우치는 지혜 교사로 함께 읽혀지면서 내러티브와 묵시가 통합되고 있다고 본다.[27] 지혜 그룹 출신으로 추정되는 편저자가 고대로부터 알려진 신앙의 위인인 다니엘을 위기의 시대에 새로운 신앙적 대안을 제시하기 위한 인물로서 적절하게 등장시킨 결과다. 실제로, 주전 2세기 박해의 상황에서 7-12장의 계시를 수령했던 지혜자(들)가 다니엘의 이름으로 현재의 책을 완성한 것으로 보인다. 마카비 투쟁 시대의 역사적 정황이 1-6장의 다니엘을 새롭게 해석해야 할 경건한 지혜자(들)의 출현을 촉발했기 때문이다. 7-12장의 묵시적 환상은 박해 시대에 탄생한 신앙적 영웅이 아니면 품을 수 없는 묵시적 영성의 산물이다.

왕대일은 다니엘의 내용을 "지혜로운 교사"(1:4, 17, 20; 11:33, 35; 12:3, 10)의 꿈 해몽과 상징 풀이, 위기의 시대에 살아남은 현자의 성공담으로(1-6장), 그리고 더 나아가서는 꿈과 상징의 해석자에서 아예 직접적으로 "환상에 잠긴 현인"(the visionary sage)으로서 세상

26. 왕대일, 『묵시문학과 종말론』, 174.
27. 왕대일, 『묵시문학과 종말론』, 225-226.

의 마지막에 관한 가르침을 전달하고 있다고 설명한다.[28] 이를 통해 디아스포라 유대인들에게 율법에 충실한 자기 정체성을 부각시키면서 궁극적으로 하나님의 심판을 기대하게 했던 것이다. 7-12장이 사후 예언인 것을 파악하게 된다면 묵시적 본문에서 드러난 인간 역사의 부정은 결국 궁정 이야기 본문에서 밝히는 인간 역사의 긍정과 통하는 것을 알 수 있다. 즉, 다니엘 전체의 일관된 관심은 미래의 종말이 아닌 혼돈의 시대인 오늘을 어떻게 살아야 하는가에 대한 답을 주는 것에 있다. 결국, 다니엘 편저자의 관심은 현실의 생존과 신앙의 승리에 있었고 이를 위해 정해진 하나님의 시간표를 통해 민족 구원의 희망에 대한 대답을 찾고 고난에 처한 개개인에게 응답하고자 한 것이다.[29]

내러티브로 구성된 1-6장에는 여섯 개의 이야기가 소개되어 있다. 한결같은 주제는 율법에 충실한 유대 젊은이들이 신실한 그들의 신앙을 통해 대적자들을 물리치고 이방 땅에서 존귀하게 된다는 구원과 승리의 강조다. 1장은 다니엘과 세 친구들이 지키기 어려운 상황에서도 율법에 명시된 음식법에 충실할 때 다른 이방인들에 비해 건강하게 됐다는 보도를 전한다. 2장과 4장은 다니엘이 바빌로니아의 다른 지혜자들과 복술사들이 해석하지 못한 느부갓네살 왕의 꿈을 해몽하여 이방 왕으로 하여금 다니엘의 하나님을 찬양토록 하는 장면이 연출된다. 3장과 6장은 다니엘에서 가

28. 왕대일, 『묵시문학과 종말론』, 233.
29. 왕대일, 『묵시문학과 종말론』, 235.

장 유명한 이야기로 우상 숭배를 배격하고 오직 하나님만을 섬기는 자들의 순교자적 신앙을 다룬다. 금 신상 숭배를 거부한 다니엘의 세 친구 사드락과 메삭과 아벳느고가 풀무불에서 구원받은 기적과 다니엘이 왕의 조서에도 불구하고 기도함으로 말미암아 사자 굴에 던져졌는데도 상하지 않았던 승리의 드라마가 펼쳐지고 있다. 5장은 벨사살 왕 때 벽에 쓰인 글씨를 해독함으로써 세상의 교만한 왕권을 굴복시키는 하늘의 주권을 강조한다.

묵시를 전하는 7-12장은 다니엘이 받은 네 가지의 환상으로 구성된다. 7장은 4마리 짐승과 인자에 대한 환상이다. 네 짐승은 각각 바빌로니아와 메대와 페르시아와 헬라 제국을 상징한다. 넷째 짐승에게 난 열 개의 뿔은 세상의 왕들을 상징하고 그 가운데 "작은 뿔"(7:8)은 안티오쿠스 에피파네스를 상징한다. 그러나 "인자 같은 이"(7:13)에게 주어진 권세와 영광으로 세상 권력은 "한 때와 두 때와 반 때"(7:25)를 지나 완전히 멸망할 것을 계시하고 있다. 8장은 숫양과 숫염소에 대한 환상으로 숫양으로 대표되는 페르시아 제국이 숫염소가 상징하는 알렉산드로스 대왕에 의해 패망하게 되고 후에 헬라 제국이 네 나라로 분열되는 역사의 전개를 알려준다. 9장은 가브리엘 천사가 전하는 바빌론 70년의 포로 생활에 대한 설명이 담겨 있다. 하늘에서 "이미 정한 종말까지"(9:27) 하나님의 심판은 계속될 것이고 경건한 자들은 그 하나님의 시간표에 따라 하나님의 때를 기다려야 하는 의미를 새기고 있다. 10:1-12:4의 네 번째 환상은 마지막 때에 펼쳐질 역사적 사건들에 대한 설명으로 여전히 "한 능력 있는 왕"(11:3)인 알렉산드로스 대왕으로부터 이후 분열된 헬라 제국 내에서 특히, "남방 왕"(11:6) 곧 프톨레마이오스 왕조와 "북방 왕"(11:7) 곧 셀레우코스 왕조와의 계속된 전쟁을 전달한다. 12장은 계시에 대한 마지막 당부로 허락된 묵시를 비밀스럽게 봉하고(12:9) 부활과 종말에 대한 확신을 가지고 "마지막을 기다리라"(12:13)고 격려한다.

내용을 중심으로 하는 다니엘 전체의 구조는 아래와 같다.

I. 이방인 궁정에서의 지혜자 다니엘과 세 친구

1:1-21 음식법에 충실한 다니엘과 세 친구

2:1-49 느부갓네살의 금 신상 꿈을 해몽한 지혜자 다니엘

3:1-23 신상 숭배를 거부한 세 친구의 풀무불 속에서의 구원

3:24-100 **다니엘의 부록: 아사랴의 기도와 세 친구의 노래**[30]

4:1-37 느부갓네살의 우주 나무 꿈을 해몽한 지혜자 다니엘

5:1-31 벨사살 왕 연회에서 나타난 벽의 글을 해석하는 다니엘

6:1-28 황제 숭배를 거부한 다니엘의 사자 굴로부터의 구원

II. 묵시적 환상을 보고 듣는 지혜자 다니엘

7:1-28 네 짐승에 대한 환상

8:1-27 숫양과 숫염소의 환상

9:1-27 바벨론 70년 포로 생활에 대한 환상

---

30. 31-100절은 가톨릭 성경에 나타난다.

10:1-12:4 마지막 때에 일어날 전쟁에 대한 환상

12:5-13 에필로그

III. 부록: 다니엘의 다른 행적들[가톨릭 성경]

13:1-64 **다니엘의 수산나 변호와 구원**

14:1-22 **다니엘의 벨 신상 파괴**

14:23-42 **다니엘의 용 신 파괴**

※ 참고 자료: 다니엘 부록-외경

개신교 구약성경에서 다니엘은 12장으로 끝나지만 가톨릭 성경은 다니엘 부록으로 3:24 이하에 아사랴(아벳느고)의 기도와 세 청년의 노래, 13장의 다니엘의 수산나 변호, 14장의 벨(Bel)과 용의 이야기가 첨가되어 있다. 먼저, 아사랴의 기도와 세 청년의 노래는 풀무불 속에서 드려진 기도와 찬송이다. 아사랴는 비록 이스라엘의 죄로 형벌을 주셨으나 공의로우신 하나님이셔야 함을 호소하면서 언약에 신실하신 하나님을 떠올리며 참회를 통해 회복과 구원을 간구한다(3:24-45 가톨릭 성경). 그러자 천사가 풀무불 가마 속으로 내려와 불길을 내몰고 그 속에 상쾌한 바람을 만든다(3:49-50). 이에, 세 청년은 지극히 높으신 창조자 하나님을 찬양한다(3:51-90). 둘째, 13장의 다니엘과 수산나 이야기는 제사장 힐기야의 딸이요 바빌론에 거하게 된 유대인 요아킴의 아름답고 경건한 부인 수산나가 어떻게 유대인 장로들의 협박과 고발로부터 변호사 다니엘

의 도움으로 억울한 누명을 벗게 되는가의 흥미진진한 이야기를 다루고 있다. 다니엘은 두 거짓된 장로들의 증언이 상호 모순됨을 증명하여 수산나의 결백을 입증하며 장로들은 사형에 처해지고 유대인들은 무죄한 여인을 구원하신 하나님을 찬양하고 다니엘의 평판은 높아진다. 14장의 벨과 용 이야기는 이방 예배의 헛됨을 고발하는 유사한 주제를 각각 다루고 있다. 벨(Bel)은 메소포타미아 지역의 최고신 마르둑의 다른 이름이다. 고레스는 미신적인 신앙이 있어 벨을 위하여 매일 양식(밀가루 24말, 양 40마리, 술 50갤런)을 드리지만 실제로는 제사장과 그들의 가족들이 먹어 치운다. 다니엘은 벨이 먹는 것이 아니라 제사장들이 먹는 것을 밝혀 우상 숭배의 허구를 일깨우고 결국 왕의 허가하에 벨 신상과 지구라트 신전을 허물게 된다. 용(큰 뱀) 이야기 또한 이방 예배에 관한 것으로 바빌론의 용 신 예배를 거절하는 다니엘이 큰 뱀을 죽임으로 말미암아 우상 숭배를 근절한다. 그러나 바빌로니아인들의 분노를 사게 되어 사자 굴에 던져지게 되고 홀연히 유다로부터 하박국 예언자가 하나님의 영에 의해 임재하여 다니엘은 살아나고 도리어 핍박자들이 사자 굴에 던져진다. 이 이야기는 다니엘 6장과 유사하나 고대 근동 문화의 신화적 요소가 두드러진 점이 특징적이다.

3) 다니엘의 신학

다니엘의 궁정 이야기와 환상 묵시는 하나같이 혼돈과 박해의 시대에 경건한 신앙인의 인내와 순종을 통한 승리와 구원이라는 주제에 집중되어 있다. 그러나 다니엘이 전하는 "승리와 구원"은 이스라엘의 전통적 신앙에서 고백하는 출애굽과 홍해 사건의 구원이나 가나안 정복 전쟁의 승리 또는 왕정 시대의 다윗 왕권의 번영과는 다른 측면이 있다. 물론, 하나님의 주권적 통치와 궁극적인 하나님 나라의 도래라는 큰 신학적 주제에서의 구원은 변함이 없다. 그러나 다니엘의 묵시주의 신학은 포로기의 신학과 포로 후기의 신학 그리고 에스라의 종교 개혁을 거친 초기 유대주의의 신학 위에 헬레니즘의 세계관을 만나 이루어진 당대의 신학 전승의 종합판을 이루고 있다. 쉽게 말하면, 다니엘의 신학은 첫째, 포로기의 인과응보적 신학의 현실적 괴리에 대한 신정론적 응답, 둘째, 포로 후기의 이스라엘 회복 예언의 불발에 대한 묵시적 종말론, 셋째, 헬레니즘 시대 안티오쿠스 에피파네스의 율법 공동체 파괴라는 종교 박해 상황의 삶의 현장을 위한 지혜자적 응답을 제공하는 구약성서신학의 결정체라는 것이다.

먼저, 포로기의 인과응보적 신학의 맹점에 대한 신정론적 문제에 대하여 다니엘은 현실 역사의 긍정과 부정이라는 역설적 신학을 통해 응답하고 있다. 이스라엘 왕조 시대의 실패에도 불구하고 포로기에 신명기역사가들과 예레미야-신명기주의자들은 비극적 상황을 해석하려는 신학적 해석을 경주했다. 그들의 노력으로 말미암아 기존의 야웨 신앙의 정수를 변화하는 환경 속에서 새롭게 발견, 적응시킬 수 있었다. 곧 예루살렘의 멸망은 야웨 하나님의 실패로 인함이 아니라 이스라엘 백성의 율법 불순종의 결과라는 포로기의 신학을 완성시킨 것이다. 이를 통해 장차 회복될 공동체는 우상 숭배의 죄악을 근절하고 오직 마음과 뜻과 힘을 다해 오직 하나님 한 분만을 경외해야 한다(신 6:4-5)는 신명기적 율법 신앙의 청사진을 제공했다. 그러나 소위 신명기적 "인과응보의 원리"는 포로기 이후 귀환 공동체의 비참한 삶의 현실 경험 속에서 현실적 한계에 부딪쳤다. 율법을 지키는 의인보다는 율법을 어기는 악인들이 번영하는 모순된 상황을 경험했기 때문이다. 따라서 인과응보 교리에 도전하는 포로 후기 욥기와 전도서와 같은 반정통주의적(unorthodox) 목소리가 대두되게 된 것이다. 욥기와 전도서는 각각 창조 신학적 질서의 개념과 부정의 부정을 통한 강한 긍정의 신학으로 해답을 제시했다. 그러나 현실의 문제와 대결하는 지혜자의 실용적 신학적 토론은 이어지지 못한 채, 이후 신구약 중간 시기에 형성된 유대교 문서인 솔로몬의 지혜서와 시락서는 다시금 잠언의 전통주의적 지혜 관념으로 회귀하고 있다.

그러나 다니엘은 전통적 인과응보 원리가 반정통주의적 목소리로 인해 막다른 골목에 다다랐을 때 지혜 그룹 내의 제3의 신학적 대안을 제시했다. 반정통주의적 목소리를 내느냐(욥기, 전도서), 아니면 정통주의의 회복과 강화로 가느냐(솔로몬의 지혜서, 시락서)의

갈림길에서 다니엘은 '묵시적 지혜'라는 역설적 지혜 전승의 한 갈래를 개척한다. '묵시'는 현실 역사를 부정하지만 '지혜'는 현실 역사를 긍정하는 상호 모순적 개념이다. 기존의 인과응보 원리가 현실의 삶에서 부정되는 현장을 체험하면서도 여전히 전통적 상선벌악의 신앙을 고백하며 실천하는 경건한 지혜 그룹이 있었다.[31] 그들은 인간 역사의 부정성을 인식하면서도 동시에 여전히 만물의 창조주 하나님의 질서와 섭리에 대한 긍정적 기대를 포기하지 않고 있었다. 이러한 역설적 인과응보 원리의 수용은 다니엘을 동시대의 다른 유대교 묵시서인 희년서, 모세의 언약서, 에녹1서 83-90장 등과는 구별시키고 있다. 운명론적 역사관인 헬라적 묵시주의의 일방적 수용이 아닌 창조 질서 중심의 긍정적 우주론에 기반한 히브리 지혜의 적응(adaptation)이 다니엘의 신학적 목소리에 담겨 있는 것이다. 이와 같은 신학적 혁신성이 1-6장의 역사 긍정을 기존의 신정론 신학의 수용으로, 7-12장의 역사 부정을 새로운 신정론 신학의 변혁으로 상치시킬 수 있었다. 이제 하나님의 정의를 기다리는 의인들은 역사 현장뿐만 아니라 역사 초월의 궁극적인 순간에 이르기까지 일관된 신정론을 견지할 수 있게 된 것

31. 알베르츠는 이와 같은 지혜 전승 내 새로운 움직임이 포로 후기 이스라엘 지혜의 "신학화"를 이끈 상류층의 현자 집단에서 기원하고 있다고 지적한다. 율법 순종을 통한 경건한 신앙을 강조할수록 현실에서 인과응보 원리와 다른 의인의 고통을 경험하게 된 일단의 현자 그룹이 신앙과 현실의 상호 모순된 상황을 극복하려는 신학화의 길로 나아가게 됐다고 본다: Rainer Albertz, *A History of Israelite Religion in the Old Testament Period*, 511-512.

이다.

둘째, 포로 후기 제2성전 시대를 향한 예언자들의 메시아 도래 또는 종말론적 하나님 나라의 예언이 지연되거나 불발되는 상황에서 다니엘은 묵시적 종말론으로 응답했다. 기존의 다윗 왕조의 역사적 회복에 대한 예언자적 소망에 그치는 것이 아니라, 태고부터 계셨던 이, 곧 "옛적부터 항상 계신 이"로부터 "인자 같은 이"가 권세를 받아 우주적 회복으로(단 7:13-14) 이어지는 역사 너머의 영역으로 신학적 비전을 확장한 결과다. 이미 포로 후기에 이르면 정치적 다윗 왕조에 대한 이스라엘의 소망은 그 신학적 유효기간이 만료된다. 대신에, 한 왕조가 아닌 이스라엘 공동체 전체에게 영원한 약속이 주어지는 것으로 대체된다(사 55:3-5). 시편 또한 89:38-41에서 다윗 왕조에게 세운 언약이 무효화되고 파괴됐음을 선언한다. 게다가 학개 예언자가 약속했던 제2성전 건축과 더불어 도래하리라 기대했던 시온의 영광(학 2:6-9)과 스룹바벨의 "인장"으로 상징되는 메시아적 다윗 왕조의 회복(2:21-23)이 현실의 역사에서 실현되지 않고 있었다. 이에 스가랴는 야웨의 직접적인 임재와 구원이라는 묵시적 하나님 나라 도래의 초석을 놓게 된다(슥 9-14장). 다니엘은 한 발 더 나아가 구약성경의 "인자"('벤 아담') 개념을 전혀 새로운 관점으로 변혁시켜서 야웨의 주권적 통치와 하나님 나라의 종말론적 완성이라는 묵시적 종말론을 발전시킨 것이다.

본래, 구약성경에서 '벤 아담'은 말 그대로 사람의 아들 곧 일반 사람을 가리키는 말이다(예, 민 23:19; 욥 16:21; 시 8:4[5]; 사 51:12 등). 그러나 구약성경 에스겔에서 인자 개념은 특정한 개인인 예언자 에스겔을 가리키는 호칭으로 부각된다(겔 2:1, 3, 6, 8; 3:1, 3, 4, 10, 17, 25; 4:1 등). 에스겔서 내내 예언자는 인자로 불려지면서 하늘의 뜻을 받아 이 땅에 전하는 계시의 수혜자요 선포자로서의 역할을 담당한다.

> 인자야 내가 너를 이스라엘 족속의 파수꾼으로 세웠으니 너는 내 입의 말을 듣고 나를 대신하여 그들을 깨우치라. (3:17)

> 또 내게 이르시되 인자야 너는 생기를 향하여 대언하라 생기에게 대언하여 이르기를 주 여호와께서 이같이 말씀하시기를 생기야 사방에서부터 와서 이 죽음을 당한 자에게 불어서 살아나게 하라 하셨다 하라. (37:9)

> 그 사람이 내게 이르되 인자야 내가 네게 보이는 그것을 눈으로 보고 귀로 들으며 네 마음으로 생각할지어다 내가 이것을 네게 보이려고 이리로 데리고 왔나니 너는 본 것을 다 이스라엘 족속에게 전할지어다 하더라. (40:4)

왕대일에 의하면 에스겔서에서 인자는 새로운 경향을 띠게 되는데 그것은 8-11장 그리고 43장에서 나타나는 것처럼 "하나님의 영광"(8:4)의 형상을 가진 "어떤 사람"(43:6)이 부각된다고 지적한다. 즉, 그 '인자 같은 이'가 하늘과 땅 사이에 서서 하나님의 일을 수행하며 에스겔서의 줄거리를 이끌고 가는 주도적 역할 곧 제사장적, 서기관적, 하늘의 천사, 예언자적, 심지어 '하나님의 영'의 다양한 기능을 감당하고 있다는 것이다. 그러므로 장차 메시아가 맡을 배역을 에스겔 43:6의 "그 사람"(천사)이 수행하는 증거로 보아야 한다고 주장한다.[32] 그러나, 에스겔서에서 90회 이상 언급되는 '벤 아담'은 하나님의 계시를 알려주는 천사와 같은 이를 가리키지 않고 주로 계시를 받는 예언자 에스겔을 가리킨다. 즉, 하늘의 뜻을 받아 이 땅에 선포하는 에스겔이 중간자의 입장에서 장차 메시아가 맡을 배역을 감당하고 있다고 보는 것이 더 타당하다.

브루그만은 다니엘 7:13에 나오는 "인자 같은 이"는 "옛적부터 항상 계신 이"와의 관계성에서 해석하여야 한다고 보았다: "내가 또 밤 환상 중에 보니 인자 같은 이가 하늘 구름을 타고 와서 옛적부터 항상 계신 이에게 나아가 그 앞으로 인도되매." 이는 태고로부터 다스리는 주권자 하나님의 권세가 사람의 아들을 통해 이 땅 역사 가운데 구체적으로 펼쳐지리라는 하늘의 약속이다.[33] 더불어 7:18, 22, 25에서 "지극히 높으신 이의 성도들"(the saints of the Most High)은 야웨 신앙과 율법 순종에 충실하여 마침내 승리하게 될 하

32. 왕대일, 『묵시문학과 종말론』, 451-52.

33. Walter Brueggemann, *An Introduction to the Old Testament: The Canon and Christian Imagination,* 355.

시딤 그룹을 지칭하는 격려의 메시지로 해석하고 있다.[34] 그러나 브루그만의 해석은 고대 근동 문화의 "옛적부터 항상 계신 이"(the Ancient One)의 신화적 배경을 주전 165년 헬라 제국의 박해 상황 가운데 새롭게 적용하고 있는 지혜 그룹의 신학적 실험을 간과한 결과다. 마르틴 노트(Martin Noth)가 일찍이 타당하게 지적했듯이,[35] 다니엘 7장의 "인자 같은 이"와 "지극히 높으신 이의 성도들"은 구약성서의 전통적 천상 회의(Divine Council)의 헬라적 적용으로서 장차 역사를 넘어서 이루어질 궁극적 종말론을 위한 묵시적 환상으로 해석하는 것이 적절하다. 아무리 땅의 역사가 혼돈 가운데 있을지라도 하늘의 결정은 이미 내려져 있고 현실의 상황이 어떠하든 간에 하나님의 나라는 반드시 성취되며 영원할 것이라는 땅의 역사의 종언과 하나님 통치의 실현을 묵시적 종말론으로 그리고 있는 것이다.

> 지극히 높으신 이의 성도들이 나라를 얻으리니 그 누림이 영원하고 영원하고 영원하리라. (단 7:18)

> 나라와 권세와 온 천하 나라들의 위세가 지극히 높으신 이의 거룩한 백성에게 붙인 바 되리니 그의 나라는 영원한 나라이라 모

34. Walter Brueggemann, *An Introduction to the Old Testament: The Canon and Christian Imagination,* 357.
35. Martin Noth, *The Laws in the Pentateuch, and Other Studies* (Philadelphia: Fortress, 1967), 228.

든 권세 있는 자들이 다 그를 섬기며 복종하리라. (7:27)

셋째, 주전 165년경 안식일 준수와 할례 수행 등의 율법 순종을 이유로 목숨을 앗아 가는 안티오쿠스 에피파네스의 종교 박해 상황에서 다니엘은 하나님의 시간표를 세는 지혜로 오늘의 삶을 충실하게 살도록 이끌었다. "하나님의 시간표를 세는 지혜"란 시간의 주인 되신 창조주 하나님의 절대적 주권에 대한 경외와 신뢰이다. 현실의 무질서와 위협을 다가올 미래의 질서와 승리로 승화하는 지혜자의 분별력이다. 다니엘의 묵시는 현재의 시간과 역사를 무시하거나 우회하는 것이 아니다. 역사의 주인이신 하나님께 현재의 무질서와 고통의 순간까지도 의뢰하는 지혜자적 통찰이다. 현재의 위험과 죽음조차 정면으로 맞서 통과할 때 비로소 미래로부터 현재로 뚫고 들어오는 종말론적 신앙의 능력이 발휘되는 것이다. 묵시적 종말론이 예언자적 종말론과 다른 이유가 여기에 있다. 예언자적 종말론은 현재로부터 미래의 새 창조의 역사로 믿음을 투사한다. 그러나 묵시적 종말론은 미래의 종말론적 하나님의 나라가 현재의 무질서를 통과하는 힘과 지혜가 된다. 정해진 하나님의 때에 모든 악은 물러가고 의인들은 죽었던 자리에서 일어나게 되며(단 12:2) 하늘의 별과 같이 영원히 빛나게 될 것이기 때문이다(12:3). 이것이 하늘의 비밀이고 지식이다(12:4).

죽음에서 부활로 이어지는 신앙 전승의 절정이 바로 다니엘의 묵시적 지혜다. 이미 이러한 전승은 예언 문학의 후반기(겔 37-39장;

욜 3:9-11; 슥 14:1-3)로부터 기원하며 쿰란 공동체에 흘러 들어가 더욱 완숙한 단계에 이른다. 왕대일은 "이것은 하나님의 최후 승리가 이 역사 안에 이루어진다는 예언자적 믿음을 유대 묵시문학이 포기하지는 않았다는 증거"라고 본다. 다만 묵시문학은 혼돈에서 창조로 변혁됐던 창조 사건의 실체를 묵시적 신화 체계의 형태로 되살리고 있는 것으로 구별되어 있을 뿐이다.[36] 결국, 극심한 박해의 시대에 히브리 신앙이 가진 예언 사상의 지혜자적 변혁이 현실의 고통 극복과 초월이라는 묵시적 지혜와 종말론적 비전을 결과한 것이다. 묵시문학의 교훈은 종말론의 공포나 종말의 시기에 대한 수수께끼 풀이가 아니다. 도리어 미래로부터 현재로 들어오는 조명이자 지혜이며 실천이다. 죽음을 아는 자가 그 삶을 규모 있게 살 수 있듯이 하나님의 섭리와 종말의 시간표를 아는 자가 오늘을 믿음 안에서 살 수 있다.

36. 왕대일, 『묵시문학과 종말론』, 455-56.

제14장
구약성경과 신약성경

1) 연속성과 불연속성

기독교는 구약성경과 신약성경을 신앙의 경전으로 받아들인다. 구약은 주전 3000년부터 400년까지의 야웨 신앙 중심의 히브리적-유대주의 문화에 기반하는 데 반해, 신약은 주전 4년에서[1] 주후 100년 사이 예수 그리스도 사건을 중심으로 한 헬라-로마 세계의 문화를 배경으로 한다. 상이한 시대와 문화적 환경의 차이에도 불구하고 두 권의 책을 한 권의 경전으로 묶을 수 있는 이유는 구약의 예언이 신약에서 성취되는 것으로 읽는 기독교적 신앙에 근거하기 때문이다. 이렇게 예언-성취의 관계를 연속적으로 보는

---

1. 동방 박사들을 만났던 헤롯 대왕은 주전 4년까지 살았다. 따라서 학자들은 역사적으로 예수의 출생을 주전 4년으로 본다.

것이 전통적인 기독교회의 입장이다. 폰 라드는 구약과 신약의 관계를 논하면서 유형론(typology)의 관점에서 연속성을 강조했다. 즉, 구약에 나타난 역사적 사건들과 계시들이 신약성서에 나타나는 실제적 사건들과 말씀들을 이해하는 데 있어서 주요한 발견적 모델 역할을 하고 있다는 사실이다. 예를 들면, 이집트로부터의 해방 사건과 하나님의 시내산 언약 사건은 신약에서 예수 그리스도를 통해 새롭게 형성된 초대 교회의 말씀과 믿음 공동체에 나타난 하나님의 구원과 인류 해방의 좋은 모델을 제시하고 있다는 것이다.[2] 이러한 유형론적 입장에서 보오트(Boadt)는 한 발 더 나아가 신학적 입장에서 신약의 예수 그리스도가 구약에서 전하고자 하는 이스라엘의 믿음의 최대의 발현자가 되기에 그리스도를 제대로 알기 위해서는 구약을 바로 이해해야 하며 동시에 구약을 제대로 이해하기 위해서는 그리스도를 바로 알아야 한다고 주장한다.[3]

이런 전통적인 기독교 신앙의 연속적 읽기에도 불구하고 구약과 신약 사이의 불연속성이 여전히 지적된다. 예언-성취의 관계나 유형론적 관점의 통합적 읽기는 주로 예수 그리스도의 사역을 중심으로 이해되기에 해당 본문의 의미는 명확해지고 교리적 강조에도 효과적이다. 그러나 구약의 본문들 가운데 얼마나 많은 부분이 예수 그리스도의 사역과 직간접적으로 관련될 수 있는가를 되돌아 본다면 연속성의 강조가 도리어 하나님의 말씀과 계시로 주

2. Lawrence Boadt, *Reading the Old Testament,* 538.
3. Lawrence Boadt, *Reading the Old Testament,* 541.

어진 구약성서의 많은 부분들을 간과하는 불신앙적 태도를 낳게 할 수 있다. 또한 '이스라엘의 믿음의 최대의 발현자'로서의 예수 그리스도의 사역에 집중하다 보면 본문 해석 이전에 선입관으로 작용하여 구약성경이 고백하는 이스라엘의 특별한 하나님 경험과 특징적 메시지를 놓치기 쉽다. 그리스도 중심의 신앙적 열정이 도리어 그리스도의 충만한 의미를 가리는 결과를 초래하는 것이다. 사실상, 구약과 신약의 일반적인 특징을 일별하는 아래의 표를 보더라도 구약과 신약은 각각 독특한 특징을 보이며 강조하는 주제도 일치하지 않는다. 따라서 연속성의 관점보다는 불연속성의 관점으로 보아야 한다는 주장이 새롭게 힘을 얻는다.

	구약	신약
메시아 예언	소망	성취
강조점	율법	복음
인간의 죄	심판	용서
세계관	영육 일치	영육 분리
역사 이해	현실 긍정	현실 부정
문화적 배경	유대적	헬라적

이제껏 기독교회의 구약과 신약의 연속적 관계성을 강조하는 전통적 입장은 사실상 신약성경 중심의 성경 이해에 편중되어 있었다. 그러나 카를 바르트(Karl Barth)와 더불어 신정통주의 신학을 이끈 에밀 부룬너(Emil Brunner)는 일찍부터 불연속성의 입장에서 구약 자체의 특성과 메시지를 강조했다. 부룬너는 구약성경과 기

독교 신앙과의 관계를 말하면서 신약성경을 제대로 이해하기 위해서는 구약에 대한 객관적 이해가 필수적임을 강조했다. 왜냐하면, 신약은 헬레니즘의 언어와 철학이라는 헬레니즘 문화에 채색되어 본래의 하나님의 말씀을 전달하는 데 어려움이 있기 때문이라는 것이다.[4] 오히려 신약에 비해 구약에 나타난 말씀과 영성이 더 본래의 근원적 신앙을 우리에게 가르쳐준다고 보면서 다음 여섯 가지의 구약의 특징적 메시지에 대한 이해가 신약의 복음을 이해하는 필수적 요소임을 들고 있다.

신약을 이해하는 데 있어서 첫 번째로 이야기될 수 있는 구약의 구체적인 요소는 창조와 창조주에 대한 이해다.[5] 구약성경의 창조주는 헬라 철학에서 이야기하는 자연으로부터의 창조주나 또는 만물의 근원자로서의 창조주가 아니다. 오히려 이스라엘의 구체적인 역사 가운데 나타난 '절대적 주'로서의 창조주다. 왜냐하면 만물의 주는 그 어떠한 제약도 받지 않는 홀로 자유로운 존재자이기 때문이다. 반면에 헬라 사상의 배경에서의 창조주는 자연에 의해 규정되거나, 어떤 인위적 관념에 의해 조건 지어진 종교철학적 개념이다. 둘째, 하나님에 대한 이해 자체에 있어서 객관적이고 관념적인 하나님에 대한 생각이나 이해가 아니라, 특별한 장소, 특정한 시간, 특정 개인에게 임하는 하나님 경험이 강조되어야

4. Emil Brunner, "The Significance of the Old Testament for Our Faith," in *The Old Testament and Christian Faith: A Theological Discussion,* ed. B. W. Anderson (New York: Harper & Low, 1963), 246-249.
5. Brunner, "The Significance of the Old Testament for Our Faith," 250.

한다. 헬라 철학의 보편적 하나님에 대한 이해는 인격적 만남으로서의 하나님(personal God) 경험을 방해한다.[6] 셋째, 구약의 율법 개념에 대한 이해다. 구약의 율법은 윤리적 강령으로서 주어진 것도 아니요, 선민을 속박하기 위함도 아니다. 오히려 하나님이 당신의 선택된 이들을 하나님께로 묶이게(to bind) 하기 위함이다.[7] 이 율법은 주어진 어떤 과제가 아니라 하나님과의 인격적 관계 형성을 위한 은혜인 것이다. 넷째로, 하나님의 신성성(holiness of God)에 대한 개념에 있어서도, 하나님의 위엄과 경외의 거룩성뿐만 아니라 하나님의 자비와 사랑의 개념도 함께 동반된다. 예를 들면, 하나님께서 우리 앞에 신성한 권위로서 "마주 서심"은 인간들의 타락 때문이기도 하지만, 이렇게 마주 서심 자체는 하나님께서 그만큼 우리에게 "다가오심"을 의미한다.[8] 신약성경의 예수 그리스도의 성육신의 사건이 이미 구약성경의 하나님 아버지의 품성으로부터 준비되어 있었다. 다섯째로, 구약에 나타나는 '하나님의 심판'은 신약 이해에 있어서 필수다. 왜냐하면 심판에 처해진다는 두려움 없이 구원과 화해를 이야기할 수 없기 때문이다. 따라서 구약이 없다면 신약의 하나님 사랑에 대한 복음은 감성적인 이야기로 치달을 수밖에 없는 운명에 처한다.[9] 여섯째로, '종말론'(eschatology)에 대한 개념은 성서와 헬라 철학 내지는 근대 정신을 구분하는 근본

---

6. Brunner, "The Significance of the Old Testament for Our Faith," 253.
7. Brunner, "The Significance of the Old Testament for Our Faith," 254.
8. Brunner, "The Significance of the Old Testament for Our Faith," 256.
9. Brunner, "The Significance of the Old Testament for Our Faith," 257.

적 차이를 보여준다. 바로 하나님의 세상 사랑이다. 하나님께서 보시기에 좋게 창조된 세상이 인간의 반역으로 하나님으로부터 멀어졌다. 그래서 이 세상을 하나님께로 돌리고 불경건한 세대를 다시금 감싸 안기 위해 하나님은 이 세상에 다가오시는 것이다. 이 하나님 도래의 사상이 구약 예언들의 근본 메시지이며 이 종말론적 조망하에 심판과 약속의 예언들이 이해되어야 한다. 한마디로 종말론적 신앙하에 바라본 신앙의 세계는 "세상을 등지는 것"이 아닌 "세상을 감싸 안는 것"이다. 곧 현실 긍정의 신앙이요, 하나님의 세상 사랑하심의 신앙이다. 반면 헬라 철학의 영향은 기독교 신앙을 현실 부인의 플라톤적 관념론의 세계로 잘못 올려놓은 경향이 있다.[10] 영혼과 육체의 이원주의적 성향은 본래 하나님의 뜻이 아님을 기억해야 한다.

왕대일은 구-신약 관계에 있어서 각각이 서로 다른 신학을 지니고 있음을 솔직히 인정해야 한다고 주장한다.[11] 이러한 불연속성 상에서 구약과 신약 양자는 서로 상호 비평적인 보완을 이루어야 양자의 신학을 제대로 이해할 수 있다는 것이다. 그러면서 구약과 신약의 온전한 관계성의 신학을 위해서도 정경적 읽기가 요청됨을 지적한다. 기존의 약속과 성취의 틀은 제거되어야 하며 현재 본문의 말씀들을 있는 그대로 받아들이고 이해해야 성경의 다성적 목소리를 포착할 수 있다는 것이다. 그럴 때 구약과 신약 공히

10. Brunner, "The Significance of the Old Testament for Our Faith," 258.

11. 왕대일, 『구약신학』 (서울: 감신대성서학연구소, 2003), 125.

창조 신앙을 근거로 하는 "하나님의 정의롭고 공평한 다스리심"이라는 성서신학의 핵심 주제에 도달할 수 있다고 본다.[12]

정경적 읽기의 강조 그리고 구속사적 신학 일변도에서 창조 신학 지평으로의 확장은 구약과 신약의 관계를 인위적인 교리적 입장에서 협소하게 관련시키는 것으로부터 해방할 수 있다. 더 이상 구약의 말씀들을 환원주의적 입장에서 '내가 아는' 자의적인 해석(eisegesis)으로 제단해선 안 된다. 하나님의 공의로운('쩨다카') 품성과 인자하신('헤세드') 구원을 체험한 사람들의 드라마틱한 경험과 특징적 고백들이 있는 그대로(exegesis) 계시되는 조명을 받아야 한다. 왜냐하면 인생 자체가 너무도 다양하고 복잡하기 때문이다. 구약성경의 3000년의 역사가 신약성경의 100년의 역사 속에 환원주의적으로 고착화될 수 없는 이유가 여기에 있다. 도리어 신약의 예수 그리스도 중심의 십자가와 부활의 복음이 구약의 파노라마로 펼쳐지는 창조와 구원의 역사 그리고 다양한 상황에서의 구원 경험과 신학적 통찰을 통해서 더욱 풍부하고 현실감 있게 체험될 수 있다. 태초에 천지를 창조하신 하나님은 어제나 오늘이나 또 내일도 변함이 없는 사랑의 하나님이심을 구약과 신약의 성경 전서는 오늘도 우리에게 분명하게 전하고 있기 때문이다.

문제는 계속해서 변화하는 세계 속에서 불변의 진리이신 하나님의 말씀이 어떻게 지속적인 생명과 구원의 말씀으로 갱신되어

---

12. 왕대일, 『구약신학』, 94.

적용할 수 있는가이며 또한 이것은 신앙인들의 신학적 과제다.[13] 영원한 진리이신 예수 그리스도는 특정한 시기, 한 유대인 남자로 태어나 기존의 구약성경의 말씀들을 주어진 삶과 당면한 상황에서 그 풍성한 의미 그대로 해석하고 새롭게 적용했다. 아래에서는 구약과 신약의 온전한 관계성 형성을 위해 예수 그리스도의 구약 인용을 통한 말씀의 신학적 적용의 두 가지 예를 설명하려고 한다.

2) 예수님의 구약 인용

(1) "만민이 기도하는 집"(막 11:17[14])

소위 '성전숙청'(聖殿肅淸) 사건으로 알려진 본문에서 예수님은 성전 정화의 근거로 이사야 56:6-7의 말씀을 인용한다.

> 또 여호와와 연합하여 그를 섬기며 여호와의 이름을 사랑하며 그의 종이 되며 안식일을 지켜 더럽히지 아니하며 나의 언약을 굳게 지키는 이방인마다 내가 곧 그들을 나의 성산으로 인도하여 기도하는 내 집에서 그들을 기쁘게 할 것이며 그들의 번제와 희생을 나의 제단에서 기꺼이 받게 되리니 이는 내 집은 **만민이 기**

13. 구덕관, 『구약신학』 (서울: 대한기독교서회, 1991), 366.
14. 비교, "기도하는 집"(마 21:13; 눅 19:46)

도하는 집이라 일컬음이 될 것임이라.

본래 마가복음을 비롯한 공관복음 보도의 일관된 성전 정화의 이유는 장사하는 상인들을 내쫓는 일이다. 왜냐하면 그들은 하나님 앞에 '기도하는 집'을 인간들이 이익을 주고받는 '강도의 소굴'로 만들었기 때문이다.

> 이에 가르쳐 이르시되 기록된 바 내 집은 **만민이 기도하는 집**이라 칭함을 받으리라고 하지 아니하였느냐 너희는 강도의 소굴을 만들었도다 하시매. (막 11:17)

본래 거룩하여야 할 성전을 인간의 소리로 가득 찬 시장 바닥으로 오염시킨 것에 대한 예수님의 거룩한 분노가 드러나고 있다. 오죽하면 요한복음에서는 노끈을 만들어 채찍질하며 가축들을 내쫓고 환전상들의 책상을 뒤엎는 장면까지 연출되고 있을까(요 2:15).

그렇다면 현재의 신약 복음서에서 성전숙청 사건을 통해 전달하는 메시지는 하나님의 거룩한 성전에 대한 두려움의 강조이다. 하나님과의 관계성을 위한 곧 기도를 통해 하나님과 교통해야 할 신성한 곳에서 혼잡하게 장사하며 돈을 주고받는 세속적인 일을 한 것에 대한 척결로서 이해하게 된다. 그러나 이러한 해석은 본래 구약성경 이사야 56장의 말씀의 맥락과 동떨어져 있는 이해다. 왜냐하면, 이사야 예언자가 정작 "만민이 기도하는 집"(56:7)이라고 외친 근본 요점은 부정함의 추방이 아니라 부정함에도 불구하고 포용하는 하나님 사랑의 확장이기 때문이다.

이사야 56장의 맥락은 56:1-6에서 전하듯이 하나님의 구원과 공의가 이전에 구원의 대상이 아니었던 "이방인"과 "고자"들에게까지 확장되는 것을 말하고 있다. 원래 신명기 법에 의하면 이스라엘의 거룩한 회중에 들어올 수 없는 자들이 "고자"와 "사생자"와 "이방인"이었다(신 23:1-3). 그러나 포로기를 통과하면서 바빌로니아의 국제 도시를 경험하고 이후 페르시아 시대의 세계적 교류가 이방인들과의 접촉으로 활발해지면서 야웨 하나님의 구원의 경계가 확장되는 대표적 본문이 바로 포로 후기 예언자 이사야 56장의 "여호와께 연합한 자"에 관한 기준 변경 본문이다. 그들의 신체적 결함과 출생의 배경이 어떠하든지 간에 하나님의 율법인 안식일 준수와 하나님이 기뻐하시는 일을 선택하며 하나님과의 언약을 굳게 붙드는 자들(사 56:4)은 "여호와와 연합"한 자가 된다(56:6). 결국 이전에 하나님의 성회에 들어올 수 없었던 자들이 하나님의 언약의 백성으로 인정되면서 비로소 하나님의 집은 "만민이 기도하는 집"(56:7)으로 일컬음을 받게 된 것이다.

다시 신약성경으로 돌아오면 예수님은 본래의 이사야 56장의 본문을 성전이 더럽혀진 상황에서 인용하여 새롭게 신학적으로 적용하는 것으로 해석하여야 한다. 즉, 하나님 사랑의 확장에 관한 본문을 통해, 제의적 수단으로 하나님 이해를 축소하고 있는 관습적 종교 행위를 질타한 셈이다. 이사야 56장 본문과의 관련성 없이 단순하게 누구나 아는 성전의 거룩함을 위배한 것에 대한 부정함의 축출 사건이 아니다. 도리어 하나님을 경외하는 그 누구에게나 열려 있는 하나님의 사랑과 용서의 은혜에 초점이 맞추어져 있다. 그 은혜를 받기 위한 단 하나의 조건은 하나님과의 언약을 굳건히 붙드는 '여호와와 연합'함인데 당시의 성전에 제사하러 오는 이들은 이러한 인격적 관계를 놓친 채 형식적 제사만을 일삼고 있었던 것이다. 하나님의 넉넉한 은혜로 고자들과 이방인들에게까지 열려 있었던 '만민이 기도하는 집'의 의미를 예수님 당시의 사람들은 하나님과 관련 없는 종교적 제사로 무참히 짓밟고 있었던 것이다. 더군다나 예수님께서 "강도의 소굴"로 만들었다고 예레미야 7:11을 함께 인용한 것은 가증한 예배를 드린 결과로 결국 멸망했던 옛 이스라엘의 전철을 받지 말라는 경고다. 포용적 하나님의 사랑의 넉넉함에 비하여, 표리부동한 예루살렘 종교인들의 예배에 대한 예수님의 한탄과 열정이 채찍질까지 휘두를 정도의 거룩한 분노를 자아낸 것으로 이해할 수 있다.

따라서 복음서의 성전숙청 사건의 메시지는 부정함의 축출이나 세속적 오염에 대한 경계가 아닌 하나님과의 인격적 만남으로의 초대다. 어떠한 형편에 있고 어떠한 죄악 가운데 있을지라도 '여호와와 연합'하는 자들을 찾으시는 예수님의 간절한 부르심이 그가 휘두르는 채찍질 가운데 담겨 있다. 구약의 하나님의 포용하시는 사랑이 신약의 예수님의 심판하시는 채찍질과 역설적으로 만나고 있다.

(2) "너희를 신이라 하였노라"(요 10:34)

예수님의 말씀들은 마태복음 5장의 산상수훈이 대표적으로 시사하듯 파격적이었다. 예수님 당시 종교 지도자들에게 가장 파격적인 메시지는 당신 자신이 곧 하나님의 아들이라는 주장이었다(마 26:63; 눅 22:70). 요한복음 10장에는 이 "하나님의 아들"(10:36)에 관한 논쟁이 나온다. 이때 예수님은 구약성경 시편 82:6의 신적인 존재들에게 하신 하나님의 말씀을 들어 당신의 하나님의 아들 되심을 증명한다. 해당 본문은 요한복음 10:34-35의 말씀이다.

> 내가 말하기를 **너희는 신들이며 다 지존자의 아들들이라** 하였으나. (시 82:6)

> 예수께서 이르시되 너희 율법에 기록된 바 내가 **너희를 신이라 하였노라** 하지 아니하였느냐 성경은 폐하지 못하나니 하나님의 말씀을 받은 사람들을 신이라 하셨거든. (요 10:34-35)

요한복음 10장에서 논쟁의 발단은 예수님께서 영생을 주시는 권세를 말하면서(10:28) 그 권세가 하나님께로부터 온 것을 밝히기 위해 "나와 아버지는 하나이니라"(10:30)고 선포한 것이 원인이 됐다. 유대인들은 "사람이 되어 자칭 하나님이라"로 한다면서 신성모독 죄로 돌로 치려한 것이다(10:33). 이에 대하여 예수님은 율법, 곧 시편에 명시된 "너희를 신이라 하였노라"의 말씀을 인용했다.

예수님의 말씀이 더욱 파격적인 것은 당신 자신만을 하나님의 아들, 곧 신으로 언급한 것이 아니라 "하나님의 말씀을 받은 사람들"(10:35)을 다 신으로 곧 하나님의 아들로 칭하고 있다는 사실이다. 당시의 유대인들도 오늘의 기독교인들도 신약성경의 본문만으로는 이해하기 어려운 말씀이다.

요한복음 본문이 인용하고 있는 시편 82편은 고대 근동 종교의 만신전에서 열리는 신들의 회합인 "천상 회의"의 신학적 모티프를 지닌 오래된 시가다.[15] 본래, 만신전 최고의 신인 엘(El)이 신들을 모아놓고 심판하는 모티프를 유일신 야웨 신앙의 배경에서 이스라엘의 시인이 새로운 맥락 가운데 적용한 노래다. 시편 82편의 주제는 참다운 신은 세상의 부정과 불의를 물리치고 가난한 자와 궁핍한 자를 구원하는 자(82:2-4)임을 천명하는 것이다.[16] 이스라엘의 야웨 하나님이 바로 인간 사회의 정의와 구원을 베푸시는 하나님이라는 사실에 대한 선포다. 예수님께서 "하나님의 말씀을 받은 사람들"(요 10:35)을 지칭한 것은 천상 회의의 모티프가 이스라엘의 예언 전승과 긴밀히 관련되어 있음을 알려준다. 예언자들은 하나님의 아들들 곧 신적인 존재들의 회의에 참여한 자들로서 하나님의 말씀을 받은 자들이요(사 6:1-8; 렘 23:18, 22; 왕상 22:19-22), 그 말씀의 내용은 곧 세상에 대한 정의로운 심판이다.

15. 기민석, "시 82편: 우가릿의 목소리, 이스라엘의 노래," 「구약논단」 15/2 (2009), 111-130.
16. 하경택, "시편 82편의 해석과 적용: 하나님이여, 이 땅을 심판하소서," 「구약논단」 15-3 (2009), 49-66.

결국, 요한복음 10장의 '하나님의 아들 논쟁'은 예수님의 예언자적 사명에 초점이 맞추어져 있는 것이다. 곧 하나님의 말씀의 참여자인 예언자들의 직무와 소명을 확증하고 세상에서 공의로운 심판과 구원을 베풀 때, 그러한 자들이 '신이 된다'는 놀라운 말씀이 증언되고 있다. 당신 자신의 하나님의 아들 됨에 대한 선포에 그치는 것이 아니라 하나님의 말씀과 뜻을 행하는, 곧 "내 아버지의 일을 행하는"(10:37-38) 새로운 세상을 바라보고 계신 것이다. 이는 요한복음의 서론 1:12의 말씀을 연상케 한다: "영접하는 자 곧 그 이름을 믿는 자들에게는 하나님의 자녀가 되는 권세를 주셨으니." 더 나아가 하나님의 말씀을 믿고 행하는 하나님의 자녀들의 능력을 드러낸 요한복음 14:12의 말씀도 비로소 이해할 수 있게 한다.

> 내가 진실로 진실로 너희에게 이르노니 나를 믿는 자는 내가 하는 일을 그도 할 것이요 또한 그보다 큰 일도 하리니 이는 내가 아버지께로 감이라.

성경의 새로운 읽기와 신학적 적용은 별다른 것이 없다. 말씀을 허락하신 하나님의 뜻을 그 시대, 그 역사적 정황에 따라 있는 그대로 받는 일이다. 마치 예수 그리스도의 가르치심이 그랬듯이 본래의 의미에 대한 온전한 이해가 새로운 상황에서 일관된 진리의 능력으로 드러날 수 있는 것이다. 말씀을 말씀 되게 해야지 우리의 자의적인 해석으로 제단해서는 안 된다. 이런 의미에서 성서학적 연구와 신학적 토론은 신학교의 학자뿐만 아니라 교회의 목회자 그리고 평신도에 이르기까지 하나님의 뜻을 구하는 모든 신앙인의 필수적 과제다.

나가는 말:
구약성경과 21세기

인류가 시작된 이래 보이는 현상 이면의 본질을 추구하는 철학적이고 신학적인 추구는 항상 인간의 초월적 본성의 영역과 관련이 있었다. 즉, 영적인 측면 또는 종교적인 신앙에 대한 관심 말이다. 그러나 인간 문명의 발전과 역사적 변천은 사람들의 생각과 문화에 큰 영향을 끼쳤고 이에 따른 다양한 관점들이 부각됐다. 예를 들면, 17세기 중세를 탈피하여 이성주의와 과학 혁명의 시대에 들어갈 때 더 이상의 초월적 신의 문제보다는 현실적 인간과 사회의 문제에 집중하게 됐다. 그러나 20세기 가운데 두 번에 걸친 세계 대전의 인간적 비극의 참상은 다시금 인간에 대한 절망과 회의를 낳게 하고 신정통주의적 신앙추구의 길로 들어서게 했다. 바야흐로, 첨단의 IT 기술과 AI로 대변되는 컴퓨터 디지털 혁명으로 온라인 초연결과 빅데이터의 시대로 넘어가는 21세기는 인간의 신앙에 대하여 어떤 기대를 가지게 할까를 묻지 않을 수 없다.

이미 기독교 신학의 주요 경전인 구약성경과 신약성경은 케케묵은 고문서로 화석화되어 가는 현상을 쉽게 발견할 수 있다. 기독교인이 아닌 사람들에게 세계적인 '베스트셀러'라는 평판은 점점 잊혀져 가고 있으며 심지어 기독교인들조차도 '성경책'은 책상 한편에 잊혀진 채 켜켜이 먼지가 쌓인 아날로그 문화의 대명사가 되어버렸다. 그나마 몇몇 한국 교회들이 성경 필사와 성경 통독의 전통적 경건 훈련을 꾸준히 실천하고 있다는 사실과 온라인 성경 앱이 대부분의 교회 성도들에게 보급되어 언제든지 본문 말씀에 접근 가능하게 됐다는 사실은 위로가 된다. 그러나 가장 시급한 문제는 성경이 오늘의 삶의 현실에 없어서는 안 될 생명과 진리로 얼마나 신앙인들에게 인식되고 있느냐는 질문이다. AI 인공지능이 인간의 모든 능력을 능가하는 위기에 봉착해 있는 상황에서 최근 챗GPT(ChatGPT)의 출시로 IT 문명의 발전에 열광하는 사람들에게 고대 이스라엘의 역사와 문화는, 그리고 그 속에서 증언되는 보이지 않는 하나님은 인간의 삶에 무엇을 가져다 줄 수 있을까?

나는 본서를 집필하면서도 이렇듯 현실의 관심과 동떨어진 성경, 더군다나 그나마 친근한 예수 그리스도의 복음이 담긴 신약성경이 아닌, 3000년 전[1] 고대 시대의 역사가 담긴 구약성경, 그것도 신앙적 '메시지'보다는 역사적 '지식'을 전달하고자 하는 노력이 무엇에 쓸모가 있겠는가를 계속하여 자문해 왔다. 그럼에도 불구

1. 다윗 왕조의 시작인 주전 1000년을 기준으로 할 때.

하고 매번, 나 자신을 격려하고 도전한 것은 이 책이 지식을 위한 지식으로 끝나지 않고 변화를 위한 지식과 통찰이 됐으면 하는 소망이었다. 3000년에 가까운 기간의 신앙 경험과 고백을 고스란히 전하고자 필생의 노력을 아끼지 않았던 경건한 필사가들의 신앙적 열정을 이끄신 성령님의 도우심을 기대했다. 신구약 중간 시대를 꿰뚫고 마침내 언약의 성취를 이룰 수 있었던 하나님 말씀의 신실성을 의지했다. 무엇보다도, 말씀이 육신이 되어 이 땅 가운데 오신, 그 자체로 하나님이신 예수 그리스도의 지혜를 바랐다. 그래서 미약하나마 본서가 구약성경에 충만하게 퍼져있는 하나님의 사랑을 온전히 드러내 주는 하나의 도구가 되기를 기도했다.

2003년 11월 보스턴대학교에서 박사학위 취득의 마지막 관문인 구술시험을 통과한 이래 지금까지 구약학을 연구하고 가르쳐 온 20년의 기간, 아니 그 이전 16년간의 철학 수업과 신학 훈련까지 도합 36년의 신학 공부 기간을 통틀어, 내게 주어진 가장 큰 깨달음은 하나님의 말씀이 살아있고 영원하다는 진리다(사 40:6-8; 벧전 1:23-25). 같은 구절을 몇 번을 읽어도 읽을 때마다 새로운 옹달샘의 생수와 같은 메시지를 주는 것이 성경이다. 왜냐하면 나의 생각이 늘 달라지고 주변의 상황이 늘 변화되기 때문이다. 변화무상한 환경 가운데 처한 인생들에게 불변의 진리가 항상 그 자리에 있다는 것이 얼마나 위로가 되는지 모른다. 그것도 애통하는 자에게는 위로를, 어리석은 자에게는 지혜를, 싸우는 자에게는 승리를 주면서 말이다. 실로, 하나님의 말씀은 우리의 모든 형편에서 구원을 주시는 하나님의 능력이다.

세상이 물같이 다 녹아내리더라도 하나님의 말씀은 든든히 영원히 설 것이다. 태초에 수면과 깊음의 혼돈 속에(창 1:2) 하나님의 말씀이 울려 퍼졌을 때(1:3) 빛과 생명이 창조되고 세상이 생겨났기 때문이다. 오늘도 우리의 의식 속에 말씀이 살아 있다면 고통을 극복하고 새로운 삶이 열리는 경험이 날마다 가능하다. 그러나 말씀이 없고 세상의 것으로만 가득 찬 산만한 인생은 결국 이기적 욕망과 거짓 가운데 별안간 소멸되는 삶을 피할 수 없다.

어떻게 보면 구약의 대표 주자는 시편이다. 모든 인생의 희로애락(喜怒哀樂)의 감정, 하나님과의 만남, 심판과 구원, 뜻하지 않은 승리의 모든 영성이 수천 년의 고백을 통해 고스란히 남겨져 있기 때문이다. 구약성경은 이와 같이 혈과 육이 배인 인생 현장 한가운데 놀랍게 다가온 구원 경험이다. 고통받던 히브리 신앙인들에게 다가온 야웨 유일신 하나님의 사랑과 동행의 생생한 삶의 여정이다. 신약성경이 예수 그리스도의 구원과 바울 사도의 사명 감당의 행적으로서 기독교의 핵심과 역할에 관한 교회 공동체의 가르침이라면, 구약성경은 고대 이스라엘의 영고성쇠의 역사와 유일신 신앙에 대한 고백을 기반으로 한 일상 속 불타는 떨기나무 앞에서의 하나님 만남이 위대한 구원 약속의 성취로 이어지는 사랑의 드라마다(오경과 역사서). 그 하나님과 동행하는 인생 드라마에서(이스라엘의 역사) 하나님의 신실한 품성을 닮아가도록 인도하는 거룩한 이야기(예언서와 시편과 지혜서의 영성)가 펼쳐져 있다. 인간의 땅에서 펼쳐진 하늘의 이야기는 그래서 어떠한 현실적 빅데이터도, 어떠한 이상적 인공지능도, 어떠한 피상적 초-가상 세계도 따를 수 없고 흉내낼 수 없는 하나님 나라의 생명을 가져다 준다.

시대가 어떻게 변하고 인간의 역사와 문화가 어떠한 모습으로 전개된다 하더라도 말씀을 부여잡은 자들에게는 여전히 새로운 기회가 주어진다. 주변 환경이 아닌 중심 말씀이 한계를 돌파하고 장애물을 극복하고 현실을 넘어서는 믿음의 지평을 열어주기 때문이다. 모든 것이 변하는 인간 관계와 사회적 경제 활동으로부터 성경의 말씀은 변하지 않는 신실한 약속과 사랑에 진실의 닻을 내려놓을 수 있게 하기 때문이다. 구약성경에서 펼쳐지는 이스라엘의 역사 자체가 포로기 이전, 포로기, 포로기 이후, 제2성전 시대에 이르기까지 안정이 없는 사회 변동과 세계관의 변화의 연속이었다. 그러한 다양성과 다변화의 역사 변천 속에서 구약성경의 전승과 전통이 유지되고 계승되며 때로는 변혁됐다는 것은 단순히 일단의 필사가와 서기관 집단을 통한 인간 전승의 보존 노력만으로는 설명할 수 없는, 신비한 하나님의 도우심이 개입하고 있었다는 사실을 부인할 수 없다. 모든 변화를 꿰뚫고 성실한 야웨 하나님의 약속과 성취를 향한 거룩한 역사의 전개가 일관되게 드러나고 결국에는 성취되는 것 자체가 역사의 기적이다. 구약성경은 이러한 기적의 산물이며 오늘의 새로운 기적을 위한 변함없는 진리의 광장(廣場)이요 또 보고(寶庫)이다.

구약성경에 담긴 진리를 한마디로 '헤세드의 복음'으로 요약하고 싶다. 약속에 성실하신(covenantal loyalty) 하나님, 곧 한 번 약속한 것을 어떤 일이 있어도, 어떤 희생을 치러서라도 끝까지 지키시는 하나님의 포기하지 않는 사랑, 이것이 '헤세드'이다. 구약과 신약을 관통하는 하나님의 사랑도 이 '헤세드'이다. 예수 그리스도의 성육신은 바로 성실한 '헤세드' 하나님의 사랑의 절정이다. 21세기의 사반세기로 접어들고 있는 오늘, 우리의 미래는 분기점에 놓여있다. 한편으로는 인간의 IT 기술과 AI 혁명이 상상할 수 없는 인류의 비약적 삶의 발전을 가져다 줄 수도 있고, 또 다른 편으로는 제어되지 않는 탐욕적 문명 추구가 참담한 인류 공멸의 비극적 삶을 초래할지도 모른다. 사실상 우리의 삶은 그 변화의 속도조차 가늠할 수 없을 정도로 초스피드로 흘러가고 있다. 어디로 달려가는지 그 방향과 끝을 모른 채 말이다. 그러나 이 모든 변화의 물결 속에 하나님의 말씀이 우리에게 허락되어 있다. 말씀을 경건하게 붙드는 의인들의 삶의 중심에 그 말씀이 자리하고 있다. 성경의 진리가 하나님의 사람들을 지켜준다. 그 언약의 말씀을 신실히 믿고 의지하는 한 하나님의 '헤세드'의 사랑이 영적으로 빈약해진 우리를 모든 것에 풍족한 새로운 약속의 땅 가나안으로 인도할 것을 믿는다. 말씀과 동행한다는 것은 그래서 곧 하나님과 동행하는 삶이다. 본서 『새로운 구약성서 이해』가 하나님의 동행과 사랑의 드라마를 계속해서 원하는 선하고 의로운 말씀의 사람들에게 유용하게 활용되는 선한 도구가 되기를 바란다.

| 참고 문헌 |

강일구 외.『기독교의 발견』. 천안: 호서대학교 기독교학부, 2013.

고웬, 도널드 E.『구약 예언서 신학』, 차준희 옮김. 서울: 대한기독교서회, 2004.

구덕관.『구약신학』. 서울: 대한기독교서회, 1991.

기민석. "시 82편: 우가릿의 목소리, 이스라엘의 노래."「구약논단」15/2 (2009), 111-130.

김선종. "토라! 율법인가, 이야기인가?: 레위기 25장의 안식년 규정을 중심으로."「신학논단」64 (2011), 7-28.

김영진 외.『구약성서개론: 한국인을 위한 최신 연구』서울: 대한기독교서회, 2004.

김정우 & 김진현, "지혜서와 제왕시의 짝으로 본 시편의 구성 연구 - 제1권(1-41편)을 중심으로." *Canon & Culture* 14-2 (2020), 117-152.

김정준.『폰 라드의 구약신학』서울: 대한기독교서회, 1973.

김진명. "시편 19편에 나타난 하나님의 '창조'와 '구원'과 '율법': 편집비평과 수사비평적 연구."「한국기독교신앙논총」108 (2018), 5-24.

________. "구약과 신약의 본문 서술 방식에 관한 연구 - 율법서와 복음서의 '법'과 '이야기' 본문을 중심으로."「장신논단」46 (2014), 11-35.

김태경. "시편 연구사: 1990년 이후 현재까지."「구약논단」20-3 (2014), 325-356.

니콜슨, E. W.『신명기와 전승』, 장영일 옮김. 서울: 장로회신학대학교출판부, 2003.

라이크, 래리 L.『내가 너를 영원히 아내로 맞이하리라: 아가와 히브리 성서의 사랑신학』, 이유미 옮김. 서울: 대한기독교서회, 2012.

매칸, J 클린튼.『새로운 시편여행』, 김영일 옮김. 서울: 은성, 2000.

밀러, J. 맥스웰. & 헤이스, 존 H.『고대 이스라엘 역사』, 박문재 옮김. 서울: 크리스천다이제스트, 2013.

박종수. "이용도 목사의 성서이해,"『이용도의 생애, 신학, 영성: 이용도 목사 탄신 100주년 기념 논문집』서울: 한들출판사, 2001.

방정열. "히브리 시의 평행법과 한글번역: 한계와 여지(餘地)."「구약논단」

24-3 (2018), 107-139.
브루그만, W., 버치, 브루스 C., 프레타임, 테렌스 E. & 페터슨, 데이빗 L. 『구약 신학과의 만남: 신학으로 본 구약입문』, 차준희 옮김. 서울: 프리칭아카데미, 2013.
브루그만, W. 『예언자적 상상력』, 김기철 옮김. 서울: 복있는사람, 2009.
________. 『시편사색』, 조호진 옮김. 서울: 솔로몬, 2007.
베스터만, 클라우스. 『시편해설: 구조, 주제 그리고 메시지』, 노희원 옮김. 서울: 은성, 1996.
브라이트, 존. 『이스라엘 역사』, 박문재 옮김. 서울: 크리스천다이제스트, 1993.
샤르팡티에, E. 『구약성서의 길잡이』, 안병철 옮김. 서울: 바오로딸, 1991.
스웬슨, 크리스틴. 『가장 오래된 교양: 3천 년 인문학의 보고, 성서를 읽는다』, 김동혁 옮김. 고양: 사월의책, 2013.
스트런, 브랜트 A. 『간추린 구약개론』, 정의현 옮김. 서울: 기독교문서선교회, 2021.
안근조. 『하나님의 지혜 초청과 욥의 깨달음: 욥기의 지혜코드』 2쇄. 서울: 킹덤북스, 2021.
________. 『잠언』 서울: 대한기독교서회, 2020.
________. 『지혜말씀으로 읽는 욥기』. 서울: 감은사, 2020,
________. "출애굽기 33:7-11의 정경적 읽기: 회막(오헬 모에드)과 성막(미쉬칸)의 구분을 위한 제언." 「성경원문연구」 47 (2020), 7-28.
________. "아가서의 정경성과 신학: 알레고리적 이해에서 지혜전승의 창조신학적 이해로." 「신학 연구」 55 (2018), 109-136.
________. 『히브리 지혜전승의 변천과 기독교의 기원』 서울: 동연, 2016.
________. "욥기 42:6 번역의 문제와 제안." 「성경원문연구」 31-별책 (2012), 48-56.
알터, 로버트. 『성서의 이야기 기술』, 황규홍, 박영희, 정미현 옮김. 서울: 아모르문디, 2015.
우드, 레온 J. 『이스라엘의 역사』, 김의원 옮김. 서울: 기독교문서선교회, 1985.
유윤종. "시편의 최근 연구 동향." 「구약논단」 15/2 (2009), 30-62.
윤형. "오경연구에 대한 해석학적 제안." 「장신논단」 46/4 (2014), 37-60.
앤더슨, 버나드 W. 『구약성서 이해』, 강성열, 노항규 옮김. 서울: 크리스천다이제스트, 1996.
왕대일. 『구약성서 이해 열 마당』 서울: 새길, 2010.
________. 『구약주석 새로 보기』 서울: 감신대성서학연구소, 2005.
________. 『묵시문학과 종말론』 서울: 대한기독교서회, 2004.
________. 『구약신학』 서울: 감신대성서학연구소, 2003.
________. 『다시 듣는 토라: 설교를 위한 신명기 연구』 서울: 한국성서학연구소, 1998.
이군호. 『욥기』 서울: 대한기독교서회, 1998.
이유미. "아가의 알레고리적 해석 역사 연구." *Canon & Culture* 8 (2014), 41-69.
임미영. 『고고학으로 읽는 성경』 서울: 기독교문서선교회, 2016.
장일선, 『이스라엘 포로기 신학』 서울: 대한기독교서회, 2002.
________. 『다윗 왕가의 역사 이야기: 신명기 역사서 연구』 서울: 대한기독교서회, 1997.
천사무엘. "출애굽기 신학," 『토라의 신학』 김영혜 외 8인. 서울: 동연, 2010, 99-119.
쳉어, 에리히. 『구약성경 개론』, 이종한 옮김. 왜관: 분도출판사, 2012.
클라인, 에릭 H. 『성서 고고학』, 류광현 옮김. 서울: 기독교문서선교회, 2013.
클리포드, 리처드 J. 『지혜서』, 안근조 옮김. 서울: 대한기독교서회, 2015.
포오러, 게오르그. 『구약성서개론 (상)』, 방석종 옮김. 서울: 성광문화사, 1985.
프로반, 이안. 외 2인 『이스라엘의 성경적 역사』, 김구원 옮김. 서울: CLC, 2013.
한상인. 『이스라엘 왕국 시대의 고고학』. 서울: 대한기독교서회, 2004.
하경택. "시편 82편의 해석과 적용: 하나님이여, 이 땅을 심판하소서." 「구약논단」 15-3 (2009), 49-66.
현창학. "아가서 해석." 「신학정론」 26 (2008), 83-124.
핸슨, 폴. 『묵시문학의 기원』, 이무용 외 옮김. 서울: 크리스천다이제스트, 1999.
헤셸, 아브라함 J. 『예언자들』, 이현주 옮김. 서울: 삼인, 2004.
힐, 크레이그. 『하나님의 시간과 종말론』, 왕대일, 안근조 옮김. 서울: 프리칭아카데미, 2009.

Ahn, Keun-Jo. "The Trace of Wisdom in the Book of Jeremiah," in *Mapping and Engaging the Bible in Asian Cultures: Congress of the Society of Asian Biblical Studies 2008 Seoul Conference.* eds. Young Mee Lee & Yoon Jong Yoo. Seoul: Christian Literature Society of Korea, 2009, 177-193.

_________. "From Peripheral to Central: The Place of Wisdom in Old Testament Theology." 「한국기독교신학논총」 45 (2006), 29-47.

Albertz, Rainer. *A History of Israelite Religion in the Old Testament Period. Vol. II: From the Exile to the Maccabees.* tr. John Bowden. Louisville: Westminster John Knox, 1994.

Alter, Robert. "The Characteristics of Hebrew Poetry," in *The Literary Guide to the Bible.* eds. Robert Alter & Frank Kermode. Cambridge: Harvard University Press, 1987, 611-623.

_________. *The Art of Biblical Poetry.* New York: Basic Books, 1985.

_________. *The Art of Biblical Narrative.* New York: Basic Books, 1981.

Anderson, Bernhard W. *Understanding the Old Testament.* Englewood Cliffs, New Jersey: Prentice Hall, Inc., 1986.

Baden, Joel S. *The Composition of the Pentateuch: Renewing the Documentary Hypothesis.* New Haven: Yale University Press, 2012.

Bang, Jeung-Yeoul. "The Canonical Function of Psalms 19 and 119 as a Macro-Torah Frame." 「구약논단」 23-4 (2017), 251-285.

Barton, John. *The Cambridge Companion to Biblical Interpretation.* Cambridge: Cambridge University Press, 1998.

_________. *Reading the Old Testament: Method in Biblical Study.* Louisville: Westminster John Knox, 1984.

Bartor, Assnat. "Reading Biblical Law as Narrative." *Prooftexts* 32 (2012), 292-311.

Berlin, Adele. "Introduction to Hebrew Poetry," in *The New Interpreter's Bible Commentary.* Vol III. Nashville: Abingdon Press, 2015, 303-306.

Blenkinsopp, Joseph. *Wisdom and and Law in the Old Testament: The Ordering of Life in Israel and Early Judaism.* Oxford: Oxford University, 1995.

_________. *Sage, Priest, Prophet: Religious and Intellectual Leadership in Ancient Israel.* Louisville: Westminster John Knox Press, 1995.

________. *The Pentateuch: An Introduction to the First Five Books of the Bible.* New York: Doubleday, 1992.

Boadt, Lawrence. *Reading the Old Testament, An Introduction,* revised and updated by Richard Clifford & Daniel Harrington. New York: Paulist Press, 2012.

________. *Reading the Old Testament, An Introduction.* New York: Paulist Press, 1984.

Boersma, Hans. "Nuptial Reading: Hippolytus, Origen, and Ambrose on the Bridal Couple of the Song of Songs," *Calvin Theological Journal* 51 (2016), 227-258.

Bright, John. *Jeremiah.* Garden City: Doubleday, 1965.

Bruce, F. F. *The New Testament Development of Old Testament Themes.* Grand Rapids: Eerdmans, 1968.

Brueggemann, Walter. *An Introduction to the Old Testament: The Canon and Christian Imagination.* Louisville: Westminster John Knox, 2003.

________. *The Message of the Psalms.* Minneapolis: Augsburg, 1984.

Brunner, Emil. "The Significance of the Old Testament for Our Faith," in *The Old Testament and Christian Faith: A Theological Discussion,* ed. B. W. Anderson. New York: Harper & Low, 1963, 243-264.

Childs, Brevard S. *Introduction to the Old Testament as Scripture.* Philadelphia; Fortress, 1979.

Clarke, Rosalind S. "Canonical Interpretations of the Song of Songs." *Tyndale Bulletin* 65 (2014), 305-308.

Clifford, Richard J. *The Wisdom Literature.* Nashville: Abingdon Press, 1998.

Clines, David J. A. *Job 1-20.* Dallas: Word, 1989.

Collins, J. J. "Book of Daniel." in *Anchor Bible Dictionary,* Vol. 2. New York: Doubleday, 1992, 30-31.

Craigie, Peter C. *The Book of Deuteronomy.* Grand Rapids: W. B. Eerdmans, 1976.

Creach, Jerome F. D. *Discovering the Psalms: Content, Interpretation, Reception.* Grand Rapids: Eerdmans, 2020.

Crenshaw, James L. *Old Testament Wisdom: An Introduction.* Louisville: Westminster John Knox, 2010.

________. "The Shift from Theodicy to Anthropodicy," in *Theodicy in the Old Testament,* ed. James L. Crenshaw. Philadelphia: Fortress, 1983, 5-10.

Davies, Philip R. "The Jewish Scriptural Canon in Cultural Perspective," in *The Canon Debate,* eds. Lee Martin McDonald & James A. Sanders. Peabody: Hendrickson, 2002, 36-52.

Dell, Katharine J. "Proverbs 1-9: Issues of Social and Theological Context." *Interpretation* 63 (2009), 229-240.

Duhm, Bernhard. *Das Buch Jesaja.* Göttingen: Vandenhoeck & Ruprecht, 1892.

Eichrodt, Walther. *Theologie des Alten Testaments.* Berlin: Evangelische Verlagsanstalt, 1950.

Fishbane, Michael. *Biblical Interpretation in Ancient Israel.* Oxford: Clarendon, 1985.

Firth, David G. & Johnstone, Philip S. *Interpreting Psalms: Issues and Approach.* Downers Grove, Illinois: IVP, 2005.

Fox, Michael V. *Proverbs 1-9, A New Translation with Introduction and Commentary.* New York: Doubleday, 2000.

________. "The Social Location of the Book of Proverbs." in *Texts, Temple, and Traditions: A Tribute to Menahem Haran.* eds. Michael V. Fox &. Winona Lake: Eisenbrauns, 1996.

Fretheim, Terence E. *Exodus.* Louisville: Westminster John Knox, 1991.

Frick, Frank S. *A Journey through the Hebrew Scriptures.* Fort Worth: Harcourt Brace College Publishers, 1995.

Gammie, John G. "Behemoth and Leviathan: On the Didactic and Theological Significance of Job 40:15-41:26," in *Israelite Wisdom: Theological and Literary Essays in Honor of Samuel Terrien.* eds. John G. Gammie, Walter A. Brueggemann, W. Lee Humphreys, & James M. Ward. New York: Scholars Press, 1978, 217-231.

Gerstenberger, Erhard S. *Psalms: Part 1 with an Introduction to Cultic Poetry.* Grand Rapids: Eerdmans, 1988.

________. *Psalms: Part 2 and Lamentation.* Grand Rapids: Eerdmans, 2001.

Gowan, Donald E. *Theology of the Prophetic Books: The Death and Resurrection of Israel.* Louisville: Westminster John Knox, 1998.

Gunkel, Hermann. *Einleitung in die Psalmen: die Gattungen der religiösen Lyrik Israels.* Göttingen: Vandenhoeck & Ruprecht, 1966.

________. *Die Sagen der Genesis.* Vandenhoeck & Ruprecht, 1901.

Gunkel, Hermann. & Begrich, Joachim. *Einleitung in die Psalmen: die Gattungen der religiösen Lyrik Israels.* Göttingen: Vandenhoeck und Ruprecht, 1933.

Gutiérrez, G. *On Job: God-Talk and the Suffering of the Innocent.* trans. M. O'Connell. Maryknoll, N.Y.; Orbis, 1987.

Hanson, Paul D. *The Dawn of Apocalyptic: the Historical and Sociological Roots of Jewish Apocalyptic Eschatology.* Philadelphia: Fortress, 1979.

Hill, Craig C. *In God's Time: The Bible and the Future.* Cambridge, U.K.; William B. Eerdmans Publishing, 2002.

Hippolytus, "Commentary on the Song of Songs," in *The Mystery of Anointing: Hippolytus' Commentary on the Song of Songs in Social and Critical Contexts,* ed. Yancy Smith (Piscataway, NJ: Gorgias, 2015.

Holladay, Carl R. "Contemporary Methods of Reading the Bible" in *The New Interpreter's Bible,* Vol. I. Nashville: Abingdon, 1994, 125-149.

Hopkins, Denise Dombkowski. *Journey through the Psalms: A Path to Wholeness.* New York: United Church Press, 1990.

House, Paul R. *Beyond Form Criticism: Essays in Old Testament Literary Criticism.* Winona Lake: Eisenbrauns, 1992.

Hurvitz, A. "The Date of the Prose Tale of Job Linguistically Reconsidered." *Harvard Theological Review* 67 (1974), 17-34.

Killebrew, Ann E. & Lehmann, Gunnar. eds., *The Philistines and Other "Sea Peoples"* in *Text and Archaeology.* Atlanta: Scholars Press, 2013.

Kugel, James. *The Idea of Biblical Poetry: Parallelism and Its History.* Baltimore: Johns Hopkins University, 1998.

Krinetzki, L. "'Retractationes' zu früheren Arbeiten über das Hohe Lied." *Biblica* 52 (1971), 176-189.

Levenson, Jon D. *Sinai and Zion: An Entry into the Jewish Bible.* New York: HarperCollins, 1985.

Mays, James L. *The Lord Reigns: A Theological handbook of the Psalms.* Louisville: Westminster John Knox, 1994.

________. *Psalms.* Louisville: Westminster John Knox, 1994.

________. "The Place of Torah-psalms in the Psalter." *Journal of Biblical Literature* 106 (1987), 3-12.

Miller, J. Maxwell & Hayes, John H. *A History of Ancient Israel and Judah.* Philadelphia: The Westminster Press, 1986.

Miller, Patrick D. *The Lord of the Psalms.* Louisville: Westminster John Knox, 2013.

Muilenburg, James. "Form Criticism and Beyond," *Journal of Biblical Literature* 88 (1969), 1-18.

Murphy, Roland E. *The Tree of Life: An Exploration of Biblical Wisdom Literature.* Grand Rapids: Eerdmans, 2002.

________. "Towards a Commentary on the Song of Songs." *CBQ* 39 (1977), 482-496.

Newsom, Carol A. *The Book of Job.* Nashville: Abingdon, 1996.

________. "'Sectually Explicit' Literature from Qumran," in *The Hebrew Bible and Its Interpretation.* eds. William Henry Propp, Baruch Halpern & David Noel Freedman. Winona Lake: Eisenbrauns, 1990, 167-187.

Noth, Martin. *Überlieferungsgeschichtliche Studien: Die sammelnden und bearbeitenden Geschichtswerke im Alten Testament.* Halle Saale: M. Niemeyer, 1943.

________. *The Laws in the Pentateuch, and Other Studies.* Philadelphia: Fortress, 1967.

Origen, "The Song of Songs: Commentary and Homilies," *The Ancient Christian Writers,* vol. 26. ed. and tr. R. P. Lawson. Westminster: Newman Press, 1961.

Perdue, Leo G. *Proverbs.* Louisville: Westminster John Knox, 2000.

Rad, Gerhard von. *Wisdom in Israel.* Nashville: Abingdon, 1972.

________. *The Problem of the Hexateuch and Other Essays*, tr. by E. W. Truman Dicken. New York: McGraw-Hill, 1966.

Rendtorff, R. *The Problem of the Process of Transmission in the Pentateuch*. Sheffield: Sheffied Academic Press, 1990.

Rylaarsdam, J. Coert. "The Song of Songs and Biblical Faith," *Biblical Research* 10 (1965), 7-18.

Sanders, James A. *Canon and Community: A Guide to Canonical Criticism*. Philadelphia: Fortress, 1984.

________. *Torah and Canon*. Philadelphia: Fortress, 1972.

Schmid, H. H. *Wesen und Geschichte des Weisheit: Eine Untersuchung zur altorientalischen und israelitischen Weisheitliterartur*. Berlin: Verlag Alfred Töpelmann, 1966.

Seybold, Klaus. *Introducing the Psalms*. tr. R. Graeme Dunphy. London: T & T Clark, 1990.

Shalev, Isaac, "At the Crossroads of Halakha and Narrative." *JBQ* 37 (2009), 181-186.

Smith, Ralph L. *Micah-Malachi*. Waco: Word Books, 1984.

Terrien, Samuel. *The Elusive Presence: Toward a New Biblical Theology*. San Francisco: Harper & Row, 1978.

________. "Amos and Wisdom." in *Studies in Ancient Israelite Wisdom*. ed. James L. Crenshaw. New York: KTAV, 1976, 448-455.

Tillich, Paul. *Theology of Culture*. Oxford: Oxford University, 1959.

Tov Emmanuel. *Textual Criticism of the Hebrew Bible*. Van Gorcum, Assen: Fortress, 1992.

Tucker, Gene M. *The Book of Isaiah 1-39*. NIB Vol. VI; Abingdon: Nashville, 2015.

Weinfeld, Moshe. *Deuteronomy and the Deuteronomic School*. Oxford: Clarendon, 1972.

Wellhausen, Julius. *Prolegomena to the History of Israel*. Atlanta: Scholars Press, 1994.

Westermann, Claus. *Praise and Lament in the Psalms*. Atlanta: Westminster John

Knox, 1981.

Whedbee, J. W. *Isaiah and Wisdom.* Nashville: Abingdon, 1971.

Whybray, R. Norman. *Proverbs.* Grand Rapids, Michigan: Eerdmans, 1994.

_________. *The Intellectual Tradition in the Old Testament.* Berlin: Walter de Gruyter, 1974.

Wilson, Gerald H. "The Use of the Royal Psalms at the 'Seams' of the Hebrew Psalter." *JSOT* 35 (1986), 88-92.

_________. *The Editing of the Hebrew Psalter.* SBL Dissertation Series 76. Chico, Calif.: Scholars Press, 1985.

Witherington, Ben III. *Jesus the Sage: The Pilgrimage of Wisdom.* Minneapolis: Fortress, 1994.

Wolff, H. W. *Amos the Prophet: The Man and His Background.* Philadelphia: Fortress, 1973.

Wright, G. Ernest. *God Who Acts: Biblical Theology as Recital.* London: SCM Press, 1952.

Yim, Taesoo. "Interpretation of the Law and the Gospel in Exodus from the Perspective of Minjung Theology," in *Mapping and Engaging the Bible in Asian Cultures: Congress of the Society of Asian Biblical Studies 2008 Seoul Conference,* eds. Yeong Mee Lee & Yoon Jong Yoo. Seoul: The Christian Literature Society in Korea, 2008, 89-102.

| 성구 색인 |

구약성경

창세기

사무엘하

열왕기상

열왕기하

역대상

잠언